THEODOR WIEGAND

HALBMOND IM LETZTEN VIERTEL

Archäologische Reiseberichte

VERLAG PHILIPP VON ZABERN · MAINZ AM RHEIN

297 Seiten mit 38 Abbildungen

Umschlagbild: Blaue Moschee in Istanbul.
Foto Klaus Bossemeyer, Bilderberg Hamburg

Vorsatz vorn: Rumeli Hissar, Sperrfestung am mittleren Bosporus
Vorsatz hinten: Palmyra, Zitadelle des Ibn Maan.

© 1985 Gerhard Wiegand
1. Auflage 1970 Verlag F. Bruckmann KG, München
ISBN 3-8053-0845-0
Alle Rechte, insbesondere das der Übersetzung in fremde Sprachen, vorbehalten.
Ohne ausdrückliche Genehmigung des Verlages ist es auch nicht gestattet, dieses Buch oder Teile daraus
auf photomechanischem Wege (Photokopie, Mikrokopie) zu vervielfältigen.
Printed in West Germany by Philipp von Zabern

Inhalt

Theodor Wiegand 1864–1936 12

1895–1899
Fahrt nach Smyrna und Priene 21
Schwieriger Transport der Funde 24
Grabungen in Didyma 24
Das Theater in Priene 25
Im Ausgrabungshaus in Priene 28
Marie Siemens begegnet Theodor Wiegand 28
Blick auf Konstantinopel 30
Griechische Taufe 33
Generalgouverneur Kiamil Pascha 34
Archäologische Verwaltungsgeschäfte 35
Wiegand bei Kaiser Wilhelm 36
Erfahrungen mit dem türkischen Zoll 38
Auf Wohnungssuche in Konstantinopel 39
Erdbeben in Smyrna 39
Beginn der Grabung in Milet 40

1900–1904
Ärztliche Verhältnisse – Steinraub in Magnesia 46
Warten auf den Weihnachtsdampfer 49
Derwisch-Zauber 50
Im Mykale-Gebirge 50
Das Staatsarchiv von Milet 55
Grabungsrechte für Didyma 56
Grundstückskäufe in Didyma 57
Sturmfahrt auf dem Marmarameer 58
Wiegands vierzigster Geburtstag 62
Wissenschaftliche Anerkennung durch Wilamowitz 63
Bekanntschaft mit Robert Koldewey 63
Der Kommissar und das Kamel 64
Weibliche Politik 65

1905–1908
Hamdi Bey malt Frau Wiegand 66
Mit Wilamowitz in der Troas 66
Weiterer Landkauf in Didyma 67

Einweihungsfeier in Didyma 68
Die Türkei unter Sultan Abdul Hamid 72
In Pergamon 75
Ärger mit der Deutschen Orient-Gesellschaft 76
Im Latmos 80
Umsiedlung in Didyma 87
Gesundheitspolizei 89
Fortschritt in Arnautköi 89
Der selbstherrliche Sultan 89
Hamdi Beys Jubiläum 90
Geschäftstüchtige Griechen 90
Besuch auf Patmos 91
Funde in Milet und Didyma 92
Räubergeschichten 93
Reise im Epirus 96
Verladen des Markttors von Milet 101
Feuersbrunst in Arnautköi 102
Fahrt durch Phrygien 105
Die Bosnien-Krise 112
Türkischer und griechischer Volkscharakter 115
Grabungen in Myus 116
Milesischer Winter 119
Parlamentseröffnung in Konstantinopel 120

1909—1913 Entdeckung in Didyma 121
Absetzung des Sultans Abdul Hamid 122
Massaker in Adana 124
Grabungserlaubnis für Samos 131
Polykratisches Regiment 132
Eine griechische Hochzeit 134
Brand des Parlamentspalastes 136
Museumskrieg in Berlin 137
Fahrt nach Nysa und Aphrodisias 138
Wiegands Kampf für Denkmalschutz 142
Zustände auf Samos 143
Deutsches Ansehen in der Türkei 145
Das alte und das neue Regime 146
Beginn der Grabung in Samos 146
Fürst und Volk 148
Gastfreundliche Samioten 148
Wiegands sechsundvierzigster Geburtstag 149
Das sprachgewandte Telefon 150

Die Najadenquelle des Polykrates *151*
Grabungserfolge in Didyma *151*
Der große Brand von Konstantinopel *153*
Alttürkische Gastlichkeit *156*
Segelschiffsromantik *157*
Methoden aus Tausendundeiner Nacht *157*
Der Italienisch-Türkische Krieg 1911/1912 *158*
Fürst Kopassis' Ende *158*
Aufstand in Samos *159*
»In tyrannos« — auf samisch *160*
Der Fieberheilige *161*
Fortbestand der Grabungsrechte *162*
Der Balkan-Krieg 1912—1913 *163*
Abschied von der Türkei *166*

1916 Der Weltkrieg 1914—1918 *167*
Wiedersehen mit der Türkei *169*
An der kilikischen Pforte *170*
Station in Adana *173*
Durch das Amanus-Gebirge *175*
Durch den Libanon *178*
In Birseba *180*
Fahrt nach El Arisch *182*
In El Arisch *183*
Ein Geburtstagsbrief *185*
An der Sinai-Front *186*
In Jerusalem *191*
Sanitäre Zustände in Jerusalem *193*
Fahrt nach Jericho *194*
Nach Samaria und Galiläa *195*
Bei Djemal Pascha in Damaskus *198*
Deutsch-türkisches Denkmalschutzkommando *200*
Beim Stabe der IV. Armee *202*
An der Klagemauer in Jerusalem *204*
Frühbyzantinische Städte in der Negev-Wüste *205*
Das unterirdische Jerusalem *208*
Fahrt nach Petra *210*
In Petra *213*
Weihnachten in Petra *214*
Aarons Grab auf dem Berge Hor *215*
Der Stadtplan von Petra *218*
Armenier-Elend in Wadi Musa *220*

1917   Winterlicher Rückmarsch von Petra 223
Zustände auf der Hedschas-Bahn 224
Wieder in Damaskus 226
Landwirtschaft und Ernährung 227
Schönes Damaskus 228
Die militärische Lage 229
Das Paradepferd 229
Djemal Pascha erzählt 230
Krieg vor Troja 232
Ein orientalischer Brunnen 232
Antike Wasserbaukunst 233
Strahlender Pessimismus 233
Das römische Damaskus 234
Syrer und Türken 235
Französische Propaganda 237
Englische Flieger 238
Blick auf Damaskus 238
Schlacht um Gaza 239
Von Damaskus nach Palmyra 240
Beduinen 245
Rückmarsch nach Damaskus 247
Djemal Pascha stützt den Pfundkurs 248
Ritt nach Antiochia 249
Auf der Küstenstraße zwischen Ibail und Tripoli 251
Kriegerische Spitzweg-Idylle 253
Von Lattakia nach Samandag (Seleukia) 255
Armenische Tragödie 256
In Antiochia 258
In Kal'at Siman 259
Die 37. Eroberung Jerusalems 260
Die Zitadelle von Aleppo 265
Die Zitadelle von Damaskus 266
Djemal Pascha verläßt Syrien 267
Djemal Pascha zum Eintritt der Türkei in den Weltkrieg 268

1918   Rumeli Hissar 269
Kanonen gegen Kreuzritter 270
Soldatentod 270
Gelehrtenhochmut 270
Türkischer Sozialismus 271
Der Kaiserpalast in Konstantinopel 271

*Sei getreu bis in den Tod,
so will ich Dir die Krone
des Lebens geben.*

(Offenbarung 2, 10)

Dr. rer. pol. Gerhard Wiegand

geb. 15. 11. 1902 Konstantinopel
gest. 6. 1. 1992 Bad Homburg

Ein gnädiger Tod befreite ihn nach erfülltem Leben von den Beschwernissen hohen Alters.

Wir denken in Liebe an ihn.

Dr. Roberte Wiegand
Ruprecht und Gela Mack geb. Wiegand
Hannes Wiegand
Margot Wiegand
Henning Mack
Ina Mack
Katharina Schrader

6380 Bad Homburg v. d. Höhe, Höllsteinstraße 68 A

Die Trauerfeier findet im engsten Familienkreis statt.
Es wäre im Sinne des Verstorbenen, an Stelle von Blumen oder Kränzen der Theodor Wiegand Gesellschaft eine Spende zukommen zu lassen (Konto-Nr. 247 190 223, Deutsche Bank AG Essen, BLZ 360 700 50).

Leistungsfähige Handelsvertretung

für neue Geschäftsverbindung frei. Zeitgem. Büro-, Fahrzeug- und Lagerkapazität sowie Elektrokonzession vorh., Sitz Nordhessen. Zuschriften erbeten unter **636069** an die Frankfurter Allgemeine, Postfach 100808, 6000 Frankfurt 1.

Übernehme

Werksvertretung, Auslieferung o. ä.; Lager, Kombi, Bus und Hänger vorhanden; Raum Ruhrgebiet. Zuschriften erbeten unter **636190** an die Frankfurter Allgemeine, Postfach 100808, 6000 Frankfurt 1.

Wir bieten:
mod. Büro mit 3 Mitarb., Ausstellungs- und Lagerraum, div. Fahrz. für Auslieferung
Ort:
Großraum Flughafen München II
Angebote unter **637797** an die Frankfurter Allgemeine, Postfach 100808, 6000 Ffm. 1.

Frankreich

Vertreter, 10 J. AD-Erfahrung in Frankreich, sucht neue Aufgabe, Büro u. Lager vorh. Zuschriften erbeten unter **637635** an die Frankfurter Allgemeine, Postfach 100808, 6000 Frankfurt 1.

Budapest

Dr. Ing. möchte Ihre Firma vertreten. Zuschriften erbeten unter **628322** an die Frankfurter Allgemeine, Postfach 100808, 6000 Frankfurt 1.

Die schnelle Nummer für eilige Anzeigen

Anzeigenaufnahme 0 69–73 00 01 direkt anwählen.

Auskünfte, Beratung, Wiederholungsanzeigen für die Rubrik
Vertretungen 0 69–75 91 1342

Frankfurter Allgemeine
ZEITUNG FÜR DEUTSCHLAND

Sultan Abdul Hamids Ende 272
Wilhelm II. in Konstantinopel 274
Falkenhayns Abgang 274
Betrachtungen zur Kriegslage 275
Orient und Christentum 276
Auf dem Deutschen Friedhof in Tarabya 276
Die Stunde Kemal Atatürks 278

Personenverzeichnis 285

Ortsverzeichnis 291

Abbildungsnachweis 295

Zum Titel dieses Buches 296

SPHINX

SITZEN VOR DEN PYRAMIDEN
ZU DER VÖLKER HOCHGERICHT.
ÜBERSCHWEMMUNG, KRIEG UND FRIEDEN —
UND VERZIEHEN KEIN GESICHT.

Goethe, Faust, zweiter Teil

PROMETHEUS

DES ECHTEN MANNES WAHRE FEIER IST DIE TAT.

Goethe, Pandora

Theodor Wiegand 1864–1936

Zur Freude seiner Söhne, die es ebenso gehalten haben, ist Theodor Wiegand ein schlechter Schüler gewesen. Das Zeugnis des Untersekundaners mag leidgeprüfte Schuleltern trösten und künftige Pennälergenerationen erbauen. Während die Glocken den Frieden nach dem Deutsch-Dänischen Kriege einläuteten, wurde er am 30. Oktober 1864 in Bendorf am Rhein geboren. Von seinem zehnten Jahre an wuchs er in Wiesbaden auf, wo der Vater ein gesuchter Kurarzt war. Dieser, erster Akademiker einer seit 1498 als Hintersassen des oberhessischen Klosters Spießkappel bezeugten Bauernfamilie, war ein lebenszugewandter, fortschrittlich gesonnener Mann, der die Annexion seiner kurhessischen Heimat durch Preußen 1866 begrüßte. Freund der Natur und der Geselligkeit, kümmerte er sich wenig um die Erziehung seines von Kraft überschäumenden Sohnes, zumal ihn, wie damals nicht wenige seiner Berufsgenossen, das Schicksal traf, in Unkenntnis der Folgen von Morphium abhängig zu werden. Die Mutter, an der der Sohn mit großer Liebe hing, war eine weiche, romantische Natur, die dem Wildling zuallerletzt hätte Widerpart halten können, eher selber bei ihm Anlehnung suchte. Aus alter Westerwälder Unternehmerfamilie stammend, war sie nicht aus dem Holze jener Vorfahrin, die, in der Not der napoleonischen Zeit verarmt, mit dem Gespann hausierend über die Dörfer gefahren war und Steinzeug verkauft hatte, ein Gewerbe, aus dem dann als Familienunternehmen die Rheinischen Chamotte- und Dinaswerke erwuchsen.

Das Maß der Geduld seiner Wiesbadener Lehrer war erschöpft, als Wiegand neben unerlaubtem Gaststättenbesuch auch noch einen Fußballverein ins Leben rief. »Pestbeule der Anstalt, Giftpflanze des Instituts« sind blumige direktoriale Redewendungen, die im Familienjargon ihren festen Platz fanden. So folgte er »einem ehrenvollen Ruf« an das Friedrichsgymnasium in Kassel, das vor ihm der sechs Jahre ältere Prinz Wilhelm von Preußen, der spätere Kaiser Wilhelm II., einige Jahre besucht hatte. Dort ward ihm das Glück zuteil, dem ruhig bestimmten Einfluß befähigter Pädagogen zu begegnen. Dennoch lag, als der über 21jährige Abiturient sich dem Studium der Kunstgeschichte zuwandte, sein Inneres noch im chaotischen Widerstreit ungeordneter Kräfte und Wünsche. Erst als er vom weiten Feld der Kunstgeschichte zum damals noch schmäleren Acker der Archäologie überging und zu Freiburg i. Br. in Franz

Theodor Wiegand, 1908

Königliches Gymnasium zu Wiesbaden.

CENSUR

des Schülers der _Untersecunda_ _Theodor Wiegand_
aus _Wiesbaden_ für das _II. Qu._ des Schuljahrs 1881/82

Betragen _oft getadelt._
Fleiss _nicht angestrengt_
Aufmerksamkeit _nicht immer rege_
Leistungen: Deutsch _gut_
    Lateinisch _befriedigend; Vergil wenig befried._
    Griechisch _wenig befried._
    Französisch _befried._
    Englisch
    Hebräisch
    Religionslehre _befried._
    Geschichte ⎱ _wenig befried._
    Geographie ⎰
    Arithmetik ⎱ _nicht befried._
    Geometrie ⎰
    Naturwissenschaft _teils befr. teils wen. befr._
    Schreiben
    Zeichnen
    Gesang
    Turnen _befr._
    Platz _Siebenunddreissig_ unter _44_ Schülern.

Festgesetzte Prädikate { a) für das Betragen: gut, nicht ohne Tadel, oft getadelt (tadelnswert), sehr tadelnswert. b) für die Leistungen: sehr gut, gut, befriedigend, wenig befriedigend, nicht befriedigend.

Besondere Bemerkungen:
Er ist nicht versetzt.

Auszug aus dem Klassenbuche:
a) Versäumt
b) Verspätet
c) Strafen _wegen Unfleiss, Unaufmerksamkeit, Unfolgsamkeit u., nachgeschrieben und mit Arrest bestraft._

Wiesbaden, den _1ten April_ 1882

Gesehen:
    Der Direktor.
    Pachur
                 Der Ordinarius.
                 Dr. Ferch.

Studnizcka einen jungen Lehrer fand, der an Hand des nüchternen, technisch bestimmten Dissertationsthemas über eine römische Bauinschrift ihn unerbittlich zu Genauigkeit im kleinsten, zu allseitiger Ausschöpfung des Stoffes und zu unablässiger Selbstkritik zwang, ordneten sich seine Kräfte zu zielbewußter Arbeit. Wiegand hat später einmal geschrieben, er empfinde sein Wesen nicht so sehr von seinem »hochbegabten, klardenkenden Vater« als »von der regen Phantasie der Mutter« geprägt. Dem aus größerem Abstand urteilenden Chronisten will es erscheinen, daß die Gewichte sich mit zunehmender Reife zur väterlichen Anlage hin verschoben haben.
Als dreißigjähriger Stipendiat in Griechenland fand seine Mitarbeit die Anerkennung des junge Menschen noch im hohen Alter begeisternden Wilhelm Dörpfeld und anderer Archäologen. Bereits seine Dissertation, die Wiegand als eine ihm wesensfremde Arbeit empfand, hatte Aufsehen erregt. So zog der durch die Entdeckung und Sicherung der Altarfriese von Pergamon berühmt gewordene Karl Humann ihn als Assistenten zu sich, als er 1895 mit der Ausgrabung von Priene begann. Dadurch, daß Humann wenige Monate später, noch auf der Höhe seiner Mannesjahre, tückischer Krankheit erlag, fiel Wiegand in jungen Jahren eine Aufgabe zu, die seine Gönner ihm zutrauten und die er nicht enttäuscht hat.
Über Wiegands Tätigkeit in der Türkei und deren Auswirkungen auf seine späteren Leistungen als Leiter der Antikenabteilung der Berliner Museen braucht an dieser Stelle nicht gesprochen zu werden. Das ist der Gegenstand dieser Briefe und ihrer Kommentierung. Hintergrund des Geschehens ist der unaufhaltsame Niedergang des einst so gefürchteten und noch immer über eine Länge von 3 000 km ausgedehnten Osmanischen Reiches.
Wiegands Leben, seine Leistungen und sein Werk wären ohne den mitformenden Einfluß seiner Lebensgefährtin nicht das geworden, was sie wurden. Sie, die ihm als Tochter Georgs von Siemens, des Gründers der Deutschen Bank, die Mittel zu einer Lebensführung oberhalb der Möglichkeiten einer schmalen Beamtenbesoldung zubrachte, ist ihm eine kluge Beraterin, die umsichtige Herrin seines gastfreien Hauses, eine opferbereite Gattin, eine allzeit verständnisvolle Helferin gewesen. Aus dem engen geistigen Verhältnis des Paares und den in den ersten zwei Jahrzehnten der Ehe häufigen langen Trennungszeiten ist ein an Umfang und Inhalt reicher Briefwechsel hervorgegangen, der über seine Zeit hinaus Wert behält. Von dem Persönlichsten mag ein Geburtstagsbrief Rechenschaft geben, den Wiegand seiner Frau zur Vollendung ihres 40. Lebensjahres am 7. November 1916 aus Jerusalem schrieb:

Dein Fest kann ich nun nicht schmücken, kann Dir keinen Festzug vorführen, aber vorführen kann ich Dir, wie lieb und gut Du es in aller Zeit gemeinsamen Lebens verstanden hast, mit Deinem Hausherrn umzugehen, wie Du uns allen das glänzendste Beispiel gegeben hast und wir alle immer noch von Dir lernen können, wie man sein Amt führen soll. Das ist die nächste Sphäre der täglichen Umgebung. Darüber hinaus eröffnen sich andere Ausblicke. Wenn es der Beruf verlangte, hast Du es immer verstanden, Opfer zu bringen, hast Dich in schwerer Zeit allein durchschlagen müssen und immer den Kopf oben gehabt, wenn ich fern auf Reisen und in Ausgrabungen war. Auch in diesem Jahr hast Du mich ziehen lassen, wohin ein höheres Interesse zog und die Verantwortung der Erziehung allein übernommen. Das von Dir geschaffene häusliche Glück hat mir die Bahn frei gemacht für viele Arbeiten mit glücklichem Ausgang – schon am Bosporus, in noch steigendem Maße in Berlin. Und wenn man mich am Ende meines Lebens einmal fragen sollte, wie es kam, daß dieser und jener große Wurf gelungen ist, so werde ich mit Stolz und Dank auf Dich zeigen können. Ohne die von Dir bereitete innere Ruhe und Festigkeit der täglichen Lebensführung wäre manches mißlungen, wäre für vieles der Wagemut nicht dagewesen. Als Du mir Dein Jawort gabst, hast Du den Vorbehalt gemacht, Du wolltest nicht verändert werden, sondern so genommen werden, wie Du seist. Damals habe ich Dir darauf keine Antwort gegeben, weil eine solche Antwort selbst meinen Wagemut überstiegen hätte. Heute kann ich Dir sagen: »Ja, bleibe so wie Du jetzt bist, so bist Du mir lieb und recht.« Und es ist vielleicht besser, die Antwort kommt nach 16 Jahren an diesem Wiegenfest und Du kannst mir jetzt selbst einmal sagen, ob Deine Eigenart geschont wurde oder nicht, ob Du »so« geblieben bist oder ob wir uns gegenseitig etwas gegeben haben, so daß etwas besseres für beide daraus entstand. Während ich diese Zeilen schreibe, ist mir, als ginge ich mit Dir Hand in Hand durch den Dahlemer Garten, wir sprächen von den Jungen und ihrer Zukunft, vom Verwandtenkreis, von den Museen und »meinen« lieben Juden *(den großzügigen Förderern wissenschaftlicher Vorhaben).* Und am Schluß gehen wir hinein zum Tee und an der Tür kriegst Du noch Deinen Kuß und wischst ihn rasch ab wie ein Schulmädchen. Ach Mariele, das wird mir am 16. XII. doch sehr fehlen und darüber kann mir keine Felsfassade, kein Reitkamel, keine Wüstenreise hinweghelfen, sondern nur der ständige Gedanke an Dich und unser Heim.

Die letzte Phase von Wiegands Leben und Wirken bedarf noch der Darstellung, zumal seinem Biographen Carl Watzinger die Zeitumstände das freie Wort verwehrt hatten.
Die Krönung von Wiegands Museumstätigkeit war die Jahrhundertfeier der Preußischen Museen in Berlin mit der feierlichen Eröffnung des Pergamonmuseums am 1. Oktober 1930. Am 1. April 1931 trat er im 67. Lebensjahre in den Ruhestand, ausgezeichnet mit den Doktordiplomen ehrenhalber der Ingenieurwissenschaft, der Jurisprudenz, der Theologie und der Medizin, durch die Mitgliedschaft der Preußischen Akademie der Wissenschaften in Berlin und durch die Wahl zur Friedensklasse des Ordens Pour le mérite. Bald

*darauf wurde der Platz des Präsidenten des Deutschen Archäologischen Instituts frei, das 1929 in einem glänzenden internationalen Rahmen sein hundertjähriges Bestehen gefeiert hatte, nachdem bislang die Weltkriegsgegner Deutschland zehn Jahre hindurch auf allen, auch auf wissenschaftlichen Gebieten boykottiert hatten. Das Institut hatte als Trägerin der deutschen archäologischen Auslandsforschung mit seinen Niederlassungen in Rom, Athen, Konstantinopel und Kairo, mit seinen Vorbereitungen für weitere Außenstellen in Bagdad und Teheran und der für die binnendeutsche Forschung zuständigen römisch-germanischen Kommission in Frankfurt a. M. eine gewaltige Arbeit zu betreuen, deren Durchführung unter den verzweifelten innenpolitischen Verhältnissen des Jahres 1932 in vieler Hinsicht gefährdet war. Die Wahlgremien wollten unter diesen Umständen einem national und international so angesehenen Manne, wie Wiegand es geworden war, die Präsidentschaft übertragen, zumal alle jüngeren Kandidaten sich versagt hatten. Wiegand glaubte sich diesem Anruf nicht entziehen zu dürfen. »Als alter Soldat gehorche ich dem Befehl, es muß noch einmal gekämpft werden«, sagte er zu einem Freunde. Er war damals schon kein gesunder Mann mehr, das Herz begann seine Funktionen nicht mehr voll zu erfüllen, und die Folgen der Malariaerkrankungen im Orient machten sich bemerkbar. Dessenungeachtet übernahm er am 1. Oktober 1932 das neue Amt, um das Institut mit der Kraft und dem Ansehen seiner Persönlichkeit vor Schaden zu bewahren. Das ganze Ausmaß der Gefährdung ergab sich erst nach der nationalsozialistischen Machtübernahme. Doch auch da kam Wiegand, dessen politischer Haltung als eines nationalliberalen selbstbewußten Bürgers und dessen weltweit geöffnetem Wesen jeder Extremismus und jede parteiliche oder dogmatische Verengung zutiefst fremd war, das Glück zu Hilfe. Es war für ihn und jeden, der ihn kannte, überraschend, als im Juli 1934 der preußische Ministerpräsident Göring—wohl aus nicht viel mehr als einer Laune der Repräsentation heraus—einen »Preußischen Staatsrat« schuf, der nie eine praktische oder auch nur repräsentative Funktion erfüllt hat und in den er außer den obligaten Parteigrößen drei Vertreter geistiger Leistungen berief: den Dirigenten Wilhelm Furtwängler, den Chirurgen Ferdinand Sauerbruch und Wiegand als den Schöpfer des Pergamonmuseums. Das Gewicht, das diese Berufung seiner Persönlichkeit innerhalb der herrschenden Partei gab, hat Wiegand voll in die Waagschale geworfen. Zuerst ging es darum, politisch und rassisch mißliebige Persönlichkeiten seines Amtsbereichs vor Unzuträglichkeiten zu bewahren. Das ist gelungen. Dagegen blieben seine angestrengten Bemühungen zugunsten des Bildhauers Ernst Barlach ohne Erfolg, dessen »ostisch entartete Kunst« mit den germanischen Klischeevorstellungen des Gauleiters von Mecklenburg, eines ehemaligen Landarbeiters, unvereinbar war.
Zur großen Kraftprobe kam es aber, als im Bereich des Chefideologen der NSDAP Alfred Rosenberg ehrgeizige Karrieristen, die sich als Basis*

einen Reichsbund für Deutsche Vorgeschichte geschaffen hatten, das Parteiziel proklamierten, dem Deutschen Archäologischen Institut und seiner Römisch-Germanischen Kommission in Frankfurt die Zuständigkeit für deutsche Vor- und Frühgeschichte zu nehmen. Diese Forschungen müßten frei vom Einfluß der »Römlinge« getrieben werden. Das Institut wäre damit auf deutschem Boden zum Fremdling geworden, und der Fluß der Mittel für die damit als »wesensfremd« degradierte Auslandsforschung wäre in der Folge sicherlich beeinträchtigt worden. Wiegand zog dagegen alle Register. Er förderte mit Nachdruck aussichtsreiche prähistorische Grabungen in Meiendorf bei Hamburg und die Freilegung der Wikingerstadt Haithabu in Ostholstein, und plante, zum Gegenangriff übergehend, in Kiel eine Institutszweigstelle zur Forschung insbesondere in Nord- und Ostdeutschland. Diese Kämpfe, die vor der Öffentlichkeit nicht in Erscheinung traten und die wohl kaum noch dokumentiert sind, verzehrten Wiegands schwindende Kräfte, zumal er es im Interesse der von ihm verfolgten Ziele für geboten hielt, durch persönliches Erscheinen bei Sitzungen und Veranstaltungen den Eindruck eines Mannes zu bieten, dessen Kampfkraft ungebrochen war. Dazu bediente er sich aller erfolgverheißenden Mittel. Aber wieviel mehr galten jetzt für ihn die Worte, die er 1916 vor seinem Empfang beim Pascha von Syrien niedergeschrieben hatte: »Es ist ein elendes Gefühl, wenn man sein Geschick auch nur für 24 Stunden in die Hand eines Großen und Mächtigen legen muß, ohne zu ahnen, was er tun wird.« Zu einer Audienz, die Göring ihm gewährte, brachte er dem Jagdnarren ein großes eiszeitliches Rengeweih aus Meiendorf mit, von dem Stücke zur Weiterverarbeitung abgeschlagen waren. Aber der Satrap meinte nur, daß er in seinen Jagdrevieren weit kapitalere Hirsche zu erlegen in der Lage sei. Doch holte er dann ein Wikingerschwert herbei, das man ihm geschenkt habe, und fragte Wiegand um seine Meinung, da dieser ja offenbar etwas davon verstehe. Wiegand nahm das Schwert zur Hand und führte einige Fechtübungen damit aus, wie sie ihm als Korpsstudenten geläufig waren. Darob geriet Göring in Begeisterung und versprach Wiegand seine Unterstützung, zumal er Rosenberg ohnehin nicht leiden konnte.
Dennoch kam es eines Tages dahin, daß er zu dem inzwischen zuständig gewordenen Reichs- und Preußischen Kultusminister Dr. Rust bestellt wurde, der ihm eröffnete, er habe nunmehr den unwiderruflichen Entschluß gefaßt, die deutsche Vor- und Frühgeschichte dem Archäologischen Institut zu nehmen und einer neuen Organisation zuzuweisen. Wiegand erhob sich von seinem Platz und sagte mit der Bestimmtheit eines befehlsgewohnten und befehlsbewährten Mannes: »Herr Minister, wenn Sie das tun, gebe ich den Adlerschild des Deutschen Reiches, den mir der Führer und Reichskanzler zu meinem 70. Geburtstag verliehen hat, zurück.« Rust, ein in jedem Sinne des Wortes schwächlicher Mann, wurde leichenblaß, fiel in seinem Sessel zurück und fragte fassungslos: »Ist das Ihr Ernst?« Wiegand bejahte. Das Institut war ge-

rettet, auch seinem Nachfolger ist die Teilung nicht mehr angesonnen worden. Wiegand war darüber ein vom Tode gezeichneter Mann geworden. Er wußte das, seine Gattin, seine engste Familie wußten es auch, ohne daß ein Wort darüber fiel. Es entsprach seiner Art, die Thermopylen zu halten. Die letzte Kraftprobe kam im Sommer 1936. Die Leitung der Institute in Frankfurt und Athen war neu zu besetzen. Die Besetzung Frankfurts konnte er in seinem Sinne regeln. In Athen stand die große Ausgrabung Olympias an, zu der Hitler bei der Eröffnung der Olympischen Spiele mit großer Geste die Mittel gestiftet hatte. In Athen wünschte er für diese Aufgabe einen hochbefähigten Bauforscher aus seiner Mitarbeiterschaft. Wiegand besaß für die Eröffnung der Olympischen Spiele im August 1936 eine Karte auf der Ehrentribüne. Als Todkranker beschloß er, hinzugehen, um eine wichtige Persönlichkeit anzusprechen, was ihm mißlang. Als er niedergeschlagen das Stadion verließ, geriet er, von der Wassersucht schon unförmlich aufgedunsen und kurzatmig, in das unübersehbare Gedränge der dicht an dicht Herausströmenden. Seine ihn erwartenden Angehörigen durchlitten bange Minuten, bis es ihnen gelang, den Erschöpften in den Wagen zu ziehen. Die Besetzung in Athen, die er noch erledigt zu haben glaubte — sein Mann hatte die Arbeit in Olympia schon aufgenommen —, wurde nach seinem Tode zugunsten eines parteiaktiven Archäologen umgestoßen. In Erkenntnis seines Zustandes regelte Wiegand noch im September 1936 seine Nachfolge, dann trübte sich ihm mehr und mehr das Bewußtsein. Er entschlief am 19. Dezember 1936, 72 Jahre alt.

»Welch schwere Kämpfe allen Erfolgen Wiegands vorausgingen, welches Ausmaß an Tatkraft und Selbstbeherrschung sie verlangten, ist auch dem Näherstehenden zu seinen Lebzeiten nicht voll zum Bewußtsein gekommen; es schien uns allen selbstverständlich, daß ein Mann wie Wiegand nach Zielen greifen durfte, die andere sich nicht zu stellen gewagt hätten, und daß er sie allen Gewalten zum Trotz erreichen würde.« (C. Watzinger, Th. Wiegand.)

Möge der Tag nicht fern sein, an dem das Werk, das er für das deutsche Volk verwirklicht hat, das Museum antiker Architektur am Kupfergraben in Berlin, allen Deutschen wieder in gleicher Weise zugänglich sein wird.

1895–1899

FAHRT NACH SMYRNA UND PRIENE
Theodor Wiegand an seine Mutter

Priene, 3. 10. 1895
Im Morgengrauen herrliche Einfahrt in den langen, schärenartigen Meerbusen von Smyrna, spiegelglatt, mit Segeln bedeckt, an den Ufern weiß schimmernde Dörfer, Windmühlen und hoch gelegene Wälder. Nach mehrstündiger Fahrt tauchte wie aus leisen Silberschleiern das schöne Smyrna auf, flach am Ufer hingestreckt, hinter dem sich dunkle Trachytberge mit grünlichem Gestein erheben. Die engen Straßen der Türkenstadt, das gewaltige Gewimmel der mit roten, gelben, grünen Turbanen sich hinräkelnden oder stolzfaul einherwandelnden Muslims, die Ausrufer, die Kamelkarawanen verfehlen ja wohl nie auf den Abendländer ihren Eindruck, selbst wenn er die Märchen von 1001 Nacht ganz vergessen haben sollte. Noch immer kommen mir hier, in der beruhigenden, einfachen Landschaft des Mäandertales, die himmelhoch aufgetürmten Warenlager der schattigen Basare, die zypressenreichen, unordentlichen Friedhöfe inmitten der Stadt und die boshaft verächtlichen Blicke aus den großen Augen der Lastkamele nicht aus der Erinnerung.
Frau Humann war sehr freundlich und lud mich nach Tisch noch für den Abend ein, wo ich Gelegenheit hatte, mit dem lebhaften und amüsanten österreichischen Archäologen Rudolf Heberdey eine lange Unterhaltung zu führen. Andern Morgens ging es mit der Bahn durch lange Täler und über Hochstraßen nach Sokia; hier empfing mich Kekule, mit einem Tropenhelm und einer orientalischen roten Leibbinde angetan, und nun gings zu Wagen immer am Rande der eintönigen Alluvialebene des Mäander und der steilen Abhänge des Mykalegebirges entlang nach Kelebesch und zur Stätte meines künftigen Wirkens. Humann empfing mich herzlich, seine Tochter Marie und eine Freundin waren da und sind arg nett und frisch. Das Ausgrabungshaus, das nicht in der Ebene, sondern am Bergabhang, der antiken Trümmerstätte von Priene benachbart liegt und von Humann schon im Sommer erbaut worden ist, hat zwei Stockwerke und ist rings von einer Veranda umgeben. Vor uns breitet sich die vom Geschiebe des Mäander gebildete, fast unübersehbare Flußebene, jenseits die karischen Berge, vor allem der Latmos, nach dem die ganze Gegend der Latmische Golf genannt wird, dessen Hauptstadt das zwei

Stunden von hier entfernte Milet war. Diese Stadt wie auch Priene lagen einst dicht am Meer, dem sie ihre Bedeutung verdankten, sind aber jetzt infolge der ungeheuren, fortwährenden Tätigkeit des Mäander in Binnenstädte verwandelt, so daß man von Priene nach dem Meer zwei Stunden braucht. Sogar die Milet einst gegenüberliegende Insel Lade, die den Hafen schützte, ist heute ganz Festland. Über der Terrasse der antiken Stadt Priene erhebt sich jäh ein rostbrauner, ins bläuliche spielender Felsenklotz von etwa 1000 Fuß Höhe, um den ständig die Adler kreisen. Darauf liegt die Oberburg, zu der nur eine halbzertrümmerte, in den fast senkrecht abfallenden Felsen eingeschnittene antike Treppe emporführt. Aber über dieser Akropolis erhebt sich nochmals ein solcher Kegel, dem zwei Quellen entströmen und auf dessen höchster Spitze ein Wachtturm liegt.

Karl Humann, *von Beruf Straßenbauingenieur, ist der Entdecker und tatkräftige Retter des bereits von Kalköfen bedrohten pergamenischen Gigantenfrieses. Die Zusammenarbeit zwischen dem lebensnahen und von idealistischem Schwung beseelten Humann und Wiegand in Priene gestaltete sich glücklich, gehörte der junge Assistent doch nicht zu jenen Gelehrtentypen, von denen Humann gesagt hatte:* »Ein Philologe ist ein Mann mit zwei linken Händen, der bei mir von der Burg fällt.« *Aber nach wenigen Wochen erkrankte Humann, erst 56 Jahre alt, schwer und starb sechs Monate später.*
Wiegand übernahm nun auch offiziell die Leitung der Grabung und führte sie bis 1899 zu Ende. Sie gilt als das Musterbeispiel der Erforschung eines antiken Gemeinwesens in allen seinen Lebensäußerungen.
Priene: Die Lage von Alt-Priene, einer Stadt des ionischen Zwölf-Städte-Bundes, ist unbekannt. Ihr Staatsmann Bias erwarb den Ruhm, zu den Sieben Weltweisen gezählt zu werden. Die ursprüngliche Stadtanlage wurde wohl wegen der ständig fortschreitenden Verlandung des Mäanderflusses aufgegeben und um 350 v. Chr. eine neue Stadt am Südabhang des 1260 m hohen Mykalegebirges gegründet.

»Mochte man zur See oder zu Lande dem Südfuß der Mykale nahen, immer fiel in der Mitte des Gebirges ein stolzer, schroff abfallender Marmorberg auf, der sich von der hohen Gebirgsmasse akropolenartig loslöste und an dessen Fuß eine schräge Berglehne wie ein Schiffsschnabel in die Ebene vorstieß — das ist die 371 m hohe Burg von Priene.« *(Wiegand.)*

Zwischen dieser und der weiten Ebene des Mäanderschwemmlandes staffelten sich terrassenförmig Stadtmauer mit Stadion und Gymnasion, der baulich großartig ausgestaltete Marktbezirk, der Haupttempel der stadtbeschirmenden Athene und das Demeterheiligtum über 100 m Höhenunterschied empor. Nach der Schlacht am Granikos 334 wendete Alexander der Große, der während der Kämpfe um das von den Persern gehaltene Milet in Priene im Quar-

tier gelegen haben dürfte, der Stadt seine Gunst und Finanzhilfe für den Neubau des Athenetempels zu, der eines der berühmtesten Bauwerke der Kunstgeschichte werden sollte. Sein Erbauer war der bedeutendste Architekt und Architekturschriftsteller seiner Zeit, Pytheos, der Baumeister des unter die Sieben Weltwunder aufgenommenen Mausoleums von Halikarnaß. So galt der Tempel als das Musterbeispiel ionischer Architektur.

Priene, eine kleine Stadt von 5000 Einwohnern, war großzügig mit öffentlichen Gebäuden ausgestattet. Außer den schon genannten besaß es noch mehrere andere Tempel und ein zweites Gymnasion, ein Theater von noch heute entzückender Intimität, ein Haus des Stadtparlaments mit 640 Sitzplätzen für die Bürgerversammlung, ein Haus der Stadtverwaltung, in dem auch Staatsgäste bewirtet und das heilige Herdfeuer der Stadt unterhalten wurden sowie eine den Markt begrenzende, 116 m lange, im Inneren 11 m breite Stadthalle (die »Heilige Halle«). Der Stadtplan war streng rational nach dem neuen System des Hippodamos von Milet in regelmäßigen, nach den vier Himmelsrichtungen orientierten Rechtecken angelegt, so daß die hangaufwärts führenden Nord-Süd-Straßen meist Treppenanlagen sind.

Einen wesentlichen Teil ihres baulichen Reichtums verdankt die Stadt dem dorthin geretteten Staatsschatz des glücklosen Thronprätendenten Orophernes, der um 150 v. Chr. von seinem Bruder aus der Herrschaft über das innerkleinasiatische Kappadokien vertrieben wurde. Daraus folgten zunächst große wirtschaftliche und kriegerische Mißhelligkeiten zwischen dem schwachen Gemeinwesen und seinen überlegenen, beutelüsternen und dem Konkurrenten verbündeten Nachbarn. Schließlich aber schlichtete der römische Senat klug zugunsten des Schwächern. Orophernes stiftete neben anderen öffentlichen Gebäuden einen groß angelegten Athenealtar nach dem berühmten pergamenischen Vorbild.

Der baulich noch intakte Athenetempel stürzte in bereits christlicher Zeit durch ein gewaltiges Erdbeben völlig zusammen. Noch 1850 lagen alle Bauteile wiederaufbaubereit beisammen. Um 1870 aber fanden Archäologen im Fundament des Altars einige Silbermünzen des Orophernes, wahrscheinlich die einzigen, die er hatte prägen können. Alsbald kehrten die schatzsuchenden Dorfbewohner im Tempelbezirk das Unterste zuoberst — mit dem einzigen Ergebnis, daß die in ihrem Gefolge erschienenen Kalkbrenner reicher wurden und die Welt um ein bedeutendes Kunstdenkmal ärmer.

Im Pergamonmuseum in Berlin ist neben anderen Architekturstücken aus Priene ein Säulenpaar des Tempels mit seinen 12,6 m Höhe und 2 m aufstehenden Gebälk aufgerichtet. Kürzlich hat auch das türkische Ministerium für Fremdenverkehr an Ort und Stelle fünf Säulen aus den bis in die Mäanderebene hinabgerollten Trommeln neu zusammengesetzt.

Über die damalige Überführung der für das geplante neue Pergamonmuseum bestimmten Fundobjekte berichtete Wiegand:

Schwieriger Transport der Funde
1899

Die Überführung verursachte namentlich auf dem sehr schlechten, häufig von Sumpfstrecken unterbrochenen Weg von Priene nach Sokia außerordentliche Schwierigkeiten. So mußten z. B. die Kisten mit Kapitell, Architrav und Basis vom Athenatempel im März vierzehn Tage lang am Wege liegen bleiben, weil es selbst mit dem Vorspann von zwölf Büffeln nicht gelang, sie durch die vom Regen aufgeweichten Strecken zu ziehen. Mehrere der wertvollen Zugtiere blieben liegen und verendeten, die türkischen Bauern wurden zuletzt abergläubisch und konnten nur durch sehr hohe Lohnversprechen allmählich veranlaßt werden wiederzukommen. Erst nachdem ein nach den Angaben unseres Ausgrabungsaufsehers Athanasios Apergis eigens konstruierter Lastwagen aus Smyrna eingetroffen war, konnte der Transport zuende geführt werden.

In dieser Weise sind außer den schon erwähnten Säulen- und Gebälkteilen des Athenatempels Bauglieder des großen Orophernesaltars, Säulen und Gebälk der »Heiligen Halle«, eine Halbpfeilerbekrönung vom Tempel des olympischen Zeus und die namentlich bezeichnete Statue einer Demeterpriesterin in das Berliner Pergamonmuseum gelangt und dort aufgestellt worden.

Grabungen in Didyma
Th. W. an Kekule

Priene, 8. 3. 1897
Von Didyma hatten wir einen bedeutenden Eindruck. Aber ungeheure Kosten ohne entsprechenden Ertrag an Funden. Das halbe Dorf muß demontiert werden. Die Grube ist über 8 m tief, die Blöcke so gewaltig, daß sich die Franzosen mit Pulversprengungen(!) geholfen haben, da sie die nötigen Hebemaschinen nicht bei sich hatten. Wie unsere großen Dombauten hat der Tempel lange Zeit gebraucht, bis er fertig war, viel ist in der römischen Zeit geschehen, nicht immer zu seinem Vorteil.

Von Priene nach Süden, 15 km quer über die Schwemmlandebene des Mäander, liegt auf einer ehemaligen Landzunge im Latmischen Golf das antike Milet, weitere 15 km südlich davon der zu Milet gehörige Orakeltempel des Apollon von Didyma — mit dem Heratempel auf Samos und dem Artemistempel zu Ephesos einer der drei konkurrierenden »hundertfüßigen« Großtempel der Landschaft. Er bezeichnet den Ort, wo an einer Quelle Leto ihr Rendezvous mit Zeus hatte, dem Apollon und Artemis entsprossen sind; daher sein Name: Didymoi = die Zwillinge.

Leto war in der Überlieferung Kleinasiens eine weit höher gestellte Göttin als jene unglückliche, vom ehelich legitimierten Haß Heras gehetzte ledige Mutter der griechischen Legende. Südlich des von den Karern bewohnten milesischen Hinterlandes grenzte bis zur westlichen Mittelmeerküste das Stammesgebiet der Lyker an, bei denen bis zur Römerzeit das Mutterrecht galt. Oberste Gottheit der Lyker war Leto. Die Verehrung des Ortes der Heiligen Hochzeit in Didyma dürfte darum weit älter sein als die griechische Kolonisation Kleinasiens.

Ein archaischer Tempel war 494 v. Chr. von den Persern nach der Niederwerfung des ionischen Aufstandes zugleich mit der Stadt Milet zerstört worden, weil die Priesterschaft den Aufstand begünstigt hatte. Nach dem Siege Alexanders begann die Wiedererrichtung eines neuen Heiligtums in großer Pracht. Bis ins 2. Jahrhundert n. Chr. ist an dem Tempel gebaut worden, ohne daß er vollendet wurde. In byzantinischer Zeit hat er erst als Basilika, dann als Kastell gedient. Um 1450 warf ein Erdbeben das Bauwerk zu einem riesigen Trümmerhügel zusammen, aus dem drei 20 m hohe Säulen emporragten. Zwei davon, noch mit aufliegendem Gebälk verbunden, hatten einmal einem Säulenheiligen zum Aufenthalt gedient, wovon das spätere Dorf griechischer Ansiedler aus Salamis den Namen Jeronta führte (geron = der Greis: »Zum alten Herrn«). Die Häuser standen auf dem Trümmerberg und in seiner unmittelbaren Umgebung, auf seinem Gipfel eine stattliche steinerne Windmühle. Die dritte noch stehende Säule stützte die Rückwand eines Backofens. Französische Archäologen hatten 1872/73 und insbesondere 1895/96 dort gegraben, dann aber vor den technischen Schwierigkeiten der Riesentrümmer mit der Prophezeiung kapituliert, der Tempel von Didyma werde nie ausgegraben werden (B. Haussoulier, 1895). Als sie ihre Arbeit einstellten, waren die 50 m lange Oberkante der Eingangsfront und die erste Säulenreihe freigelegt. Zwei der prachtvoll gezierten, 2½ m durchmessenden Säulenfüße stehen im Louvre. Um den Transport zu erleichtern, wurde ihr Kern herausgemeißelt.

Ein Versuch Humanns, die Grabungserlaubnis für Didyma von der türkischen Regierung zu erhalten, war am Widerspruch des französischen Botschafters gescheitert.

Das Theater in Priene
Th. W. an Kekule

Priene, April 1897
Die Theatergrabung entwickelt sich immer glänzender und anschaulicher. Das Skenengebäude ist das besterhaltene aller bisherigen Ausgrabungen. Nicht nur sämtliche Proskenien stehen noch in Situ, sondern sogar der Triglyphenfries und die zierlichen Geisa liegen in der westlichen Hälfte an der alten

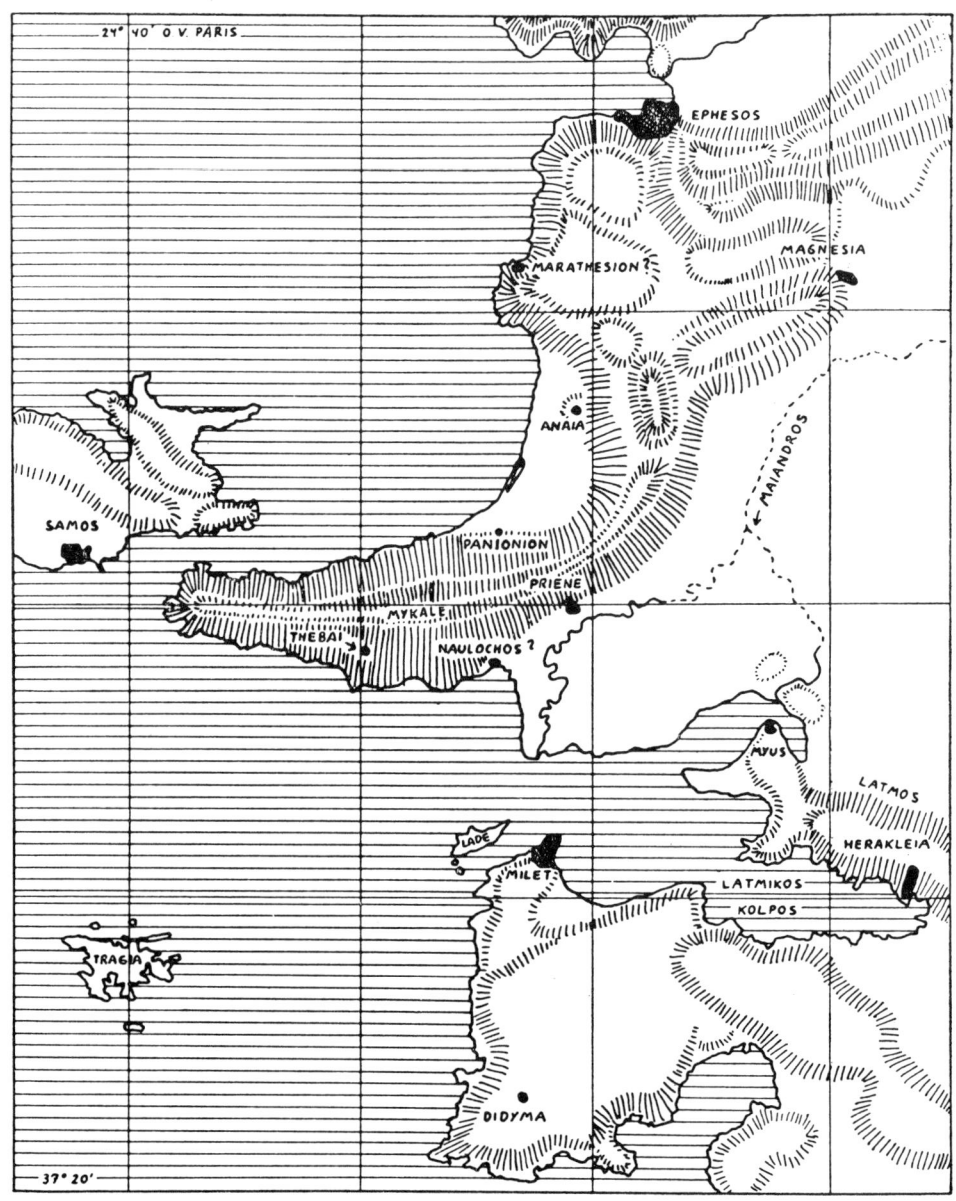

Mündungsgebiet des Mäander im Altertum

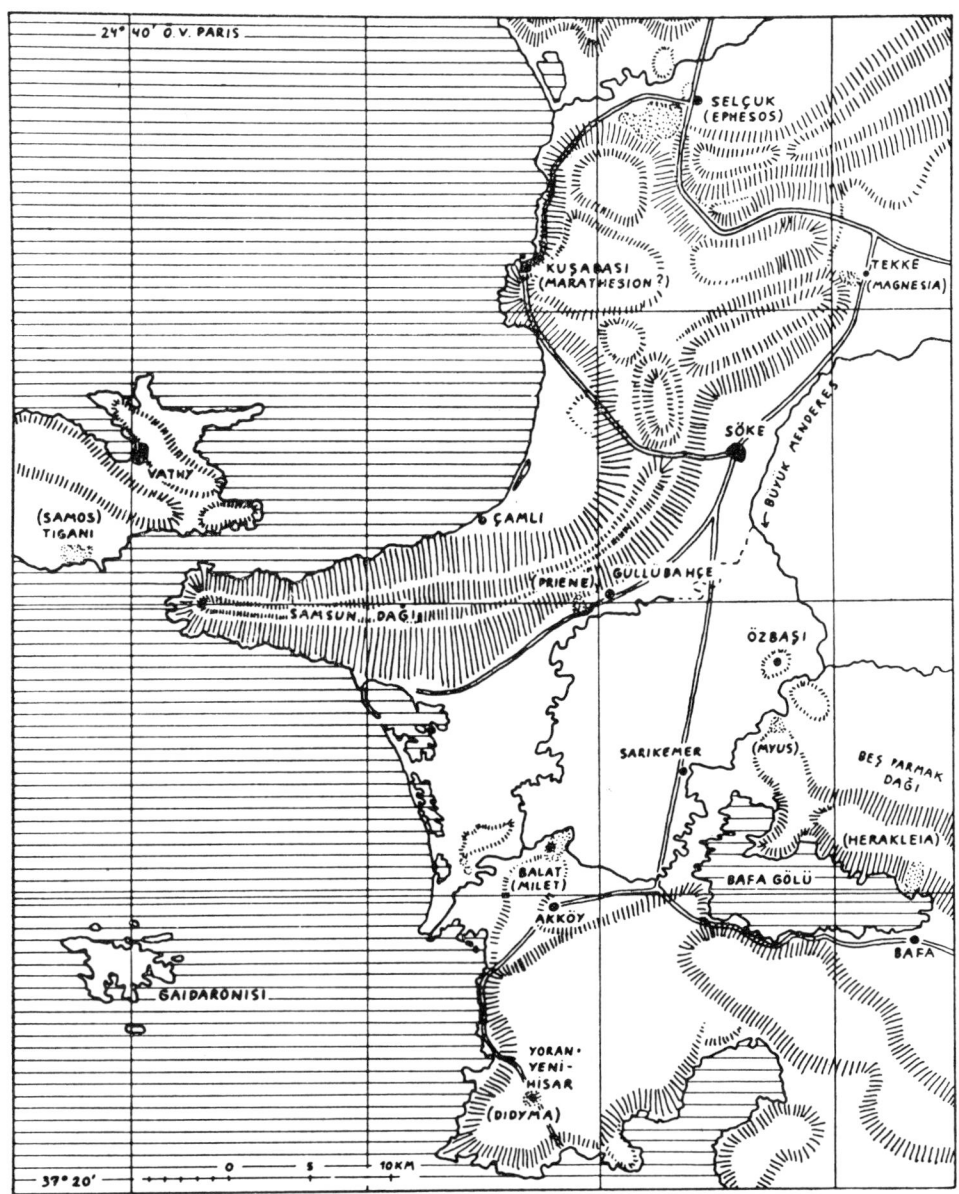

Mündungsgebiet des Mäander (Menderes) in der Gegenwart

Stelle. Selbst die reiche Polychromie ist in jeder Einzelheit noch deutlich, das bemerkenswerteste dabei ist jedenfalls, daß die Säulenschäfte einst hellrot gewesen sind.

Das außergewöhnlich gut erhaltene Theater von Priene gibt viele Aufschlüsse über die Bühnentechnik in hellenistischer und in römischer Zeit.

IM AUSGRABUNGSHAUS VON PRIENE
Th. W. an Schrader

Priene, 25. 10. 1897
Eben stand ich auf dem Balkon, die Ebene hängt voll schwarzer länglicher Wolken, und der Wind braust. Es ist zunehmender Mond, und das schmale junge Licht steht gerade auf der größten Schutthalde der Bahn wie ein hohes spitzes kaltes Feuer. Ein arbeitsamer Tag liegt hinter uns. Wilberg sitzt drin im Wohnzimmer zwischen Kamin und Teppich, den Strati beim Wiederaufhängen verkehrt herumgehängt hat, im Schaukelstuhl. Georgi, der ganz in meinen Dienst gegangen ist, kommt herein, zündet die Lampen mit den gelben Tuchschirmen an und verschwindet geräuschlos, um den Tee hinaufzubringen, den er auf den Tisch am Kamin stellt, der jetzt eine dunkelgrüne lange Decke trägt. Das Nikolaki, das ich ins Haus genommen habe, um ihn zum künftigen Diener zu erziehen, kommt bescheiden herein und bringt zwei Abklatsche, die er heute gemacht hat. Aber es war zuviel Wind, es ist nicht viel daraus geworden. Da sieht mich Nikolaki ganz traurig an, so daß ich ihn trösten muß und auf den »kakos ajeras« schimpfe. Auf dem Brett des Kamins, über welchem jetzt statt des Spiegels und der ganzen anderen Herrlichkeit nur ein großer Teppich hängt, stehen drei Bilder: des Kaisers mit dem kleinen Kronprinzen, Conzes nach Halils Aufnahme und Dein teures schwarzes Haupt, rabenschwarz wenigstens in der Fotografie. Humanns Bild hängt zwischen den Türen der zwei Schlafzimmer und hat eine schöne türkische Stickerei zum Hintergrund. Über dem Sofa am Fenster, auf das sich nur Fremde setzen, weil sie nicht wissen, wieviel Ameisen drin sind, hängt der Stadtplan von Priene.

MARIE SIEMENS BEGEGNET THEODOR WIEGAND

Das hübsche hölzerne Ausgrabungshaus Humanns in Priene ist heute noch vorhanden. Es wurde der Schauplatz der ersten Begegnung Wiegands mit seiner späteren Lebensgefährtin. Die Vorgeschichte dazu führt in die deutsche Wirtschafts- und Außenpolitik:

Die anatolische Eisenbahn: Im Jahre 1888 erhielt eine deutsche Finanzgruppe unter Führung der Deutschen Bank die Konzession für den Bau und Betrieb einer Eisenbahn vom asiatischen Ufer Istanbuls (Haydar Paşa) nach Ankara, die von der Anatolischen Eisenbahngesellschaft in wenigen Jahren erstellt worden ist. Eine Abzweigung dieser Strecke nach Konya wurde 1896 fertig. Von dort sollte sich später das Projekt der Bagdadbahn anschließen, für das 1899 die Konzession erteilt wurde. Die Konya-Linie ist 1898 während des Besuchs Kaiser Wilhelms II. in der Türkei offiziell eingeweiht worden. Aus diesem Anlaß reiste auch der geistige Urheber des Bahnbaus, der Gründer und Leiter der Deutschen Bank, Dr. Georg Siemens, mit seinen beiden ältesten Töchtern und einer Freundin derselben in die Türkei und besichtigte die neue Bahnstrecke. Seine nüchterne Einschätzung dieser für den inneren Zusammenhalt der Türkei bedeutsamen, technisch schwierigen Erschließung des inneren Anatolien, welche die Weltpolitik später als Teil des den Ersten Weltkrieg auslösenden deutsch-englischen Gegensatzes hochgespielt hat, kommt in dem folgenden, von Siemens ein Jahr später an Wiegand geschriebenen Brief zum Ausdruck:

Berlin, 26. 11. 1899
Die anatolische Bahn wird ja augenblicklich von der deutschen Presse, welche sonst so wenig hat, in den Himmel gehoben. Aber als Geschäft? Du lieber Himmel! Da bleibt sie immer eine Nebensache wie der Club der Harmlosen. Mir persönlich war diese Bahn recht nützlich, weil seit dieser Zeit die Leute angefangen haben, an mich zu glauben, und das ist nützlich, wenn man ernsthaft große Dinge verfolgt, aber diese Bahn selbst ist nur ein toter Strang, und die Begeisterung S. Majestät für Mesopotamien ist ohne tieferen Wert für die deutschen Interessen.

Die Siemensche Reisegesellschaft besuchte bei dieser Gelegenheit die Ausgrabungen in Priene.

Lili Siemens (Schwester Maries) an ihre Mutter

Smyrna, 12. 11. 1898
Priene ist eine ursprünglich Humannsche Grabung, jetzt führt sie ein Museumsdirektor Dr. Wiegand fort, bei dem wir uns zum Übernachten angesagt hatten. Man muß von der Station noch zwei Stunden schlechteste Dorfstraße fahren. Wer glücklich ist, darf reiten, und so fand Vaters Pferd trotz Herrensattels bald starke Konkurrenten in Ethel und mir. Bloß zur Ankunft in Priene ging Vater wieder drauf, um das Dekorum zu wahren.

Es war uns ein bißchen peinlich, uns in Priene so ohne weiteres bei dem uns völlig unbekannten Herrn Dr. Wiegand ansagen zu müssen; aber Vater meinte, das wäre ein Direktor der Museen, folglich ein älterer Herr, da ginge es sehr gut. Als wir in Priene ankamen, empfing uns an der Tür ein junger Herr, den Vater für den Assistenten des Herrn Dr. Wiegand hielt und an dem vorbei er freundlich grüßend die Treppe hinaufging. Doch der Herr kam ihm nach und meinte lachend, er wäre der Dr. Wiegand. Seine liebenswürdige, einfache Art ließ uns bald wie zu Hause fühlen.

Marie Siemens an ihre Mutter

Smyrna, 12. 11. 1898
Am anderen Morgen gingen wir noch auf die Akropolis *(von Priene),* eine Stunde gutes Klettern, von wo man dann senkrecht auf die alte Stadt sah, und weit hinaus ins Land und aufs Meer. Wir sahen die Stelle, wo das alte Milet lag, sahen die Seeschlacht bei Mykale, Tralles, den Berg Latmos mit der Sage von Endymion, alles Dinge, die ich im Frühjahr brav mit Annchen gelernt hatte und die nun da lagen, so ganz anders, als man sie sich vorgestellt hatte. Am anderen Nachmittag ging's zurück. Dr. Wiegand begleitete uns bis zur Station. Es tat uns leid fortzugehen, die Ausflüge ins Innere sind bisher noch immer die schönsten Tage auf dieser Reise gewesen.

BLICK AUF KONSTANTINOPEL
Th. W. an Schrader

Pera, 31. 1. 1898
Constantinopel, diese Stadt der Widersprüche, der Indiskretionen, der kleinen Schlauheit und der großen Kurzsichtigkeit, in der sich der Orient mit der europäischen Kultur zu einem widerlichen Mischmasch gepaart hat, ist so recht zum Erleben und Beobachten angetan. Zwei Zwingburgen beherrschen diese Riesenstadt: in Stambul, weithin thronend, der Palast der Dette publique, in Galata die ottomanische Bank, deren Quaderwände noch die Spuren der Geschoßeinschläge aus dem Armenieraufstand zeigen. Und dazwischen wimmelt es von schlecht gekleideten Menschen. Es ist, als ob alle alten Kleider Europas hier verkauft würden, seitdem der Sultan Mahmud die alte Türkentracht abschaffte. Der nüchterne Fez wird auf die Dauer langweilig. Man hat das Gefühl von wandelnden überreifen Erdbeeren, wenn man von weitem über die große Brücke blickt.
Ob sich der Blick des echten Türken wohl auch wie der meinige an der Pracht der Minaretts erbaut, dieser einzigen, die über die hiesige Dekadenz erhaben zu sein scheinen und die jetzt im abendlichen Ramasan-Lichterschmuck strah-

len, von deren Höhe herab zur Nachtzeit, ein starker Gegensatz zu unseren aufdringlichen Kirchenglocken, die Stimme des Hodja zum Gebet ruft? Ich kann mich dabei eines religiösen Schauders nicht erwehren, die lebendige Stimme hat für mich eine andere Kraft als das tote Metall.

Der »Conseil d'administration de la Dette Publique Ottomane« wurde 1881 bei der Zusammenlegung der Anleiheschulden der Türkei durch das »Muharrem-Dekret« von den Gläubigern als Verwaltungsrat der türkischen Staatsschuld gebildet. Die Hauptgläubiger waren Frankreich mit 40% und England mit 29%, Deutschland stand mit 4,7% an sechster Stelle der acht Gläubigernationen.

Die »Banque Imperiale Ottomane« wurde 1863 von einer englisch-französischen Bankengruppe gegründet. Der französische Einfluß war dominierend. Sie besaß das Recht der Notenausgabe und hatte als einzige große Bank der Türkei lange eine Monopolstellung in den türkischen Finanzgeschäften, die sie rücksichtslos auszunutzen gewohnt war. Darüber der Bericht des die türkischen Verhältnisse sondierenden deutschen Finanzmannes Alfred von Kaulla aus dem Jahre 1888:

»Von der Position der Banque Ottomane macht man sich in Deutschland eine total unrichtige Vorstellung. Die Erbitterung ist hier allgemein und insbesondere beim Sultan derart, daß eine erfolgreiche Konkurrenz kein sonderliches Kunststück ist. Der Finanzminister sagte mir heute noch wörtlich, er betrachte unser Auftreten hier als eine Erlösung aus den Klauen dieser Leute; die Banque Ottomane sei eine Bereicherungsanstalt für ihre Leiter und zweitens eine französische politische Agentur.«

Der Armenieraufstand: Das armenische Bergland liegt wie eine Bastion vor der anatolischen Hochebene im Westen und den iranisch-mesopotamischen Ländern im Osten. Die Handelswege zwischen Kleinasien und Persien führen über seine Pässe. Seit je befand sich daher der Siedlungsraum des armenischen Volkes im Schwerpunkt kriegerischer Auseinandersetzungen zwischen den Beherrschern Anatoliens und des Iran, bis um 1800 das russische Imperium im Zuge seiner unablässigen Ausdehnung den Kaukasus überschritt und als übermächtiger dritter Partner in das umstrittene Gebiet eindrang. 1828 entriß es Persien Eriwan, 1878 den Türken Kars, Ardahan und Batum. 1836 unterstellte es die uralte eigenständige armenische Kirche der Oberaufsicht des Zaren. Seitdem geriet diese nicht unberechtigt in den Verdacht der Parteigängerschaft mit der russischen Expansion. Zugleich drangen die Ideen des 19. Jahrhunderts von nationaler Selbstbestimmung in das armenische Volk, so daß dieses sein Heil teils von russischer Annexion, teils vom westlichen Nationalismus erhoffte. Dadurch kam es zu wachsenden Spannungen zwischen der türkischen Verwaltung und dem von den christlichen Großmächten, ins-

besondere Rußland und England, ungeachtet ihrer gegensätzlichen Interessen ermutigten armenischen Autonomiestreben. Auf diesem Nährboden gedieh zusätzlich die Kain-und-Abel-Feindschaft zwischen den ackerbauenden, stadtbewohnenden christlichen Armeniern und den im gleichen Siedlungsgebiet ansässigen, Weidewirtschaft betreibenden mohammedanischen Kurden, die sich mit zunehmender Bevölkerungszahl Weide- und Ackergründe streitig machten.

In den Jahren 1895 und 1896 kam es zu Unruhen zwischen den Armeniern und türkischen Kurden, die je nach Parteistandpunkt als Armenieraufstand oder Armenierverfolgung bezeichnet wurden. Als die Armenier sich von den Großmächten nicht wirksam unterstützt sahen, führte eine radikale Gruppe nach dem Vorbild der russischen Terroristen einen demonstrativen Schlag in der Hauptstadt, der Europa zur Parteinahme zwingen sollte: Die Verschwörer überfielen die Ottomanische Bank und besetzten das Gebäude, das von türkischen Truppen zurückerobert werden mußte. Der ohnehin zu Verfolgungswahn neigende Sultan ließ darauf zu, daß eine große Zahl von Armeniern – Schätzungen lauteten zwischen 80000 und 150000 – von fanatisierten Moslems erschlagen wurden. Die europäische öffentliche Meinung empörte sich zwar, aber geholfen hat das den Armeniern nicht. Vielmehr zeigte sich deutlich eine veränderte Konstellation der Großmächte gegenüber der »Türkischen Frage«. Das im Krimkrieg 1854/55 und im Kriege 1877/78 auf die Unterwerfung der Türkei ausgehende Rußland war jetzt mit Expansionen in Ostasien beschäftigt und wünschte währenddem keine Veränderungen im türkischen Bereich, weil dabei andere Mächte zum Zuge kommen würden, es wünschte schon gar nicht ein dem Westen zugewandtes autonomes Armenien. Großbritannien, das in den beiden Kriegen dem russischen Einfluß erfolgreich entgegengetreten war und das den Bestand der Türkei geschützt hatte, besaß jetzt große Teile Afrikas und war derzeit gegenüber den Buren in Südafrika und durch den Mahdiaufstand im Sudan gebunden; vor allem aber sah es für die Zukunft als Frucht eines Zerfalls der Türkei eine britische Landbrücke von Ägypten über Arabien und Persien hinweg nach Indien heranreifen, der gegenüber Bosporus und Dardanellen von untergeordneter Bedeutung erschienen. Frankreich hielt um jeden Preis zu seinem neuen russischen Bundesgenossen, Deutschland, dessen Band zu Rußland zerrissen war, hatte gerade begonnen, sich für die wirtschaftliche Entwicklung des zurückgebliebenen türkischen Reiches zu interessieren. So hatte sich die Lage der Türkei im Konzert der Großmächte zwar bedeutsam zum Schlechteren verändert, der Zeitpunkt, dieses offenkundig zu machen, war aber noch nicht gekommen. Die einzigen Opfer der veränderten Konstellation waren die Armenier, die den Großmächten vertraut hatten. Wäre in ihrem Volke ein Prophet gewesen, er hätte dessen späteres Schicksal in Flammenschrift an der Wand gelesen.

Sultan Mahmûd II. *(1808—1839) griff die von seinem Vorgänger Selim III. (1788—1807) seit 1793 unter dem Eindruck der Französischen Revolution eingeleiteten Reformen nach westeuropäischen Vorbildern wieder auf. Sultan Selim war deshalb durch einen Aufstand der Janitscharen gestürzt und ermordet worden. Mahmûd, durch das Schicksal seines Vorgängers gewarnt, ließ 1826 die im historischen Hippodrom Konstantinopels in aufsässiger Absicht versammelten Janitscharen durch ergebene Marinetruppen blutig vernichten, ein Akt, der von der Reformpartei »das verheißungsvolle Ereignis« genannt wurde. Das Verbot der alttürkischen Tracht, Turban und Kaftan, war unter diesen Umständen keineswegs bloß eine despotische Marotte.*
Die Bedeutung, die in der Türkei der Bekleidung zukam, wird am deutlichsten aus dem 1925 von Mustafa Kemal Atatürk erlassenen Verbot des Tragens jeglicher nichteuropäischer Kleidung. Dazu der Kommentar eines berufenen Beobachters, des österreichischen Gesandten in der neuen Türkei:

»Der Fes, griechischen Ursprungs ... hat eine religiöse und politische Bedeutung, denn er symbolisiert die Solidarität aller Untertanen des alten osmanischen Kaiserreichs. Die Moslems, die ihn tragen, stellen sich dabei vor, dadurch mutig den wahren Glauben zu bekennen und fühlen sich anderen Menschen überlegen. Gerade gegen diesen religiösen und politischen Stolz und gegen dieses falsche Überlegenheitsgefühl, die Fanatismus und Dünkel im Volke förderten, richtete sich der Erlaß. Der mohammedanische Türke sollte zu der Erkenntnis gezwungen werden, daß zwischen ihm und den Gläubigen anderer Nationen, insbesondere den Europäern, keine Wert- und Rangunterschiede bestehen.« *(August R. von Kral, Le Pays de Kamâl Atatürk. Übersetzung von André Robert.)*

Griechische Taufe
Th. W. an Schrader

Smyrna, 18. 4. 1898
Eben war ich bei Athanas in der Wohnung, wo wir den kleinen Petros getauft haben. Das ganze Haus war voll Weiber und Korizia, z. T. recht hübsche, auf dem Gang standen auch alte Männer. Ich wurde hineingeführt, auf das weiß überzogene Sofa gesetzt und von zwei etwas schnurrbärtigen Kiriai unterhalten. Das Taufbecken mit seinem Kreuz, Seife und drei gekreuzten Kerzen stand gerade vor mir, da kamen auch schon die drei Papades und fingen an zu singen, während wir uns die Kerzen anzündeten. Da die meisten Kinder die Kerzen dicht vor ihrem Gesicht hielten, so sahen die großen Augen noch größer und glänzender aus. Der Papas Nr. 1 sang wohl eine halbe Stunde, dann goß man in das Becken auf einmal warmes und kaltes Wasser zusammen.

Auch wird Öl hineingeträufelt. Dann brachte man zunächst den Kleinen, alles unter unablässigen Gesängen, der Papas machte eine Menge Kreuze über ihn, dann verschwand der kleine Balg wieder, um plötzlich splitternackt und rot und schreiend wieder zu erscheinen, worauf ihn der Geistliche dreimal bis zur Nase in das Becken versenkte. Aus diesem Bad, das sehr beruhigend wirkte, zog man ihn, um ihn in einem Bettlaken auf die Arme der Großmutter zu legen. Nun langte der Papas mit der Hand in ein Kaffeetäßchen mit Öl und bemalte den Ärmsten von oben bis unten mit Kreuzen, Kopf, Mund, Augen, Nase, Ohren, Brust, Nabel, Knie sowie auf der Rückseite. Das war der interessanteste Moment. Auch schnitt er ihm vier Haarlocken mit einer Schere ab, warf sie ins Taufbecken, das hierauf abgelassen wurde.

GENERALGOUVERNEUR KIAMIL PASCHA
Th. W. an die Mutter

In den Dardanellen, 26. 4. 1898
an Bord des russischen Dampfers General Tschiatscheff.
Die Muße der Seereise gibt mir endlich Gelegenheit, Dir wieder einmal ausführlicher zu schreiben und die letzten Ereignisse in Priene zu berichten. Da wird Dich denn am meisten wohl der Besuch des Generalgouverneurs interessieren. Kiamil Pascha ist ein 72jähriger Herr mit weißem Vollbart, gebogener Nase, schwarzen, sehr ernsten Augen, die aber mehr den Ausdruck schwerer Sorge als herber Strenge tragen, wie auch die furchenreiche Stirn. Denke Dir das kleine Männchen auf einem Sofa sitzend, ein Bein untergeschlagen und den Kopf mit dem nie abzulegenden Fez bedeckt, und das Bild ist fertig. Als Kisamil noch jung war, lebte er in Cypern, dann wurde er Offizier in Ägypten und zusammen mit den Söhnen des Vizekönigs erzogen. Dann trat er in die Verwaltung über, wurde Gouverneur von Damaskus, stieg immer höher, schließlich bis zum Minister hinauf und wurde endlich viele Jahre hindurch Großvezir, wobei er die Politik verfolgte, sich namentlich auf England zu stützen gegen das mächtig drohende Rußland. Da kamen die von England selbst genährten Intrigen in Armenien. Es kam zum Aufstand, Said Pascha, der Minister des Auswärtigen, floh damals vor seinem eigenen Sultan in die englische Botschaft und Kiamil Pascha wurde gestürzt und erhielt zugleich eine heimliche Tasse Kaffee, welche ihn ins Jenseits befördern sollte. Da er aber beim ersten Schluck das Gift ahnte und außerdem wohl einen sehr gesunden Magen haben muß, so kam er nach längerem Kranksein mit dem Leben davon und der Sultan sandte ihn, gewissermaßen in Verbannung, nach Smyrna, wo er ihn zum Generalgouverneur (Wali) der reichsten kleinasiatischen Provinz machte und ihm fürstliche Einkünfte zuwies. Hier ist er nun seit zwei Jahren und entwickelt eine gute Tätigkeit. Der Gouverneur hatte sich auf den ersten

Ostertag angesagt, um die Nacht da zu bleiben und den Montag wieder zurückzukehren. Dazu hatte er sich einen Extrazug einrichten lassen, in den er auch eigene Wagen und Pferde hatte verladen lassen, und als Begleitung hatte er folgende Personen: Abdulla Bey, ältester Sohn von etwa 25 Jahren, ein fetter harmloser Herr, Said Bey, zweiter Sohn von 16 bis 17 Jahren, sehr intelligent, schon Marineoffizier und mit zwei Orden auf der Brust, der Liebling S. Hoheit, der Stadtpräfekt von Smyrna, ein häßlicher schielender Türke mit Vollbart, viertens der Untergouverneur, ein stattlicher alter Fuchs. Diese alle, auch der 16jährige Sohn, betitelten sich Excellenz. Dazu kamen nun noch der Landrat des nächsten Kreises (Kaimakan), der Chef des öffentlichen Unterrichts der Provinz und der türkische Eisenbahnkommissar sowie zwei Hauptleute als Adjutanten des Wali.

ARCHÄOLOGISCHE VERWALTUNGSGESCHÄFTE
Th. W. an den Schwiegervater

Priene, 4. 2. 1899
Gegen Weihnachten erhielt ich von der Museumsverwaltung dringende Telegramme, ich solle mich sogleich nach Konstantinopel zur Betreibung der Ausgrabungserlaubnis von Babylon begeben. Hier war es noch sehr warm, in Konstantinopel fand ich Schnee und Eis, zog mir eine Erkältung zu und lag tags darauf mit einem wundervollen Malariaanfall, verschönt durch heftige Gelenkschmerzen, die ich als neue, noch nie gehabte Finesse besonders freudig begrüßte, zu Bett. Das war gerade am Bescherabend, zu dem mich Stemrichs eingeladen hatten. Am Neujahrstage konnte ich das Bett verlassen, um sofort ins Museum zu fahren und mit Hamdi Bey wegen der Überlassung gewisser Fundstücke aus Priene zu verhandeln. Verhandlungen, wie sie Gott sei Dank nur alle paar Jahre mal vorkommen. Unsere Stücke sind z. T. bereits in Berlin und es wird mir eine Freude sein, sie Ihnen später einmal in schöner Aufstellung zu demonstrieren. Inzwischen wurde auch der Firman erteilt, welcher verzögert worden war, weil das babylonische Terrain teilweise dem Sultan persönlich gehört, ferner konzedierten die Türken uns den Ankauf wichtiger altchristlicher Altertümer für das neue 1903 zu eröffnende Museum, und endlich sah sich der Sultan noch bemüßigt, mir für alles das den Medjidiéorden um den Hals zu hängen, worauf ich eiligst Konstantinopel verließ, um in unserem einsamen Priene zwischen Marmortrümmern über das Erlebte nachzudenken. Hier sitze ich denn nun mit meinem treuen Genossen Dr. Schrader und schreibe seit dem 20. Januar d. I. Kapitel für das Prienewerk, das wir am 1. April 1900 der Kritik unserer Mitmenschen zu überantworten hoffen.

Hamdi Bey hatte als Sohn des türkischen Botschafters Edhem Pascha zwölf Jahre in Frankreich verlebt, dort Rechtswissenschaft studiert und sich als Ma-

ler ausbilden lassen. Während der für die Türkei krisenreichen Zeit des russisch-türkischen Krieges 1877/78, der durch den Siegerfrieden von San Stefano und den für die Türkei milderen Berliner Kongreß beendet wurde, war Edhem Pascha Großwesir. 1881 galt es, den Posten des Leiters der Kaiserlichen Sammlungen neu zu besetzen. Dem Sultan wurde Hamdi dafür vorgeschlagen. Als er ablehnte, ließ der Sultan ihn kommen und stellte ihn vor die Wahl, Kommandant eines Kriegsschiffs oder Museumsdirektor zu werden.
Wiegand schreibt über ihn am 31. Januar 1898 an Schrader:

Hamdi ist ein geistvoller und gescheiter Mensch, durch seine Umgebung gerieben und gerissen, von warmem, impulsivem Naturell, phantasiereich. Seine Kinder sind gut und bescheiden erzogen, seine Frau von herzlichem Wesen. Man beweist mir ein entschiedenes Entgegenkommen, einen guten Willen zu guten Beziehungen, über den ich sehr glücklich bin. Hamdi hat doch auch in letzter Zeit (wegen jungtürkischer Gesinnung verdächtigt) übel mitgespielt bekommen, er trägt sehr schwer und recht anständig daran. Am meisten kränkt ihn, daß er nicht aus den Mauern Konstantinopels gelassen wird. Es war wirklich etwas schmerzliches darin, als er nach Durchsicht der Prienephotographien seiner Sehnsucht nach jenen Herrlichkeiten Ausdruck gab.

Hamdi hatte ein neues, fortschrittliches Antikengesetz durchgesetzt, das, wie heute allgemein, alle Funde dem türkischen Staat vorbehielt. In der Praxis galt aber, was die rivalisierenden Großmächte beim Sultan durchzusetzen vermochten. So hatte Österreich durch ein Handschreiben Kaiser Franz Josephs an den Sultan das Recht der Erstauswahl bei den Funden in Ephesos erhalten. Der russische Botschafter hatte gleiches für alle künftigen russischen Grabungen durchgesetzt. So konnten und wollten weder das Deutsche Reich im Zeitalter der rivalisierenden Großmachtpolitik noch die Berliner Museen als Träger kostspieliger Grabungsunternehmen eine mindere Rechtsstellung hinnehmen. Daß solche Teilungsverhandlungen spannungsreich und für die persönlichen Beziehungen belastend sein mußten, war unvermeidlich. Wiegand verstand es aber, auf die Mentalität seiner Partner, Hamdis und seines jüngeren Bruders Halils, der später sein Nachfolger wurde, einzugehen, indem er das persönliche Gespräch dem schriftlichen Geschäftsgange vorzog.

WIEGAND BEI KAISER WILHELM
Th. W. an seine Mutter

Berlin, 30. 5. 1899
Am Sonntag Mittag, um 1¼Uhr, war ich beim Kaiser zum Frühstück eingeladen, wie Du aus anliegender Karte siehst. Als ich in Potsdam ankam, stand schon eine kaiserliche Hofequipage bereit und nun ging's in schnellem Zug

durch die prachtvollen maigrünen Alleen bis zum Neuen Palais, das vom alten Fritz erbaut ist. Hier wurde ich in einem Warteraum geführt, ein schönes Rokokozimmer mit gelber Tapete und Goldleisten, altem Porzellan und niederländischen Gemälden, großem holländischem Kamin, dessen Kacheln den preußischen Adler abwechselnd mit FR trugen. Der Kaiser und die Kaiserin waren noch beschäftigt, den Kongreß für Bekämpfung der Tuberkulose im benachbarten Muschelsaal zu empfangen. Sobald die Herren fortgefahren waren, wurde ich herübergeführt durch eine Reihe von Zimmern und hier war bereits die Kaiserin mit ihrem Hofstaat, sie selbst in hellvioletter Seide. Sie redete mich sofort an und erzählte vom Empfang der Ärzte, dann trat auch der Kronprinz hinzu, ganz bescheiden wie ein Konfirmand, aber höchst verständig und sympathisch, übrigens dem Kaiser auffallend ähnlich. Alle übrigen Prinzen kamen nun auch herein, nur die jüngsten Kinder fehlten. Der Salon, in dem wir uns befanden, lag parterre, große Fenster bis herab, von da Blick und Ausgang in den Park. Da trat aus einer Seitentür der Kaiser mit lebhaften großen Schritten, redete sofort einen alten Herrn aus Belgien, der auch eingeladen war, französisch an, machte dann einige Scherze mit den Prinzen und nun gings gleich nebenan in den Speisesaal. Hier war für etwa 20 Leute gedeckt. Der Kaiser hatte mich noch nicht gesehen. Als er sich aber zu Tisch gesetzt hatte, sah er mich und winkte mir mit der Hand vergnügt zu, worauf ich mich halb erhob und verbeugte. Das Menü lege ich Dir bei. Das Essen dauerte ca. ¾ Stunden, es gab dazu zwei Rotweine und französischen Champagner, alles in alten kleinen Gläsern. Nach Tisch gings wieder in den Saal zurück und nun kam, während ich gerade mit dem Oberhofmeister der Kaiserin Graf Mirbach über die Kirche in Smyrna sprach, der Kaiser auf mich zu und reichte mir ganz ohne Zeremonien die Hand mit den Worten: »Nun W., wie gehts denn, was machen die Ausgrabungen?« Ich sagte, es ginge alles sehr gut, ich hätte Bilder und Pläne da und könne sie vorzeigen. Die wurden nun hereingeholt, dann traten wir an den runden Tisch in der Mitte, ich breitete aus. Gleich zu Anfang aber sagte ich dem Kaiser meinen alleruntertänigsten Dank für die Beförderung zum Direktor der Kgl. Museen in Berlin. Der Kaiser machte eine freundliche abwehrende Bewegung und sagte scherzhaft zu Graf Mirbach: »Ich habe mich ja sehr darüber gefreut, aber eigentlich ist er noch zu jung dazu.« Nun besahen wir uns alles ganz genau, es waren an 50 Bilder und Pläne. Es ist ein gutes Zeichen, daß der Kaiser sich auch die schwierigen Pläne ganz genau besah. Seine Freude, sein Erstaunen wurde immer lebhafter, kurz, es gefiel ihm brillant und als ich ihm gar noch plastische Fundstücke zeigte, war die Freude noch größer. Alle Prinzen und die Kaiserin standen dabei und die Sachen gingen von Hand zu Hand. »Solche Sachen müßte man in den Schulen verbreiten« meinte der Kaiser. Ich erzählte ihm nun, ich habe auch das Kasseler Gymnasium besucht und auch gefunden, daß wir von der antiken Kunst zu wenig gezeigt bekommen hätten. »Ja, sagte der Kaiser, das ist ganz richtig. Übrigens bin ich gestern noch in Kassel am Gymnasium vorbeigefahren, den ›Gideon‹ habe ich auch gesehen.« (Das ist Geh. Rat Vogt.) Wir sprachen dann noch längere Zeit über die Bedeutung der Funde, dann endlich, nachdem SM immer und immer wieder die Sachen angesehen, zog sich der Hof zurück, wobei der Kaiser mir wieder kräftig die Hand gab und Waidmannsheil wünschte. Bald darauf empfahl ich mich mit den übrigen Gästen, derselbe Wagen fuhr mich wieder zurück und um 5 war ich wieder in Berlin, wo Schrader eben von Stolp zurückgekommen war, dem ich alles sofort erzählte. Ich bin glücklich, ein so lebhaftes Interesse beim Kaiser erweckt zu haben und ich weiß Dir zu Deinem Geburtstag nichts besseres zu Füßen zu legen, denn der Mutter gebühren die Erfolge der Kinder, denn die Mutter hat sie bereitet.

Das kaiserliche archäologische Interesse an Wiegands Arbeiten war für dessen wissenschaftliche Ziele von großer praktischer Bedeutung, sowohl wegen des Einflusses des Monarchen auf die Gestaltung des Museumsetats des preußischen Kultusministeriums wie auch wegen eventueller Zuwendungen aus dem kaiserlichen Dispositionsfonds. Aus diesem erhielt Wiegand in den nächsten Monaten 40000 Mark für die Grabungen in Milet. Seine Braut beglückwünscht ihn dazu am 11. September 1899: »Ich gratuliere zum Kaiser, er ist doch ein einsichtsvoller Mensch, wir wollen ihm zum Lohn auch was schönes ausgraben. Ja, wenn wir erst so weit wären —.«

ERFAHRUNGEN MIT DEM TÜRKISCHEN ZOLL
Th. W. an die Schwiegermutter Elise Siemens

Konstantinopel, 8. 8. 1899
Ich kam frühmorgens hier an, der Tag ist strahlend schön, die Stadt kommt mir, in ihrem zarten Silberduft verschwimmend, unvergleichlich viel interessanter vor, als ich es in Erinnerung hatte, kurz, ich empfinde von neuem, wie hier im Süden die Elemente des Malerischen sehr viel klarer und voller zu Tage treten, als im diskreten Licht unserer Landschaften. Und doch sehne ich mich ein bißchen nach den verschwimmenden Waldlinien am Ahlsdorfer Horizont!
Komische Sachen sind mir auch schon passiert, auf der hiesigen Douane untersuchte man die Koffer. Der größte enthielt außer einigen antiken Schriftstellern auch einige Bände Byron und Marieles großes Bild. Als ich dem einen der beaufsichtigenden Spitzbuben den Bakschisch nicht rasch genug gab, wollte er das alte Latein und den Byron behalten, der andere aber meinte, er müsse Mariele dabehalten, wogegen ich mit Erfolg grob wurde. Kaum war ich im Hotel, so setzte sich der Oberspitzbub ins Café nebenan und ließ mir sagen,

er wolle einen Bakschisch dafür, daß er mir das Mariele gelassen hätte. Ich sandte ihm 1 frs, den nahm er nicht, dann 2 frs, nahm er auch nicht. Nun amüsierte mich der Spaß. Ich ging herunter und gab ihm einen Medjid — den nahm er und ging vergnügt davon. So kanns einem gehn, wenn mer verlobt ist. Und nun Schluß, ich gehe Wohnung suchen.

AUF WOHNUNGSSUCHE IN KONSTANTINOPEL
Th. W. an seine Braut Marie Siemens

Konstantinopel, 10. 9. 1899
Bevor ich nach Therapia (zur Frühstückseinladung beim Botschafter) fuhr, habe ich am Sonntagvormittag von 7 bis 11 Wohnungen angesehen. Den Wert der von mir angesehenen Sachen kannst Du daran ermessen, daß, als ich im Anschluß an meine Wanderung zu Stemrich ging, dieser mir geschwind vom Rockkragen zwei — sit venia verbo — Wänzchen ablas und zum Fenster seines Arbeitszimmers hinauswarf.
Ich habe den Eindruck, daß Du, wie ich Dich jetzt kenne, Dich leicht und mit Humor in die hiesigen Eigenheiten hineinfinden wirst, in denen wir ja schließlich doch noch zu den besonders Bevorzugten gehören, sowohl was Lebensführung als Interessen- und Bekanntenkreis angeht. Das macht mich unendlich vergnügt, daß ich Dir das alles zutrauen darf. Und sollte es uns im bunten Süden doch einmal gar zu bunt werden, dann setzen wir uns zusammen und schreiben den orientalisch-realistischen Roman, eine neue Literaturspezies, ein Gegenstück zu Rudolf Lindaus sauber gewaschenen Clacéhandschuh-Novellen.

ERDBEBEN IN SMYRNA
Th. W. an Marie Siemens

Priene, 22. 9. 1899
Ich sitze hier im großen Zimmer, absichtlich an der Stelle, wo ich zur Zeit Deines Aufenthaltes neben Dir saß. Draußen ist Vollmond, zauberhafte Lichtwogen fluten über das tiefe späte Sommergrün und von Zeit zu Zeit rüttelt ein gehöriges Erdbeben das Haus in den Grundfesten. Jenseits des Gartens heulen die Schakale ein freundliches Willkommen. Manchmal komme ich mir in dieser Situation heimatloser als eine Wildgans vor, manchmal aber durcheilt mich die Empfindung, als ob ich wieder recht in das mir vom Schicksal bestimmte Reich gekommen wäre. Lieber Schatz, hast Du, um den Ausdruck Deines lieben Vaters noch einmal zu gebrauchen, hast Du Dirs denn auch wirklich genau überlegt? Vorgestern Nacht 2 Uhr habe ich ein 37 Se-

kunden langes Erdbeben ausgestanden (in Smyrna), das Dir wenig Freude bereitet haben würde. Als ich aufwachte, glaubte ich auf hoher See zu fahren, so sehr gingen die Fenster draußen auf und ab. Übrigens blieb ich ruhig im Bett, sagte mir, daß ein so langes Erdbeben überhaupt unerlaubt sei und kehrte mich auf die andere Seite, wo ich alsbald wieder einschlief, ohne von den nachkommenden Stößen das geringste zu spüren. Ich konnte mir aber ein gewisses Gefühl des Amüsiertseins bei dem Gedanken, was Du wohl hierbei gedacht hättest, nicht versagen. Ob Du wohl auf die Straße gerannt wärst, wie meine verehrte französische Zimmernachbarin? Ob Du unter die Türumrahmung geeilt wärst, wie die meisten Erdbebenexperten empfehlen? Ich glaube, mein System war doch das Beste. Übrigens habe ich Dich jetzt genug vergruselt: solche Katastrophen kommen nur alle 30 Jahre in derartiger Stärke vor. Du kannst Dir denken, daß ich mit einem Gefühl großer Spannung heute nach Sokia reiste. Steht wohl das Häuschen noch in Priene? Ist wohl das neue Steinhaus in Milet noch vorhanden? Von der Existenz der ersteren kann ich das beste berichten, dazu, daß der Garten reizend gewachsen ist und die ersten selbst gezogenen Pfirsiche heute auf meiner »Tafel« prangten. Milet werden wir morgen besehen.
Das alte Expeditionshaus zu Magnesia *(am Mäander)* aber fand ich ruiniert. Der Giebel war aufs Nachbarhaus gefallen und hatte dort auch noch das Dach durchschlagen und den Backofen zertrümmert. Die prachtvolle alte Brücke bei Kemer über den Mäander hat einen bösen Knax bekommen. Die Kamele müssen einen großen Hupps machen, wenn sie nicht durch den klaffenden Spalt ins Wasser fallen wollen. Das Stationsgebäude ist auch zu seinen Ahnen versammelt. Ich reise mit einer Ärztekommission zusammen, von der ich erfuhr, daß bis jetzt ca. 300 Todesopfer bekannt sind. Was will das heißen, wenn man bedenkt, wie unglaublich liederlich gebaut wird? Unser wohlgebautes Prienehaus, das ich heute genau untersucht habe, hat nicht den geringsten Riß! Ich bin ganz stolz darauf.

Beginn der Grabung in Milet
Th. W. an Marie Siemens

Milet, 28. 9. 1899
Am Morgen nach meinem letzten Brief bin ich durch die durstige Ebene hinübergeritten und habe von Milet Besitz ergriffen. Die Hütten der Juruken sah ich fern in der Fata morgana schweben, es war, als ob im latmischen See große Pfahlbaudörfer entstanden wären, und die heiße Luft ging in großen Wogen über die gelben Grasflächen. In dieser großartigen Einsamkeit der weiten Landschaft kam ich mir doch etwas eroberermäßig vor mit dem Plan im Kopf, die da drüben schlafende Millionenstadt zu neuem Leben aufzurütteln. Im Dorf

Balat liefen die Leute zusammen und begrüßten mich mit lautem »Hosch geldiniz!«, als ob ich ihnen das große Los mitgebracht hätte. Neue Caféhäuser und Backöfen sind entstanden, um die künftigen Arbeiter zu versorgen. Ich ritt durch und nach Akköi empor, wo ich auf luftiger Höhe schon von weitem das schneeweiße Haus mit dem roten Dach und dem grünen Holzwerk sah. Welche anmutige Überraschung, lieber Schatz! Es liegt nicht nur wundervoll da droben, sondern ist auch gründlich solide, fest gebaut und Mastro Athanas, unser Aufseher, dem ich den Bau übertragen hatte, hat sogar mehrere große Verbesserungen dazugefügt. Da stand ich nun auf der Veranda, die nach Norden zu der in Stresa an Größe nichts nachgibt, drunten lag Milet, Priene, Magnesia, die ganze Mykale, der Mäander, ein fast unermeßlicher Blick — auf der anderen Seite das friedliche Dorf mit Kirche und Windmühlen, darüber hinaus die See! Die Inseln Kos, Kalymnos, Karpathos, Leros, Patmos und verschiedne kleinere Inseln umgrenzen den Horizont weit, weit im blauen Duft, hier und da taucht ein weißes Segel auf. Schatz, wenn Du das hättest sehen können! Kurz, es hat selbst meine Erwartungen übertroffen, der ich ein verwöhnter »Südländer« bin.
Am folgenden Tag begann dann die Ausgrabung in bescheidenen Grenzen am heiligen Weg nach Didyma zu. Ich will Dir kurz mitteilen, daß die topographischen Anhaltspunkte sich als überraschend reich herausstellen, wir verfolgen bereits die Stadtgrenze der römischen Stadtmauer entlang und damit stellt sich eine fast unglaubliche Größe der Stadt heraus, die ich garnicht für möglich gehalten hätte, denn die Stadt reicht ja fast bis an die ersten Hügel nach Akköi hin. Nun sind wir schon im Inneren und gehen Schritt für Schritt dem heiligen Weg nach bis ins Herz. Am 3. Oktober will Marschall endlich kommen und dem »ersten Spatenstich« beiwohnen. Da hätte ich viel zu tun, wenn ich warten wollte, bis die Diplomaten zum ersten Spatenstich kommen. Immerhin werde ich ihn in dem Glauben lassen und eine entsprechende Zeremonie unweit des Theaters am Hafen veranstalten, wo einige Stücke aus der Erde ragen.

Th. W. an seine Mutter

Milet, 4. 10 1899
Wir haben hier zwei Tage lang große Feierlichkeit gehabt, die ganze Botschaft war da, Marschall wurde von mir am Meer vom Kriegsschiff abgeholt, wir besichtigten das neue, wunderbar schön gelegene, gesunde und behagliche Haus, wir ritten dann herunter in die Grabung und hier hielt ich eine Rede, in der ich die Bedeutung der Stadt hervorhob, die wir ausgraben wollten und in der ich Marschall als Vertreter S. M. des Kaisers bat, die Arbeit zu eröffnen. Er dankte und sprach eine lange Rede und brachte ein Hoch auf den Kaiser

und den Sultan aus. Hierauf traten wir hinaus, ich gab das Kommando und sofort begannen die 60 Arbeiter zu hacken und zu schaufeln, die Feldbahn rollte, und es war ein glanzvolles Bild. Dann führte ich ihn im Stadtgebiet herum und brachte ihn nach Priene. Hier großes Mittag- und Abendmahl, wobei der Botschafter eine wunderschöne Rede auf Mariele hielt, Telegramm an Kaiser und Sultan. Eben ist er wieder auf die Loreley gestiegen, ich bin totmüde, habe drei Nächte nur vier Stunden geschlafen, aber das muß ich Dir, bevor ich mich hinlege, doch alles schreiben.

Th. W. an Marie Siemens

Milet, 15. 10. 1899 an einem wunderschönen Sonntag.
Man glaubt garnicht, wie weit hier der blaue Himmel ist und wie sehr solcher Anblick ein Gefühl von Freiheit erweckt und wie das Herz so weit und leicht wird, wenn Du Dich in diese tiefe Farbe versenkst, wie sie sonst nur noch auf uralten Kirchenbildern aus kunstvollstem Email vorkommen mag. Vom Meer herauf kam ein leichter leiser Hauch und sang mir fortwährend die Holländer-Melodie in die Ohren »ach lieber Südwind...«.
Mariele, halt den Daumen, haltet alle den Daumen, denn wenns so weitergeht, wird Milet fein. Man wird Dir erzählen, daß in der Löwenbucht ein sehr wichtiger theaterförmiger Marmorbau von großen Dimensionen herauskommt. Damit habe ich einen vortrefflichen Ausgangspunkt in einer der wichtigsten Gegenden der Stadt. Ich war selbst doch sehr überrascht, als sich gerade dieser Befund ergab, der uns ein Odeion, vielleicht — nach Priene bin ich zu der Annahme berechtigt — das Rathaus von Milet bringt. Nun werden noch Wochen vergehen, bis das alles ganz herausgeschält ist. Du solltest den Wust kolossaler Trümmer sehen, der in diesen Versuchsgräben liegt. Um wieviel glücklicher bin ich doch mit meinen Hypothesen gewesen, als die Österreicher in Ephesos! Immer fester und fester ziehe ich nun mit Hilfe der Stadtmauernachgrabung die Grenzlinien des Bildes, schon beginnen wir das Straßennetz zu verfolgen, 4—500 m weit sind wir mit dem heiligen Weg bereits in die Stadt eingedrungen und morgen treffe ich Anstalten, ihn bis zur Löwenbucht, — so genannt von uns wegen der zwei kolossalen neugefundenen Marmorlöwen am Hafeneingang — festzustellen. Wer weiß, vielleicht endet er in einem städtischen Heiligtum.
Heute bin ich den ganzen Nachmittag im Felde des Dorfes Akköi herumgestrolcht. Ich weiß jetzt, nachdem ich sozusagen jeden alten Stein in jedem Acker beguckt und umgedreht, wie die heilige Straße nach Didyma zu verlief und habe dabei auch noch ein riesiges römisches Wasserreservoir für die Stadtleitung gefunden. Kurz — wo Dus packst, da ist es interessant.

Th. W. an Marie Siemens

Milet, 26. 10 1899
Ich habe hier schon erhebliche Verschönerungen angebracht: Der Hügel, 130 m über dem Meer, ist 6 Morgen breit. Herr Wilski hat einen 3½ m breiten Fahrweg mit eleganten Schleifen hergerichtet und ich habe die Ränder des Weges und des Hügelrandes mit 400 Agaven bepflanzen lassen, im Frühjahr kommen Mispeln, im Winter werden Fichten und Weiden gepflanzt. In ein paar Jahren haben wir einen hübschen Park. In der Nähe des Hauses soll gelber Krokus gepflanzt werden, weiter ab eine Gruppe Cypressen. Das Holzwerk der Veranda soll von Klematis und wildem Wein umrankt werden, wenn möglich auch mit Glyzinien. Gleichzeitig habe ich mich nach der besten und billigsten Methode einer Brunnengrabung umgesehen. Gelingt es, Wasser zu finden, dann wird es paradiesisch. *(Es gelang nicht.)*

Das von Wiegand auf einem beherrschenden Hügel in wahrhaft königlicher Lage errichtete Ausgrabungshaus ist in den Wirren der Kriegsjahre um 1920 zugrunde gegangen. An der gleichen Stelle steht heute ein Neubau des Deutschen Archäologischen Instituts.

Milet: Die archäologische Erforschung Milets erwies sich als ein ungeheures Unterfangen. Sie hat Wiegand 12 Jahre lang festgehalten, und nach den Unterbrechungen zweier Kriege geht sie jetzt auch im siebten Jahrzehnt noch weiter.
Mühsamer Landkauf und groß angelegte Entwässerungsarbeiten waren dem Beginn der Grabung vorausgegangen. Trotzdem wurde die Malaria die Berufskrankheit seiner Ausgräber. Die Stadt, die Wiegand mit seinen ersten, überaus glücklichen Suchgräben anschnitt, war jenes Milet, das 50 Jahre nach der Zerstörung (494 v. Chr.) durch die Perser am Ende des Ionischen Aufstandes nach den Plänen seines berühmten Sohnes Hippodamos neu erbaut worden war und das bis lange in die Seldschukenzeit Bedeutung behalten hat. Eine schöne, von Wiegand konservierte Moschee, laut Bauinschrift von 1401, zeugt davon ebenso wie der türkische Ortsname Balat = Palatium.
Über die Lage des zerstörten altionischen Milet blieben die Meinungen zu Wiegands Lebzeiten geteilt. Auch schöne Fundstücke aus jener Zeit, darunter ein ergreifend trauernder Löwe von einem Grabmonument, heute im Pergamonmuseum, gaben keinen sicheren Aufschluß. Heute wissen wir, daß, wie Wiegand annahm, das archaische Milet unter dem hellenistischen gelegen hat, unter diesem aber noch ein mykenisches und ein minoisches. Erst die Trockenlegung der Mäanderebene nach 1950 und der Einsatz großer Pumpen, die der neuen Baumwollkultur dienen, hat mühsame Stichgrabungen in diese Tiefen, weit unter dem jetzigen Grundwasserspiegel, möglich gemacht.

Milet ist also eine der ältesten Städte im ägäischen Raum und mit dessen Geschichte vielfach verknüpft. In der Ilias (II, 868 ff.) wird es als im Besitz der »barbarisch redenden Karer« genannt, die unter einem königlichen Anführer Nastes Troja Heerfolge leisten. Auch diese karische Zwischenherrschaft ist heute archäologisch glaubhaft nachgewiesen.
Das archaische Milet ist von Griechenland aus besiedelt worden. Die Nachkommen des homerischen Nestor, dessen um 1200 von den Dorern zerstörter Palast nördlich von Pylos gefunden worden ist, die Neliden, erscheinen nicht nur in der athenischen Hocharistokratie, auch in Milet ist das Standbild eines Gründerheros Neleus nachgewiesen und sein Grab bezeugt. Eine Besiedelung über See erweist auch das sehr alte Heiligtum des Apollon Delphinios, des über das Meer gekommenen Gottes, am Hafen.
Die Lebenskraft des altionischen Milet war außerordentlich. Um über 80 Tochtergründungen hat die Bürgerschaft die griechische Welt, besonders ins Schwarze Meer hinein, erweitert. In Milet wurde das phönikische Alphabet dem griechischen angepaßt, wurden die ersten griechischen Münzen geprägt. Das milesische Geistesleben im 6. Jahrhundert wirkt bis in die europäische Gegenwart. Thales, laut Aristoteles der Urvater der Philosophie, erfaßte die wirkenden Kräfte des Kosmos in dem Satz »Überall sind Götter«. Er sagte die Sonnenfinsternis des Jahres 585 v. Chr. voraus. Anaximander erkannte die Erde als einen frei im Raume schwebenden Körper, Anaximenes lehrte, nicht das Firmament, sondern die Erde drehe sich um sich selbst, und das Licht des Mondes sei ein Reflex der Sonne. Er schuf eine Weltkarte und war ein Vordenker Newtons und Darwins. Hekataios, vor Herodot der Großvater der Geschichtsschreibung, stellte sich das Postulat, zu schreiben, »wie es mir wahr zu sein scheint«. Welch ein Abstand zu den Hofhistoriographen der östlichen Despotien – bis zum heutigen Tage!
Im Jahre 499 v. Chr. setzte sich das selbstbewußte Milet an die Spitze des ionischen Aufstandes gegen die persische Großmacht, die sich 47 Jahre zuvor das lydische Reich des Kroisos einverleibt hatte und bis zur Küste vorgedrungen war. Aber das Soldatische war den beweglichen Ioniern zuwider. Die Mannschaft der die Perser erwartenden Flotte hatte keine Lust zu anstrengendem Exerzieren, und als die Perser kamen, fuhren die kampfstarken Dreidecker der samischen Flotte, die Neukonstruktion des 5. Jahrhunderts, so wie die Dreadnoughts die des 20. Jahrhunderts, nach Hause. Das Schicksal des Polykrates ließ es ihnen geraten erscheinen, lieber aus der Hinterlassenschaft Milets Nutzen zu ziehen. So erlag die Stadt 494 in der Seeschlacht bei der Insel Lade, die heute ein flacher Hügel in der Mäanderebene ist.

Wiegands erste Orientierungsgrabung traf fast alle wichtigen Bauten der hellenistisch-römischen Stadt: das Rathaus, mit seinen 500 Plätzen, ein Beweis für repräsentative Demokratie in der mindestens 70000 Einwohner umfassen-

den Stadt, und — um 170 v. Chr. entstanden — die erste weltliche Repräsentationsarchitektur der Antike, das dreitorige, zweigeschossige dekorative römische Markttor zur Hafenstraße, das üppige dreistöckige römische Nymphäum (Brunnenhaus) am Ende der Wasserleitung, das auf einem geräumigen Versammlungsplatz für die Didyma-Prozession stehende, schon erwähnte Delphinion und die beiden den Eingang der »Löwenbucht« bewachenden riesigen Marmorlöwen, die Wappentiere Milets. Viele Teile dieser Bauten sind aus byzantinischen Festungsmauern zurückgewonnen worden.

Das monumentalste Bauwerk von Milet, das keiner Ausgrabung bedurfte, ist ein riesiges, 25 000 Zuschauer fassendes Theater mit einer Kaiserloge aus der Zeit Marc Aurels, dessen Gattin Faustina der Stadt ein großes, ebenfalls noch erhaltenes, prächtiges öffentliches Bad gestiftet hat. Beide zeigen, wie wenig »provinziell« die römische Provinz gewesen ist.

Für einen so stark besetzten Theaterraum ist die Organisation der reibungslosen gleichzeitigen Entleerung von den Zuschauermassen ein Anliegen von größter Wichtigkeit. Hinter den Sitzreihen verlaufen daher in drei Geschossen breite gewölbte Gänge und ins Freie führende Treppen, ausgezeichnete Kasematten der später aufgesetzten byzantinischen Festung. Jedoch nur ein Teil des Theaterrunds lehnt sich nach griechischer Weise an einen Hügel, von dem der Blick weit in die Mäanderebene schweifen kann. Beträchtliche Teile der Zuschauerreihen sind kühn den frei errichteten Gewölbekorridoren römischer Zeit vorgelegt. Mit der Schwierigkeit dieser für Griechen neuartigen Konstruktion hängt vermutlich die sogenannte »Streikinschrift« zusammen, die im obersten Treppenabgang des Theaters angebracht ist. Sie richtet sich an das Orakel von Didyma und lautet:

»Die Maurer, die vereinigt sind um Epigonos, die an dem Teil des Theaters arbeiten, dessen Unternehmer Ulpianos Heros und dessen Bauleiter der Architekt Menophilos ist, fragen den Gott: Sollen sie die Bogen und die Gewölbe über die Säulen spannen und diese Arbeit auf sich nehmen oder sollen sie sich nach anderer Arbeit umsehen?« Das Orakel antwortete:
»Der erfahrenen, klugen Baukunst und dem Rat des geschickten, vortrefflichen Mannes empfiehlt es sich zu folgen und der Pallas Triogeneia und dem starken Herakles mit Opfern flehend zu nahen.« (E. Ziebarth, Kulturbilder I)

Sollten nicht Zweifel an der Sicherheit der neuartigen Gewölbekonstruktion die um den guten Ruf ihrer Bauhütte besorgten Bauleute bewogen haben, ein statisches Gutachten anzufordern, für das sich mangels einer Technischen Hochschule die in ihrer Weltklugheit bewährte Orakelpriesterschaft anbot? So betrachtet erscheint die Antwort des Orakels keineswegs, wie man gefunden hat, dunkel. Sie bestätigt den Fragenden die Verläßlichkeit des Konstruktionsplanes und seines Urhebers.

1900–1904

ÄRZTLICHE VERHÄLTNISSE — STEINRAUB IN MAGNESIA
Th. W. an seine Frau

(Theodor Wiegand und Marie von Siemens hatten am 14. Januar 1900 in Berlin geheiratet.)

Milet, 26. 9. 1900
Ich habe in diesen Tagen Muße gehabt, mich daran zu erinnern, daß wir in der Türkei wohnen. Zunächst waren es Betrachtungen über den ärztlichen Stand. In Sokia wird er von Griechen und Armeniern ausgeübt, oder »verübt«, sollte man sagen. Als ich meinen armen Arbeiter Hussein voriges Jahr mit zerschmettertem Fuß nach Sokia transportieren ließ, ließ man ihn die ganze erste Nacht der Ankunft im sog. Hospital ohne Bett, ohne Essen, ohne Wasser und ohne Arzt mit der blutenden Wunde liegen. Man hat ihm dann in Smyrna den Fuß abgeschnitten. Nun bin ich schon den ganzen Sommer daran, für ihn einen künstlichen Fuß zu besorgen. Nach Deyckes Instruktion sagte ich dem griechischen, in Athen promovierten Arzt, er möge mit Gipsbinden den Stumpf abformen, eine ungemein leichte Prozedur. Jetzt schreibt mir nach 14 Tagen der Stationsvorsteher, ich möchte doch den Hussein nach Smyrna senden! Keiner der hiesigen Ärzte wisse mit Gipsbinden umzugehen und dabei ist doch dies Verfahren bei jedem Knochenbruch üblich! Ist das nicht kriminell?
Wilski kam gestern abend vergnügt von seinen Vermessungen in Thera hier an und brachte mir folgende Neuigkeit: Auf dem Platz der großen Kaserne in Smyrna soll ein Marmorbrunnen zum Andenken an das 25jährige Regierungsjubiläum des Sultans errichtet werden. Woher aber den Marmor nehmen und möglichst billig? Da sind die deutschen Ausgrabungen in Magnesia am Mäander, sie liegen dicht an der Station Morali, was hindert also, die Blöcke fortzunehmen, hat doch, als Humann auf dem Sterbelager lag, der Gouverneur von Aidin, derselbe, der bei dem großen Erdbeben voriges Jahr erst am dritten Tage sein Landgut verließ, um sich den Schaden zu besehen, der so viel Menschenleben vernichtete — hat doch dieser tüchtige Verwaltungsmann schon damals den Tempel und den Markt geplündert, um eine Brücke in Aidin zu bauen, hat man doch nach diesem Beispiel den kleinen Zeustempel auseinandergerissen, um eine Moschee in Smyrna, wofür ein

frommer Türke sein Vermögen testiert hatte, zu bauen? Und billig zu bauen, damit für den Erbauer doch auch noch etwas übrig bleibt! Für diese Fontaine sollte es also wieder so gemacht werden. Zwei Wagen sind schon vollgepackt und stehen auf der Station. Jetzt schreibt mir aber der Stationsvorsteher rechtzeitig. Ich habe sofort an Kiamil Pascha telegraphiert und ihm mitgeteilt, ein Regierungsingenieur befasse sich mit dem Transport, ich sei aber überzeugt, daß S. H. von dieser Beraubung nichts wisse. Ich bins auch wirklich. Denn erstens ist Kiamil ein Altertumsfreund und zweitens hat er vor mehreren Jahren, als ich ihn von der Zerstörung des Zeustempels benachrichtigte, den Befehl gegeben, man solle die Steine wieder an den alten Ort zurückbringen. Wir werden nun sehen, welchen Erfolg mein Telegramm diesmal hat. Eigentlich ist in Magnesia ja schon alles ruiniert und auseinandergerissen, Artemistempel, Zeustempel, Südwestbau und Theater. Aber aus Prinzip muß doch wieder protestiert werden. Deshalb schreibe ich auch gleichzeitig an Hamdi.
Gestern meldete mir ein Arbeiter, er sei auf dem Wege zur Ausgrabung von vier Coldjis (Tabakwächtern) angehalten worden, mit dem Gewehr bedroht, festgehalten und nach Contrebande durchsucht. Da habe man denn in seiner Tabaksdose einige frische Blätter gefunden. Man nahm ihm den Esel fort, bedeutete ihm, abends nach der Lohnzahlung mit einem tüchtigen Lösegeld wiederzukommen. Statt dessen kam ich in das dunkelnde Dorf. Es war wie eine Scene aus der Cavalleria Rusticana. Von allen Häusern kamen die Leute herbei, während ich dem Raubgesindel eine Standrede hielt, Volksgemurmel, Gestikulation, endlich wurde der reklamierte Esel in die Mitte geführt und fing entsetzt an zu brüllen, worauf der brave Arbeiter ohne Lösegeld triumphierend abzog. Ich meinerseits habe nachdrücklich erklärt, daß ich jede Erpressung oder Bedrohung der persönlichen Freiheit aufs entschiedenste verfolge. Du glaubst garnicht, welch ein Gesindel hier im Namen der Staatsgesetze die Einwohner belästigt. Heute sind sie Zollwächter, morgen Schmuggler.

Magnesia am Mäander (zum Unterschied von Magnesia am Sipylos, dem heutigen Manisa, 40 km nordöstlich von Izmir) lag im Altertum am Unterlauf dieses Flusses, 25 km vor dessen Mündung in den latmischen Golf in der Gegend des altionischen Myus. Die Stadt ist auf mannigfaltige Weise mit Episoden der griechischen Geschichte verknüpft.
Im Jahre 522 überlistete hier der persische Satrap Oroitas seinen Gast, den seebeherrschenden Tyrannen Polykrates von Samos, und verurteilte ihn wegen Verrates zum Tode am Kreuz. Auch der große Themistokles endete in Magnesia. Dieser weitschauende Politiker, noch 476 in Olympia gefeierter Retter des Vaterlandes vor den Persern, politischer Führer der grundbesitzlosen Bürgerschaft, verfiel im Jahre 471 der politischen Verbannung durch die konservative Mehrheit, der bald eine schmähliche persönliche Ächtung durch seine Feinde in Sparta und Athen wegen angeblicher Konspiration mit Persien

folgte, die ihn zum rechtlosen Flüchtling machte. Da er weder in Argos noch in Kerkyra Sicherheit fand, wandte er sich 464 an den Großkönig Artaxerxes I., der als Grandseigneur den Besieger seines Vaters mit Magnesia und Myus belehnte. Dort ist er 460 unter nicht klaren Umständen gestorben, vielleicht durch Selbstmord, um dem Befehl des Großkönigs zu entgehen, eine Streitmacht gegen das in Ägypten eingedrungene athenische Expeditionskorps zu führen, das sechs Jahre später im Nildelta aufgerieben worden ist. Themistokles erhielt auf der Agora von Magnesia ein Heroengrab.
Der spartanische Feldherr Thibron war es, der in den Jahren 400 bis 398 v. Chr. die Verlegung der Stadt Magnesia vom ungesund gewordenen Mäanderufer flußaufwärts an den Fuß eines Höhenzuges veranlaßte, wo sich eine alte Stadt Leukophrys, »die weiß Umrandete«, befand, zu der ein uraltes Heiligtum der Artemis Leukophryene mit einem Thermalsee gehörte, dessen vielleicht von Kalkablagerungen weiße Ufer die Namensgebung erklären mögen.
Die Gründe für die Stadtverlegung waren die gleichen, wie 50 Jahre später bei Priene und 110 Jahre danach bei Ephesos. Die mit der Entwaldung einhergehende Schlammablagerung der westkleinasiatischen Flüsse führt nicht nur zur Zuschüttung der schützenden Hafenbuchten und zu Deltabildungen, sondern auch zu Überschwemmungen, Versumpfung und Malaria im Hinterlande, weil der Wellenschlag des Meeres bei dem vorherrschenden Westwind das Schwemmland zurückwirft, die Vorflut durch Barrenbildung hindert und einen wachsenden Rückstau bewirkt.
Das neue Magnesia, in dem Leukophrys aufging, ist von dem berühmten Städtebauer Hippodamos von Milet entworfen worden. Das Glanzstück der Stadt war der Ende des 3. Jahrhunderts v. Chr. an alter Stelle neu errichtete Marmortempel der Artemis Leukophryene, von dem nur noch ebenerdige Trümmer zu sehen sind. Die Baugedanken seines Architekten Hermogenes haben über den römischen Architekturschriftsteller Vitruv die abendländische Baukunst maßgeblich beeinflußt. Von dem Typ des doppeltgereihten hundertsäuligen Großtempels in Samos, Ephesos und Didyma bewußt abweichend, stellte er auf den 67,50×41 m großen Tempelsockel nur eine weit herausgeschobene Reihe von je 8 Säulen an den Giebeln und je 15 an den Längsseiten. Ein Säulenpaar von 12 m Höhe ist im Pergamonmuseum als Nachbildung aufgerichtet worden, wo auch weitere originale Werkstücke Aufstellung gefunden haben, darunter eines der Marmorkapitelle des Tempels, das nicht weniger als 4½ t wiegt. Das gesamte Tempelgebälk umzog ein 200 m langer Fries mit Darstellungen von Amazonenkämpfen. Zum Tempel gehörte ein monumentaler Altar, der dem in Priene errichteten, von Pergamon beeinflußten ähnelte.
Etwas älter als der Artemistempel ist ein Heiligtum des stadterrettenden Zeus auf dem Marktplatz, dessen trotz bescheidener Ausmaße (17,50×8,80 m) würdig-ernste Giebelfront ebenfalls im Pergamonmuseum aufgestellt ist.

Abb. 1, 2

Abb. 3 Marie Wiegand, 1905. Fotostudie für ein Portrait von Hamdi Bey

Abb. 1 Wiegands Wohnhaus in Arnautköi
Abb. 2 Priene. Grabungshaus   Abb. 4 Theodor Wiegand, 1900

Abb. 5

Abb. 6

Abb. 5 Alt-Istanbul. Blick über das Goldene Horn nach Galata

Abb. 6 Rumeli Hissar

Abb. 7 Alt-Istanbul

Abb. 7

Abb. 8

Abb. 9

Abb. 10

Abb. 8 Blick über Alt-Istanbul auf die asiatische Seite

Abb. 9 Marktszene

Abb. 10 Holzhäuser in Alt-Istanbul

In der Zeit der Seleukiden gewann Magnesia an Bedeutung. Seine große Blütezeit hatte es unter der Herrschaft der Römer, deren Gunst es gewann, weil die Bürger die Stadttore dem blutdürstigen Römerfeinde Mithridates verschlossen hatten. Der Verfall begann erst mit den Seldschukeneinfällen im 11. Jahrhundert.

Einem Sohne Magnesias war es beschieden, zu esoterischem kunstgeschichtlichem Ruhme zu gelangen. Dieser Euthydemos hat gegen Ende des 3. Jahrhunderts v. Chr. mit politischem Geschick die Unabhängigkeit des im Umkreis von Kabul, Herat und Samarkand gelegenen griechisch-baktrischen Diadochenreiches verteidigt, das sich zeitweise westlich des Indus über Belutschistan hinweg bis zum Arabischen Meer ausgedehnt hat. Weit über den 200jährigen Bestand dieses Reiches hinaus hat von dort griechischer Geist gen Osten ausgestrahlt. Hellenistische Bildhauer waren die ersten, welche eine bildliche Darstellung Buddhas, der bis dahin nur durch Thron und Schirm symbolisiert worden war, gewagt und für alle Zeit gültig getroffen haben.

Magnesia ist in den Jahren 1890 bis 1893 von Karl Humann unter mannigfachen Schwierigkeiten erforscht und freigelegt worden, wozu umfangreiche Entwässerungsarbeiten geleistet und bis zu 6 m Sand und Schlamm abgeräumt werden mußten. Das Grabungsgebiet ist inzwischen großenteils wieder zugeschwemmt.

WARTEN AUF DEN WEIHNACHTSDAMPFER
Th. W. an Schrader

Marmarameer, 24. 12. 1900
Ich stand nun auf dem Balkon des Hotel Huck *(in Smyrna)*. Die Szenerie kennst Du: Vor Dir auf dem kurzen Arm des Molo die elenden Gebäude der Paßrevision, daneben der dunkelnde Hafen mit den nebeneinander gereihten Handelsschiffen, ein Hafenbecken, das wie ein Spiegel glänzt, Mahonen, Pinassen, dazu heulendes Pfeifen der Sirenen, das ganze gerahmt von der schwarzen Linie des äußeren Molenarms, über den hinaus Du im freien Hafen fünf große englische Kreuzer liegen siehst. Scharf gerissene Berglinien, darüber brandroter Sonnenuntergang. Auf dem Quai rollen die Tramwagen, Equipagen, promenieren die geputzten Levantinerinnen. Die Straßenlaternen flammen auf und setzen sich in unendlicher Linie fort, die Bucht liegt blau, dunstig, regungslos daneben und weiße Nachen, hohe Segelschiffe blinken aus der Dämmerung. Mein Blickziel ist der äußerste Meereshorizont gegen Sandschak Kalessi. Von da muß der Dampfer kommen. Man sieht, wie das Meer sich in zwei schwärzlichen feinen Linien, die einen hellen Streif einschließen, gegen den Himmel abhebt. Wie oft glaubte ich da ein Licht zu sehen! Aber immer wars ein Irrtum. Am Hafeneingang zündet man jetzt rot

und grünes Licht an. Immer wiederholen sich die Hafengeräusche, Ankerketten rasseln, Tramwagen rollen vorbei, Verkäufer schreien, Kaikführer rufen über das Wasser, englische Matrosen wanken Arm in Arm singend daher und fern glitzern die Lichter von Cordelio. Nun wirds Nacht, die fernen Meerlinien sind verschwunden, statt dessen steht rauchiger bräunlicher Dunst am Himmel, und nun ists 6 Uhr und die Hoffnung dahin, den ersten Weihnachtstag mit der Gattin zu feiern und verwunderte Kinderaugen zu sehen.

DERWISCH-ZAUBER
Th. W. an seine Frau

Milet, 2. 10. 1901
Der Ritt durch die Steppe zeigte wieder das altgewohnte vertraute Bild voller Steppenpoesie. Unterwegs war ich einmal abgestiegen und blieb hinter den übrigen zurück, um das Pferd am Brunnen Kabaklibunar zu tränken. Da passierte mir etwas seltsames. Hinter dem Brunnen trat plötzlich ein alter brauner Derwisch mit grünem Turban hervor und nachdem wir uns begrüßt, ergriff er meine Hand und sagte nach längerer Betrachtung: »Du wirst in Deinem Leben noch vielen großen Männern begegnen.« Ich war noch ganz erstaunt, als er sich auf die Knie niederließ und mich an beiden Händen fassend zwang, ebenfalls niederzuknien, was ich halb gegen meinen Willen, halb neugierig tat. Nun sprach der alte Mann eine ganz lange Zauberformel mit vermischten Koransuren, dann holte er eine größere runde Metallplatte heraus, etwa 10 cm Durchmesser, auf der waren allerhand arabische Zeichen. Diese Platte drückte er mir gegen die Stirn und gegen beide innere Handflächen und nachdem er dann noch einige Hexensprüche gemacht, sagte er: »Nun gehe nach Milet, ich habe Dich fest gemacht, damit Du kein Fieber bekommst. Schlachte ein Lamm und verteile das Fleisch unter die Armen.«

IM MYKALE-GEBIRGE
Marie Wiegand an ihre Mutter

Milet, 16. 10. 1903
Am vorigen Freitag kam ein alter Hirte, mit dem Theo schon in früheren Jahren sehr viel in der Gegend herumgeritten ist, brachte einen Korb voll Granaten und Quitten und erzählte allerlei von seinen Kindern, ließ sich ein Paket Chinin und ein Säckchen Pulver schenken und erzählte dann auch so ganz beiläufig, er wisse auch wieder ein paar neue Altertümer, u. a. ein Felsenrelief, was er auch sehr genau beschrieb und verschiedenes andere. Der Mann weiß gut Bescheid, hat Theo schon manches alte Kastell im Gebirge gezeigt,

so daß seine Angaben entschieden wertvoll waren. Nur ließ er sich garnicht auf irgend welche Ortsbestimmungen ein, sondern sagte nur, es wäre weit und wenn Theo käme, würde er es schon sehen. Wir hatten wunderschönes Wetter und so beschlossen wir kurz, gleich den nächsten Sonntag und Montag zu dem Ritt zu benutzen.

Die Karawane setzte sich in Bewegung, voran der Wächter von Priene, ein alter Räuber mit kokett auf einem Ohr sitzendem Fez und darum geschlungenen bunten Tuch, die Flinte über den Knien, dann der Alte auf hohem Packsattel, rechts und links ein Korb mit seinen Habseligkeiten, dann Theo, ich, der Maler Knackfuß, alle rittlings und sehr unternehmend und den Schluß bildete Georgi mit dem Packpferd, das Feldbetten und Proviant in zwei großen Säcken rechts und links aufgebunden hatte, denn wir gingen ja nicht gerade in einen Badeort. Und so ging es auf unbeschreiblich steilen schlechten Wegen, so schmal, daß die etwa entgegenkommenden Pferde oder Esel schon von weitem angerufen werden mußten, denn ausweichen war durchaus nicht überall möglich, hoch über die Paßhöhe der Mykale ins jenseitige Tal. Oft mußten wir absteigen und jeder sein Pferd am Zügel führen, trotzdem die Tiere hier so geschickt sind wie bei uns die Ziegen. Dabei war der Weg landschaftlich unbeschreiblich schön, zuerst der Blick ins Mäandertal mit all den verschlungenen Wasserläufen und dem zackigen steilen Latmos gegenüber, dann auf einmal die Aussicht in die jenseitige Ebene von Ephesus mit der ganzen Inselwelt, die noch fern am Horizont verschwamm und dem fruchtbaren grünen Tal zu Füßen über das zerklüftete waldige Gebirge fort. So ritten wir ungefähr vier Stunden lang bis an einen kleinen armen griechischen Kloster der erste Halt gemacht wurde. Dort kam auch der erste archäologische Erfolg. Der Priester, der uns sehr freundlich empfing, holte auf Theos Frage ein kleines byzantinisches Heiligenbildchen hervor, einen Apostel Johannes, den Knackfuß nach der Art der Technik auf den Anfang des 14. Jahrhunderts schätzte. Hinten auf der Holztafel stand in sehr schwer leserlicher Schrift erst eine längere Geschichte des Klosters eingeritzt und dann darunter groß ganz kategorisch: »Apostel Christi, nun hilf Dir selbst und uns vor der Verödung des Klosters!« Das Bild ist erst vor kurzem beim Abreißen einer alten Mauer in einen Klumpen Wachs verschmolzen in der Mauer gefunden worden und das einzige, was damals bei der Türkenverwüstung von dem alten Kloster übrig blieb.

Der Abstieg ging noch ein paar Stunden steil weiter mit den schönsten Fernsichten, mehrmals kamen wir durch kleine Flußläufe, wo die schönsten uralten Platanen standen. Theo meinte, es seien wohl alte Nymphenheiligtümer dort gewesen, uns schien es, als seien sie immer noch dort. Das letzte Stück Abstieg ging im Geschwindschritt, die Pferde am Zügel, denn es wurde sehr rasch dunkel und auf den steilen schlechten Wegen hätte uns die Dunkelheit recht unangenehm werden können.

Als wir in das Dörfchen einritten, wo wir übernachten mußten, war es schon längst Nacht. Wir quartierten uns beim Bürgermeister ein, Theo kannte ihn von früheren Ritten her und die Leute waren bei aller Armut reinlich und ordentlich im Haus, wie ich es nie von Griechen erwartet hatte. Nur die Wascherei morgens war merkwürdig, denn im ganzen Haus gab es keine Schüssel, die unseren Begriffen von Waschschüssel entspräche, man bekam ein Glas mit Wasser und putzte sich zum Fenster heraus die Zähne, und wenn man extra darum bat, auch einen kleinen Topf mit Wasser, wo man dann das Wasser auch zum Fenster heraus über die Hände goß und damit schleunigst im Gesicht herumfuhr. Ähnlich, wie »einmal in die Luft gespuckt und darunter durchgesprungen«, und darin bestand die ganze Reinlichkeit zwei Tage lang.
Am frühen Morgen setzten wir uns wieder auf die Pferde und nun gings erst an eine Stelle, wo Theo das Panionion gefunden zu haben glaubt, die großen Blöcke liegen noch herum, ein alter Mastixbaum ist mitten drin hochgewachsen, ein kleines griechisches Heiligtum liegt daneben unter einer alten Steineiche. Landschaftlich so ziemlich das eindrucksvollste, was man sich denken kann, immer mit dem Blick auf das prachtvoll blaue Meer und die griechischen Inseln.
Dann kam der Alte zu seinem Recht. Er tat sehr geheimnisvoll und wir wußten immer noch nicht wohin er uns führen wolle, noch wie weit es sei. Und weder Fragen noch auch schließlich ernsthafte ärgerliche Vorstellungen von Theo konnten ihn zu einer klaren Auskunft bewegen. Wir ritten im Gänsemarsch hinter ihm her, wie hinter unserem Schicksal. Zuerst führt uns der alte Prieneräuber zu einem kleinen Grabstein mit Inschrift in einer neu gegründeten kretischen Ansiedlung, dann ging es quer durch das breite Tal durch Tabak- und Maisfelder auf die Hügelkette gegen Ephesus. Wir kamen in ein kleines Türkendorf, Ania, früher eine große byzantinische Bischofsstadt, wo ein Brunnentrog stand, der aber nicht benutzt war, und darauf zuerst zwei griechische Grabinschriften, dann mittelalterliches Latein, als er wieder benutzt wurde und dann die tiefen glattgescheuerten Ränder von den Stricken, mit denen die türkischen Frauen ihre Eimer herausgehoben hatten. Es war Mittag geworden, wir wußten garnicht, was unser Alter noch mit uns vorhatte, so war es das schlaueste, erst mal zu frühstücken. Der freundliche Hodja lud uns ein in den Hof seiner kleinen Moschee, er holte uns eine Matte, legte unser Brot und Käse sauber auf ein Tuch in die Mitte und als er sah, daß wir nicht so recht mit dem türkischen Sitzen zurechtkamen, brachte er auch noch Schemelchen und einen Teppich an. Da kann man doch kaum von den fremdenhassenden Türken reden. Und dann gings weiter über Stock und Stein in ödes felsiges kahles Gebirg, immer weiter fort von unserem Nachtquartier, der Alte geheimnisvoll schweigsam voraus. Auf einmal auf einem schmalen steilen Felsweg sehen wir antike Quadermauern, erst kleine Stücke,

dann noch große Mauern. Der Alte steigt triumphierend vom Pferd, wir sind da. Eine in den Fels geschnittene Treppe führt hoch hinauf in den steilen schmalen Fels, oben sind wieder Mauerreste, es ist ein antikes Wegekastell. Theo fragt nach dem Relief, da macht der Alte die sehr charakteristische Handbewegung und sagt »Ja, das ist ganz hinten noch weit im Gebirge, das können wir heute nicht mehr«. Wir waren vergeblich neugierig gewesen, denn nun war es spät Nachmittag und wieder höchste Zeit, an den Heimweg zu denken. Wir ritten aufs gerade Wohl, kamen an einer Felsinschrift vorbei, wo in mittelalterlicher Schrift stand: »Jesus Christus, hilf jedem Wanderer, der hier durchkommt!« Es müssen behagliche Zeiten gewesen sein, wir kamen ein paarmal ins Gestrüpp und mußten umkehren, dann waren wir aus den Bergen heraus und am Meer. Dort kamen wir nochmal auf antike Reste in einer kleinen Mühle. Theo fand ein paar Inschriften vermauert, der Besitzer sagte ihm, der ganze Acker sei voller Steine. Am Meer kamen wir an einem alten großen Korsarenschloß vorbei, hatten einen Sonnenuntergang von einer Farbenpracht, wie man ihn wohl im Märchen träumen möchte, und kamen durch hohe Myrthen und blühenden Oleander wieder in der Dunkelheit in unser Dörfchen. Im Ganzen waren es elf Stunden Ritt gewesen. Am Abend kam dann noch ein Hirte zu Theo und erzählte von einer Inschrift, die er bei Holzkohlebrennen im Gebirge gefunden hatte.

Am nächsten Morgen gings also unter seiner Führung wieder in die Berge, zum Schluß auf Händen und Füßen die Felsen hinan und da standen wir dann hoch über dem Meer an einem alten Grenzstein zwischen Priene und Samos. Dann gings, die Pferde meist am Zügel, ins Dorf zurück und nach kurzem Aufenthalt auf den Heimritt über die Mykale. Als wir in Priene ankamen, ging die Sonne unter, da hieß es, die müden Pferde noch mal in Galopp setzen, denn in der Dunkelheit kann man sich in der Ebene leicht verirren. Als wir in Milet ankamen, hatten wir wieder das stolze Gefühl, über zehn Stunden ordentlichen Ritt hinter uns zu haben und doch noch ganz beweglich zu sein. Bloß der elegante Absprung aus dem Sattel war etwas mangelhaft geworden, die Kniegelenke wollten nicht mehr so recht. Beim Ritt über die Ebene hatten wir noch ein sehr schönes Schauspiel, Hunderte von Kranichen auf der Wanderschaft zogen über uns fort, so tief, daß man sie ganz deutlich sehen konnte, Kopf, Schnabel, Flügelzeichnung, alles in der schönen ruhigen Flugbewegung. Mich freut die Erinnerung an die schönen Tage noch immer, schade, daß ich es Euch nur beschreiben und nicht zeigen konnte.

Das Mykalegebirge: *Beiderseits des ost-westlich gerichteten Mittellaufes des Mäander erhebt sich ein Urgesteinskern kristalliner Gebirgsmassen, dessen Fortsetzung nach Westen unterseeisch durch die Inselgruppe der Kykladen bis zu den Spitzen Attikas und Euböas reicht. Nördlich dieses »Mäandergrabens« erstreckt sich als ein Teil jenes »lydisch-karischen Massivs« der 100 km* lange, 1300 bis 1600 m hohe Rücken des Aidingebirges. Nach Westen schließt sich der 34 km lange, 8 km breite Steilwall der Mykale an, heute Samsun Dagi genannt. Von Söke her mit 800 m Höhe über der fast meeresgleichen Ebene ansetzend, erreicht der 10 km in die Ägäis hinausragende Westteil mit zwei markanten Gipfeln 1200 m. Nur 2 km von der bis zur gleichen Höhe ansteigenden Insel Samos entfernt, fällt das Mykalekap über die Stufe eines halbhohen Vorberges, auf dem das Kreuz des Polykrates im Angesicht seines Reiches gestanden haben soll, zum Meer hin ab. Eine Bucht an der Mykalespitze ist der Schutzhafen Trogilion, wo das Schiff des Apostels Paulus auf seiner Seereise nach Milet angelegt hat (Apostelgesch. 20, 15). Die schroffe Südseite des Gebirgszuges, welche die weite Schwemmlandebene des unteren Mäander eindrucksvoll überhöht, ist fast vegetationslos. Die Nordseite trägt Wald und Gestrüpp. Von hier geht die Aussicht auf die bewegte Hügellandschaft vor Kuşadasi und Ephesos, deren fruchtbaren Tälern der landeskundige Herodot den schönsten Himmel und das beste Klima der Welt zugesprochen hat. Im Gebirge gab es zu Wiegands Zeiten noch Panther, Wölfe und Luchse.

Am Südfuß der Mykale wurde im Jahre 479 v. Chr. am gleichen Tage mit der Befreiungsschlacht von Plataiai eine ebenso bedeutsame siegreiche See- und Landschlacht der vereinigten Griechenflotte gegen persische Schiffe und Landtruppen geschlagen. Einer ihrer Befehlshaber war der Vater des Perikles. Die Perser glaubten ihre Schiffe hinter Sandbänken in Sicherheit. Ihr Heer lagerte mit Front gegen Westen am Strand. Milesische Hilfstruppen sicherten den Mykalepaß gegen Norden. Die Griechen fuhren kühn zwischen den Sandbänken hindurch, ihre Truppen gingen jenseits des persischen Lagers an Land und griffen mit verkehrter Front von Osten her an. Das Lager wurde erstürmt, die Flotte verbrannt. Die zum Paß hinaufflüchtenden Perser fielen dem milesischen Kontingent in die Hände, das die Partei gewechselt hatte. Persien verlor seine Oberherrschaft über Ionien, die es erst 386 im »Königsfrieden« des Antalkidas dank der griechischen Rivalitäten zurückgewann. 42 Jahre später betrat Alexander das asiatische Ufer der Dardanellen.

Die alte Klosteranlage, in der das Johannesbild wiedergefunden wurde, führt den Namen »Panaghia Kursunitissa«, Mutter Gottes mit dem Bleidach. Mündliche Überlieferung schrieb die Gründung einem Säulenheiligen Lazarus der Zeit um 1040 zu. Zusammen mit dem in Wachs verschmolzenen Bilde des Evangelisten Johannes waren in der Mauer noch drei Holzkreuze und ein Bronzekessel verborgen und wiedergefunden worden. Der Notruf an den Heiligen »Nun hilf Dir selbst« gebraucht die gleichen Worte, mit denen Jesus am Kreuz verspottet wurde: Soson seautón (Matth. 27, 40, Markus 15, 30, Lukas 23, 37).

Das Panionion, Bundesheiligtum des ionischen Zwölfstädtebundes, lag am Nordfuß des Gebirges auf einem Hügel mit Blick auf das etwas entfernte

Meer. Wiegand hat diesen Standort richtig ermittelt, aber keine Nachgrabung vornehmen können. In den Kriegsjahren ist dort eine Geschützstellung gebaut und Charakteristisches in der Landschaft so verändert worden, daß nach Aufhebung des militärischen Sperrgebiets mehrere Forscher anhand Wiegands Beschreibung vergeblich gesucht haben und schließlich Zweifel an seinen Orientierungsdaten aufkamen. 1957 gelang es dann, den richtigen Standort wieder zu entdecken. Nachgrabungen brachten auf einem 42 m hohen Hügel Teile der Umfassungsmauer eines heiligen Bezirks und die Fundamente eines beherrschenden Altars zutage, der dem Poseidon vom Helikon geweiht war; am meerseitigen Abhange außerdem eine theaterähnliche Thingstätte für die Bundesversammlung. In der Nähe werden die Reste einer alten karischen Stadt Melie vermutet, die merkwürdigerweise dem ionischen Bunde angehörte und vor Priene Hüterin des Heiligtums gewesen ist, bevor sie um 700 v. Chr. auf Bundesbeschluß zerstört wurde — »wegen der Anmaßung ihrer Bürger«. Eingewanderte Kolonisten sind um Argumente zur Ausrottung von Vorbewohnern nie verlegen gewesen.

Das Staatsarchiv von Milet
Th. W. an Schrader

Milet, 8. 11. 1903
Mein lieber Hans, wir schwimmen hier in größter Freude. Wovon ich immer geträumt, daß wir einmal sozusagen das Urkundenarchiv von Milet finden würden, aus dem wir die Staatsverträge, das Verhältnis zu den Kolonien, die Kulte und die Chronologie Milets kennen lernen und dann eine neue Geschichte der Stadt schreiben, das ist jetzt Wahrheit geworden. Wir haben in der Löwenbucht bei dem Seldschukenbad das uralte Heiligtum des Apollo Delphinios gefunden. Das älteste sind Altäre an Hekate, Zeus Soter und Artemis, dann aber fand sich ein Pflaster voller Inschriften, die meisten 2 Meter lange Urkunden. Und was für Kapitalstücke! Isopolitie-Vertrag zwischen Milet und Kyzikos, zwischen Milet und Olbia, kultliche Beziehung zwischen Apollo Delphinios und den anderen Kolonien, z. B. Kios am Marmarameer. Dann ellenlange Listen höchster Beamter mit wichtigen Kalendernotizen, dann die Vereinssatzung der Orgeonen des Heiligtums (höchst amüsant), die Stephanophoren müssen darin u. a. mit den neoteroi Wein-Jungen trinken, Staatsverträge mit Mylasa, Pedasa und anderen bedeutenden Nachbarn. Das Pflaster ist noch immer nicht erschöpft, erst zwei Drittel der Sachen ist gelesen. Höchst wichtig ist ein Staatsvertrag mit Magnesia, in dem wir die Grenzen kennen lernen und einen neuen Fluß in der Mäanderebene, Hybandos, dazu Abmachungen über Landerwerb, über kriegerische Durchzüge etc. etc. Nun haben wir dann zu guter Letzt auch ein wundervolles Prachttor des Südmark-

tes aus späthellenistischer Zeit — aber prima! — gefunden, wie ein doppelter Triumphbogen. Alles geht fein zu rekonstruieren.

Das Steigen des Grundwasserspiegels in späterer Zeit beeinträchtigte die Benutzung des sakral wichtigen Platzes um das Delphinion. Man erhöhte deshalb die Platzfläche, indem man alte Staatsinschriften mit der Schriftseite nach unten über das bisherige Niveau verlegte.

Isopolitieverträge sind Vereinbarungen zwischen Stadtstaaten über wechselseitige Gleichberechtigung ihrer Bürger.
Kyzikos, heute Balkız, und Kios, heute Gemlik, liegen am asiatischen Ufer des Marmarameeres. Olbia ist das heutige Cherson nahe der Dnjeprmündung ins Schwarze Meer. Mylasa (Milas) und Pedasa (Karacahisar) liegen südlich von Milet im inneren Karien. Den Hybandos glaubte Wiegand mit dem heutigen Sari Tschai am Latmosgebirge gleichsetzen zu können, vgl. S. 119.

Das Prachttor des Südmarktes in Milet ist die Stiftung eines Bürgers der Stadt aus dem Jahre 165 n. Chr., der Zeit Marc Aurels. Es gleicht einer zweistöckigen Bühnendekoration der Zeit. Drei Durchgänge führen von der 50 m breiten, mit Säulen umstandenen Hafenstraße auf den imposanten, über 3 ha großen Südmarkt, den man sich erfüllt von dem farbenfrohen Getümmel eines kommerziellen Mittelpunktes vorstellen muß, auf dem Morgen- und Abendland ihre Erzeugnisse feilbieten. Wie Inschriften daran bezeugen, war das Markttor in diesem Treiben ein begehrter Standplatz: »Platz des Attalos aus Ephesos mit Genehmigung der Herren Milesier.« Der Gebrauch des Wortes »Herren« ist in diesem Zusammenhang ungewöhnlich und drückt besondere Devotion vor der Obrigkeit aus. Den schwungvollen Geist seines Gewerbes zeigt eine zweite Inschrift: »Glückliches Gelingen einem verehrten Rat und einer verehrten Schiffsherrenschaft. Standplatz des Barbiers Achilleus.«

Grabungsrechte für Didyma
Th. W. an seine Frau

Athen, 21. 4. 1904
Homolle, der künftige Direktor aller französischen Nationalmuseen und des Louvre insbesondere, ist in seinem Äußeren am besten mit einem kleinen beweglichen Juden zu vergleichen. Er steht in den 50er Jahren. Das rechte Auge ist blind und von grauen Schleiern bedeckt, das linke blickt klug und lebhaft, sehr gründlich in die Welt. Herr Homolle empfing mich freundlich, aber doch sehr in gemessener Form, die man einem Franzosen natürlich doppelt als Maske anmerkt. Immerhin hatte ich das Gefühl: auch einer von denen,

die 1870 nicht vergessen wollen. Ich erzählte Herrn Homolle nun so einfach wie möglich, daß infolge der französischen Versteigerung die Terrains in Didyma in meine Hand gekommen seien, was ihm sehr viel Eindruck zu machen schien und was einem so klugen Menschen, wie ihm natürlich sofort das Aussichtslose seines Protestes enthüllte. Ich gab ihm feierlich die Erklärung ab, daß, wenn durch die französische Versteigerung kein so evidenter Verzicht geleistet worden sei, wir niemals auf das Didymeion zurückgekommen wären. Homolle sagte wenig. Er bezeichnete es als »cruel«, daß la France jetzt zurücktreten solle, versicherte auch, daß Haussoullier ihn nicht von seinen Schritten in Didyma benachrichtigt habe. Da hatte ich nun ganz die Oberhand, da ich sofort antwortete, ich als Deutscher mußte doch annehmen, daß Sie als Franzosen mit einander einig seien. Am Schluß bot ich ihm an, ein schriftliches mémoir zu überreichen, das ihm als Unterlage für den Bericht dienen werde, den er nach Paris machen will.

Es trifft sich gut, daß Fürst Radolin in Paris unser Botschafter ist. Denn er ist es, unter dem vor neun Jahren in Konstantinopel unsere erste vergebliche Demarche für Didyma gemacht worden ist. Er ist damals mit Cambon hart aneinandergeraten und wird, wenn in Paris die Sache an ihn herankommt, sicher den Franzosen keine Konzession machen. Sollte man aber die Courtoisie gegen Frankreich doch weiter treiben, als es unseren Interessen gut ist, dann bin ich fest entschlossen, meine Aufgabe in Milet und Stambul in andere Hände zu legen und dann müssen wir wo anders unser Brot suchen. Indessen brauchst Du die Koffer doch wohl noch nicht zu packen.

Grundstückskäufe in Didyma
Th. W. an seine Frau

Milet, 30. 4. 1904
Die Mäanderebene ist inzwischen etwas trockener geworden. Bestelle Dir in Sokia also ruhig einen Wagen, Hussein wird Dich bewaffnet und ritterlich begleiten. Wir unsererseits werden Dir bei Milet auflauern, damit Du nicht auch in den Sumpf kommst. Ich habe das dumm angefangen. Als mein Wagen stecken blieb, versuchte ich, zu Fuß durchzuwaten. Es waren zwei Kilometer, zuletzt lauter blühender Wassertang, das Wasser selbst ging bis an die Knie und war brühwarm. Jeder Schritt scheuchte hunderte von Mücken auf. Ich kam an einem wundervollen braunen großen Wasservogel mit langem krummen Schnabel vorbei, der sehr verwundert zuletzt aufflog. Auch die Störche taten sehr verwundert. Endlich kam eine Stelle, die sehr schmal, aber tief war und als ich bis an die Hüften drin stand, zog ich vor, wieder zurückzuwaten und das zu tun, was gleich hätte getan werden müssen: ich spannte mir ein Wagenpferd aus und ritt durch. Du kannst Dir denken, daß Kawerau und

Knackfuß sehr über meine feuchten Beine, die nach Tang dufteten, belustigt waren.

Ich war nur einen Tag hier, da ging ich auch schon mit dem italienischen Vizekonsul Hadji Dimu aus Aidin, meinem Beistand für die Ankäufe in Didyma, nach Jeronda. Wir haben in dreitägiger heißer Schlacht für weitere tausend Pfund Grund erworben vor der Ostfront des Didymeions und für sehr viel niedrigere Preise, als die Franzosen. Mir brummt der Kopf noch von dem unglaublichen Hin- und Herreden. Es fehlen nur noch wenige Grundplätze im Osten des Tempels. Im Norden habe ich auch tüchtig gekauft und im Süden und Westen handelt es sich nur um kleinere unbedeutende Dinge, wenn auch in größerer Anzahl. Ich bin jetzt in Didyma etwa zwölffacher Hausbesitzer, habe ca. zehn Viehställe, drei Kaffeehäuser, eine Schusterwerkstatt und mehrere Backöfen sowie zwei flott gehende Kramläden und eine verfallene Moschee, vor allem aber fühle ich mich stolz als Windmüller.

Die Ausgrabung von Didyma wird garnicht so schwierig sein wie man denkt, wenn man von vornherein mit konservativen Prinzipien an den Tempel herangeht, nicht mit Pulver und Dynamit. Mir tut das Herz weh, wenn ich die französischen Sprenglöcher sehe, sowohl die von Rayet, als die von Haussoullier und wenn ich bedenke, wie viele der gesprengten Säulentrommeln wir wieder auf ihre alten Stellen hätten heben können.

Eben kommt ein Telegramm von Schrader aus Athen: Homolle hat seiner Regierung durchaus friedlich berichtet. Quel Holleaux! *(Der neue französische Direktor in Athen)* Gratuliere Schrader. Wie mich das freut!

STURMFAHRT AUF DEM MARMARAMEER
Th. W. an Winnefeld

Arnautköi, 28. 8. 1904
Es wird Sie interessieren, daß ich vorige Woche beinahe elendiglich im Marmarameer ertrunken wäre — nebst Frau Gemahlin. Ich fuhr mit meinem *(gemieteten)* Kahn, remorqueur 15 Tonnen, 28 Pferdekräfte, nachts hier ab und bekam nach einigen Stunden Sturm von Norden, so daß wir nicht nach Panderma kamen, sondern nach Perama am Kapudagh nördlich Kyzikos flüchten mußten. Da der Kapitän sich am folgenden Tage weigerte, das Kapudagh zu umfahren, nahmen wir Pferde nach dem Inneren und ritten abends an der zerrissenen Nordküste entlang der großartigen Brandung nach Perama zurück. Ausbeute an römischen Inschriften war recht bedeutend. Nachts schliefen wir wegen abscheulicher Wackelei an Land. Am Montag unverminderter Nordsturm und unverminderte Weigerung des Kapitäns, den Kapudagh zu umfahren. Nach langem Reden kamen wir aber endlich so weit, daß er nach Panderma fahren wollte, wo ich noch einige mysische Desiderien hatte. Wir

fuhren also los, und zwar gegen den Nordsturm, es war unsagbar großartig und das kleine Ding wurde geschleudert wie eine Schaukel. Das Schiffsbord war nur 70 cm über dem Wasserspiegel. Nun kam die große Drehung gegen Süden, nachdem wir weit genug von der Küste waren — da versanken wir ein paar mal in höchst malerische, aber doch kritische Wellentäler und plötzlich — rumm — flog mein Holztisch über Bord und meine Bank in eine Ecke, ich blieb aber darauf sitzen.
Meine Frau war von dem Kasten über der Schraube geworfen worden und nun strömte auch schon Wasser 30 cm hoch über unseren Deckplatz, so daß das Deck einen Moment unsichtbar blieb, und eine Welle platschte lieblich in die Maschine. Zu meinem Erstaunen drehte sich unser Schiff aber trotzdem noch in die gewünschte Richtung und dann hatten wir den Boreas im Rücken. Ich hatte öfters das Gefühl, als ob es unmöglich sei, daß nach gewissen Seitenneigungen das Schiff wieder aufstehen könnte, aber immer kam es wieder hoch und dank einiger Eisenstangen kamen wir beide auch nicht über Bord. Als wir in Panderma ankamen, standen die Leute am Ufer und behaupteten, sie hätten gewettet, daß wir nicht durchkämen. Aber keiner war auf die Idee gekommen, eventuell ein Rettungsboot bereit zu halten. Wissen Sie aber, was das merkwürdigste war? Weder meine Frau noch ich waren seekrank geworden. Man konzentriert im Ernstfall seine Gedanken denn doch sehr intensiv und wird damit offenbar seiner krankhaften Gefühle leichter Meister. Ich erledigte in Panderma und Umgebung alle alten Sünden meiner Reise von 1902, nachts schliefen wir vor Wanzen kaum und am folgenden Tag fuhren wir nachhause. Es war aber doch noch solcher Seegang, daß wir an Bord eines deutschen Frachtschiffes Aufnahme suchen mußten und da gabs für unsere ausgehungerten und durchgewehten Lebensgeister frisches Hamburger Schwarzbrot, deutsche Butter, rohen Schinken und Bier! Sie ahnen diesen Hochgenuß. Und im Hochgefühl der überstandenen Abenteuer haben wir den ganzen Nachmittag fortgesetzt in einer höchst lächerlichen Stimmung zugebracht und erst allmählig wurde mir klar, daß die paar römischen Inschriften doch die ganze Sache nicht wert gewesen sind. Dafür hat man aber einmal etwas außergewöhnliches erlebt, und das gibt man so leicht nicht wieder her.

Frau Wiegand an ihre Mutter

Arnautköi, 19. 8. 1904
Ich schrieb Dir wohl schon von dem Plan, ein Schiffchen zu mieten, um damit eine archäologische Entdeckungsfahrt um die Halbinsel Kyzikos anzutreten. Es ist dort vor 50 Jahren der letzte wissenschaftlich sehende Europäer gewesen, als die Engländer die Seekarten aufnahmen. Das Schiffchen wurde also gemietet, es hörte auf den schönen Namen Astrea, war etwas kürzer als eine Bospo-

rusmouche, ein wenig breiter, so daß man auf dem Deck zwei schmale Betten stellen konnte, hatte einen Tonnengehalt von 18 tons und eine Maschine von 25 PS. Der Kapitän war ein Inselgrieche, außerdem waren noch drei Mann zur Bedienung da. Wir hatten Dr. Wieting und Frau eingeladen, uns für drei Tage verproviantiert und in Anbetracht der großen Hitze sehr viel Bier mitgenommen. Mit Sonnenuntergang Sonnabend Abend fuhren wir aus dem Bosporus hinaus, stolz im Gefühl, Alleinherrscher des Marmarameeres zu sein, das in spiegelnder goldener Fläche weit vor uns lag. Der Mond ging auf, wir deckten den Tisch feierlich zum Abendessen, beleuchteten unser Königreich mit drei Windlichtern und tafelten üppig, wie nur je ein römischer Statthalter in diesen Gewässern, oder, wenn Du lieber willst, ein byzantinischer Kaiser. Das Land verschwand und um uns war lauter glitzeriges Wasser, das nur den Nachteil hatte, daß es für uns Frauen allmählich zu malerisch bewegt wurde. Die Herren saßen ruhig beim Bier. Gegen 11 Uhr schlugen wir vor, die Betten aufzuschlagen. »Es ist gut, holt nur die Sachen einstweilen.« Wir fühlten uns an dem niedrigen Bordrand entlang bis nach vorn, stiegen die Leiter herunter in ein schmales Verließ, und fingen an zu schleppen, Bettzeug, Decken, Feldbetten. Da ereilte Frau Wietig das Schicksal, sie verschwand und kam nach einiger Zeit sehr blaß wieder mit der Bitte um einen Cognac. Ich war nicht mehr sicher und bin im Vorgefühl der kommenden Dinge den immer noch friedlich Bier trinkenden Herren sehr grob geworden, als sie immer den Betten noch nicht weichen wollten. Wieting ging zu seiner Frau, Theo fing an, Platz zu machen, da war auch meine Stunde gekommen. Mit gelegentlichen Unterbrechungen über Bord wurden die Betten fertig, wir krabbelten hinein, und nun ging ein lustiger Tanz an. Das Segeldach klappte, Gläser und Lichter rollten runter und blieben liegen, die Wellen kamen über Bord und plantschten Theo ins Bett, wir blieben unverwandt auf dem Rücken in unseren schmalen Betten liegen und stemmten uns mit den Ellenbogen fest, um nicht raus zu fallen. Stundenlang, das Marmarameer ist manchmal doch ein recht großes Wasser. Mit Morgengrauen wurde das Schaukeln weniger, das Plantschen hörte auf, schließlich kam das tröstliche Geräusch der Ankerkette und nun tanzten wir nur noch erträglich. Um uns herum war alles mit Segelleinen zugespannt, wir wiegten uns also in dem schönen Glauben, am Ziel in Panderma zu sein. Ein blasses Gesicht nach dem anderen tauchte auf, wir sahen die Gegend an, Panderma war es nicht.
Der Kapitän war in den ersten kleinen Hafen eingelaufen, ganz am Anfang der Bucht, und so saßen wir in Perama, sahen uns die hohen Brandungswellen an und überlegten unsere Schicksale.
Ging es nicht mit dem Schiff, ging es mit dem Pferd und Segelboot. Die Pferde kamen, wir kletterten rauf, Frau Wieting, die noch nie auf einem Pferd gesessen hatte und von Natur furchtsam ist, fleht beständig ihren Führer an, bei ihr zu bleiben und ihre Hand zu halten, und so ging es durch die fruchtbare

Ebene, durch schöne Waldschluchten und über die Paßhöhe, wo man beide Küstenlinien verfolgen kann; zuerst ein altes Kloster mit einem wundertätigen Madonnenbild. Hier machten wir Rast und verschnauften uns zum erstenmal nach der wackeligen Nacht. Es war Sonntags und das enge Tal war voller Menschen, blasse Kinder, viele Frauen, die Heilung von dem Wunderbild hofften, auch wohl vergnügliche Ausflügler dazwischen. Aber archäologisch war gegen alles Erwarten nichts zu holen. So ging es weiter zu Pferd an die Nordküste, die das Schiffchen nicht erreichen konnte. Die Berge treten hier bis ans Meer, lassen schmale Täler dazwischen und in jedem solchen Tal liegt dann ein kleines griechisches Fischerdorf. Theo schrieb einige Inschriften ab, die hier und dort vermauert waren, ein Paar selten scheußliche Reliefs wurden photographiert und nun wollten wir mit dem Segelboot nach dem nächsten Dorf, weil der Weg über Land reichlich drei Stunden gedauert hätte. Die Leute sahen sich die Brandung an, im offenen Meer türmten sich lauter weiße Wellenkämme, der Wind stand auf die Küste zu, an Fahren war nicht zu denken. Aber sie wußten andere Orte mit »Antika«, die zu Pferde zu erreichen wären. Und nun gings immer an der Küste entlang, über die steilen Felsen hinauf mit dem Blick auf das Meer, das tiefe Klippen und Schluchten in den Stein gerissen hatte, über einen Hügel, über zwei Hügel, immer noch einer, Frau Wieting rief alle Heiligen an, wenn ihr Pferd steil bergauf oder bergab ging, endlich mit Sonnenuntergang kamen wir an ein verlassenes kleines Kloster, wo nun auch wirklich allerlei zu holen war. Theo hat etwa dreißig verschiedene Inschriften neu abgeschrieben auf der Reise. Als wir nach Perama zu unserem Gastfreund kamen, erklärte der Kapitän, von Fahren sei keine Rede, wir übernachteten in dem Häuschen, leidlich ordentlich ohne ein Übermaß von Ungeziefer und trösteten uns mit der Hoffnung, am nächsten Morgen weiter zu kommen. Aber am nächsten Morgen wehte es eher noch mehr, der Kapitän weigerte sich zu fahren und erst auf Theos energischen Befehl fand er sich bereit, uns nach Panderma zu fahren, eine gute Stunde tiefer in die Bucht hinein. Und nun kam eine kurze Fahrt, wo so alles, was auf dem Schiffchen rutschen konnte, auch rutschte, die Wellen kamen ständig über Bord und wir saßen stumm abwartend dazwischen. Als Schauspiel war es fein zu sehen, wie die kleine feste Maschine doch durch alle die Wasser durchkam, aber nachher haben wir alle, auch der Kapitän, zugegeben, daß es nicht ganz unbedenklich war. Ein komischer Moment war, als Frau Wieting ihren Mann ganz naiv fragte: »Mein lieber Julius, gehen wir jetzt unter?«

So saßen wir in Panderma, dem einzigen Ort, an den nie wieder zu gehen ich geschworen hatte, und noch dazu wohnten wir auch wieder bei dem gleichen Gastfreund im gleichen Wanzenzimmer. Über Tag fuhren wir weit ins Land hinein, Theo wollte einige Sachen seiner früheren Reise nachkontrollieren. Öd, baumlos, windig und staubig, mit Sonnenuntergang wieder heim,

Abendessen bei Missirian und eine Nacht in seinem Haus, wo ich, nachdem ich die fünfzigste Wanze gezählt hatte, das Spiel aufgab.

Am anderen Morgen lag ein großer Levantefrachtdampfer im Hafen, der am gleichen Tage nach Cospel gehen sollte. Da haben wir mit kaltem Blut die Astrea ihrem Schicksal überlassen und sind so gut und ohne Schaukeln heimgekommen.

Wiegands vierzigster Geburtstag
Th. W. an seine Frau

Milet, 19. 9. 1904
Meinem vorgestrigen Brief muß ich doch rasch noch einen anderen nachsenden, weil Du sonst denkst, ich bliese hier dauernd das größte Trübsal. Gestern war aber Sonntag und da habe ich mich aufs Pferd gesetzt, bin ans Meer geritten und habe ein tüchtiges Seebad genommen, mit dem ich alle Sorgen vorläufig einmal weggespült habe. Ringsum war die größte, feierlichste Sonntagsruhe, das Meer ganz still und der Himmel weit. So liegt man weich in den Wellen, die von selbst tragen, und gibt es einen schöneren Rahmen dieses Bildes, als im blassen Blau der Fernen die Berge von Samos und meine alte geliebte Mykale? Im Vordergrund ein Schwammfischerboot aus Kalymnos und der Tscherkesse, der die Gelegenheit benutzte, die zwei Pferde in die Schwemme zu reiten. Da ist mir denn die gute Laune rasch wiedergekommen und nun soll sie bleiben ...

Th. W. an seine Frau

Milet, 30. 10. 1904
Da hätten wir die Jugendzeit auf immer verlassen. Ich werde mich also von heute ab zu den gesetzten Männern rechnen, denn man wird mirs ja doch nicht glauben, daß ich mich noch gerade so fühle, wie mit 24 Jahren und daß ich alles noch mit der selben Leichtigkeit nehme, und wenns zehnmal den gegenseitigen Anstrich hat. Heute las ich ein paar Zeilen in Boyens Memoiren. Der alte Feldmarschall ist so recht mein Ideal geworden. Er schreibt noch als alter Mann: »Wenn ich es auch vor allem dankbar anerkenne, daß die göttliche Vorsehung mich in so vielen Friedens- und Kriegsgefahren wohlwollend beschirmt hat, so muß ich es gestehen, daß mir dies ein Vertrauen in meine Lebensstimmung gegeben hat, welches, wenn ich ehrlich sein soll, selbst in dem Augenblick, wo ich dies schreibe, bei schon vorgerücktem Alter und ungünstigen Verhältnissen noch nicht ganz erstorben ist.« Ich werde auch in Zukunft ein Gegner der Peinlichen und Bedenklichen bleiben, die dem Willen die Frische und dem Blick den Umfang rauben.

Übrigens haben meine Mitarbeiter hier den Übergang in das vierte Dezennium glorreich verziert. Früh morgens wurde eine feierliche Prozession zu Pferde um das ganze Haus herum von ihnen gemacht, unter Vorantritt der Dorfkapelle, bestehend aus Cither, Geige, und Guitarre. Dann kam Kawerau im Frack, Cylinder und gelber Hose, roter Krawatte und Revolver umgebunden, hierauf Hülsen mit feierlich erhobenem Meßstab von 2 m Höhe, dann Herkenrath mit einer riesigen Meßlatte, dann Knackfuß mit einem zerbrochenen Lineal, einem gelben und einem schwarzen Schuh, Ziebarth mit Zinndeckel-Musik, alle im Frack oder schwarzem Gehrock, während Lia *(Gattin des Bruders Robert)* mir einen Blumenkranz auf die gefurchte Stirn drückte. Hierauf wurde ein Tanz der Arbeiter zur Musik arrangiert.

WISSENSCHAFTLICHE ANERKENNUNG DURCH WILAMOWITZ
Th. W. an seine Frau

Milet, 5. 11. 1904
Ich bekam auch einen famosen Brief von Wilamowitz über das Prienewerk und daß ich ihm alles, Landschaft und alte Welt jener Orte so nahe gebracht hätte und damit der Wissenschaft einen weit größeren Dienst geleistet hätte, als mit der Auffindung einer neuen Tante oder eines neuen Proxeniedekrets. Man soll mit dem Ausdruck »beglückt sein« recht vorsichtig umgehen, aber hier wäre ich fast in Versuchung gewesen, mich »beglückt« zu fühlen. Es ist mir auch hier wieder klar geworden, für wie wenige Leute man eigentlich wirklich arbeitet — wenigstens in der eigenen Vorstellung: Schoene, Puchstein, Studniczka, Wilamowitz, Diels, Schrader, Dörpfeld... dann hörts hald auf.

BEKANNTSCHAFT MIT ROBERT KOLDEWEY
Th. W. an seine Frau

Smyrna, 21. 11. 1904
Am Montag kam ich schon abends in Smyrna von Milet an, traf abends Koldewey und verbrachte einen vollen Tag mit ihm. Es war einer der angeregtesten und interessantesten Tage, die ich seit Jahren erlebt habe. Denke Dir, Koldewey ist ein Mann von den beweglichsten, angenehmsten Sitten geworden, die ganze Rauheit ist fort, wo mag er sich die abgeschliffen haben? Fünf Jahre Babylon, fünf Jahre Glück? Ja, das macht den Menschen weicher. Der Mann hat ein ganz großartiges Temperament, der hat mir gefallen! So etwas brauchen wir. Ich bin ganz stolz, daß Koldewey ein Deutscher ist. Und über die in Konstantinopel einzuschlagende Politik hat er mir volles Vertrauen gezeigt und mehr als das, wir haben uns über alles und jedes verständigt. Ich hoffe,

ihm Warka und Mgeir halten zu können. Wir sind als große Freunde geschieden.

Warka liegt am unteren Euphrat. Die erstrebte deutsche Ausgrabung kam bis zum Beginn des Ersten Weltkrieges zustande. Dort wurde das um 3 000 v. Chr. beginnende sumerische Uruk gefunden. Beispiele sehr früher dekorativer Architektur aus Uruk befinden sich in der vorderasiatischen Sammlung des Pergamonbaus. Die bis zur Gegenwart fortgesetzten deutschen Grabungen versprechen neue Überraschungen.

Mgair (Muqajjar) ist das Ur der Chaldäer. Es ist nach dem Ersten Weltkrieg von Leonhard Woolley mit sensationellen Ergebnissen ausgegraben worden.

Robert Koldewey war eine faszinierende Persönlichkeit voll skurrilen Humors, der auch die Arbeitsatmosphäre seiner Grabungen erhellte.
Zu den Mitarbeitern in Babylon gehörte einst ein junger Adept namens Meier, der durch seine ausgeprägt sächsische Mundart auffiel und das Opfer manchen Schabernacks wurde. Eines Tages erschien ein unerwarteter Besucher, der auch als Weltreisender bekannt gewordene Herzog Adolf Friedrich von Mecklenburg. Koldewey führte ihn an die Arbeitsstätte, wo man mit tiefen schmalen Schachtgräben bis zum Fuße der gewaltigen verschütteten Stadtmauern vordrang. Er trat an den Grabenrand und rief hinunter: »Herr Meier, kommen Sie doch mal herauf!« Dieser kletterte eine lange Leiter empor, und als er lehmverschmiert, wie von den Antipoden kommend, halben Leibes aus der Erdspalte tauchte, wies Koldewey auf seinen Gast: »Seine königliche Hoheit, der Herzog Adolf Friedrich von Mecklenburg.« Meier blinzelte ungläubig in die grelle Sonne Mesopotamiens und sagte: »Und ich bin der Gaiser von China.« Ein Titel, der ihm erhalten blieb.

DER KOMMISSAR UND DAS KAMEL
Th. W. an seine Frau

Milet, 2. 12. 1904
Unser türkischer Kommissar ist unter sonderbaren Umständen in Akköi eingezogen. Er hatte alle seine Sachen auf ein Kamel geladen. Als dieses aus dem Dorf Balat war, blieb es stehen und wollte nicht weiter. Der Kameltreiber erklärte nun, es gehe nicht, weil es gewohnt sei, daß vorne ein Esel und hinten ein Kamel gehe. Der Kameltreiber setzte sich an die Tête und markierte den Esel, der Kommissar aber mußte eine Leine anfassen und hinter dem Kamel hergehen und das andere Kamel markieren. So kamen sie zu unserer größten Heiterkeit den Berg hinauf.

WEIBLICHE POLITIK
Frau Wiegand an ihre Mutter

Arnautköi, 6. 12. 1904

Mit Hamdys Frauen komme ich, je länger, je besser aus. Gestern haben sie sich von mir Hüte geliehen, sie hätten eine Unternehmung vor, die sie mir noch näher erklären würden. So türkische Frauen sind doch arme Tiere. Konzert und Theater gibt es für sie nur, wenn sie Gelegenheit haben, eine dunkle Loge zu bekommen, wo ein Paar nicht türkische Freunde vorn sitzen und sie dicht verschleiert dahinter. Ich soll vor Weihnachten auch noch mal als Folie mitgehen. Mir ist dies zunehmend vertrauliche Verhältnis sehr lieb, die Frau ist im Grund deutschfeindlich und beeinflußt dadurch auch Hamdy stark. Wenn sie nun anfangen, von mir zu leihen und mich um allerlei kleine Gefälligkeiten zu bitten, so kann das nur zur Verbesserung der Stimmung beitragen.

1905–1908

HAMDI BEY MALT FRAU WIEGAND
Frau Wiegand an ihre Mutter

Arnautköi, 28. 2. 1905
Theo liegt daran, daß Wilamowitz einen guten Eindruck von Hamdi und dem Türkentum hier mitnimmt. Die Berliner Herren, die nie hier draußen waren, glauben so oft, daß man Hamdi einfach übergehen könne und das gibt nachher den Grund zu unendlichem Ärger und endloser Arbeit, die, wenn es recht verfahren ist, auf Theo abgeladen wird.
Morgen muß ich zum erstenmal bei Hamdi sitzen, er will mich malen und Theo hat mir schon allerlei diplomatische Aufträge gegeben für die Sitzungen. Ich vergrusele mich recht davor und vor allem, was soll nachher mit dem Bild werden? Darf ich mich der schönen Hoffnung hingeben, daß ich es Dir schenken kann? Nur Hamdi gegenüber, Du kannst es nachher ruhig in Ahlsdorf auf den Boden stellen. Wenn die dritte oder vierte Generation es dort mal wieder ausgräbt, freuen sie sich vielleicht über die Ahnfrau.

MIT WILAMOWITZ IN DER TROAS
Th. W. an seine Frau

Mytilene, 24. 3. 1905
Soweit wäre die Troas und Mytilene abgemacht. Es hat zwar nicht geregnet, wie bei unserem Abschied, aber es war hündisch kalt und die Flasche Rum wurde sehr geschätzt. Troja präsentierte sich nicht vorteilhaft. Blaugrauer kalter Himmel ohne Sonne, die Simois-Ebene eine einzige nasse Wiese, der Skamander übergetreten, die Ruinen schon sehr von der Witterung angegriffen, manche wichtige Mauer im Einsturz oder nahe dabei, da das nasse Wetter am Hellespont die Lehmverbände rasch auswäscht. Aber die sechste Stadt, auf die für die Homerfrage alles ankommt, wirkte doch auf Wilamowitz einigermaßen.
Am folgenden Tage sind wir nach Alexandria Troas geritten, immer durch lichte Eichenwaldung, die auch die ganze Stadt bedeckt. Ungeheuer große römische Bauten ragen zwischen den alten Baumriesen hervor, besonders eine Therme, die sich nur mit den Bauten in Rom vergleichen läßt. Wenn der Wald

grün ist, muß hier einmal ein Maler her. Wir hatten einen Lump von armenischem Führer mitgenommen, der uns beinahe an der Stadt vorbeigeführt hätte. So kamen wir durch Zufall auch zum Anblick der Wasserleitung. Eigentlich begreift man nicht recht, wieso hier eine Riesenstadt entstehen konnte, da gar kein Hafen da ist. Aber das Experiment ist geglückt.

Am nächsten Tage kamen wir über den Satinoeis, einen schönen wilden Gebirgsbach durch das Trachytgebirge des Ida nach Assos. Das ist eines der steilsten Felsennester, die es gibt, hoch über dem Meer, aber ohne jeglichen Hafen, also Ackerstadt – aber wo sind die Äcker?

Wovon lebten die Leute, womit handelten sie? Doch nicht mit Velanidia (Eicheln), wie die heutige Bevölkerung? Die Stadtmauern sind ganz herrlich, wie in Priene, und etwa die selbe Zeit, aber sie geben doch durch ihre hohe Erhaltung einen viel stärkeren Eindruck. Die amerikanischen Ausgrabungen sind recht erbärmlich. Vom Theater und Markt ist kaum zu reden und den berühmten archaischen Tempel auf der höchsten Spitze haben sie gerade freigelegt, ohne auch nur den Altar und die nächste Umgebung aufzuklären. Ich sehe ein, daß ich doch gut tue, auf dem Archäologenkongreß in Athen einmal über Ausgrabungsmethoden zu reden.

Nachdem ich über den Armenier in Assos noch ein Strafgericht abgehalten hatte, nahmen wir ein türkisches Kaik und segelten mit flottem Wind nach Lesbos. Wilamowitz und Hiller ruhten dabei sanft auf einer mit Segelleinen bedeckten Schiffslast von Schafsmist.

Die Ruinen von Alexandreia Troas liegen 4 km abseits des Meeres. Der Diadoche Lysimachos und später die Römer wandten der Stadt ihre Gunst zu. Cäsar erwog sogar, die Hauptstadt des Reiches dorthin zu verlegen, ein Gedanke, den Konstantin mit Byzanz verwirklicht hat, und der zeigt, wieviel wertvoller die östliche, später an den Islam verlorengegangene Reichshälfte war. Augustus, Hadrian und Herodes Atticus haben Alexandreia Troas reich bedacht. Dem Apostel Paulus erschien dort eine Traumgestalt, die ihn aufforderte, seine Missionsreise nach Europa auszudehnen. Die Lage von Assos, auf Terrassen um einen hohen Felskegel über dem Meer an der Lesbos gegenüberliegenden Südküste des Festlandes, galt im Altertum als eine der schönsten aller griechischen Städte. Der Satinoeis-Fluß heißt heute Tuzla.

Weiterer Landkauf in Didyma
Th. W. an seine Frau

Didyma, 27. 4. 1905
Diese Zeilen erhältst Du aus dem künftigen Ort unserer Arbeit. Der Bürgermeister und die Synogerosia sitzen um mich herum und Hadjdimu verhan-

delt auf Leben und Tod, wie wir die aufgekauften ärmeren Leute neu ansiedeln. Wir haben einen schönen Platz für 100 Häuschen bei der Windmühle vor dem Dorf gefunden, aber die Reichen haben dort nicht ihre Äcker und verdienen nichts, wenn dort Grund gekauft wird.
Seit heute Mittag habe ich auch schon wieder zwei Häuser gekauft. 2 000 türkische Pfund werden auch diesmal sicher draufgehen, vielleicht noch viel mehr, wenn ich mit Leonidas' Thermopylen *(siehe den folgenden Brief)* fertig werde, für die 700 Ltq gefordert werden. Diese Nord-Ost-Ecke des Tempels ist absolut nötig. Wohl an zwanzig Häuser liegen infolge unserer Kündigung schon in Trümmern, die Leute haben Ziegel, Holz und viele Steine mitgenommen und der Tempel hebt sich schon merklich freier heraus.

EINWEIHUNGSFEIER IN DIDYMA
Frau Wiegand an ihre Mutter

Arnautköi, 22. 5. 1905
Zunächst bin ich mit einer Reihe sehr hübscher Türkinnen nach Smyrna gefahren, und da auf dem Schiff auch noch eine katholische Pfaffen-und-alte-Jungfern-Pilgerfahrt aus Frankreich nach Jerusalem war, und ein junger Bekannter von mir viel mit den hübschen Türkinnen zusammen war und dadurch das Interesse der Pfaffen erregte und diese ihn einluden, mit ihnen im Extrazug nach Ephesus zu fahren, so bin ich durch ihn ebenfalls zu der Gesellschaft gekommen. Der Zusammenhang ist kompliziert, aber die Fahrt war von höchster Komik. Vor lauter Pfaffenhüten und dem Bestreben, nicht durch falsche Titulaturen meine katholischen Unkenntnisse zu verraten, habe ich von Ephesus garnichts gesehen und mich doch sehr dabei amüsiert.
Am andern Morgen ging es nach Milet. Theo hatte mein Telegramm nicht bekommen und mich infolgedessen auch nicht erwartet und war höchst erstaunt, als ich abends mit deutlichen Spuren eines längeren Wasserrittes vor ihm stand.
In Milet fand ich alles unverändert, die beiden Herren vergnügt, bloß Theo etwas gestört durch die ersten Anzeichen des alljährlichen Heuschnupfens. Ich bin ein paar Tage überall herumgestiefelt, habe das neu gebaute Museum neben dem Häuschen inspiziert und nach zwei Tagen kam die »Loreley« mit dem Botschafter in die Kovellabucht und wir ritten morgens früh um 5 hinaus, um sie in Empfang zu nehmen. Theo hatte tags vorher in Didyma schon nach dem Rechten gesehen, in dem Haus des reichsten Bauern Leonidas — Theo nennt es immer die Thermopylen, weil der Mann, der noch auf dem Tempel steht, mehr Geld für sein Haus verlangt, als Theo bezahlen will — hatten sie den Vorflur mit Grün ausgeschmückt. Aber so weit waren wir noch lange nicht. Zuerst gings in Kovella an Land, vor dem Botschafter präsentierten 8 Miniatur-

Gendarmen ihre krummen Säbel, der Major mit schmierigem Kragen empfing ihn auf der Landungsbrücke und der Zug setzte sich langsam bei sehr schwülem Wetter über den Berg nach Jeronda in Bewegung. Nach der heißen Stunde Weg war der schattige Hausflur des Leonidas sehr willkommen. Im Dorf war alles festlich angetan, die Häuser mit grünen Zweigen besteckt und die nötige Zuschauermenge bereit. Im Hof standen die Schulkinder mit Myrthenzweigen Spalier, die Honoratioren empfingen Marschall, und der Schullehrer, mit der Hand treuherzig auf der Brust, hielt ihm eine lange griechische Ansprache, hieß ihn willkommen und rühmte die Deutschen als besondere Freunde und Helfer in seinem Land. Marschall antwortete deutsch und da der Schullehrer den deutschen Kaiser leben ließ, so ließ Marschall den Sultan leben und aller Höflichkeit war Genüge geschehen. Darauf ruhten wir uns zunächst eine Weile im Schatten aus, dann hielt Theo eine sehr hübsche Rede, schilderte die Geschichte des Tempels in kurzen Worten, sagte, wie schon zu verschiedenen Zeiten verschiedene Regierungen sich daran versucht und es immer wieder liegen gelassen hatten und daß nun die Deutschen berufen seien, den größten Tempel Kleinasiens wieder auferstehen zu lassen, wie sie schon das größte Theater wieder frei gelegt hätten. Marschall dankte und wünschte gutes Gedeihen und dann gings zunächst um den Tempel herum auf der hohen Schutthalde im Dorf und dann hinauf an die Windmühle, wo Marschall als erster mit einer französischen Ausgrabungshacke den ersten Hackenschlag tat und wir anderen folgten. Die französische Hacke machte ihm besonders viel Spaß, im übrigen hat aber doch der Riesentempel, der da in sich zusammengefallen ist, auf keinen seinen Eindruck verfehlt. Dann gings zurück nach Kovella, zum Frühstück an Bord der Loreley und zu Schiff nach Plakka. Zum Tee waren wir oben im Häuschen *(Milet)*, wo Catharina einen sehr guten Kuchen gebacken hatte, und jeder sein Schlafwinkelchen angewiesen bekam. Wenn ich Dir sage, daß wir in der Nacht 17 Menschen im Häuschen und Museumsvorraum über Nacht hatten, so wirst Du verstehen, daß wir ziemlich eng belegt waren. Beim Abendessen ging es höchst lustig her, Marschall hielt eine Rede nach der anderen, seine Frau sammelte Pfänder über verbotene Gesprächsthemen (schiffbautechnische Fragen) ein und gegen Ende der langen Sitzung erklärte Marschall auf einmal: »Ich muß Sie aber doch darauf aufmerksam machen, daß wir morgen Abend in Smyrna uns viel ernsthafter benehmen müssen.«
Um 10 Uhr ging das Botschafterehepaar in sein Zimmer, ich schob auch ab, und nun blieben nur noch die Herren: Theo, Knackfuß, Hiller, der Kommandant, zwei Offiziere, Prof. Deycke, der Loreleyarzt und der Dragoman Padel auf dem Balkon beim Wicküler Bier. Mein Zimmer ging nach der gleichen Seite, es war also, als ob ich dabei wäre. Um 11 Uhr fing der erste leise das Singen an, um 12 Uhr drohte der Kommandant einem besonders begeisterten Sänger: »Wenn Sie so brüllen, werfe ich Sie über Bord!«, um ½ 2 hörte ich

iemanden unfreiwillig die Treppe heruntergehen und um 2 erschien Theo in der lustigsten Stimmung. Am anderen Morgen konstatierte Catharina mit allen Zeichen des Entsetzens, daß sie fünfzig Flaschen Bier getrunken hätten. »Wo tun sie das alles hin?«
Der nächste Tag war noch sehr heiß und die eifrigen Zecher nicht alle ganz im Stande, das richtige Interesse für die Altertümer zu entwickeln. Theo führte sie nach der Iliyas-Bey-Moschee, dann in kurzem Rundgang über das Buleuterion und das im Wasser liegende Delphinion nach dem Theater. Dort war das Ehrenzelt wieder aufgeschlagen und mit bunten Decken ausgelegt und die nun schon zur Tradition gewordenen Ringer traten wieder auf. Im Schatten bei Gießhübler und bequem auf den Theaterbänken gesetzt, erholten sich auch alle Mitglieder unserer Gesellschaft und der kurze Weg zum Frühstücksplatz in den Thermen ging in viel flinkerem Lauftempo. Ahmed Aga hatte ein ganzes Lamm gebacken und auch sonst hatten die Dorfbewohner allerlei Zutaten zu unserem Frühstück gestellt. Das Publikum war . . . noch durch eine Unzahl Störche vermehrt, die auf den Mauern nisteten, die griechischen Arbeiter ließ der Ruhm der türkischen Ringer nicht ruhen, sie kamen also mit einer Zigeunerfiedel bewaffnet und führen eine Art Einzeltanz auf, die eintönig, aber ganz graziös war. Die Leute bewegen sich ja überhaupt auffallend leicht und gut, ohne Ausnahme. Nach dem Frühstück war das Milet-Tagewerk erledigt, Frau von Marschall erstand noch von einem fahrenden Zuckerhändler seine ganze Habe und teilte sie unter der Jugend aus, sodaß sie dort jedenfalls das allerbeste Andenken hinterlassen wird. Dann gings wieder zurück nach Plakka aufs Schiff und um 5 Uhr sahen wir von der Höhe, wie das weiße Schiffchen zwischen den Inseln verschwand.

Bedeutung der Botschafter in der Türkei: *Die Bedeutung der Teilnahme des deutschen Botschafters an der Einweihungsfeier bedarf einer Erläuterung über die Stellung der diplomatischen Vertreter der Großmächte in der damaligen Türkei. Ein zeitgenössischer Kenner der Verhältnisse hat darüber das folgende geschrieben:*

»Der mit orientalischen Verhältnissen nicht vertraute Europäer konnte sich damals schwer eine Vorstellung machen von der politischen und sozialen Bedeutung des Botschafters einer Großmacht am Goldenen Horn. In den übrigen Hauptstädten tritt der fremde Vertreter gesellschaftlich nicht besonders hervor; in London, in Paris, in Berlin gibt es zahlreiche Häuser, die durch soziale Stellung ebenso hervorragen, einen viel größeren Aufwand machen und so gesellschaftlich die Botschaften ausstechen. Ganz anders in Konstantinopel. Die Botschafter verfügten dort über prächtige Wohnhäuser, für den Winter in Pera, für den Sommer in Bujukdere und Therapia. Ihr Gehalt wurde nur durch das Einkommen weniger Finanzmänner übertroffen, die sich ohne weiteres

unterordneten und gern in dem Schatten der Botschaften unterkamen. Die übrige europäische Gesellschaft, zu der auch die vornehmen Griechen zählten, existierte überhaupt nur insoweit, als sie irgendwelche Beziehungen zu einer Botschaft hatte. Gesellschaftlich lebte in Konstantinopel alles von den Brocken, die vom diplomatischen Tisch fielen.
Dementsprechend gab sich der Diplomat dort auch einen größeren Anschein, und wollte er auf die türkische Phantasie wirken, so scheute er nicht die Kosten. Vor seinem Palast lag fast ständig ein seinem persönlichen Dienst zugeteiltes Kriegsschiff, dessen Offiziere den ohnehin schon bedeutenden Botschaftsstab bei feierlichen Gelegenheiten vermehrten. Für die Fahrten auf dem Bosporus verfügte er über ein Staatskaik, das mit seinen zahlreichen Ruderern in goldgestickten Jacken mit fliegenden weißen Ärmeln einen auffallenden und prächtigen Anblick gewährte. Die Auffahrten beim Sultan vollzogen sich mit großer Wirkung. Wo der Botschafter erschien, der Kawass ihm voranschreitend, wich alles respektvoll zur Seite. Nur durch seine Vermittlung konnte der geschädigte Fremde zu seinem Recht kommen, nur durch die Verwendung eines Botschafters konnte das Übelwollen türkischer Behörden überwunden werden. Während sonst in der zivilisierten Welt der Fremde den Vertreter seines Landes kaum dem Namen nach kennt und nur in seltensten Fällen seinen Dienst in Anspruch nimmt, war er in der Türkei von Anfang an auf ihn angewiesen und mußte die Möglichkeit seines Eingreifens stets in Rechnung ziehen.
All das zusammen gab dem Botschafter am Goldenen Horn eine außerordentliche Stellung. In der großen Politik hing natürlich seine Bedeutung zunächst von der Macht des von ihm vertretenen Landes ab. War er Vertreter eines starken Volkes und außerdem noch ein kluger und je nach den Umständen hier vorsichtiger, dort energischer Herr, so konnte er eine Rolle spielen, wie sie schlechterdings sonst in der Welt für einen Diplomaten unmöglich war. Es kam dazu, daß er auch gegenüber seiner vorgesetzten Behörde, d. h. dem Leiter des auswärtigen Dienstes, unabhängiger dastand, als die Vertreter in anderen Ländern. Die Behandlung der Dinge hing am Bosporus sehr von der augenblicklichen Lage, von örtlichen und persönlichen Einflüssen ab, die Verhältnisse waren so fremdartig, daß jeder auswärtige Minister dem dortigen Vertreter stets großen Spielraum lassen mußte.« *(Ludwig Raschdau, Ein sinkendes Reich.)*

Aus dem Vorgesagten erhellt die Bedeutung der Tatsache, daß Wiegands Aktivität in Konstantinopel und die zusammen mit seiner Gattin in ihrem schönen Hause am Bosporus geübte gastliche Geselligkeit den Spitznamen »die kleine Botschaft« erhielt, wo über dem Balkon sonntags die deutsche Flagge wehte und den Gruß durchfahrender deutscher Frachtdampfer empfing.

Die Türkei unter Sultan Abdul Hamid
Frau Wiegand an ihre Mutter

(Auf die Zeitungsnachricht von der Flucht dreier angesehener Türken ins Ausland)

Arnautköi, 1. 4. 1905
Die drei Leute, die fort sind, gehörten zu den anständigsten, die die Türkei hatte. Arif war ein besonderer Freund von Hamdi Bey, der denn auch mir gegenüber gar kein Hehl daraus gemacht hatte, welche Angst er vor einer möglichen Verhaftung hatte. Arif war wenige Tage vor der Flucht noch ein paar Stunden bei Hamdi und er hatte ihn bis an die Haustür begleitet und dort mit einer Umarmung verabschiedet. Das hätte für hiesige Verhältnisse ja ganz gut ein Verdachtsgrund sein können. Risa, der lange in Deutschland war und den ich auch verschiedentlich in Gesellschaft getroffen hatte, ist vor ein paar Wochen in der großen Perastraße, als er aus einem Restaurant herauskam, abends von ein paar Kerlen überfallen und mit Knütteln fast totgeschlagen worden, ohne daß auch nur einer der Vorübergehenden gewagt hätte, sich umzudrehen. Einem anderen, der aber ein Schuft war, haben sie wenige Wochen später bei der gleichen Gelegenheit einfach die Kehle durchgeschnitten. Aber so etwas geht hier natürlich nur gerüchtweise von Mund zu Mund, und es steht nie etwas in der Zeitung. Es ist eben doch Orient und ein gutes Stück Mittelalter. Hamdi erzählte mir neulich, daß von allen Schuften der Welt der Sultan der größte wäre, und wenn er ihm alles vergessen könnte, so würde er ihm nie verzeihen, wie er sich beim Tode seines Vaters, des alten Großvezirs Edhem Pascha, benommen hätte. Er mußte hinaufgehen, um im Jildiz den Tod anzuzeigen und die Erlaubnis zur Beerdigung erbitten. Da hat ihn der Sultan sechs Stunden warten lassen und dann verlangt, man solle ihm genau angeben, wer alles an der Beerdigung teilnehmen würde, damit dort keine Verschwörung angezettelt würde.

Frau Wiegand an ihre Mutter

Arnautköi, 14. 8. 1905
Die Bombenverhaftungen gehen immer weiter, d. h. nach Hamdis Bemerkungen und unseren Erfahrungen sind es einfache Erpressungsversuche geworden. Die reichen Armenier werden eingesperrt und, wenn sie genug gezahlt haben, wieder losgelassen. Unser Nachbar war auch etwa eine Woche fort und ist gestern von der gesamten Familie feierlich wieder eingeholt worden. Und noch eine schöne türkische Geschichte: Die englische Mission hat die Bibel ins türkische übertragen. In der Apostelgeschichte kommt eine Stelle vor, wo der Apostel Paulus nach Mazedonien reist. Das ist in der Türkei ein verbotenes Wort. Die Bibeln wurden konfisziert und verlangt, daß an Stelle von Maze-

donien geschrieben würde: die Wilajets Üsküb, Monastir und Kossowo, und so wird es auch geschehen.

18. 8. 1905
Inzwischen ist uns wieder eine türkische Geschichte passiert. Hamdi schickte einen Zettel, Theo möchte einen Augenblick herüber kommen. Theo ging und kam sehr schnell mit einem Boot zurück. Ich solle sofort mit Werner *(Wiegands 4 Jahre altem Sohn)* herüber kommen, das andere wolle er mir unterwegs sagen. Werner ließ also sein Abendbrot im Stich und als wir zu dritt im Boot saßen, erzählte mir Theo, daß in der vorigen Nacht bei Hamdis Nachbarn Arif Bey Haussuchung gewesen sei und er, als sein Freund, das gleiche für diese Nacht befürchte. Er bittet also Theo, einen großen Korb voll geheimer Papiere, teils noch von seinem Vater, bei uns in Verwahrung zu nehmen. Werner und ich gingen nur als Deckmantel mit. Vor Hamdis Haus stieg ich mit dem Bub aus, Theo blieb sitzen, Hamdi ließ sofort einen großen Schließkorb herunterschaffen und Theo fuhr ab. Hier war Milo *(der kroatische Diener)* instruiert, und als ich mit Werner nachkam, nachdem wir lange genug bei Hamdi am Fenster gesessen hatten, war alles in Ordnung. Wer heute Nacht kommt, findet nichts mehr.

Th. W. an seine Frau

Smyrna, 23. 8. 1905
Die Stadt ist in großer Aufregung wegen eines kolossalen Attentatsplans der Armenier, der für den 1. September *(das Sultansfest)* geplant war. Schüler *(deutscher Konsul in Smyrna)* hat selbst die durch Zufall noch zu guterletzt entdeckten 120 Bomben nebst den armenischen Verzeichnissen der 120 Häuser gesehen, für die sie bestimmt waren, darunter auch das deutsche Konsulat. Gestern wurde ein Armenier, der Mörder eines armenischen Bankiers, der die Revolutionäre nicht unterstützte, beim Basar auf offenem Platz gehenkt und blieb stundenlang hängen. Da für Cospel für den 1. September vielleicht auch einige terroristische Pläne zu erwarten sind, so bitte und will ich, daß an diesem Tag niemand von uns ausgeht. Auch bitte ich Dich, sorgfältig von jetzt ab darauf zu achten, daß die auf die Straße gehenden Parterrefenster nachts geschlossen sind. Es ist dies weiter keine Ängstlichkeit, aber man muß doch diesen Desperados gegenüber sich etwas vorsehen.

Th. W. an seine Frau

Smyrna, 7. 6. 1906
Ich war im Konak bei Wali, und Said Pascha zeigte mir 6—7 große Photographien voller Bomben, Sprengkörper, Dynamit, Handgranaten, Waffen, die

man den Armeniern hier weggenommen hat, darunter 33 Pakete Melinit zu 2 Kilo aus dem Credit Lyonnais. Es hat mich doch etwas geschaudert, als ich die zwei Tenekés *(Blechkanister)* sah, die man unter der Aidin Railwaybrücke hervorgezogen hat und die meinem Zug am 1. September vorigen Jahres bestimmt gewesen sind.

Dem in Smyrna für den 1. September 1905 geplanten Attentat war am 21. Juli, zum ersten Male in der Türkei, in der Hauptstadt ein Bombenanschlag auf den Sultan, der zum Freitagsgebet fuhr, verübt worden. Der Herrscher blieb unverletzt, 52 andere Personen kamen um. Bei der Auffindung der Sprengladungen an der Eisenbahnbrücke bei Ephesus war Wiegand selber zugegen.

Sultan Abdul Hamid II. *gelangte 1876 ohne eigenes Zutun auf den Thron, nachdem sein seit 1861 regierender Onkel Abdul Asis wegen Mißwirtschaft abgesetzt und umgekommen, sein älterer Bruder Murad V. wegen Geistesstörung interniert worden war. Den Beginn seiner Regierung belastete der Russisch-Türkische Krieg von 1877/78, der seinem Lande schwere Verluste an Menschen, Land und Wirtschaftskraft brachte und dessen politisches Ergebnis, die russische Vorherrschaft über die besiegte Türkei, durch den Kompromiß der Großmächte im Berliner Kongreß 1878 zuungunsten Rußlands abgewandelt worden war.*
Ein ausgezeichneter Kenner der Verhältnisse, der deutsche Diplomat Ludwig Raschdau, gab um die Jahrhundertwende von Sultan Abdul Hamid die folgende Charakteristik:

»Wie er in seinem Wagen saß, bequem, ohne Haltung, schmerbäuchig, hätte er mit seinem ausgesprochen semitischen Typus etwa einen wohlhabenden jüdischen Geschäftsmann vorstellen können. Der Verfolgungswahn war nicht von ihm gewichen. Seine Leibgarde bildete jetzt eine Schar von zwölf prächtigen Albanesen, mit denen er Blutsbrüderschaft geschlossen, und die so auf Tod und Leben mit ihm verbunden waren, freilich damit auch einen Einfluß erlangt hatten, der sich unerträglich äußerte. So geschah es damals, daß ein Albanese, der den Sohn des Großvesirs auf offener Straße ermordet hatte, der Verurteilung entzogen wurde, weil jene Leibgarde für den zu ihrem Klan gehörigen Mörder eintrat. Die Zahl der Häscher und Spione, die für die Sicherheit des Sultans überall ihr Wesen trieben, war Legion. Aus diesem Verfolgungswahn sind die Massentötungen der Armenier zu erklären, was um so auffälliger war, als der Sultan mütterlicherseits von einer Armenierin abstammt. Und dennoch, trotz dieser seelischen Belastung, wurde mir der schlaffe, nervöse, überall Gespenster sehende Mann als der eigentliche Lenker seines Reiches geschildert. Seit mehr als zwei Jahrzehnten trug er allein die Verantwortung für alles, was im Sultanat geschah und nicht geschah. So ist

seine Geschichte die Geschichte seines Staates geworden. Es fehlte dem Herrscher nicht ganz an Eigenschaften, die dem Lande zum Nutzen gereichen konnten. Er war im Grunde aufgeklärter als seine Umgebung, obwohl er ein gläubiger Moslem war; er kannte den Wert von Schulen, für die er manches aus seinem Privatvermögen tat, auch die Bedeutung von Handel und Verkehr, die er entwickelt zu sehen wünschte. Er hat sein von allen Seiten bedrohtes Land militärisch besser gerüstet, als es seit langem der Fall war, und in der großen Politik wußte er mit viel Geschick zwischen den beständigen und vielfach sich kreuzenden Wünschen und Bestrebungen der fremden Mächte zu lavieren.
Diese letztere Tätigkeit war seine bedeutendste. Das Land stand in gewissem Sinne unter der Vormundschaft der Großmächte, die für jede Einmischung in die inneren Angelegenheiten sich auf die Bestimmungen irgendeines Vertrages berufen konnten. Die fremde Diplomatie war immer mit Klagen und Anliegen zur Hand. Während überall sonst in Europa ihre Aufgabe in erster Linie eine berichtende und vermittelnde ist, gab es am Goldenen Horn keine politische oder religiöse Angelegenheit, keine Frage des Handels und Verkehrs, selbst keine größeren Ausschreibungen eines Regierungsgeschäfts, bei dem die fremden Vertreter nicht ihre Hand im Spiele hatten. Und sie gingen in allen diesen Dingen nicht bloß an die höchsten Behörden, sie machten sich an den Sultan persönlich heran. Dann entwickelte er seine Kunst, in dem Wettstreit der fremden Vertreter für sein eigenes Interesse zu arbeiten, indem er die Eifersüchteleien ausnützte.
Neben dieser listenreichen Tätigkeit aber war die Fähigkeit und Kraft, für den Fortschritt des Landes zu wirken, gering. Dem stand entgegen der verhängnisvolle Wahn des Herrschers. Keine Folgerichtigkeit, keine Ausdauer, beständiger Wechsel in den höchsten Ämtern wegen plötzlicher, meist ganz grundloser Anfälle schwersten Mißtrauens, unerhörte Grausamkeit, Günstlingswirtschaft, Verschwendung hier und Versagen des Notwendigsten dort, hartherzige Selbstsucht, die vor allem an die persönliche Sicherheit dachte und ein bösartiges Angebertum züchtete, diese Eigenschaften haben es dahin gebracht, daß unter seiner Herrschaft der Auflösungsprozeß des Reiches immer bedenklichere Fortschritte machte.«

IN PERGAMON
Th. W. an seine Frau

Pergamon, 27. 8. 1905
Da sitze ich heute abend allein vor dem deutschen Haus auf halber Höhe der Attalidenburg, über mir die Königspaläste, denen ich mich widmen soll, und der Altar, unter mir die große neue lebendige Stadt, ein Meer roter Dächer mit Baumgruppen und Moscheen dazwischen, auch eine riesenhafte römische Basi-

lika steht unter den Zwergen, und weiter draußen die Zypressenfriedhöfe, die Kaikosebene mit den Grabhügeln der Könige, dann Berge und fern Mytilene. Unser Haus steht mitten in einem Römerpalast, die Zimmer ringsum bleiben unbenutzt und erfreuen durch ihre prachtvollen Marmorinkrustationen. Das feinste Gelb, Grün, Rot, Schwarz, Weiß und alle gesprenkelten und geäderten Sorten. Eben geht die Sonne unter, aber man sieht sie nicht, weil braunvioletter Rauch eines Waldbrandes sie verdeckt. Unten in der Stadt ist Pangyris, man hört Trommeln plumpsen und Gesang dazu, Kinderstimmen kommen herauf und dazwischen hört man das Quietschen der anatolischen Büffelwagen. Das alles gedämpft und ohne Aufdringlichkeit. So, nun hast Du ein ungefähres Bild.
Wenn man einen Nachmittag von 2 bis 7 auf der Hochburg alte Mauern zu begreifen gesucht hat, so weiß man abends, was man getan hat. Das war gestern. Heute Morgen war ich deshalb schon um 5 Uhr oben und blieb bis 11, dann riß ich vor der Hitze aus. Ich glaube, es kommt allerhand bei den Studien heraus. Zunächst glaube ich einmal nicht, daß auf der höchsten Kuppe ein Denkmal oder ein Altar gestanden hat, sondern glaube sicher zu sein, daß es ein großer Wachturm war mit allerhand Kasematten etc. Wie oft lösen sich doch kühne Probleme in der nüchternsten Weise. Morgen komme ich wohl an die eigentlichen Paläste. Bis jetzt bin ich noch im Gewirr von fünf bis sechs durcheinandergehenden Epochen.

Wiegands Vermutungen über die Art der Bauten auf der Kuppe des Burgberges haben sich bestätigt. Elisabeth Rohde schreibt darüber (»Pergamon-Burgberg und Altar«):

»Die (an den sogenannten Palast V Königs Attalos II.) anschließenden Gebäude der Südostecke der Burg wird man als Befestigungs- und Magazinbauten, zum Teil vielleicht als Kasernen anzusehen haben.«

ÄRGER MIT DER DEUTSCHEN ORIENT-GESELLSCHAFT

Die Deutsche Orient-Gesellschaft, 1898 im Zusammenhang mit der Orientreise Wilhelms II. unter dessen Protektorat gegründet, führte große Ausgrabungen in Babylon und Assur durch und hat auch die wissenschaftliche Bearbeitung der Tempel von Baalbek getragen. Die vorderasiatische Abteilung im Pergamonbau der Berliner Museen mit dem großartigen Wiederaufbau der Prozessionsstraße und des Ischtartores von Babylon zeugen von diesem Wirken. Vorsitzender der Gesellschaft war Admiral von Hollmann, ein Vertrauter des Kaisers. Zu ihr geriet Wiegand in einen gefährlichen Gegensatz.
Wiegand kannte und respektierte die patriotischen Empfindungen der Türken, die ihr Staatsgebiet seit über 200 Jahren von Jahrzehnt zu Jahrzehnt sich ver-

kleinern sahen und deren Reich dem Kolonialstatus entgegenzukranken schien. Während Wiegand größten Wert auf gute persönliche Beziehungen zu Hamdi legte, glaubte man bei der DOG, diesen ignorieren zu können. Hielten es deren Mitarbeiter doch nicht für erforderlich, den Direktor der türkischen Altertümer, der selber nicht reisen durfte, bei ihren Durchreisen durch die Hauptstadt aufzusuchen, auch waren ihm keine Veröffentlichungen der Gesellschaft zugestellt worden. In einem für nationale Demonstrationen überaus empfänglichen Zeitalter hatte Wiegand sorgsam darauf verzichtet, bei der Eröffnungsfeier in Didyma auch nur eine einzige deutsche Fahne zu zeigen. Dagegen ergab sich durch ein der mesopotamischen Expedition von Hollmann zugewiesenes Motorboot, das den Tigris unter deutscher Flagge befahren sollte, eine groteske Zuspitzung.
Die türkischen Behörden verboten das Unternehmen, und auch der deutschfreundliche Großwesir bat um Verständnis wegen der Rückwirkung auf die Haltung einer sehr expansionsfreudigen englischen Schiffahrtsgesellschaft. Vermittelnde Vorschläge der deutschen Botschaft in Konstantinopel stießen in Berlin bei Hollmann auf heftige Ablehnung: Der Kaiser werde außer sich sein, wenn er erfahre, die deutsche Flagge sei zugunsten der türkischen niedergeholt worden. Auch sonst glaubte Hollmann, gestützt auf den Kaiser und dessen direkte Beziehungen zum Sultan, Hamdi brüskieren und Wiegand entbehren zu können. So forderte die DOG neue Ausgrabungskonzessionen auch an Plätzen, auf die bereits amerikanische Ansprüche bestanden. Hollmann glaubte, Wiegand arbeite gegen die DOG als Konkurrentin um Ausgrabungsmittel. Ein unbedeutender Vorfall in Babylon wurde von Hollmann dem Kaiser während einer Jagd so dargestellt, daß dieser ein überaus schroffes offenes Telegramm an die deutsche Botschaft schickte, das maßlose, unberechtigte und unerfüllbare Forderungen über die Zuteilung von Funden an die Berliner Museen enthielt. Der Botschafter Freiherr von Marschall sagte damals zu Wiegand: »Wenn der Kaiser nachts in einem Wald spazierenginge und es träte hinter einem Baum plötzlich ein wildfremder Kerl hervor und erzählte ihm eine Geschichte, so würde er dem Kerl glauben, und wenn zwanzig Botschafter ihm das Gegenteil schrieben. Die Nacht, der Wald, der Baum, der wildfremde Kerl, alles das würde absolut seine Phantasie beeinflussen.« (C. Watzinger, Th. Wiegand.)

Frau Wiegand an ihre Mutter

Arnautköi, 1. 4. 1905
Gegen uns ist Hamdy überhaupt sehr freundlich und der ganze Hader ist nie persönlich gegen Theo, im Gegenteil. Er weiß zu gut, daß, wenn überhaupt einer, so hält Theo ihm die Stange und er hat es in diesem Winter auch gegen

hohe und höchste Persönlichkeiten, mit denen sie in Berlin drohten, durchgesetzt. Aber im allgemeinen wird er schwierig und will, wie die Griechen, ein Gesetz machen, wonach alle Funde der Türkei gehören und Ausgrabungen von allerlei Schikanen, die nur er in der Hand hat, abhängen. Das erstreckt sich dann natürlich auch auf Theos Arbeiten und es wird immer mehr Usus, daß alle Sachen, auch die anderer Expeditionen, ihm zum Besorgen gegeben werden. Das hat sehr viel für sich, Theo kann so manche Dummheit verhindern und die Botschaft holt ihn sich immer heran, aber die schönen Zeiten, wo man erfolgreich und ohne großen Ärger durchkam, sind nun vorüber, und das, zusammen mit allerlei Kleinkram, hat Theo in diesem Winter recht nervös gemacht.

Th. W. an Kekulé

Konstantinopel, 17. 5. 1905
Ich bin entschlossen, nicht unter allen Umständen den Sonderinteressen der Deutschen Orientgesellschaft nachzugehen. Ich hänge nicht an dem mir übertragenen Amt um jeden Preis; ich bin jetzt zehn Jahre hier unten und glaube persönlich den Beweis geliefert zu haben, daß man hier bei geeignetem Benehmen durchkommen kann. Aber ich will nicht ruhig zusehen, wie die von mir sorgfältig aufrecht erhaltene Tradition über den Haufen geworfen wird. Bedenke ich dazu die Menge der persönlichen Opfer, die fortgesetzten, durch das Klima in Milet verursachten Trennungen von Frau und Kindern und die Sorge, wie ich in Zukunft die Erziehung der Jungen anfangen soll, auch die wissenschaftliche Isolierung, bei der ich immer mehr verliere, so darf mir niemand verdenken, wenn ich mich bereit erklärt habe, den Einflüssen der DOG zu weichen.

Th. W. an seine Frau

Milet, 5. 9. 1905
Vielleicht hast Du erfahren, ob der Botschafter in Wilhelmshöhe mit dem Kaiser über die DOG gesprochen hat. Wer weiß, vielleicht kommt meine Ansicht doch noch einmal zu Ehren und es geht mir, wie dem Hund des Nasr-eddin. Kennst Du die Geschichte nicht? Also: Nasr-eddin hatte einen treuen alten Hund verloren und begrub ihn auf dem mohammedanischen Friedhof. Als man das merkte, ließ der Kadi Nasr-eddin kommen und schnaubte ihn an: Wie kannst Du ein so unheiliges räudiges Vieh an der geweihten Stätte begraben? Nasr-eddin: Verzeihe mir, aber dieser Hund war ein ganz besonderer Extra-Hund. Der hat meinem Herrn einmal einen großen

Dienst in Gefahr erwiesen. Dafür hatte der Herr ihm 500 Schafe geschenkt und mich als Hirten. Als der Hund starb, hinterließ der Hund ein Testament. Darin steht, daß ich sein Erbe werden solle, aber er hat auch ein Legat ausgesetzt nämlich für Dich, edler Kadi, hat er 50 Schafe bestimmt. Worauf der Kadi: Und an welcher Krankheit ist Ihr seliger Herr Hund gestorben?

Th. W. an Winnefeld

Konstantinopel, 12. 10. 1905
Hier ist die denkbar größte Schweinerei und Gemeinheit passiert. Angestachelt von Hollmann in Rominten hat SM in offenem Telegramm an Marschall auf Grund unwahrer und nicht einmal halb richtiger, jedenfalls ganz verkehrter Angaben Hamdi Bey des Diebstahls an babylonischen Funden bezichtigt, von »Gaunereien« geredet u. s. f. Wir behalten absolut ruhiges Blut, denn der Fall ist zu roh. Aber jetzt erst enthüllt sich der wahre Hollmann-Bund; man will einen neuen Hamdi, einen neuen Marschall und einen neuen Wiegand. Diesmal aber werden die Herren mich bis zum äußersten auf dem Posten finden. Widerstand reizt, ich fühle mich in der richtigen Stimmung, in der man sich jedem Kampf gegenüber befinden sollte: ruhig und entschlossen.

Th. W. an Koldewey

Smyrna, 9. 10. 1906
Eben erhalte ich Ihre Zeilen vom 3. Sept. mit bestem Dank. Inzwischen habe ich Ihren heute ausgesprochenen Wunsch, weiter für das Boot tätig zu sein, als ahnungsvoller Engel anticipiert und werde einen neuen Weg vielleicht gangbarer finden. Wie die Sache gekommen ist, das ist ja jetzt schließlich gleichgültig, wenn wir uns alle einig sind in dem Bestreben, mit der Sache schließlich durchzukommen. Und das sind wir in Cospel wie in Babylon und Assur. Sie fragen: soll ich mal wieder in Berlin steam aufmachen? Nee, das sollen Sie lieber nicht. Der steam hat erfahrungsgemäß folgende Wirkung:

1. Delitzsch gerät aus dem Häuschen, rennt zu Simon, Hollmann und dem neuen Generaldirektor und redet in Zungen.
2. Hollmann fährt nach Rominten.
3. S. M. schickt ein grobes Telegramm nach Cospel.
4. Der Botschafter fährt zum Großvezir und erhält von neuem die dringende Bitte, die Türkei im jetzigen Moment nicht in die unangenehmste Verlegenheit zu versetzen.

5. Der Botschafter bittet den Reichskanzler um erneute Instruktion, da es sich um eine Frage handelt, die politischen Charakter angenommen hat.
6. Der Reichskanzler antwortet, der Botschafter möge den Zeitpunkt zu geeignetem Vorgehn selbst bestimmen.

Das ist wie der Hund, der sich in den Schwanz beißt. Also seien Sie milde und lassen Sie uns den Zeitpunkt wahrnehmen.

Im Latmos

Das Latmosgebirge: *Als der Mäander die Latmische Meeresbucht mit seinem Schwemmland zugeschüttet hatte, blieb 15 km vom neuen ägäischen Ufer entfernt der letzte Zipfel des alten Golfs als Brackwassersee übrig, der sich weitere 15 km in östlicher Richtung landeinwärts ausdehnt. Er wird nach einer kleinen antiken Stadt der See von Herakleia genannt, türkisch Bafa Gölü. An seinem Nordufer erhebt sich, 25 km ostwärts verlaufend, das wilde Urgesteinsmassiv des Latmosgebirges, dessen Gipfel fat 1400 m über die Seehöhe aufragt. Aus der Ferne der Mäandermündung gesehen, »hebt sich das stolze Dreieck des Latmos wie der Giebel eines Tempels vom blassen Blau des Himmels ab«. (Olivier Rayet, Milet et le golfe Latmique.) Nähert man sich, so löst sich diese Giebellinie in eine Unzahl von Felsspitzen auf, die an die Zähne einer schweren gebogenen Säge denken lassen, und schließlich enthüllt sich das Bergmassiv als ein von den feurigen Kräften der Erdtiefe emporgetürmtes unvorstellbares Gewirr gigantischer Felsbrocken. Die eindrucksvolle Majestät dieses Urgebirges kommt auch in seinem türkischen Namen Beş Parmak Dag, Fünffingerberg, zum Ausdruck. Denn es ist nicht möglich, fünf besonders markante Erhebungen zu zählen, wohl aber symbolisieren die fünf Finger für den Islamgläubigen die Mahnung an die fünf religiösen Tugenden.*
Am Nordufer lag phantastisch in die bis dorthin reichende riesige Geröllhalde des Berghangs eingenistet, die kleine antike Stadt Herakleia, der die Mäanderverlandung frühzeitig die Entwicklungsmöglichkeit genommen hatte und die wohl ein Sommersitz reicher Milesier gewesen ist. Die Stadtanlage ist durch die unwahrscheinliche Verbindung von hippodamischem Städtebau mit den wilden Felsgestaltungen der Natur und durch eine sehr ausgedehnte und noch gut erkennbare Land- und Seebefestigung bemerkenswert. In ihr befindet sich das merkwürdige Felsenheiligtum des Lokalheros Endymion, eines schönen Jünglings, der die liebevolle Beachtung der Mondgöttin Selene fand, die ihn in einer Höhle in Dauerschlaf versenkte, wo sie ihn zur Nachtzeit besuchte, um seine Schönheit keusch zu betrachten. Soweit die Version für Gymnasiasten; in der antiken waren diese Besuche Ursache der Geburt von 50 Töchtern, der gleichen Zahl, wie das Mondjahr Wochen zählt.

In christlicher Zeit hat das wilde Gebirge frühzeitig Eremiten angezogen, besonders nachdem um 640 Ägypten und Syrien mit seinen Wüstenklöstern in die Hand der Araber gefallen war. Als nach der Schlacht von Mantzikert in Armenien 1071 Kleinasien den Seldschuken zufiel, war die Zeit der Christen auch in dieser Landschaft zu Ende. Von den Versuchen, sich gegen die streifenden Reiterscharen zu halten, zeugen die Reste der Klosterburgen im Gebirge und am Ufer sowie die sorgfältige Befestigung der vier Inselchen im See, in die auch der letzte Quadratmeter Felsklippe einbezogen worden ist.
Die Einsiedeleien sind um die Höhle des heiligen Paulus d. J. entstanden, der das seinerzeit hoch angesehene Styloskloster gegründet hat. Die Fresken aus dem 9. bis 12. Jahrhundert entwickeln sich »vom Linearen und Flächenhaften zu bewegter, farbenreicher Komposition, die an die italienischen Trecentisten gemahnt, und bilden ein wertvolles Bindeglied zwischen der Malkunst der Spätantike und der Neuzeit. Durch die vorzüglichen farbigen Kopien von Professor Konrad Böse konnte ein Abglanz dieser immer mehr dem Verfall ausgesetzten Malereien gerettet und in der frühchristlichen Abteilung des Kaiser-Friedrich-Museums geborgen werden.« (Friedrich von Oppeln-Bronikowski, Archäologische Entdeckungen im 20. Jahrhundert.) Diese Kopien befinden sich heute im Bestande der »Stiftung Preußischer Kulturbesitz«.
Nachfolger des Styloskosters im Latmos ist das heute noch in höchstem Ansehen stehende Johanneskloster auf der Insel Patmos, das 1088 der vom Latmos kommende heilige Christodulos gegründet hat. – Der Zugang zu den Einsiedeleien des Latmos ist heute fast noch ebenso beschwerlich wie zu Wiegands Zeit.

Frau Wiegand an ihre Mutter

Arnautkoi, 22. 8. 1905
Theo ist gestern nach Pergamon gefahren. Wir haben noch am letzten Tag hier Gäste gehabt und dabei einen feinen Plan ausgeheckt. Bodman, der erste Botschaftsrat, soll im September nach Milet kommen, ich gehe auch hin und dann wollen wir ein paar Tage in den Latmos gehen, um dort die alten Klöster aufzustöbern, die noch in Mengen in Ruinen da sein müssen. Dabei gehts dann auch nach Heraklea und darauf freue ich mich ganz besonders.

Th. W. an seine Frau

Milet, 5. 9. 1905
Knackfuß hat den ganzen Sommer am Theater herumgearbeitet. Nun ist er durch damit, aber er hat sich offenbar keine Erholung gegönnt. Nun will ich

ihn zur Belohnung mit in den Latmos nehmen, und zwar gehts zum ersten
Mal los am Sonnabend. Der Mondschein muß nämlich ausgenutzt werden.
Das zweite Mal gehen wir am 12. September, denn am 13. ist Vollmond. Es
ist wirklich schade, daß Du nicht mittust, aber das zweite Mal vielleicht kannst
Du, oder ich gehe, wenn ich die Gegend einmal genau kenne, später mit Dir.

Th. W. an seine Frau

Milet, 12. 9. 1905
Diesmal weiß ich garnicht, wo anfangen, um Dir alles zu erzählen! Ich war
mit Knackfuß drei Tage im Latmos und die Dinge, die wir in dieser kurzen
Zeit gesehen, wirst Du zunächst wie ein Märchen anhören. Aber eins im
Voraus: sei froh, daß Du nicht mitwarst, die Anstrengungen hättest Du nicht
durchgehalten.
Also am vorigen Sonnabend, eine Stunde vor Sonnenaufgang, ritten wir an
den See von Heraklea. Die vorher bestellte schwarze Barke nahm uns auf
und nach drei Stunden waren wir im Sommerdorf Kapikeren *[heute Kapi-
kiri]* am Seeufer, wo uns unser Juruke Omar empfing, der als Führer diente.
Wir gingen die ganzen drei Tage zu Fuß, an Reiten war garnicht zu denken. Zuerst durchquerten wir das alte Heraklea, dann die Felsgräber, die
überall verstreut liegen, dann gings steil empor, ein wildes Rinnsal hinauf, immer über rauhe Granitmassen, und noch vor Mittag standen wir an
einer mäßig großen Höhle *(der Christushöhle)*, die das Wasser ausgefressen
hatte, 4 zu 6 Meter etwa. Die ganze Wand gegenüber dem Eingang war über-
deckt mit der buntesten, lebhaftesten Malerei, die von fanatischen Händen
zwar verletzt ist, aber alles wesentliche doch überliefert. Fünf Bilder standen
nebeneinander auf dem Wandputz: Christi Geburt, Ochs und zwei Eselchen
sehen niedlich in die Krippe, im Vordergrund baden zwei Ammen das Kind
(nach der apokryphen Überlieferung). Dann die Taufe im Jordan, Jesus mitten
drin, links Johannes, rechts halten Engel die Handtücher. Dann die Kreuzi-
gung, sehr edle Gewänder des Johannes und der Maria. Endlich die Auf-
erstehung. Christus ist mit dem Kreuz in die Vorhölle gedrungen, zieht
Adam und Eva, die als alte Leute in Gewändern dastehen, zu sich empor,
indem er gleichzeitig auf den Teufel tritt, der machtlos daliegt als ein pan-
artiger Waldmensch. Am rechten Ende kommt dann noch der Kopf Johannes
des Täufers, unter dem als Halbfiguren David und Salomon mit Diademen
gemalt sind. Unter all diesem ist noch eine zweite Reihe, in der die Köpfe
von neun Kirchenfürsten, z. B. der heilige Athanasios, erscheinen. Und überall sind die Reste von Namen erkennbar. Wie diese Entdeckung uns in Entzücken versetzte, magst Du Dir wohl ausmalen. Aber es kam noch schöner.
Wir stiegen auf den unglaublichsten Pfaden südöstlich herab, da kam wieder

eine Felsgrotte *(Pantokratorhöhle aus dem 7. Jahrhundert)*; hier war die ganze Decke voller Bildwerk. Überlebensgroß mit wunderbar sympathischen Zügen, sitzt Christus als Weltlehrer in der von Sprüchen bedeckten Mandorla, die rechte Hand erhoben, links das Evangelium, rote Lippen, braunes langes Lockenhaar. Er sitzt auf einem goldenen Thron voller grüner und roter Edelsteine und großer Perlen. Zu Füßen des Thrones ruhen die Evangelisten, Lukas als Löwe, Markus als Stier, oben entsprechend links als Engel Johannes, rechts als Adler Matthäus. Alle tragen grüne Evangelien und haben bunte Flügel mit Argusaugen. Aber damit nicht genug: Die Mandorla wird von zwei fliegenden Engeln gehalten. Unter dem linken Engel erscheint die Sonne in Gestalt einer Purpurscheibe mit dem Helios-Kopf, die von der Sonne ausgehenden Strahlen sind purpurn und weiß. Unter dem linken Engel ist der Mond mit Selene als weißem Brustbild mit der Mondsichel auf dem Kopf und der Fackel, auf grünem Grund mit hellblauem Rand. Weiße Strahlen gehen davon aus. Das alles ist in der Wölbung gemalt. Da fanatische Hände nicht direkt daran reichen konnten, ist alles viel besser erhalten und es ist nicht so schlimm, daß einmal irgend ein frommer Muslim sich die Mühe gemacht hat, die ganze Bemalung roh zu übertünchen. Die Heiligen leuchten doch sehr schön durch. Die gerade Wand unterhalb enthält aber auch noch interessantes: in der Mitte die Mutter Gottes im Purpurgewand, das Christkind in goldgelbem Kleid auf dem Schoß, ihm die Brust reichend. Auch Maria sitzt auf einem edelsteingeschmückten Thron, auf einem großen weichen Polster, in einer Nische. Edelsteine schmücken die Pfosten der Nische über ihr, besonders auch Perlen wieder, der Bogen selbst ist lichtgrün. Links von Maria stehen in Vorderansicht fünf heilige Männer, davon hat einer eine Kaiserkrone in der Hand, ein anderer eine Rolle mit spitzem Deckel. Der Kronenträger ist als Johannes der Theologe bezeichnet. Links von Maria steht die heilige Thekla mit einem Buch, als dritten liest man den heiligen Kyrillos. Das alles lebensgroß. Und an jedem Ende des Ganzen je eine rot gemalte Inschrift, davon die eine leider fast ruiniert. Die andere nennt den Stifter, einen Diakon Georgios. Das Jahr scheint auch erhalten zu sein.
Weiter unterhalb der Höhle fanden wir eine Kirche, der Eingang ist vermauert, ein Türke hat seine Bienenstöcke darin und will so die Bären fernhalten. Rings herum hingen an den Bäumen große Blechkasten, daneben an einem besonderen Strick alte Hufeisen, das gab im Wind die nötige Musik, um die Bären fernzuhalten.
Wir gingen nun wieder zum See herunter. Da, wo das Gebirge milder wird, stehen schöne Ölbäume. Endlich fanden wir auch Wasser. Ich kann Dir sagen: so wie an diesem Tag habe ich noch nie gedurstet und Knackfuß war so, daß wir zuletzt weit fortschicken mußten, um etwas Wasser herbeizuholen.
Abends schliefen wir am See, es gab viele Moskitos, aber wir hatten Netze und Chinin. Unser Wirt war ein alter Fährmann, wir lagen mitten in einem

Wassermelonenfeld. Nachts schlug der Hund wütend an, ein Schuß krachte und heulend fuhr eine Hyäne davon, die sich an die Melonen gemacht hatte. Bis hierher will ich Dir nun heute erzählen, mein nächster Brief wird Dir noch mehr wichtiges bringen. Aber um eins bitte ich Dich: bewahre Schweigen. Wir wollen das alles in voller Ruhe und Stille bearbeiten.

Milet, 24. 9. 1905

Heute will ich Dir einmal vom Latmos weitererzählen. Nachdem wir also — zu Deinem Entsetzen sei es gestanden — am sumpfigen Penirtschai die Nacht geschlafen hatten, und uns mit Calorit-Konserven und morgens mit Pepton-Kakao bestens ernährt hatten, ging es vor Sonnenaufgang schon wieder in die Berge. Im südlichen Teil der Latmosabhänge liegt eine Burg, Jediler Kaleh, wo früher sieben Brüder gehaust haben sollen. Man sah die Zinnen herüberwinken. Aber als wir nun nahe hinkamen und durch eine Mauerlücke in einen großen verwilderten Hof traten, da sahen wir schon: ein bedeutendes befestigtes Kloster! Höchst sinnreich hatte man sich da mit Wasser zu versehen gewußt, indem man einen Bach mitten durch den Hof geleitet und diesen völlig überwölbt hatte. Gleich beim Hof fand sich eine große lange Kirche und gegenüber ein Tonnengewölbe mit angegriffenen Fresken, Madonna mit dem Kind, Johannes. Über dem ganzen erhebt sich eine felsige Oberburg, da sind nochmals zwei kleine Kirchen, umgeben von Kasematten und Wehrgängen — ein merkwürdiger Kontrast zu all der Heiligkeit. Die Mauern sind so gebaut, daß immer ein großer Stein von Backsteinen umschlossen ist. Nun denke Dir den herrlichsten Blick über den See, verwilderte Ölbäume und Fichten, an denen Eidechsen, braun getupfte auf gelbem Grund mit hellgrünem Schwanz, umherhuschen.

Nun gings nachmittags über Schluchten und Gipfel weiter nach Süden; da fanden wir eine kleine Festung, die einen Seitenweg (nach Mylasa) beherrschte und nur ein bescheidenes Tor hatte, aber wieder einen vortrefflich erkennbaren Wehrgang. Mancher alte Schnapphahn mag auf solchen unbehaglichen, vom Wind umstürmten Warten von den byzantinischen Herrschern elend bezahlt, verlumpt und rheumatisch, für die Reichssicherheit gewacht haben! Es muß zuletzt dieselbe elende Saptieh-Wirtschaft gewesen sein, wie heute in der Türkei.

Abends stiegen wir dann herunter in die Ebene, da fanden wir die Burg Kadi-Kalessi am Rande der Berge, zwei Tore, fünf Türme, und hörten von einer zweiten, südlich von Tanischman. Nun wars zur Abwechslung mal wieder prachtvolle Gartenebene, üppigster Baumwuchs, an Ulmen emporrankende alte Weinreben, Granatbäume, Lorbeer und Myrthe — hei! haben uns da die frischen Feigen und Trauben geschmeckt! Da fanden wir auch zwei fragwürdige Rosse, die brachten uns zum Nachtquartier nach Heraklea. Abends brachte unsere Calorit-Konserve Hasenbraten mit Rotkohl, dazu nahmen wir einen Schluck Rum und dann ging der Mond auf und wir schliefen völlig zufrieden im Freien unter dem Netz ein.

Am Montag fanden wir schon wieder eine Grotte. Aber wir waren wohl ein paar Jahre zu spät gekommen, die Kirche davor war ziemlich frisch eingestürzt und die Fresken schimmerten in hundert Brocken aus dem Sturzfeld. Von da gings steil bergauf. Riesenhaft wurden jetzt die aufgetürmten schwarzen Felsmassen, bald mußten wir darüber weg, bald drunter durch kriechen, das alles in brennender Glut, ohne daß irgendwo Wasser war. Endlich fanden sich einige Tropfen im Granitsand, auf der tiefsten Stelle einer Höhle von 20 m Tiefe. Die Losung der Bären ringsum bewies, daß dies auf weite Strecken offenbar der einzige Wasserplatz war. Wir hatten großes Mitleid mit zwei schönen Taschenkrebsen, die sich bis dahin geschleppt hatten, in solche Höhen, und dann doch vor dem Ziel elend verdurstet waren. Mit der Andacht des Studenten im ersten Semester tranken wir. Und dann wieder hinaus in die von den schwarzen Felsen strahlende Hitze. Es dauerte nicht mehr lange, da kam ein ganz gewaltiges Felsengebilde: eine wohl acht Meter frei überhängende Masse, darunter alles voll Felsgänge und Höhlungen und gleich vorne große rot gemalte Kreuze in der Form der Johanniterkreuze, daneben ein anderes, an dem hingen gemalte Ketten herab, darum stand »Das Kreuz ist der Blinden Führer«, daneben aber ein langer Text in rohen Buchstaben, in dem fortgesetzt von wilden Bienen und bitterem Honig der wilden Bienen die Rede ist — so recht ein Eremitentext —, auch da leider Spuren mutwilliger und fanatischer Zerstörung, sodaß ich den Text schwerlich ganz zusammenkriege.

Und nun der Abstieg. Beinahe kopfüber manchmal. Drunten am See ein Stück Brot mit Wassermelone, dann ins Segelboot und hinüber nach der Heraklea gegenüberliegenden Insel. Große Überraschung! Sie ist ganz bedeckt mit einem befestigten Kloster. Über der Tür der Kirche steht noch die Weihinschrift. Innenhafen, Oberburg mit Kapelle, alles ist deutlich da und der marmorne Ambo der Kirche liegt mit seinen Weinranken im Hofe, unbeachtet. Nun gings mit lebhafter Brise nach Nordwest, vorbei an der früher schon gefundenen Klosterinsel auf die nördlichste der drei Inseln des Latmossees, da fanden wir die Trümmer eines ganzen byzantinischen Städtchens, das den ganzen Raum der Insel dicht bedeckte. Wir kamen zum Schuß auf Wachteln und Wildtauben, die hier wohl selten gestört werden und fanden zuletzt am Südende noch zwei Kirchenreste, Inschriften etc. Dann gings zurück zum Ausgangspunkt der Segelfahrt und um Mitternacht waren wir wieder in Milet, herzlich müde, aber sehr erhoben. Denn was wir da gefunden haben, ist erst der Anfang.

Milet, 24. 9. 1905

Heute kommt mein Latmosführer und hat »noch viel mehr« entdeckt, sodaß ich übermorgen mit Knackfuß nochmals da hin muß. Diesmal sollen es unterirdische Gewölbe und Heilige auf Thronen sein. Die Stelle heißt Arab-Avlar-Kalessi, sie liegt noch höher im Gebirge. Pferde? Nein, die sind unmöglich. Das wird eine große, wichtige Arbeit und ich bin im Begriff, Schöne vorzuschlagen, uns im Frühjahr einen sehr geschickten Maler zu besorgen. Man hat so viel über die Kunst der Athosklöster geschrieben. Nun kann ich hier mit einem Schlag das bedeutendste Material beisteuern von dem alten Eremitenberg, der die Vorstufe zum Athos war. Um das Jahr 1080 ist auf dem Latmos alles tot, die Türken haben die Gegend ausgemordet, die Eremiten erschlagen, der heilige Christodulos erhält vom Kaiser Alexius I Komnenos die großen Schenkungen in Patmos, Kos, Leros. Dieselben Daten gelten natürlich auch für die Mykale. So hoffe ich auf solider Grundlage ein Stück zuverlässiger byzantinischer Kunstgeschichte zu errichten.

Aus dem Tagebuch

Am 26. September *(1905)* war ich mit Knackfuß wieder am See, die Barke nahm uns auf und wir fuhren südlich; etwa vierzig Pelikane saßen in Schußweite auf dem Wasser, einer wurde durch Kugelschuß erlegt, er hatte eine Flügelspannweite von 2,80 m, Schnabellänge 40 Zentimeter. Tausende schwarzer Enten bevölkerten das Schilf, zwölf Schwäne gingen links von uns auf, Fischadler, Löffelgänse, Bussarde. Mittags kamen wir nach Heraklea und brachen sofort zu Fuß in nordöstlicher Richtung auf. Um einhalb 3 Uhr passierten wir eine Klosterruine mit schönen Ziegelornamenten. Nachts blieben wir bei Nomaden in der Gegend Kyrpalan und schliefen im Freien an einem Gebirgsbach. Mit Sonnenaufgang kam unser langer schwarzer Führer, ein Tachtatschide. Er sagte, ein Kloster liege hoch oben nahe beim Latmosgipfel und habe Bilder. Um 6 Uhr begann der Aufstieg, um 9 Uhr 53 passierten wir eine Felswand mit Kreuzzeichen bei einer wundervollen Felsquelle, gegen 1 Uhr waren wir an der Stelle des Klosters. Ein Waldbrand hatte die Gegend verwüstet, das ermöglichte indes den Überblick über die den Felsen angeklebten Mauerreste und Grundrisse. Das bedeutendste Gebäude hatte wohlerhaltene Unterwölbungen. Weiter die Felsen aufwärts ging es zuletzt kriechend durch einen schmalen Felsgang, plötzlich sah man eine tiefe Felsschlucht und unmittelbar am Rande, aber zweieinhalb Meter tiefer eine kleine halb offene Höhle unter überhängendem Granit. Einige Felsstufen führten bis an den Rand, dann aber hätte man eine Leiter gebraucht. Die ganze Felskuppel und obere Wand voll von Bildwerk, und zwar in lebendigsten Farben: die Verklärung Christi, Geburt und Darstellung Mariä, Taufe Christi mit höchst interessantem Flußgott als Dämon, ganze Reihen von Heiligen, dann

das gruppenreiche Bild vom Tod eines Heiligen, Bild eines Säulenheiligen auf der Säule, thronende Madonna. Abstieg bis in tiefe Dunkelheit, im ganzen waren wir zehn Stunden geklettert. Wir waren sehr glücklich, ich denke, wir haben das Styloskloster des Heiligen Christodulos selbst gefunden. Und Stylos war natürlich der Name eines der turmartigen Felsen, die wie eine Riesensaat rings um das Kloster emporstarren.
Abends herrliche Buttermilch von unseren jurukischen Gastfreunden, am Donnerstag Rückkehr nach Heraklea. Wir fanden schöne, deutliche, frische Fährten von Bären und Panthern. Am See gab man uns Pekmes, getrockneten Traubensaft. Rückfahrt mit Gegenwind, wir besuchten noch die Klosterinsel, die Knackfuß noch nicht kannte, und stiegen mit Sonnenuntergang ans Land, dann zu Pferd nach Akköi.

Es handelte sich hier in der Tat um die Einsiedlerhöhle des heiligen Paulus und das Styloskloster. Der als tot dargestellte Heilige ist Paulus.

Im Mai kam der Maler Konrad Böse nach Milet, sechs Lastpferde trugen die notwendige Ausrüstung in die Berge, dann mußten sie Träger übernehmen. Am schwierigsten war das Kopieren der Malereien in der Paulushöhle. Der Höhlenausgang über dem Abgrund mußte mit gefällten Baumstämmen verschlossen und ein Arbeitsgerüst aufgerichtet werden. Eines Nachts besuchte eine Bärin mit ihren Jungen die Werkstatt, sie untersuchten die Gefäße mit den Farben und hinterließen ihre blauen Fußabdrücke auf der Bildleinwand. Im Juni 1907 waren zwölf Freskenkopien fertig und die Arbeit abgeschlossen. Das Interesse des Kaisers an der Erforschung des Latmos bewirkte die Beauftragung des Generalstabshauptmanns Walter von Marées mit der topographischen Aufnahme des Gebirges und der Stadtlage von Herakleia. Daraus entwickelte sich eine Kartierung Südioniens, die nach dem Tode von Marées durch Hauptmann Karl Lyncker vollendet worden ist.

Umsiedlung in Didyma
Th. W. an seine Frau

Milet, 12. 9. 1905
... Ich muß abbrechen, weil ein Bote von Naily Bey mich nach Sokia einlädt, wo der Besitzer des Tschifliks *(Landguts)* Jeronda ankam. Dieser Kerl scheint zu faul zu sein, sich das Tschiflik, das er nie gesehen hat, weil er in Paris lebt, jetzt mal anzusehen. Echt türkische Bey-Wirtschaft.

Sokia, 13. 9. 1905
Gestern abend habe ich mit Naily Bey und Urfy Bey, dem ersten Sekretär der türkischen Botschaft in Paris, im Hotel Priene gegessen. Urfy, das Urbild

des verfetteten, ramolierten jungen Herrn aus Paris, Naily schon um 8 Uhr abends betrunken von »Aperitif«, d. h. vom reichlichen Mastix, mir fortgesetzt schwere Freundschafts- und Liebeserklärungen machend, zuletzt zärtlich und küsserig, bis ich ihn schließlich in sein Bett brachte. »Hoch beladen schwankt der Wagen« etc. mußte ich unwillkürlich deklamieren, als ich ihn die Treppe herauf brachte. Pfui Teufel. O Ihr feinen Geheimbderäte in Berlin, o Du heiliger Kekule, Ihr solltet an meiner Stelle sein, Euch würden verschiedene Einbildungen vergehen. Natürlich ließ mich der Bey aus Paris darauf hinweisen, daß er die Légion d'honneur besitze und daß daneben ein deutscher Orden gut stände. Ich ließ mir die Gelegenheit nicht entgehen und ließ mir sofort von ihm als Tschiflik Aga von Jeronda das ganze Terrain für neue Dorfhäuser, 22 Dönüm, schenken, außerdem einen Weinberg, wo ich unser künftiges Haus bauen will und einen daran anschließenden sanft abschüssigen Acker, auf dem ein prachtvoller alter Ölbaum steht, unter dessen Schatten wir hoffentlich oft sitzen werden, wenn ich die nötige Terrasse werde aufführen lassen. Man hat dann einen Blick in die stille malerische Bucht nach Bargylia-Mylasa zu.

Milet, 15. 11. 1905
In Didyma habe ich heute die Neu-Ansiedlung des Dorfes besucht. Die Leute kamen heraus und waren sehr dankbar. Es sind lauter ganz Arme. Einer hatte ein Haus, aber noch keinen Stall. Ich fragte ihn, wo er denn das Pferd ließe, da sagte er: »Abends holen wir es herein in die Wohnhütte, das schadet nichts, im Gegenteil, das Pferd hilft im Winter heizen.« Bedürfnisloser kann man nicht sein.

Milet, 3. 12. 1905
Das große hiesige Tagesereignis ist, daß heute Nachmittag zwei Reiter angeritten kamen, der erste war Leonidas aus Jeronda, der zweite strahlend Meimaroglu, welcher mir alsbald den Kaufkontrakt fertig überreichte, nach welchem wir den Ankauf des Leonidashauses für 675 Pfd. definitiv abgeschlossen haben. Ich behielt den Leonidas gleich zu Tisch hier, zahlte ihm seinen Scheck aus, und er ritt seelenvergnügt mit seinen großen Wasserstiefeln davon. Nun ist das letzte ernste Bollwerk gesunken und wir können ruhig ins Volle gehen, wenn im Frühjahr die Kraniche über den Apollotempel ziehen, werden sie uns am Werk sehen.

Evangelos Meimaroglu war Ausgrabungskommissar in Milet, ein treuer, ehrlicher und zuverlässiger Mann, der in Stuttgart studiert hatte. Während des Ersten Weltkrieges war er Deputierter von Smyrna. Nach der Katastrophe des griechischen Feldzuges in Kleinasien 1922 ist er verhaftet und wahrscheinlich gehenkt worden.

GESUNDHEITSPOLIZEI
Frau Wiegand an ihre Mutter

(Meldungen über Auftreten von Cholera in Deutschland veranlassen *die türkische Verwaltung zu Sicherheitsmaßnahmen. An der Grenze finden ärztliche Visitationen statt.)*

Arnautköi, 30. 9. 1905
Nun bekommt vor ein paar Tagen ein Herr der Botschaft von einer bekannten deutschen Dame in Salonik eine Beschreibung der an ihr verübten visite médicale. Sie wurde auf der Grenze von zwei Beamten aus dem Coupé geholt, in einen Schuppen geführt, der keine Fenster und eine Tür ohne Schloß hatte, mußte sich dort nackt ausziehen, ihre Sachen den Leuten Stück um Stück durch den Türspalt herausgeben, die »desinfizierten« sie eine Viertelstunde lang, dann zog sie sich wieder an, wurde von den zwei Türken weiter unter eine Pumpe geduckt, bekam einen tüchtigen Schuß Wasser auf den Kopf geplumt, ebenso über die Füße, und kam unter der Obhut der zwei »Ärzte« nach Salonik.

FORTSCHRITT IN ARNAUTKÖI
Frau Wiegand an ihre Mutter

Arnautköi, 1. 12. 1905
Eben waren die Kinder hier und haben die neue Gaslaterne auf der Straße bewundert. »Wie sehr hell.« Und es ist wirklich ein fast unglaublicher Fortschritt bei uns Arnautköileuten. Nun kann man schon bald ohne Laterne abends zu Hamdi gehen.

DER SELBSTHERRLICHE SULTAN
Th. W. an seine Frau

Constantinopel, 27. 6. 1906
Hier ist manches neue passiert. Der Sultan hat den Fremden den Besuch der Moscheen verboten, hat befohlen, daß kein Türke mehr eine Ausländerin heiraten darf und wenn doch, daß er nicht in die Türkei zurück darf, und hat drittens befohlen, daß Phonographen keine Koranverse mehr singen dürfen. Der Khedive hat auf der Höhe von Tschibuklu eine Villa mit Aussichtsturm gebaut. Diesen Turmbau hat der Sultan unterbrechen lassen, weil man von da nach Jildiz hineinsieht. Kurz — der Fremdenhaß und die Angst vor Verfolgungen nehmen gleichmäßig zu.

Khedive (Vizekönig) von Ägypten war Abbas II. Hilmi. Er war dem Osmanischen Reich wohlgesonnen und wurde 1914 von den Engländern entthront, als diese die türkische Oberherrschaft durch ein britisches Protektorat ersetzten. Jildiz, der von Abdul Hamid bewohnte Palast, lag in einem großen, streng abgeschlossenen Park.

Hamdi Beys Jubiläum
Frau Wiegand an ihre Mutter

Arnautköi, 27. 8. 1906
Hamdis Jubiläum *(25 Jahre Museumsdirektor)* war sehr eindrucksvoll für ihn verlaufen. Er hatte sich diese Überhäufung mit Ehren doch nicht träumen lassen. Die verschiedenen wunderschön auf Pergament geschriebenen Adressen vom Museum und Institut, Baron Marschall, der selbst im Namen des Kaisers gratulierte und ein Werk über dessen Privatsammlungen schenkte, der Leipziger Ehrendoktor, an 100 Telegramme, von denen zwei Drittel aus Deutschland waren und von denen er mir abends sofort Deines als ganz besonders charmant und aimable zeigte. Du hast es aber auch sehr fein abgefaßt. Abends war dann ein kleines Essen, bei dem außer Theo und mir noch zwei befreundete Franzosen waren. Ihre zweite Klassen Ehrenlegion kam gegen Deutschland nicht auf.
Zwei Tage später war Hamdi hier und erzählte empört, der Sultan, der damals immer noch sehr krank war, habe ihm extra einen Palaisspion geschickt, um zu fragen, warum er an einem Tage 80 Telegramme und den Besuch des deutschen Botschafters bekommen habe. Er war nicht schlecht wütend. Ein paar Tage vorher rieb er sich die Hände und meinte: »Wer weiß, vielleicht wird mein doux patron an meinem Jubiläum sterben, dann sitze ich am nächsten Tag auf der Eisenbahn.«

Geschäftstüchtige Griechen
Th. W. an seine Frau

Didyma, 14. 9. 1906
Seit zwei Tagen bin ich nun an der Quelle und am Tempel der Weissagung und wäre ganz dankbar, wenn das Orakel mir sagen könnte, ob ich mit meinen Bauern von Jeronda fertig werde oder nicht. Die Schwierigkeit, die man uns bereitet, besteht in Geldforderungen für die Erlaubnis, Schutt auf den Feldern abzuladen. Dafür will ich, wie auch in Milet, kein Geld zahlen und stelle mich auf den Standpunkt, daß die Felder ja nur besser von der neuen Erde werden. Ich bin sehr neugierig.

Inzwischen lasse ich 300 m Schienen und 15 Kippmulden mit Kamelen herbringen, Arbeiter sind genug vorhanden und warten auf Beschäftigung.

Didyma, 13. 10. 1906
Vorgestern war der Bischof von Sokia bei mir, der mein guter Freund ist, und der dem widerspenstigen Bürgermeister gründlich den Kopf wusch. Es war sehr amüsant, wie der Bischof mir das reumütige Dorfoberhaupt anbrachte — ich hatte in der Tat schon Schritte getan, es absetzen zu lassen. Der Kerl wollte offenbar aus mir Geld herauspressen, damit er erlaube, daß unsere Feldbahn durchs Dorf fahren dürfe. Zu dem Zweck hatte er einen angestifteten Auflauf abhängiger Dörfler veranstalten wollen, die gegen die Bahn protestieren sollten, weil ihre Kinder sonst tot gefahren würden. Dann wollte er als Deus ex machina einschreiten und die Bahn verbieten. Ich bekam aber rechtzeitig Wind von der Verschwörung und verscheuchte zunächst einmal die Kinderscharen, indem ich dem ältesten der gaffenden Lümmel ein paar handfeste Maulschellen verabreichte, worauf die Rotte Korah schreiend und auf Nimmerwiedersehn verschwand. Dann benachrichtigten wir den Kaimakam von Sokia, und der hat ihm offenbar nicht nur ins Gewissen geredet, sondern ihn auch finanziell in Contribution gesetzt, damit die Sache niedergeschlagen würde. Kurz, die Dorfintrige, bei der man nicht weiß, ob man sich amüsieren oder ärgern soll, denn es ist doch ein krasser Undank bei alledem und die Leute haben so gar kein Gefühl dafür, daß wir nicht hier sind, wie eine ausbeuterische Bergwerksgesellschaft.

Besuch auf Patmos
Th. W. an seine Frau

Didyma, 23. 10. 1906
In der Bevölkerung von Patmos hat sich ungemein viel Tradition erhalten und sie erzählen gern. Sie wußten von einem alten Gymnasiallehrer aus Deutschland zu erzählen, der im Jahr 1870 die Volkslieder gesammelt habe. Und als die Nachricht von Sedan kam, habe der gemessene Mann ein Freudenfest gegeben und den Wein in Strömen fließen lassen »die ganze Insel war betrunken« und der Deutsche tanzte und sagte »nun will ich gern sterben, da ich das erlebt habe«.
Natürlich wußten die Mönche auch manches Wunder. Zuerst zeigten sie mir unten im Hafen eine Klippe unter Wasser. Da läge der Dämon Kynops. Dieser habe in Patmos gehaust, als der Apostel Johannes hinkam, und habe aus dem Meer die Schattenbilder der Verstorbenen auftauchen lassen. Vielleicht war da ein alter heidnischer Kult. Da habe der sanfte Jünger Christi eines Tages Ärgernis genommen, habe den Kynops ins Meer gelockt, untertauchen

lassen, um irgend eine verstorbene Person aufsteigen zu lassen, und »als er drunten war, machte der Evangelist rasch das Kreuzzeichen über dem Wasser und der Kynops mußte drunten bleiben und wurde ein Fels. Die Fische aber gehen noch heutigen Tages nicht an die Stelle, wo der Fels liegt.«
Sehr nett war auch die Geschichte, wie ein fremdes Schiff nach Patmos kam und das Kloster besuchte, wobei der Steuermann dann zum Andenken das oberste Glied eines Fingers des heiligen Christodulos als Amulett stahl und mitnahm. »Als nun das Schiff wieder den Hafen verlassen wollte und guter Wind blies, da war es nicht möglich, aus dem Hafen zu kommen, sondern das Schiff blieb wie angewachsen liegen. Da fiel der Steuermann auf die Knie und gestand seine Schuld, man brachte dem Heiligen sein Fingerglied wieder zurück, und siehe da, plötzlich fuhr das Schiff mit vollen Segeln frei von dannen.«

FUNDE IN MILET UND DIDYMA
Th. W. an seine Frau

Milet, 20. 5. 1907
Eben haben wir in der Nekropolis ein Grab mit völlig erhaltenen ganz alten, spätmykenisch-jonischen Vasen gefunden, etwas ganz famoses für die jonische Vasengeschichte und Milet. Die gefundenen Vasen sind mit den schönsten mykenischen Tintenfischen und Schnecken dekoriert, an einem der Gefäße sind drei lustige Fische u. s. f., kurz endlich mal was Ganzes. Ich bin wirklich sehr zufrieden, nun das milesische Werk mit der Lösung der keramischen Fragen krönen zu können. Nahe sind wir daran, aber noch vieles muß dazu kommen. Ich habe neuen Lebensmut, seitdem ich daran nicht mehr so sehr zweifeln muß. Hoffentlich freust Du Dich mit mir.

Didyma, 6. 6. 1907
Ich komme eben von einer sehr schönen Entdeckung im Tempel. Wir sind in das südliche innere Treppenhaus eingedrungen und haben die ganze Marmordecke unverletzt wiedergefunden. Sie ist 9 m lang, 1 m breit und die ganze Fläche ist mit riesigen hochplastischen Mäanderschlingen dekoriert, die noch Reste ihrer gesamten alten Bemalung in rot und blau tragen, an Kymatien, Innenfeldern und zentralen Rosetten. Du kannst Dir denken, wie mich das erfreut, denn es ist das erste größere Novum über die französische Forschung hinaus und ein wunderhübscher, ermutigender Abschluß für die Frühjahrscampagne 1907, die so viel Störungen hatte.

Milet, 20. 9. 1907
Draußen ist das schönste Wetter und wir haben in Milet den trockensten Boden und – zu wenig Arbeiter. Das anormale Jahr hat den Tabak und die

Sesamernte so verzögert, daß die Mäanderebene noch grün ist und die besten Leute alle fort sind. Unsere Stimmung ist deshalb nicht gut, die 70 Leute in Milet sieht man kaum, ich könnte 400 gebrauchen. In Didyma haben wir 50. Wenn der Winter kommt, ists zu spät.

RÄUBERGESCHICHTEN
Th. W. an seine Frau

Milet, 11. 10. 1906
Gestern abend bin ich wieder hier eingetroffen und die Enttäuschung war allerseits groß, da sich das Gerücht verbreitet hatte, Du wärest mitgekommen. Wenn Du mitgekommen wärst, hättest Du in Sokia einen merkwürdigen Anblick gehabt: Das Volk stand in dichten Scharen um den Konak des Kaimakams, in dessen Hof man auf einer Stange den Kopf eines jungen Räubers ausgestellt hatte, eines Juruken, von etwa 18 Jahren, fünf andere hatte man außerdem lebendig gefangen, davon einen an der Hand verwundet. Diesen Leuten war die Gegend von Ödemisch zu heiß geworden, da dort der General Said Pascha mit drei Battaillonen regulären Truppen hinter den Leuten her ist und schon viele zur Ergebung gebracht hat. So waren sie nach dem Latmos gegangen, dort aber durch ihre eigenen Stammesgenossen gepackt worden. Hauptmann von Marées ist jetzt von dem Dorf Kisir, wo es passierte, nicht weit entfernt, so kommt mir die Reinigung der Gegend sehr gelegen.

Milet, 16. 5. 1907
Seit vier Tagen warte ich auf den Besuch des Obersten von Diest, der von Mylassa herauf kommen will. Statt dessen höre ich, daß bei Mylassa die Bande des *Tschakidji* am hellen lichten Tag den Kaimakam und seine Beamten im Regierungsgebäude ermordet hat und daß die regulären Truppen neun Räuber erschossen hätten. Vielleicht ist Diest durch die Behörden aus Angst aufgehalten worden.

Milet, 9. 11. 1907
Der Räuber Tschakidji Ali hat am Sonntag den Bruder eines Sultans-Adjutanten aus der Familie Hadji Ali Pascha in Kosbunar entführt und verlangt 5000 Ltq. Er hat den Mann während des Ramasangebetes aus der Moschee mitten in der Stadt herausgeholt. Da der Chef der Gendarmerie Oberst Saadeddin Bey aus Smyrna sowie der Träger des Lösegeldes mit mir in der Bahn bis Kosbunar fuhren, so hörte ich manche interessante Detail über die gänzliche Hilflosigkeit der Regierung.

Th. W. an Winnefeld

Konstantinopel, 15. 11. 1906
Nun noch einiges zur Charakteristik Said Paschas. Der infame kleine Syrier ist höchstens 24 Jahre alt, aber schon Contreadmiral, allerdings versicherte er mir einmal sehr offen, daß er noch nie Dienst auf einem Kriegsschiff getan habe. Den Paschatitel erhielt er voriges Jahr, weil er zahlreiche Verhaftungen von Armeniern vorgenommen hatte. Das Brigantenunwesen hatte infolge der Mißregierung im vorigen Jahr ungeheure Dimensionen angenommen, namentlich im Tmolosgebirge zwischen Aidin und Ödemisch, in der Mykale bei Milet, im Latmos u. a. Said Pascha war von seinem Vater beauftragt worden, mit den Brigantenführern auf Ablegung der Waffen zu verhandeln, wofür man ihnen die Gnade des Sultans in Aussicht stellte. Trotzdem kam das Räuberunwesen nicht zu Ruhe, sodaß z. Z. ein Brigadegeneral mit drei Battaillonen mit den Leuten im ständigen Kampf liegt. Kürzlich wurde von diesem ein berüchtigter Bandenchef namens Mehmed dingfest gemacht. Er ließ ihn nach Smyrna transportieren und als hier der Untersuchungsrichter das erste Verhör vornahm, sagte Mehmed: »Ich verstehe garnicht, was ich eigentlich hier im Gefängnis soll. Fragen Sie nur Said Pascha, glauben Sie, ich hätte ihm umsonst zweihundert Goldpfund gezahlt!«

Didyma, 19. 10. 1909
Die ganze Provinz ist wieder voller Aufregung über die Räuberbande des Tschakidji, und in der Tat schreit der Skandal gen Himmel. Bereits ist das mazedonische Räubergesetz für das Wilajet Smyrna proklamiert und sind mehrere tausend Soldaten unterwegs, um die dreißig Kerle zu fassen. Den Lohn von 1000 Pfd., den der Wali auf den Kopf des Tschakidji ausgesetzt hat, hat dieser überboten, indem er auf den Kopf des Wali 1500 Pfd. aussetzte.

Didyma, 9. 9. 1912
Vorgestern mittag brachte man uns die gräßlich zugerichtete Leiche des braven Georgios Kjolaflis ins Dorf, der als bester Kenner der Gegend Wilski, Marées, Lyncker bei den Kartenaufnahmen begleitet hatte. Er war wieder als Hirt gegangen und hatte bei dieser Gelegenheit Zeuge sein müssen, wie mehrere christliche Albanesen seinen Oberhirten umbrachten. Um den lästigen Zeugen aus der Welt zu schaffen, hat die blutgierige Gesellschaft auch ihn mit zwei Anderen umgebracht. Es ist ein rechter Jammer, zu sehen, wie unbeschützt dies arme Volk ist und wieviel gerade von den besten und rechtschaffensten Elementen gewaltsam umkommen.
Übrigens sitzen die Mörder hinter Schloß und Riegel.
Gestern wurde den ganzen Nachmittag eine halbe Stunde von unserem Dorf

mit einer mehrköpfigen Räuberbande gekämpft. Die Nacht scheint ihr zum Entweichen verholfen zu haben. Auf die Gendarmerie ist kein Verlaß.

Tschakydschy Mehmed war ein Räuberhauptmann mit allen Eigenschaften des romantischen Volkshelden. Er wurde um 1864 als Sohn eines jurukischen Räubers in der Provinz Aidin geboren. Sein Vater fiel im Kampf gegen Gendarmen, als er 18 Jahre alt war. Bald darauf wurde er wegen einer Gewalttat von demselben Gendarmen gefangen und geohrfeigt, der seinen Vater getötet hatte. Mehmed schwur Rache. Als er nach drei Jahren aus dem Gefängnis in Smyrna entlassen wurde, bildete er eine Räuberbande. Er erpreßte die Wohlhabenden und erfüllte seinen Rachschwur. Als es auch großen Militärverbänden nicht gelang, ihn zu fangen, warb die Regierung 700 albanesische Räuber aus der europäischen Türkei an, von denen 300 in vergeblichen Kämpfen gegen ihn fielen. Der Rest gab auf. Nun setzte die Regierung dem Tschakydschy eine Pension aus, wenn er Ruhe halten und andere Räuber unterdrücken würde. Doch hielt diese Vereinbarung nicht lange. Der populäre Bandit galt als Freund der Armen und Unterdrückten. Er soll einen Bauunternehmer genötigt haben, für einen Betrag von 3000 türkischen Pfund, den er einem Wucherer abgenommen hatte, in einem zerklüfteten Gebirge für die Bewohner eine Brücke zu bauen. Der Unternehmer mußte seine Arbeiter anständig bezahlen und behandeln. Mindere Berufsgenossen, die sich an Armen vergriffen, rottete er aus. Schließlich spezialisierte er sich darauf, Regierungskassen zu überfallen, die merkwürdigerweise gerade dann immer wohl gefüllt waren. Starke Indizien deuten darauf hin, daß der Sohn Said des Walis von Smyrna, Kiamil Pascha, dabei sein Komplize war. Im Jahre 1911 geriet Mehmed mit seiner Bande in einen Hinterhalt. Nach dreitägigem Gefecht entkamen die Räuber. Ein von seinen Genossen unkenntlich verstümmelter Leichnam blieb zurück. An einem in der linken Fußzehe befindlichen Stück Blei erkannte man, daß dieser der berühmte Räuber gewesen sein müsse. Die Armen, die ihn liebten und die Reichen, die ihn fürchteten, glaubten lange Zeit nicht an seinen Tod. Die Volkstümlichkeit des Tschakydschy fand in zahlreichen vierzeiligen Liedern Ausdruck, deren Held er ist:

> *O daß ich steigen könnte auf die höchsten Berge,*
> *wo an die Sonne stieße meiner Büchse Lauf!*
> *Wenn Du nach Tschakydschy Mehmed fragst,*
> *so wisse, er ist jetzt zwanzig Jahre alt.*
>
> *Immer steigend irrte ich im Schneegebirge.*
> *Ach ich hab an diesem Leben keine Freude mehr.*
> *Seit vierzehn Jahren streife ich durch diese Berge.*
> *Ach mein Gott, Dir stell ich meine Sach' anheim.*
>   *(Nach Enno Littmann, Tschakydschy)*

Auch Wiegand war zeitweilig der Bedrohung durch einen jener von dem großen Räuber verachteten leuteschindenden Wegelagerer ausgesetzt, bis dieser gefangen und in der Johanniterfestung von Halikarnass eingekerkert wurde. Sonst aber schützte ihn sein Ruf als Wohltäter der armen Bevölkerung. Dieser reichte so weit, daß ein französischer Archäologe, der nach dem Ersten Weltkrieg in Mazedonien von Räubern gefangen worden war, ohne Lösegeld freigelassen wurde, als er den Namen Wiegands erwähnte, den er persönlich gar nicht kannte.

REISE IM EPIRUS
Frau Wiegand an ihre Mutter

Arnautköi, 7. 4. 1908
Wir wachten morgens im Hafen von Leukas auf, fuhren hinüber an den Festlandhafen von Prevessa im Golf von Arta. Der Dampfer blieb weit draußen liegen, der Golf ist stellenweise sehr flach und wir hatten eine gute Stunde Segelbootfahrt immer tiefer hinein in den vielgegliederten Golf, an der einen Seite die hohen Schneeberge von Akarnanien, an der anderen die alten Olivenwälder auf der steil abfallenden weißen Kreideküste und vor uns als weißen Punkt ein türkisches Fort auf der Landzunge des alten Aktium. Dort gings noch einmal in eine kleine Nebenbucht und vor uns lag der Ort Prevessa, die Grenze zwischen Türkei und Griechenland, mit Orangen, Palmen und türkischen Holzhäuschen. Es heißt »Festung«, und als wir kurz darauf in einem altmodischen engen und harten Wagen den Weg nach Janina hinauffuhren, kamen wir auch über eine alte Holzbrücke, die durch ein Fachwerktor über einen flachen trockenen Graben führt und an dem eine Schildwache schlief. Draußen lag gleich der türkische Friedhof, der hier aber anders war als gewöhnlich. Die Gräber lagen in einer Art von romanischem Grabmal aus großen Steinblöcken, im Viereck um das Grab gebaute Mauern mit kleinen runden Bogen und Säulen, und zwischen hinein Cypressen, wie immer.
Dann gings eine große Strecke durch alten Olivenwald, so üppig und schön, wie ich es bisher nur in Korfu gesehen hatte, der Boden grün und voller Blumen, Hyazinthen, Tazetten und eine Fülle anderer, die wir als Gartenblumen pflegen. Da gingen große Herden Lämmer und Ziegen friedlich weidend darunter, als Hirt ein Mann oder ein paar Kinder in der malerischen albanischen Tracht, die hier noch allgemein getragen wird. Die Olivenwälder hörten auf, vor uns lagen die Ruinen des alten Nicopolis, das Augustus zum Andenken an die Schlacht bei Aktium gegründet hatte. Es muß eine Riesenstadt gewesen sein, die Stadtmauern mit ihren dreifachen Toreingängen stehen noch auf viele Kilometer Länge und umfassen heute ein riesiges Weideland. Man fährt durch die alten Tore durch, sieht die Mauern von mancherlei öffentlichen Ge-

bäuden, kommt am Hafen vorbei, doppelseitig, hier die Bucht von Arta, dort das offene Meer, und schließlich, nachdem die Mauern hinter uns liegen, kommt noch das sehr gut erhaltene Theater, das lebhaft an Taormina erinnert. Kurz hinter Nicopolis fielen uns eine Menge Raubvögel auf, die ziemlich ungeniert auf Bäumen in der Nähe des Weges saßen und von allen Seiten Zuzug erhielten. An einem Platz zählte ich bis zu 26 Geier. Es war tags zuvor an der Straße ein Pferd gefallen und die Vögel saßen abwartend am Weg, bis ein großer Schäferhund, der gerade dran war, sich satt gefressen hatte. Nach ein paar Stunden Fahrt war Wagenwechsel in Philippiada und nun gings in das Gebirge hinein. Immer ansteigend auf guter Straße, vor uns ein eng gewundenes Flußtal, unter uns der schnell fließende Bach so tief, daß man die alten riesigen Platanen, die dort an den Rändern wuchsen, weit überschaute, gelegentlich einmal ein verbranntes und ungenügend wieder aufgebautes Dorf, vorbei an Wlachendörfern, die aussehen, wie Negerkraale, aus Schilf gebaute kreisrunde Hütten mit nur einer Türöffnung, immer enger und steiler in die Berge. An uns vorbei fuhren lange Wagenreihen Lastfuhren und Lasttiere, es war wie eine große Heerstraße im Mittelalter, über uns ganz abenteuerlich geformte und ausgewaschene Felsen mit alten Eichen, soweit die Abhänge bewachsen waren, und vor uns sehr bald die noch tief mit Schnee bedeckten hohen Häupter von Epirus. Gegen Abend kamen wir an flache Seen, die ersten Anzeichen für die Nähe von Janina. Aber es wurde Nacht und kalt und fing an, heftig zu regnen, und noch immer gings im gleichen Trab weiter. Wir guckten nach Lichtern aus, die nicht kommen wollten, zogen schließlich Kapuzen über die Ohren und schliefen ein Stück und immer ließ Janina auf sich warten. Als wir einfuhren, wars tiefe Nacht, wir hatten 14 Stunden im Wagen gesessen und waren 109 km gefahren.

In Janina hatte Theo sich angemeldet bei einem belgischen Herrn, der dort Tabakregiedirektor ist, der hatte sehr gut für uns gesorgt, uns ein Haus gemietet, die Öfen heizen lassen, für Abendessen gesorgt, und kam dann spät nachts selbst noch, um sich zu erkundigen, wer wir eigentlich seien und was wir hier wollten. Die drohende Ankunft des deutschen Kaisers *(erster Aufenthalt Wilhelms II. in dem von ihm gekauften Achilleion auf Korfu)* hatte dort alle Leute nervös gemacht und sie sahen in jedem einen Vorboten. Da hat Theo ihn dann beruhigt und am nächsten Morgen haben wir ausgeschlafen und unsere Sachen getrocknet, ein paar Besuche gemacht, und als die dicksten Regenwolken sich verzogen hatten, sind wir nachmittags auf die kleine Insel gefahren, die im See von Janina liegt und auf der eine sehr alte byzantinische Kirche steht. Das eigentliche Janina des Ali Pascha liegt auf einem kleinen Vorsprung, der steil in den See hineinragt. Dort ist Festung, Moschee und Stadt mit einer alten Mauer umschlossen und sieht vom See aus sehr malerisch aus. Auf dem anderen Ufer des sehr schmalen, langen Sees steigt steil und kahl der 2 000 m hohe Michika auf.

Die Kirche war mir zu alt und roch auch so, außerdem war das älteste an ihr auch noch übermalt, sodaß auch Theo nicht fand, was er suchte, und nachdem wir noch in dem Kloster waren, in dem Ali Pascha ermordet wurde, machten wir Besuch bei sämtlichen Konsuln des Ortes, Österreich, Frankreich, England, Italien und Rußland, wo es besonders nett war, weil es eine höchst amüsante Frau und russische Wirtschaft war. Sie waren neu von Athen hinversetzt worden, im Haus war alles drunter und drüber, überall stand und lag etwas, was nicht hingehörte, an jedem Stuhl lehnte ein Öldruck oder eine Photographie, auf jedem Tisch lag Hammer oder Nägel. Dabei war die erwachsene Tochter ausgeritten, die Kinder lärmten nebenan nach Kräften, der Sohn war spazieren, und die Frau des Hauses saß Zigaretten rauchend in dem Durcheinander, empfing Besuch, unterhielt alle mit ihrer Lebhaftigkeit und hatte vor sich eine große Hausleiter stehen, um die die Besucher erst herumturnen mußten. Erst nachdem wir gar zu viele Menschen geworden waren, wurde der Kawaß zitiert, der dann die Leiter ein paar Meter weiter rückte.
Am anderen Morgen gings mit Sonnenaufgang hinaus zu Pferd nach Dodona. Wir hatten vier Stunden zu reiten, anfangs schnell durch flache Wiesen, und dann steil hinauf durch Steine bis auf die Paßhöhe. Dort stand unter alten Eichen, dem Baum des Heiligtums von Dodona, eine kleine Kapelle und sah frei hinunter in das Tal auf die kleinen unscheinbaren Dörfer und hinüber auf den schneebedeckten Tomarus. Bergab zu Fuß mit dem Pferd am Zügel, und auf einmal standen wir oben auf dem oberen Rang des großen alten Theaters und sahen hinunter über die verworfenen Sitzstufen in den Spielraum, in dem ein Bauer sein Maisfeld ackerte.
Rund herum zwischen Steineichen und Ilexgestrüpp liegen die Stadtmauern und Heiligtümer, teilweise noch hoch aufrecht. Wir ließen Theo nach Herzenslust herumsteigen, photographieren und messen, und ritten hinüber auf den Abhang des Tomarus, wo in einem uralten Steineichenwald mit grünen moosbedeckten Stämmen und Ästen eine kleine alte Kapelle steht und eine große starke Quelle aus fünf großen Brunnenmündungen herausschießt. Dort suchten wir einen möglichst windgeschützten Platz, denn an allzuviel Wärme litten wir nicht, präparierten das Frühstück, Theo kam nach und wir freuten uns miteinander der eigenartig schönen Landschaft. Die Alten haben es wohl verstanden, ihre Orakel an eindrucksvolle Orte zu legen.
Nach Sonnenuntergang waren wir zurück, dann gab ein Antikenhändler dem anderen die Tür in die Hand, jeder wurde hereingelassen in der Hoffnung, er habe vielleicht etwas aus Dodona, und jeder ging wieder ab und hatte gar nichts. Und schließlich legten wir unsere Sachen zusammen, zahlten unsere Hausmiete, schliefen bis eine Stunde vor Sonnenaufgang, wo es zu Wagen wieder bergab an den Golf von Arta ging.
Unterwegs machten wir einmal Halt und der Besitzer der Hans nahm uns mit über eine »etwas schlechte Brücke«, um uns einen großen Quell zu zeigen.

Die Brücke über den ziemlich breiten raschen Bach bestand aus dem Ast einer alten Platane, die über das Flüßchen hinübergewachsen war. Um hinauf zu kommen, hatten sie kreuz und quer ein paar Stangen angelehnt, die mit ihren Überschneidungen die Stufen bilden. Einmal oben, kroch man auf dem dicken Ast weiter, rutschte und sprang, wo der Baum sich teilte, an dem dicken Stamm auf dem anderen Ufer wieder hinunter. Dann noch ein paar Schritt und vor uns lag in einem tiefen Kessel ein kleiner See, tief blau, so blau, wie die Grotte von Capri, mit der hellen Sonne darauf und das Wasser in allen Abstufungen der Farbe je nach der Tiefe. In der Mitte ein kreisrundes, schwarzblaues Loch, aus dem es langsam herausbrodelte, und dann immer heller bis an die schilfbewachsenen Ufer. Am Abfluß teilte sich der Quell sofort in ein paar Bäche, von denen einer gleich zum Mühlenbetrieb genommen wurde.
Von dem Ort Viros an wurde der Bach ein starker Fluß und man konnte noch lange auf der Fahrt das blaue Quellwasser unterscheiden.
In Philippiada, dem Wagenwechselort, änderten wir die Straße und fuhren nach Arta, dem tiefsten Punkt der Bucht. Durch moorige Wiesen, über eine halb verfallene Brücke, über eine ausgewaschene Felsenstraße, langsam und holperig, sodaß wir eigentlich immer nebenher gingen. Unterwegs fing Theo mit allerlei Leuten Unterhaltung an und ließ sich von dem türkisch-griechischen Krieg (1896/97) erzählen. Sie wußten alle etwas und waren teils auch dabei gewesen. Die Griechen alle nur von weitem, ein alter Albanese, der bei den Türken war, machte aber sofort sein Hemd auseinander und zeigte seine Schußwunden. Schließlich kamen üppige Orangenwälder, Palmen, und vor uns lag die hohe Brücke von Arta, die Grenze zwischen den beiden Ländern. Auf der einen Seite die Türken mit einem Wachthäuschen und einer Laube, die sie sich in eine alte Platane über den Fluß gebaut hatten, auf der anderen Seite die Griechen mit der schlampigen Unordnung, die einem das ganze Volk so verleidet.
Wir kamen kurz vor Sonnenuntergang an, gerade zu der Zeit, um uns anstaunen zu lassen, als seien wir eine Menagerie, und um noch in die alte byzantinische Kirche zu gehen, eine der seltenen und besten Griechenlands. Sie erinnert auch an Sizilien, wie so vieles in der Bauart im Land, ein rechteckiger Bau mit einem aufgesetzten Umgang im Oberstock, der aber garnicht zur Kirche gehörte und auch garnicht zugänglich war, lauter kleine Kuppeln, die um die Innenkuppel herumstehen, und innen eine ganz abenteuerliche Architektur von freien Säulenstellungen, immer eine über der anderen, bis hinauf in die Kuppel frei aufstehend auf dicken Säulenstümpfen, die in die Mauer eingebaut sind.
Dann noch ein etwas fragwürdiges Nachtquartier, bei dem es gut war, daß es für Wanzen noch zu kalt war. Am nächsten Morgen stand der Mond noch hell am Himmel, da saßen wir schon vermummt und verschlafen im Wagen und rollten nach Agrinion. Durch Felder und flache Landstraßen, bis die

Sonne aufging, und dann kamen wir eine kleine Anhöhe hinauf an das offene Meer, d. h. an die Bucht von Arta, und fuhren nun immer an dem hügeligen vielfach eingeschnittenen Ufer entlang, hoch über dem Wasser durch viele Meter hohe blühende Erika und Judasbäume, Steineichen und wilde Obstbäume, stundenlang. Das ist eine der schönsten Fahrten, die ich je gemacht habe, vielleicht zum Teil der großen Einsamkeit wegen. Schließlich senkte sich der Weg, die hohen Büsche machten wieder Olivenwäldern Platz, am Ufer ein paar Fischerbarken, und wir fuhren in den Ort ein, der am allerletzten Zipfel des vielgegliederten Golfs liegt, nach Karawassara *(jetzt Amphilochia)*. An allen Orten sieht man noch riesige Mauer- und Turmreste aus dem Altertum, am größten nicht weit von Agrinion.
Wagenwechsel und weiter. Bergauf über die Wasserscheide, an einem langen bewaldeten Bergsee entlang, durch stundenlange alte Eichenwälder, halb Park, halb Wald, uralte freistehende Bäume und darunter grüne Wiesen, bis auf einem Kamm die Berge von Epirus verschwanden und wir vor uns die Schneeberge von Akarnanien hatten. Abends Garküche und ein leidliches Nachtquartier, am nächsten Morgen hatte dann die altmodische Fahrt ein Ende.

Die Hauptkirche von Arta ist heute byzantinisches Museum. Sie wurde um 1295 von einer Paläologentochter gestiftet. Ihr italienischer Stileinschlag ist in den Beziehungen begründet, die zwischen den byzantinischen Statthaltern von Arta und den Anjou in Neapel bestanden.

Wiegand hat sich bei der türkischen Regierung um eine Ausgrabungskonzession für Dodona bemüht. Diese Verhandlungen wurden 1912 durch den Übergang des Epirus an Griechenland hinfällig. 1913 erhielt das Deutsche Archäologische Institut in Athen die Grabungserlaubnis, die aber durch den Ersten Weltkrieg nicht ausgenutzt und 1923 entzogen worden ist.

Epirus: *Die Nordgrenze des griechischen Königreichs verlief seit dessen Unabhängigkeit im Jahre 1830 am Golf von Arta. Als Ergebnis des Berliner Kongresses kam 1881 das östlich davon gelegene Thessalien mit Larissa hinzu. Erst durch den Balkankrieg von 1912/13 wurden die nördlich angrenzende urtümliche Landschaft Epirus mit Janina (heute Jonannina) und Südmakedonien mit Salonik (heute Thessaloniki) griechisch. In den Jahren 1896/97 hatte eine Volkserhebung auf Kreta zum Kriege zwischen Griechenland und der Türkei geführt, der mit einer militärischen Niederlage der Griechen, aber mit politischen Erfolgen auf Kreta endete.*
In Janina herrschte von 1796 bis 1822 als vom Sultan abtrünniger Pascha mit altorientalischer List, Grausamkeit und Habsucht Ali von Tepeleni (einem Ort im heutigen Albanien). Zur Erhaltung seiner Unabhängigkeit bediente er sich auch der Unterstützung der Klephten, griechischer Rebellen aus den

Bergen. Seine Ermordung steht in einem inneren Zusammenhange mit der nationalen Erhebung der Griechen im Jahre 1821.

Das Theater von Dodona wurde von dem Volks- und Heerkönig der Molosser Pyrrhos von Epiros (297—272 v. Chr.), dem gefährlichen Gegner der nach Süditalien strebenden Römer, erbaut. Das kleine Orakelheiligtum des Zeus lag wenig mehr als 100 m ostwärts davon. Es war kein Tempel und enthielt kein Götterbild. Der Gott sprach durch die heilige Eiche neben dem Bauwerk. Diese Orakelstätte ist uralt und voll archaischer Merkwürdigkeiten. Im 16. Gesang des Ilias bittet Achilleus den Gott um Sieg für Patroklos:

>*»Der Du des kalten Dodona waltest, wo Dich die Seller,*
>*Deine Seher, umwohnen mit ungewaschenen Füßen,*
>*schlafend auf bloßer Erde . . .«*

(Übersetzung von Friedrich Leopold Graf zu Stolberg.)

Die Verwalter des Kultes, die Selloi, galten als Abkömmlinge der Urgriechen, und aus der Abwandlung ihres Namens in Helloi ist der der Hellenen entstanden.

Verladen des Markttors von Milet
Th. W. an seine Frau

Milet, 15. 9. 1907
In Milet werden von sechs Schreinern täglich 4—10 große Kisten gemacht, das Markttor verschwindet fast unter ihren Händen. Von Aidin habe ich 15 Paar Büffel bestellt und der Weg nach Plakka ist repariert. Jetzt bitten wir den lieben Gott »keinen Regen!« — sonst geht der ganze Plan kaputt. Ich bin auch sonst in Sorge — das Schiff, das die Schätze mitnehmen soll, muß eine Hebemaschine von 6 Tonnen Kraft haben. Ich werde mich wohl mit dem Lloyd diesmal verständigen müssen, Levante-Linie hat zu kleine Schiffe.
Inzwischen habe ich wenigstens die Gewißheit, daß die Fassade *(der Markttors)* in Berlin im neuen Pergamonmuseum vorgesehen ist, allerdings eingesperrt in einen Saal, aber immerhin mit einer Wirkung, daß sie von 20 m Entfernung gesehen werden kann, wenn man aus dem Olympiasaal heraustreten wird. Der Saal hat Oberlicht und ist ca. 37 m breit und die Fassade 29 m.

Milet, an Bord des Atlas-Dampfers Athena, 20. 5. 1908
Seit fünf Tagen bin ich Tag und Nacht an Bord dieses Bremer Dampfers und kontrolliere die Verladung von ¾ Millionen kg antiken Marmors für die Berliner Museen. 20 Leute und zwei Aufseher verladen im Raum dieses eisernen 5 000-Tonnen-Dampfers, draußen am Ufer der Plakka, aber bei der neu gebau-

ten Brücke, sind 50 Leute mit Athanas am Verstauen der Kisten in die Leichter aus Samos. Bisher ging alles vorzüglich und ohne größeren Unglücksfall, aber heute haben wir Nordsturm, der zwar schön aussieht mit seinen weißen Wellenkämmen, die über die äußerste gelbe Mäanderspitze gestürzt kommen, uns aber am Verladen hindert, da die Raaen der Schiffe an den eisernen Dampferleib anschlagen und zerbrechen. Der lange blonde friesische Kapitän Egberts machts mir ganz gemütlich, ich kriege gutes Schwarzbrot und tüchtig geräuchertes Salzfleisch, Labskaus und ähnliche feste Sachen, auch Klöße und Pflaumen, und so ist die Kost der wohltuenden körperlichen Anstrengung angemessen. Morgen Abend werden wir hoffentlich soweit sein, die Luken zu schließlich. Doch nun wieder an die Arbeit, sie beginnt um ½ 5 Uhr morgens und endet um 8 Uhr abends. Pause machen wir 1½ Stunden pro Tag. Ich wollte, Kekule müßte da mal mittun.

Didyma, 22. 5. 1908
Die Kisten sind nun alle fort und ich habe in 24 Stunden zwei warme Bäder mit dem Erfolg benutzt, daß ich wieder leidlich sauber bin. Der Dampfer hatte zuvor Koks geladen.

Über Art und Umfang dieses Steintransportes kann ein Besucher des Berliner Pergamonmuseums unschwer eine Vorstellung gewinnen. Das größte Objekt war sicherlich das schon erwähnte Markttor. Dazu kamen zahlreiche Architekturbeispiele, Inschriften, Mosaiken, ein kolossaler Dreifuß aus Marmor vom Rathaus von Milet, Skulpturen, Inschriften und Bauglieder von Altären. Heutiger Auffassung entspricht es, solche Fundstücke am Orte zu belassen. Damals aber waren die Ausgrabungsplätze dem normalen Reisenden fast unerreichbar, und die bis heute einmalige Großzügigkeit der Aufstellung in Berlin rechtfertigt jene Ortsveränderung ebenso wie die Tatsache, daß sämtliche an den Grabungsorten in Magazinen verbliebenen Objekte sowohl in Milet wie auch in Pergamon in den Wirren der beiden Weltkriege abhanden gekommen sind. Zwei Jahre später ging ein anderes, von Kapitän Egberts geführtes Schiff der gleichen Reederei in der Ägäis durch ein Seebeben verloren. Der Kapitän, der als letzter an Bord geblieben war, wurde gerettet.

FEUERSBRUNST IN ARNAUTKÖI
Frau Wiegand an ihre Mutter

Arnautköi, 11. 6. 1908
Von dem großen Feuer im Dorf hast Du vielleicht in Euren Zeitungen gelesen. Es war in dem Tal nach Bebek zu, wo man in die vielen schwarzen Holzhäuser

hineinsieht. Im untersten Teil ist es ausgekommen und die ausgedörrten Holzhäuser haben sich unheimlich schnell weiter entzündet, so daß in zwei Stunden das ganze Tal ausgebrannt war, beide Hügelrücken bis oben hinauf. Nach oben hörte es erst auf, als einfach nichts zum Brennen mehr da war, nach unten gelang es schließlich mit unendlicher Mühe der regulären Feuerwehr, die glücklicherweise schon in der ersten Stunde hier ankam, das Feuer ganz kurz vor der Landungsbrücke einzuhalten. Sie fanden eine Brandmauer, die hartnäckig verteidigt wurde, sonst wäre wohl das ganze obere Dorf verloren gewesen. Glücklicherweise war so gut wie gar kein Wind, es war ein furchtbar heißer stiller Tag gewesen. Aber es sind ca. 200 Häuser verbrannt, das ganze eng bewohnte Armenquartier, und 1500 Menschen obdachlos. Du kannst Dir denken, wie groß die Not da ist, denn zu retten war nichts. Es wurde gestohlen und verschleppt und schließlich holten die Flammen alles ein und alles verbrannte und die Menschen haben meist nur das, was sie bei der Flucht nachts überwerfen konnten. Es hat sich nun hier ein Comité gebildet, die Lebensmittel austeilen, Decken und Kleidung besorgen und nach Möglichkeit helfen wollen. Es ist aber so trostlos, daß niemand, der nicht dabei ist, sichs vorstellen kann. Wir gingen nachts, nachdem die Möglichkeit, daß das Feuer zu uns herüberwehen würde, ausgeschlossen war, auf den Berg und haben in den feurigen Kessel hineingesehen. Es sah unheimlich schön aus, alle die feurigen Brandstätten, teilweise zusammengefallen, teils noch in hellen Flammen, durch die man die Leute laufen sah, hier und dort ein machtloser Schlauch, das schlimmste war der vollkommene Wassermangel. Und dazu das Prasseln der zusammenstürzenden Ziegeldächer und das Rufen der Menschen. Es war wie ein Dantescher Höllenkreis, nur gings einem menschlich viel näher. Auf dem Bosporus der rote Feuerschein, der alles bis an das andere Ufer taghell erleuchtete, der rote dunstige Himmel darüber und die Fenster der Häuser in Asien, in denen sich das Feuer spiegelte, wie die untergehende Sonne. Schön, aber unheimlich.

Th. W. an seine Mutter

Arnautköi, 11. 6. 1908
Heute kamen zwei Telegramme wegen des hiesigen Brandes. Ich habe gleich geantwortet, daß wir unbeschädigt sind. Es war allerdings ein ganz gründlicher Brand. Er fing am Pfingstsonntag abend 10 Uhr an, und zwar in der Talschlucht einwärts von der Dampferstation, also 200 m von uns weg, wir waren durch einen Bergrücken getrennt. Es ist unglaublich, aber in zwei Stunden waren fast 300 Häuser niedergebrannt und über 1500 Personen obdachlos, mehrere Kinder verbrannt. Die Häuser waren alle alt und über einander in der Schlucht auf beiden Seiten derselben gebaut. Lauter arme

Leute wohnten da. Wir gingen später nach Mitternacht auf den Berg, um zu sehen, da traute man seinen Augen kaum, so höllenmäßig war der Blick in die brennende, glühende, kohlende Schlucht, in der das Feuer noch immer wütete, während die Menschen mit ihrem bißchen Habe auf die Höhen geflüchtet waren. Es war mal wieder kein Wasser zu finden gewesen und erst die reguläre Feuerwehr unter Graf Secheny Pascha hatte Schläuche lang genug, um das Meerwasser aus dem Bosporus an die untere Brandstelle zu bringen. Dadurch und weil nach dem Bosporus zu Steinhäuser stehen, wurde der Brand aufgehalten. Es war ein unsagbarer Wirrwarr. Die wilden Tulumbaschis *(freiwillige Feuerwehren zweifelhaften Rufes)* aus ganz Konstantinopel waren angerannt gekommen, Dampfer des Marineministeriums kamen auf dem Bosporus mit Rettungsmannschaften (der Minister wohnt auch in Arnautköi), aber alles ging so rapid, daß wenig zu machen war. Am folgenden Morgen ging ich mit Mariele durch die Brandstätten im Tal, es war ein gräuliches Elend anzusehen, wir haben denn auch mit anderen Leuten zusammen einiges zur Milderung getan.

Konstantinopel bestand damals trotz der Holzarmut des Landes weit überwiegend aus Holzhäusern. Baufachleute wußten dafür eine verblüffende Erklärung: den Mangel an Bausand. Im weiteren Umkreis um die Hauptstadt gibt es keine sandführenden Flüsse. Der reichlich vorhandene Seesand aber sei wegen seines wasseranziehenden Salzgehalts als Baustoff nicht geeignet. Die Holzhäuser waren von leichtester Bauart. Ein schwaches Fachwerkgerüst wurde außen mit Schalbrettern benagelt, die Innenseite auf Abstand mit schmalen Latten verkleidet, die als Träger des Innenputzes dienten. Im Zwischenraum spazierten die Ratten vom Keller bis zum Dach. Ob mit Ölfarbe gestrichen oder ungestrichen und von der Sonne ausgetrocknet, es gab kaum etwas besser Brennbares als ein Konstantinopeler Wohnhaus. In einer Viertelstunde war alles vorbei. Als der britische Botschafter, der eine besonders schöne Teppichsammlung besaß, eines Mittags nach Hause kam, fand er seine Frau mit einem geretteten Teekessel neben einem Aschenhaufen vor. Normalerweise brannten nicht Häuser, sondern Straßenzüge ab. Das war lediglich eine Frage der Windrichtung. Im dreigeschossigen Wiegandschen Hause befand sich im Obergeschoß ein Fenstergitter, das wie eine Zugbrücke auf die steinerne Veranda des benachbarten Pascha-Anwesens herabgelassen werden konnte. Da als Beleuchtung leicht rußende Petroleumlampen, später leicht brennend überlaufende Spirituslampen verwendet wurden, war die Möglichkeit eines Brandes immer gegeben, zumal in den einfacheren Familien zum Heizen und Kochen Holzkohlebecken üblich waren. Allnächtlich wandte sich die Aufmerksamkeit dem langsam durch die Straßen wandelnden Nachtwächter zu, der jeden seiner Schritte mit dem Aufstoßen seines eisenbeschla-

genen Stockes akzentuierte. Blieb er stehen, stieß sein Stock dreimal kräftig aufs Pflaster, dann rief er den neuesten Brand aus:

Yangin var *(es brennt)* Kuruçesme da *(in Kuruçesme).*

So lernte auch der europäische Besucher die örtliche Geographie rasch und sozusagen im Schlafe.

Fahrt durch Phrygien
Frau Wiegand an ihre Mutter

Arnautköi, 11. 6. 1908
Am Sonnabend früh gehts nach Konia. Theo hat es übernommen, zusammen mit Helfferich, Goltz und Anderen ein Buch über die anatolische Bahn zu schreiben. Er bekommt das archäologische Kapitel und fährt zunächst nach Konia, dann etappenweise zurück, mit Reiten und Zelt, abseits der Strecke in die phrygischen Felsgräber und dann von Kutahia nach Aizani, wo noch ein großer antiker Tempel, Theater etc. steht. Die Bahn ist sehr anständig, gibt uns beiden freie Fahrt und für die entlegenen Orte, wo man nicht wohnen kann, sogar einen Dienstwagen. Im ganzen wirds vierzehn Tage dauern, dann sind wir wieder da, jedenfalls verwanzt und verbrannt wie die Zigeuner, aber schön wirds doch und ich freue mich darauf. Die Buben und das Haus werden inzwischen hoffentlich gesund und heil bleiben, sodaß wir alles wiederfinden, wie wir es verließen. Unterwegs ist selten Möglichkeit, Nachricht zu bekommen.

Die nur angedeuteten Bedenken der Schreiberin, ihren Hausstand allein zu lassen, waren nicht nur wegen der ständigen Feuersgefahr begründet. Zwei Jahre zuvor erkrankte der jüngere Sohn plötzlich schwer an einer komplizierten Blinddarmentzündung und Vereiterung des Unterleibes, die einen sofortigen Eingriff erforderten. Die Operation wurde von zwei befreundeten deutschen Militärärzten im Wiegandschen Hause unter Assistenz der Mutter auf einer ausgehängten Zimmertüre vorgenommen.

Frau Wiegand an ihre Mutter

Arnautköi, 25. 6. 1908
Seit zwei Tagen sind wir wieder daheim, wo die Kinder uns frisch und fragebegierig empfingen und nun kann ich Dir auch wieder einmal eine Reise erzählen, die etwas aus dem allgemeinen Rahmen herausfällt. Zunächst gings nach Konia mit einer Nacht in Eskischehir. Die ganze Hochebene litt unter

wochenlanger Trockenheit, die Felder waren noch nicht zwei Spannen hoch und fingen an, gelb zu werden, noch ehe die Ähren auch nur aus den Deckhalmen herausgewachsen waren. Die Bauern, auch die Türken, hatten schon wochenlang Bittgänge in die Felder gethan, und man fürchtete allgemein, der großen Futterteuerung in diesem Jahre würde nun eine Hungersnot folgen. An dem Tage, an dem wir hinauffuhren, bezog sich der Himmel, es wurde kühl, und gegen Abend in Eskischehir fings an gründlich zu regnen und regnete die ganze Nacht durch weiter. So patschten wir durch große Pfützen in unser Hotelchen und zur Bahn und freuten uns über die frohen Gesichter und das sichtlich frischere Grün am anderen Tag, als es nach Konia weiter ging. Überall längs der Strecke waren die Bäume, die um die Stationen gepflanzt wurden, zu stattlichen Bäumen herangewachsen und alles sah hübsch gepflegt und ordentlich aus. Eskischehir mit seinen ausgedehnten Werkstätten und Lokomotivschuppen muthet ganz merkwürdig an so weit im Innern. Ich mußte oft dran denken, wie der Vater sich wohl über den Fortschritt gefreut haben würde. In Konia steht ein üppiges Bahnhofshotel und alles war in lebhaftem Ab- und Zugehen von Leuten, die für die große Bewässerung der Koniaebene hinausgingen, oder die schon für den Weiterbau der Bahn durchkamen. Wir blieben zwei Tage dort, um in der Hauptsache mit einem der Ingenieure durch die Gegenden zu fahren, an denen jetzt schon angefangen ist zu arbeiten und an denen die Leute irgendwelche Altertümer bemerkt hatten. So kamen wir an eine sehr ausgedehnte, anscheinend prähistorische Stadtlage an einen halb durchgegrabenen Tumulus und die eigentlichen Koniasehenswürdigkeiten, die wir beide ja auch schon von früher kannten, kamen knapp dabei fort. An einem freien Nachmittag fuhren wir hinaus in ein kleines Griechendorf Sileh *(heute: Sille),* das zwei Stunden von Konia hinter einem öden Hügelrücken liegt auf einmal in einem grünen Flußthal mitten zwischen steilen Felsen ein höchst malerisch den Berg hinauf gebautes Dörfchen mit ein paar alten Höhlenkirchen und besonders auffallend schönen griechischen Frauen und Kindern. Sie tragen dort eine Art Tracht kurze Leibchen und faltige Röcke aus buntem Kattun, viel alte Goldmünzen um den Hals und auch auf Schnüren über den Kopf. Aber arm oder reich, jede Frau trug den Fez und drüber ein kleines buntes Tuch, um diese absonderlich schwebende Kopfbedeckung zu halten. Sie saßen alle spinnend in ihren Haustüren und standen freundlich grüßend auf, als wir durchgingen. Ganz anders als mans sonst an Griechen gewöhnt ist. Dann gings am dritten Tag um 6 Uhr morgens wieder in die Eisenbahn und zurück bis hinter Karahisar *(heute: Afyon)* an eine kleine Station Hamam. Wir kamen nachmittags an, hatten uns vorher telegraphisch einen Wagen bestellt und fuhren von dort zusammen mit dem deutschen Pfarrer aus Eskischehir, den wir unterwegs getroffen hatten, noch 2 Stunden nach Ajasin *(heute: Ayazin).* Das ist ein kleines Dörfchen am Rand der phrygischen Berge und in die Felsen, die in ihrer ganzen Art sehr lebhaft an die Dolomiten erinnern, sind große Höhlen eingeschnitten, teils nur Höhlen, teils aber und zwar meist mit sehr reich verzierten Fassaden, manche wie Kirchen mit Bogenvorhallen und Giebeldächern, manche mit ganz schmucklosem Eingang, dafür aber im Innern zu einer Kuppelwölbung ausgearbeitet, die auf einer Reihe Säulen steht und das größte eine vollkommen aus dem Fels herausgearbeitete frühchristliche Kirche mit Chor und Nebenkirchen, Fenstern und Dächern, auf denen sogar die Ziegel in Stein nachgearbeitet sind, innen mit hoher Centralkuppel, Säulen und bis tief in den Fels hinein gegrabener Taufkirche als letzter hinterster Kammer. Es war beim Herumklettern in all den verschiedenen Anlagen spät geworden. Wir fuhren bei völliger Dunkelheit heim und sahen mit leisem Mißtrauen den regnerischen Abendhimmel an, denn am nächsten Tag sollte es zu Pferd in das innere Bergland gehen weit ab von der Bahn und sogenannten civilisirten Gegenden. In der Nacht blieben wir auf der Station in einem Dienstwagen, den uns die Bahn für diese entlegene Strecke zur Verfügung gestellt hatte, und da es auf der einsamen Station garnichts gab und wir unser letztes Brot leichtsinniger Weise am Tag vorher an ein paar hungrige Hunde verfüttert hatten, aßen wir von den mitgenommenen Konserven und vertrösteten uns auf die Dörfer, durch die wir am nächsten Tag kommen würden. Am andern Morgen wars frisch und wolkig und nach einem Hin- und Herhandeln setzte sich die ganze Gesellschaft in Bewegung. Theo und ich, der Pfarrer und unser deutscher Diener Albert, ein Gendarm, ein türkischer Bauer, der den Weg zeigen sollte und zwei Packpferde mit Zelt, Feldbetten und Conserven, Apparaten und dergl. — Eine ganz zahlreiche Gesellschaft. Es ging ohne erhebliche Unterbrechungen durch ein feuchtes Flußtälchen, in dem wir eine Menge Wiedehopfe beobachteten und das eine Pferd sich mit den Feldbetten mal ins Wasser legte, immer in kurzem Trab, bis an das erste altphrygische Königsgrab Arslantasch *(nördlich Afyon)*. Da stehen hoch an einer Felswand aus dem Stein herausgearbeitet zwei riesige Wappenlöwen aufrecht über einer kleinen Grabthür, die auch sicherlich 5 Meter über dem Wiesenboden liegt, und rund herum stehen die steilen Felsen einsam und abenteuerlich hoch, und weit und breit ist keine Ansiedelung. Von dort gings an andere ähnliche Felsfassaden, denn nicht alle hatten eine Grabkammer, sondern häufig war es rein dekorativ, auch der Eingang nur flach im Stein angedeutet und die ganze große Felsfläche wundervoll geglättet, fast poliert und durch das Alter dunkel braun oder grau gefärbt. So kamen wir an eins, das halb in der Erde steht, bedeckt mit Flechtbandmustern, an eins, das durch Erdbeben zerbrochen ist und wo nur die großen Blöcke herumliegen und man erkennt darauf Reste eines Löwen und sieht noch im Fels dahinter den giebelgeschmückten Eingang zur hinteren Kammer. Und immer weiter gings in dem kurzen Trab durch hohe Pinienwälder, bergauf und bergab, vorbei an langen Zügen der sonderbaren kleinen Ochsenkarren mit ihren Scheibenrädern aus dickem Eichenholz, die sich schon meilenweit durch den eigentümlichen Ton ankündigten. Manchmal klangs wie unordentlich geläutete Kirchenglocken, manchmal wie wilde Tiere und immer, wenn man ihnen begegnete, waren sie mit dicken schönen Baumstämmen oder Brettern beladen, die oft in tagelangem Marsch an die Bahn gebracht werden. Die Leute machen nie mehr wie etwa 3 Wegstunden täglich, dann spannen sie die Tiere aus und lassen sie weiden, die Wagen werden im Kreise zusammen geschoben, die Leute lagern in der Mitte um ein Holzfeuer und wenn man dann nach Einbruch der Dunkelheit an solchen Lagern vorbeikam, konnte man sich leicht in die Zeit der Völkerwanderung versetzt glauben. Der unglaubliche Holzreichtum zugleich mit der Abschiedenheit jeder andern Kultur, die besonders früher in den Gegenden gewesen sein muß, zeigt sich heute noch in einer ganzen Menge Sitten. So sind die Schöpfeimer an den großen Brunnen aus dem vollen Stamm ausgehöhlt, die Wasserkrüge, die an jedem der Wagen hängen und den die Arbeiter auf dem Feld haben, mit Doppelhenkel, Hals und Ausguß aus einem Holz geschnitten, innen ausgehöhlt und nur unten aus Wurzelholz der Boden eingesetzt; die Häuser sind aus dicken runden Stämmen gebaut und mit Moos oder Lehm verstopft und mit Holz gedeckt, sodaß man fast meint, im ursprünglichsten Alpental zu sein, sogar die Feldeinfassungen sind riesige Stämme, an denen die Leute nur einige starke Zweige an einer Seite stehen lassen, auf denen dann der Stamm ruht und so Stamm an Stamm hintereinander wie große vielfüßige Ungeheuer am Weg entlang kriechen. Dazu mußt Du Dir eine Landschaft denken, wie man sie abenteuerlicher nicht malen kann. Berg und Tal, Matten und Felder und alter ungepflegter Hochwald, der schon recht gelichtet ist und dazwischen steigen dann die Felsen auf einmal wie alte Festungen mit Türmen und Wällen, einmal schneeweiß wie ein großes Zeltlager, einmal wie kauernde Ungeheuer lang hingestreckt und verschwommen in den Formen. So ritten wir stundenlang, über die Wasserscheide und hinunter in ein Flußthal, in dem ein paar provisorische Sägemühlen standen. Das Wasser wird durch ausgehöhlte Stämme hingeleitet und um den Auffangtrichter hoch genug zu machen wird aus dicken Stämmen ein Rost gebaut, wie die kleinen Kinder ihre Bauklötze bauen, an 10 Meter hoch. Und schließlich gabs einen kurzen Mittagshalt, aber ohne Brot, denn in den paar Dörfern, durch die wir kamen, gabs keins. Die Leute backen nur Abends Fladen von sehr schwarzem Brot, das sofort heiß, wies aus der Asche kommt, gegessen wird. Und schließlich mit Sonnenuntergang kamen wir in das höchste Dorf, Jassili Kaja *(heute: Yazili Kaylar)*, unserem Nachtziel. Auf etwa 1400 m Höhe liegt dort am Fuße der Felsen ein Tscherkessendorf. Die Leute sind alle erst kurz hierher gewandert, tragen noch vollkommen die Tracht des Kaukasus, haben wundervolle Waffen, die sie mit großem Stolz vorzeigten, und jeder, den man fragte, bedauerte fortgegangen zu sein. Jetzt leben sie in ihren Blockhütten unmittelbar unter dem schönsten der phrygischen Königsgräber, dem Midasgrab, das riesenhoch über den kleinen Hütten aufsteigt, eine ganz glatte goldgelbe Wandfläche mit reichverschlungenem Bandmuster, oben ein schöner Giebel, unten eine Scheintür aus der höchsten Felskette herausgearbeitet mit freiem Blick weit in das Hochland über Felder und Wald. Beim Eintritt fielen uns zunächst die Dorfhunde an, und machten die Pferde rebellisch und die Leute aufmerksam. Die Dorfältesten kamen und begrüßten uns, die Kinder standen drum herum, und als wir dann nach Sonnenuntergang ins untere Dorf stiegen, um unser Nachtquartier zu suchen, da war der Besitzer des Gasthauses schon dabei, die Stube zu fegen und Feuer anzumachen. Es war ein kleines Stübchen, was als Fremdenwohnung zum Dorf gehörte, sodaß wir zunächst unser mitgebrachtes Zelt aufstellten und zwar auf dem flachen Grasdach des Nebenhauses. Aber es war empfindlich kalt, das Zelt war empfindlich luftig und wir hatten mit unseren Decken auf warmes Wetter gerechnet. Als wir daher erst einmal beim Holzfeuer in der Oda auf der Erde gesessen hatten und zu Nacht gegessen hatten, ohne daß die gefürchteten kleinasiatischen Tiere erschienen waren, holten wir die Feldbetten herein, überließen das Zelt seinem nächtlichen Schicksal und krochen alle vier in das Stübchen, wo wir dann auch ganz ordentlich bis Sonnenaufgang schliefen. Abends kam noch ein und der andere Bauer bedächtig zum Besuch, zog auf dem Brett, was den Zugang zur Straße bildete, seine Schuhe aus und hockte sich zu uns. Dann ging eine Unterhaltung an, so gut und so schlecht es eben auf türkisch gehen wollte, und zwischenhinein drehte der Tscherkesse eine Cigarette nach der anderen, leckte sie ordentlich zusammen und warf sie dann ohne ein Wort zu sagen den beiden Herren zu. Morgens weckten uns die Kühe, die unter unserem Zimmer im Stall waren und hinausgelassen wurden. Da gings dann auch bei uns an ein Aufstehen, und ungeniert zog Männlein und Weiblein seine Schuhe an, band den Kragen und wusch Gesicht und Hände und putzte die Zähne. Damit war die Toilette beendet. Am anderen Morgen gings zunächst zu Fuß noch einmal an die Midaswand, dann an eine andere nicht weit davon, eben so schöne aber weniger große, hinauf auf die Akropolis mit ihren Felstreppen und Felsaltar und Thronen und allerlei noch nicht recht erklärten Seltsamkeiten, die dann fleißig photographiert wurden. Um acht saßen wir wieder auf den Gäulen und trabten weiter, um auf anderem Wege wieder an die Bahn zurück zu kommen. Auch an dem Tage gabs noch einige Gräber, besonders ein ganz reizendes, das wie ein Tempelchen frei aus dem Fels herausgeschnitten war, mit Vorhalle und hübschem Säulenkapitell. Der tscherkessische Gastfreund gab uns noch ein Stückchen Geleit, und machte allerlei Reiterkunststückchen und dann gings wieder stundenlang durch das Gebirge bergauf und bergab, oft recht steil und wild durch hohen Wald mit dem Blick über das Bergland. Einmal kamen wir plötzlich auf eine weite Matte, die voller Steintrümmer lag und bei näherem Zusehen war es eine ganze alte Stadt, die dort in Ruinen lag mit Mauern und Straßen und hinten am Berg als besterhaltenes noch das alte Staubecken der Wasserleitung mit dicken Mauern, die durch weit ausspringende Strebepfeiler verstärkt waren. Dann mußten wir die Pferde führen, der Weg ging gar zu steil über die Felsen hinunter und dazu drängte der tscherkessische Gendarm, es war nicht weit von Sonnenuntergang und der Weg noch lange nicht zu Ende. Die letzten 1½ Stunden ritten wir denn auch müde und schweigsam im Finstern, durch Wiesen und Sumpfland entlang an den steilen Felswänden, und kamen so im fahlen Sternenlicht am letzten großen Felsgrab vorbei, das so mit seinen riesigen schreitenden Löwen auf der Schmalseite des freistehenden Blockes noch abenteuerlicher aussah. So als Silhouetten gesehen nahmen die Felsen allerlei Formen an, Vögel und Drachen und allerlei Getier, aber wir sahen doch bald dran vorbei und guckten nach Lichtern, die keine Hirtenfeuer, sondern Lichter des Dorfes sein möchten, wo wir übernachten wollten. Die kamen denn endlich auch, schweigend und stolpernd gings durch das verschlafene Deuyer hindurch und weiter hinaus an die abseits liegende Station, wo unser Dienstwagen hellerleuchtet auf uns wartete. Der Weg vom Dorf zur Station ist uns allen wohl besonders lang geschienen. Am anderen Morgen, als die zweimal 10 Stunden Reiten ausgeschlafen waren, gingen wir ihn freilich in kaum 10 Minuten. Der nächste Tag war Ruhetag, der Reinlichkeit, dem faulen Frühstück gewidmet, dann gings an den alten Seldschukkenhan im Dorf und an ein paar merkwürdige Grabanlagen im Feld draußen, die der Stationschef uns zeigte und nachmittags kam der Postzug, hängte uns an und brachte uns nach Kutahia *(heute: Kütahia)*. Wir wurden auf ein Nebengeleis rangiert und am anderen Morgen gings bald nach Sonnenaufgang wieder in die Dörfer. Aber diesmal auf gut gebautem Wege in einem türkischen Planwagen liegend, in 8 Stunden über kahle reizlose Höhen hinüber nach Tschavdir Hissar *(heute: Çavdar hisar)*, dem alten Aisanoi. Mitten in den baumlosen Gegend lag das Dörfchen an einem kleinen Fluß, ganz versteckt in alten Bäumen, man fuhr über eine alte römische Brücke mit tief ausgefahrenen Geleisen in den Plattensteinen, und hindurch durch das Dorf bis auf eine kleine Anhöhe, wo der antike Tempel rotvergoldet von der untergehenden Sonne stand. Ganz frei und schlank auf der leise ansteigenden Wiesenfläche steht er dort, eine Längs- und eine Querseite vollkommen erhalten, auch die Innenmauern noch bis oben hinauf, sodaß man meinen könnte, einen unberührten Tempel vor sich zu sehen. Dahinter liegt das antike Theater, die Eingangsseite steht noch ziemlich hoch, und wenn man vom Tempel aus hinüber sieht, so sieht man durch die zwei Fenster der Bühnenseite hindurch in den Sitzraum. Es war ein ganz anderes Bild als Tags zuvor, Landschaft, Menschen, Alterthum alles verschieden, und in seiner Art auch wundervoll schön. Für die Nacht gings dann wieder in den Han, ein altes wackeliges Holzhaus am Ufer, dicht an einer der zwei antiken Brücken.

Wir saßen, oder vielmehr hockten im offenen Mittelbau und freuten uns über das hübsche Bild, wie die alten Türken behaglich rauchend auf der Brücke saßen, unten das Vieh getränkt und die Pferde in die Schwemme geritten wurden. Es kam wieder Dorfbesuch und nach einiger Zeit kam sogar einer und brachte »den Stuhl«, den einzigen im Dorf, auf den ich mich dann setzen durfte. Die Nacht war gegen jede Erwartung wieder absolut frei von Ungeziefer und am nächsten Morgen früh gings dann wieder hinaus, zu Fuß ein Stückchen weiter, wo in einer natürlichen Kalksteinhöhle ein alter Kybele-Kult sein sollte, den noch niemand recht ergründet hatte. Theo wollte dort messen und photographieren. Es war der erste, wirklich heiße Tag der ganzen Reise und während die zwei Herren außen herum maßen und zeichneten, blieb ich im Innern der kühlen niedrigen Höhle auf einem Steinblock. Sie dient jetzt als Schafstall und das sollte ich bald merken. Es wimmelte von Flöhen in solchen Mengen, daß ich das Zählen aufgab, nachdem ich an mir selbst etwa 20 gefangen hatte und gewiß ebensoviel hatte hupfen sehen. Ich flüchtete hinaus in die Sonne, es war aber nicht viel besser und noch tagelang nachher habe ich Höhlenflöhe gefunden und gefangen. Oben auf dem Felsplateau waren zwei merkwürdige kreisförmige Opferlöcher, die noch sehr gut erhalten waren, die wurden photographiert, dann noch eine dritte und größte römische Brücke und dann gings zurück in den Han zum Essen. Im Dorf fand sich noch halb verbaut und halb vergraben eine schöne alte Inschrift und derweil Theo sie abschrieb, besuchte ich oben die Bauersfrau im Haus, die mich befühlte und besah und sich mit mir etwas erzählen wollte und von dem ich zu meinem großen Bedauern aber nur ganz wenig verstand. Und dann wurde gegessen, Flöhe gefangen und abgefahren. Den nächsten Tag bis zum Abgang des Zuges bummelten wir durch Kutahia und bei den Kunsthändlern herum, fanden allerlei gute Sachen, die vielleicht fürs Museum gut sein werden, und fuhren abends nach Eskischehir und am nächsten Morgen zurück nach Haus. — Und nun bin ich wieder da, wo ich angefangen habe und glaube, daß ich nichts vergessen habe. Doch noch eins. Bei dem Tumulus in Konia suchten wir nach alten Scherben, als auf einmal ein Hirt einen Schädel anbrachte, der merkwürdig flach gebaut war und den Theo deshalb behalten wollte. Der Mann bekam eine Kleinigkeit und stürzte sofort den Hügel hinauf, wo er unter eifrigen Gestikulationen des Saptieh und Kutschers anfing zu graben. Wir wollten fort und drängten den Kutscher zu kommen. »Gleich gleich« und nach ein paar Minuten kam er mit einem neuen Schädel. Hell lachend gabs den zweiten Bakschisch, aber weniger, »weil der Unterkiefer fehle«. Nachdem wir ein paar Minuten gefahren waren, jagte auf einmal der Saptieh zurück, ließ den Wagen halten. Wir wußten nicht was war, da kam der Hirt keuchend angelaufen und brachte für weitere 10 Para auch noch den Unterkiefer. So bekommt Wieting jetzt einen Seldschukkenschädel, der aber sicherlich neueren Datums ist und wir haben eine lustige Erinnerung mehr.

Phrygien: *Die auf dieser Reise besuchten Stätten liegen etwa 60 km beidseits der großen 100 km langen Straße von Afyon nach Kütahya.*

Der thrakische Volksstamm der Phryger drängte um 1200 v. Chr. über den Bosporus in das durch den Untergang Trojas offene nordwestliche Kleinasien, zerstörte die Hauptstadt des hethitischen Großreiches Hattusa/Bogăzkale 200 km östlich von Ankara und gründete 100 km westlich Ankaras am Sakariafluß eine neue Hauptstadt Gordion. Die Könige führten die Namen Gordios und Midas.

Die Sage erzählt von dem ebenso reichen wie goldgierigen König Midas, der sich als göttliche Gunst die Fähigkeit erbat, alles, was er berühre, in Gold zu verwandeln. Als er erkannte, daß er nun verhungern müsse, gewährte ihm der Gott die Rücknahme dieser Fähigkeit, verlieh ihm aber dafür Eselsohren. Um diese zu verbergen, erfand der König die phrygische Mütze, die zweieinhalb Jahrtausende später als Kopfbedeckung der Marseiller Galeerensträflinge zum Symbol republikanischer Freiheit wurde.

Historisch nachgewiesen ist der letzte Phrygerkönig Midas, der mit einer griechischen Prinzessin, Tochter eines äolischen Königs Agamemnon von der kleinasiatischen Nordwestküste, verheiratet war. Er schmückte seine Hauptstadt großartig aus und führte eine weiträumige Politik mit schwankendem Erfolge gegen die Assyrer. Als plötzlich wandernde Horden der kimmerischen Nordmänner sein Reich überrannten, gab er sich 696 in seiner untergehenden Hauptstadt den Tod – indem er Ochsenblut trank, lautet die dunkle Kunde. Die Nachfolge des phrygischen Reiches traten die Lyder an, deren König Gyges 645 im Kampf gegen die Kimmerer fiel, die dann aus der Geschichte verschwinden.

Die phrygische Kultur überdauerte die politische Katastrophe. Das sogenannte Midasgrab – 16,5 m hoch und 16 m breit – entstand erst im 6. Jahrhundert. Den Namen Midas nennt eine Inschrift über der Fassade. Da keine Grabkammern vorhanden sind, dürfte es sich bei diesen Felsarchitekturen um Heiligtümer handeln. Die Hauptgottheit der Phryger war die große Muttergöttin Kybele, die den Löwen als Begleittier hat.

Das Löwenmonument von Arslantasch besteht aus einem viereckigen 10,5 m hohen Felsblock mit der Darstellung zweier Löwinnen, die denen des Löwentors von Mykene auffällig gleichen.

Der Tempel von Aisanoi (Cavdarhisar) ist ein vom Kaiser Hadrian erneuerter Zeustempel.

Die Bosnien-Krise

Die politische Lage im Sommer 1908: Im Juli 1908 fand in Reval eine Zusammenkunft zwischen König Eduard VII. und dem Zaren Nikolaus II. statt, die eine Annäherung der britischen und der russischen Politik offenbarte und die

Aufteilung des türkischen Reiches unter die bisher rivalisierenden Großmächte möglich erscheinen ließ. Unter dem Eindruck dieser Gefahr trat die bisher mit den Mitteln der Verschwörung arbeitende jungtürkische Bewegung als »Kommité für Einheit und Fortschritt« offen hervor und erzwang von Sultan Abdul Hamid den Erlaß einer Verfassung, die dieser 1878 suspendiert hatte. Während das absolute Regime des Sultans religiösen Vorstellungen einer panislamischen Idee gefolgt war, forderten die Jungtürken die Erneuerung des Reiches im Sinne eines westlichen parlamentarischen Nationalstaates. Dieser Wunschvorstellung entsprach die alte Türkei als Vielvölkerstaat unter Vorherrschaft des Türkentums in keiner Weise. Die durch den Umbruch offen hervortretenden nationalen und parteilichen Spannungen ließen den Zerfall des Großreichs erwarten.

Um einer solchen Entwicklung vorzugreifen, annektierte Österreich-Ungarn die seit dem Wiener Kongreß 1878 unter seiner Militärverwaltung stehenden, rechtens türkischen Provinzen Bosnien und Herzegowina. Das Fürstentum Bulgarien erklärte als Königreich seine Unabhängigkeit von der Oberherrschaft des Sultans, wodurch auch die formelle Zugehörigkeit von dessen südlicher Landeshälfte Ostrumelien zur Türkei erlosch. Das seit 10 Jahren im Verbande des Osmanischen Reiches autonome Kreta erklärte seinen Anschluß an Griechenland. Auf die Annexion Bosniens reagierte das von Rußland gestützte Großserbentum in heftigster Weise. Der Ausbruch eines Weltkrieges erschien bereits zu diesem Zeitpunkt möglich.

In der Türkei verschlechterte sich die deutsche Stellung durch diese Ereignisse sehr. Die politischen Vorstellungen der Jungtürken waren vor allem von Paris geprägt, die bisherige deutsche Politik erschien als Begünstigung des verhaßten alten Regimes, hinter der österreichischen Annexion vermutete man zu Unrecht deutsche Mitwirkung.

Die wirkliche Modernisierung der Türkei ist erst nach dem völligen militärischen Zusammenbruch 1918, dem Verlust aller nichttürkischen Gebiete und der Aufteilung des Stammlandes unter die Sieger im Friedensvertrag von Sèvres dem revolutionären Willen Kemal Atatürks gelungen, der in völliger Abwendung vom Gedanken des theokratisch-moslimischen übernationalen Eroberersstaates des Osmanentums den räumlich beschränkten türkisch-kleinasiatischen Nationalstaat in entschlossener Hinwendung zu Europa verwirklicht hat.

Frau Wiegand an ihren Mann

Arnautköi, 11. 10. 1908
Es stoßen jetzt, wo die erste Begeisterung abgekühlt ist, die Gegensätze heftig aufeinander und die Hodschas *(Geistlichen)* tun in den Ramasanpredigten ein übriges, um die Gemüter zu beunruhigen. Dazu kommen alle die anderen

Überraschungen, Bulgarien, Bosnien, Kreta und die Gerüchte fügen sofort auch Ägypten, Mythilene und Samos hinzu, kurz, Unsicherheit, Unruhe und immer neu angestachelter Fanatismus, wohin man sieht.
Der junge L. erzählte mir so mancherlei von hinter den Kulissen, so z. B. habe die Abordnung von Hodschas, die vor ein paar Tagen nach Jildiz zogen, den Sultan um Rücknahme der Verfassung gebeten, worauf der Sultan erklärt hat: »Sorgt Ihr dafür, daß mir und meinen Kindern nichts geschieht, dann will ich auch für Euch sorgen.«
In der Fatih(moschee) hatte ein Hodscha aufreizende Reden gehalten, ein Jungtürke mischte sich ein und riet zur Ruhe. Darauf hat der Hodscha ihn angefahren: »Wer bist Du überhaupt, bist Du ein rechtgläubiger Moslim?« und der Türke antwortete nicht mit der darauf gebührenden Formel des Gläubigen, sondern mit »Allah ist groß etc.«, d. h. mit der Formel derjenigen, die sich bekehren wollen. Er sei von der Menge angegriffen worden und mißhandelt und nur durch die Dazwischenkunft von Gendarmen gerettet. Es ist rundherum unbehaglich, die Türken müssen ihrem Patriotismus doch irgendwo Luft machen, nachdem es zum Kriegführen nicht lohnt und nicht reicht, und so reibt sich einer am anderen. Konsul Mertens war heute Nachmittag da und erzählte, daß bisher sein Protest gegen den Boykott deutscher Waren nichts genutzt habe.

14. 10. 1908
Daß Du mir Milet als Zufluchtsort gegen die Bulgaren vorschlägst, hat mich sehr amüsiert, an Asylen habe ich nun wenigstens keinen Mangel. Aber einstweilen ists noch nicht so nötig.

Frau Wiegand an ihre Mutter

Arnautköi, 14. 10. 1908
Hier ist es wieder friedlich geworden, allmählich legen sich die Aufregungen und alles schläft wieder ein. So bleibt nur die schon vorher bestehende größere Unsicherheit in den Straßen abends, aber davon merken wir hier nichts. Höchst komisch ist der neueste Patriotismus der Türken, der »Überzeugungsfez«. Sie wollen die österreichischen Waren boykottieren und infolgedessen setzt jeder gute Patriot jetzt einen ungefärbten, grauen, schlecht geformten Fez ohne Troddel auf, wie ihn bisher kaum die Ärmsten der Armen trugen. Auf einmal wurde aber entdeckt, daß auch unter diesen Fez welche aus Österreich stammen, und infolgedessen hat man verlangt, jeder müsse einen Stempel des Fez-Hane in Stambul tragen. Der wird nun zum besonderen Schmuck quer über den Fez geschrieben. Schließlich gehen auch die ernsthaftesten Bewegungen hier in Spielereien über. Das Volk in seiner Gesamtheit ist eben wie kleine Kinder.

Türkischer und griechischer Volkscharakter
Th. W. an seine Frau

Milet, 24. 9. 1908
Gestern ist nun die Wahl der Wahlmänner für die Dörfer Jeronda, Balat, Akköi und Patmiotiko gewesen. Die Verschiedenheit der Volkscharaktere trat hierbei wieder sehr interessant hervor. Die Türken hatten sich vorher in schönster Weise alle auf ein- und denselben Kandidaten geeinigt, und so stimmten ihre 200 Mann geschlossen für den jungen griechischen Arzt von Akköi, die Griechen dagegen hatten nicht weniger, als vier Kandidaten, seit Sonntag wogte der Kampf, unterstützt von Mastixschnaps und Hurrahrufen, durch alle Nächte bis heute. Als man die in geschlossenem Reiterzug in Akköi ankommenden Türken bearbeiten wollte, nach dieser oder jener Partei zu stimmen, antwortete der alte Hassan Tschausch, der eine rote Fahne führte: »Wir sind alle einig, und so weit Ihr hier in der Gegend um Euch blickt, seht Ihr kein Türkendorf, wo es zwei Parteien gäbe. Wir raten Euch dasselbe, macht es wie wir.«
Die Wahl sollte geheim sein, war es aber so wenig, wie möglich. Das Comité für den Wahlakt bildeten zwei Delegierte aus Sokia, dazu der Geistliche und zwei Schreiber. Da zwei Drittel der Leute nicht schreiben konnte, mußten sie den Schreibern die Kandidatennamen diktieren, da sah alles zu. Als Wahlurne hatte man ein altes Petroleumteneké, dessen Einwurf aber so eng war, daß die Zettel zusammengefaltet nicht hineingingen, also warf man sie offen hinein. Die Wahl selbst fand in der Kirchenvorhalle statt, wo Christen und Islamiten friedlich beieinander saßen.
Übrigens haben die »Großen« des Dorfes, d. h. die Wucherer und Grundbesitz-Tyrannen den Kürzeren gezogen und das Volk hat ihre Kandidaten verworfen. Auch wurde gestern Abend nach der Wahl gleich von dieser Mehrzahl Leonidas' Sohn, z. Zt. Bürgermeister, abgesetzt. Die Wucherer hatten alles aufgeboten. Unter anderem hatten sie einem gelähmten Mann 12 Piaster gegeben, damit er, auf zwei Männer gestützt, die 15 km bis Akköi gehe und für sie stimme. Der Mann war aber so troddelig, daß er verkehrt stimmte. Und nun weigert sich die Wuchererpartei, den alten Mann zurücktransportieren zu lassen.
Heute reiten wir zur Ausgrabung, werden aber natürlich wenig Arbeiter finden, ausgenommen die Türken.

Milet, 27. 9. 1908
Unsere Arbeit in Milet macht dieses Jahr sehr langsame Fortschritte, heute haben wir es auf 120 Arbeiter gebracht, während wir 300 brauchen. Die Leute sind mit diesen Wahlen und ihrem Nachspiel wie verrückt, immer sind es die

Griechen, die das Zeichen geben. In ihnen steckt der alte byzantinische Faktionstrieb und der Zirkus noch unbewußt in den Gliedern, die Sache wird sofort zum Sport. Abends wurden dem Kaffeewirt in Akköi von der unterliegenden Partei alle Fenster eingeworfen und Papa Methodios, der Oberpriester von Jeronda, hat am vergangenen Sonntag den Angehörigen seiner Gegenpartei die heilige Hostie verweigert.

Die Partei der Reichen, der Dorfwucherer und der von ihnen Abhängigen nannte sich Eugeneís, die Wohlgeborenen. Der Name der Gegenpartei war Ptochía, die Armut.

Frau Wiegand an ihre Mutter

Arnautköi, 27. 11. 1908
Auf der Straße gehen jetzt zum Entzücken der Kinder täglich eine große Anzahl berittener Patrouillen und auch Infanterie. Es hat an einem der Wahltage im Dorf Streit zwischen Armeniern und Griechen gegeben und sie haben das Haus eines Armeniers dabei stürmen wollen und Türen und Fenster zertrümmert. Jetzt ist aber wieder eitel Friede und es ziehen eine Menge Aufzüge herum, mit Fahnen und Musik und Schulkindern und dazwischen mal ein Paschawagen voller Eunuchen und mitten drin die Wahlurnen, die meistens bunte Blechkoffer sind, mit weißer und roter Gaze umwickelt, auf den Schultern getragen, auf Leiterwagen gefahren, auf einem mit Kränzen und Fahnen geschmückten Kamel hoch aufgetürmt, und als Zeichen des Fortschritts solle es in Pera sogar im Automobil gefahren werden. Die anderen Beförderungsarten sind mir alle begegnet.

GRABUNGEN IN MYUS

Die altionische Stadt Myus lag an der Mündung des Mäander in den ehemaligen latmischen Golf, der heute von der weiten Mäanderebene eingenommen ist. Infolge zunehmender Verlandung wurde die Stadt im 2. Jahrhundert v. Chr. aufgegeben, die Bevölkerung nach Milet umgesiedelt, die Bauwerke abgebrochen und großenteils in das Theater von Milet verbaut. 300 Jahre zuvor hatte der Hafen der Stadt genügend Platz für 200 Trieren geboten.

Th. W. an seine Frau

16. 10. 1908
Seit dem 15. bin ich hier mit 25 Mann, Georgi als Koch und Mastro Janni als Aufseher.

Man kann sich nichts verlasseneres und öderes vorstellen, wie die Stätte, wo Myus einst stand. Nackte Felshügel aus Gneis, kaum mehr ein Stein auf dem anderen. Nur noch die Einschnitte im Berg, wo Mauern gebettet und Straßen und Treppen geschnitten waren. So gehts über zwei Hügel hin, wohl mehr als eine Viertelstunde in der Länge.

Auf dem äußersten Hügel nach Norden habe ich mein grünes Zelt aufgeschlagen, dicht über dem Mäander, der hier einen gewaltigen Bogen in den alten Hafen von Myus macht. Mein Zeltplatz ist ganz flach, als ob hier ein Markt gewesen wäre, er wird von den letzten Resten einer mächtigen Stadtmauer gestützt. Ein uralter Olivenbaum steht links vom Zelt, man sieht ihm den vielhundertjährigen Kampf mit den Winden an. Vor mir dehnt sich die unendliche Aussicht über die Mäanderebene bis zum Meer in grünen und braunen Farbtönen, rechts liegt die wundervolle Mykalekette scharf und klar vor mir in ihrer ganzen Ausdehnung.

Mein Zeltplatz ist das niedrigste von den drei kleinen Plateaus des Hügels. Gleich oberhalb, wieder durch eine altgriechische starke Blockmauer gestützt, liegt das zweite Gebiet und auf diesem lasse ich graben. Hier haben wir s. Zt. die archaischen Tempelreste aufgelesen, hier liegen noch mehrere Säulenstücke umher. Heute, am zweiten Tag sind wir auf ein ebenes Marmorpflaster gestoßen, an Fragmenten hat sich noch wenig gezeigt.

Das höchste der drei Plateaus trägt ein byzantinisches Kastell, dessen braune Gneismauern sehr buntscheckig aussehen, weil eine Anzahl weißer Marmorblöcke darin verbaut sind. Das Tor ist zerfallen, aber die Mauern stehen so hoch, daß man überall die Schießscharten sieht, innen die Bogen des Wehrganges und diesen selbst. Es fehlen also nur die Zinnen. In der Mitte ist, an die Südmauer angelehnt, eine gewölbte Kapelle gebaut, sehr geschickt ist ihr Untergeschoß mit der Apsis in einen halbrunden Turm eingefügt. Da sieht man noch Reste der Malerei. Aber die Heiligen sind recht trübselig erhalten und es scheint auch eine recht späte Malerei gewesen zu sein. Im Obergeschoß ist ein überwölbtes Stübchen. Dort saß wohl der Wachhabende mit seinen Leuten, man kann durch ein kleines Türchen sofort auf den Wehrgang.

Das linke Ufer des Mäander ist steil, hier frißt der Fluß das Land ab, das rechte ist flach, hier schwemmt er es wieder an und auf dieser Fläche kommen gegen Abend die großen Herden der Pferde, Kühe, Ziegen und Kamele, um den Durst zu löschen. Das Rufen und Fluchen der Hirten, das Brüllen der Stiere bringt für eine Stunde Leben. Dann sinkt die Sonne, die Arbeiter ziehen sich in das byzantinische Kastell zurück und bereiten sich am Feuer ihre Mahlzeit, meist Fische, die ihnen über Tag kleine Jurukenjungen verkauft haben, die staunend den Arbeitsplatz umlungern.

In der alten Kirche haben die Leute ihre Lagerstatt eingerichtet, da es aber gegen Morgen empfindlich kalt ist, so habe ich heute noch ein Jurukenzelt gemietet, wo sie schlafen sollen.

Wenn nun die Sonne versunken ist und der letzte rote Schein über Samos verglüht, dann legt sich über die Ebene ein tiefblauer Streif, über dem der Himmel allmählich orange, dann gelb und schließlich dunkel wird. Nun leuchten die Präriefeuer auf und die Waldbrände von der Mykale. Der Mäander spiegelt aus dem Dunkel herauf und platsch, platsch, springt ein Fisch. Ganz fern tönt noch ein Hirtenruf und das Läuten der Ziegenherden, das die ganze Nacht durch währt, dazwischen Hundegebell von weiter Ferne, schließlich hört man nur noch die Grillen- und Zikadenmusik.
Heute morgen habe ich einen Ritt gemacht, um das Trophonion zu finden. Strabo sagt, eine kurze Strecke von Myus sei eine Höhle, die man als einen der Eingänge in die Unterwelt angesehen habe. Sooft ich Hirten danach fragte, ob sie eine Höhle wüßten, konnten sie mir nichts sagen, trotzdem ich eine hohe Belohnung ausgesetzt hatte. Ist das nicht drollig? Sollte die Höhle durch das aufgeschwemmte Erdreich verdeckt sein? Dann müßte sie allerdings ganz am antiken Ufer gelegen haben. Ich ritt Latmos-wärts zum Dorf Asap und kam dabei an einem abgesperrten Seerest ähnlich dem von Heraklea vorbei. Fast glaubte ich, die Höhle gefunden zu haben: an einer wundervollen Stelle über dem See, mit herrlichem Blick auf den Latmos, führen Steinstufen herab. Da fand ich ein schönes Felsengrab. Lange habe ich dort gesessen und den feinen Natursinn des Mannes bewundert, der hier seine Ruhestätte hatte. Ich ritt dann über die Glimmerschieferklippen, wo ich oft das Pferd führen mußte, bis auf die Berghöhen über dem See, nirgends war eine Höhle. Auch ist die Gesteinsbildung dafür wenig günstig. Aufs geratewohl ritt ich in ein Tal hinab, wo ein kleiner Kastanienwald war. Da entdeckte ich auf einem der Bäume zwei reizende Jurukenmädchen, die Kastanien abschlugen. Im Sand des Baches saß aber eine dritte, ein bildhübsches etwa 15jähriges Ding so nackt wie Eva und war gerade am Baden. Der feine Gliederbau und die braune Haut waren wirklich reizend anzusehen und das kleine Wesen war über den fremden Reiter in dieser Wildnis so erstaunt, daß sie ruhig sitzen blieb, was ich sehr richtig fand. So hatte ich mir den Eingang in die Unterwelt allerdings nicht vorgestellt.

19. 10. 1908
Gestern habe ich ganz nebenbei noch eine recht interessante Entdeckung gemacht. Ich ritt mit dem dicken Ali Riza Bey nach dessen Besitz zu Özbaschi, um ein Jurukenzelt für die Arbeiter zu leihen. Das ist die einstige Inselgruppe bei Myus. Wir kamen auf die Frage, ob in Özbaschi Altertümer wären. Das bejahte Ali Riza und führte mich erst an ein sehr schön gebautes Grab mit Kragsteinüberwölbungen und dann zeigte er mir eine Menge Befestigungsmauern und zwei Wachttürme mit mehreren Zinnen auf den Hügelspitzen. Dieser Befund ist mir sehr wichtig, denn wo solche Kastelle sich in der Landschaft finden, da kann man so gut wie sicher sein, eine antike Gebietsgrenze

vor sich zu haben, und da hätten wir denn einen kräftigen Grenzschutz von Milet gegen Magnesia oder umgekehrt. Ich halte die Gruppe von Özbaschi für die alte Stadt Hybanda. Ich glaube, das ist eine ganz neue Wissenschaft, der Fluß oberhalb, der aus dem Latmos kommt und heute Sari tschai heißt, das ist der alte Hybandos.

25. 10. 1908
Heute habe ich die Büffelwagen von Milet heraufkommen lassen, alle wichtigen Fragmente werden nach Milet gebracht. Ich bin nun so weit, daß das ganze altjonische, höchst originelle Kapitell und die Basis sowie der Säulenhals beieinander sind, und trotz der Zerschlagung in viele Stücke und Stückchen wird man daraus ein Ganzes herstellen, eine schöne Bereicherung an archaischer Architektur ...
Es hat ja doch seinen großen Reiz, gerade aus den anscheinend verzweifeltsten Dingen doch noch ein Ergebnis zu gewinnen, gerade da noch etwas zu erreichen, wo andere vielleicht alle Hoffnung fahren lassen.

Als Ergebnis der Grabung in Myus wurden 400–500 für den Kalkofen zerschlagene Bruchstücke nach Milet gebracht, darunter 35 meist nur handgroße Fragmente von 10 Platten eines Frieses mit Darstellung eines Wagenrennens.

Th. W. an Schrader

22. 10. 1908
Mit eigener Hand habe ich ein Bruchstück eines archaischen höchst feinen Reliefs ausgegraben mit zwei Pferdeköpfen. Es war da also ein Wagenlenkerrelief und auch andere kleine Reste sind gesammelt ... Es kommt wohl nicht viel zusammen, aber das kleine kapitale Stück Pferdeköpfe lohnt schon die ganze Unternehmung.

Außer den rekonstruierten Wagenlenkerreliefs, die stark an assyrische Darstellungen erinnern, sind aus Myus Bruchstücke archaischer Architektur und Plastik in das Pergamonmuseum gelangt.

MILESISCHER WINTER
Th. W. an Winnefeld

Milet, 8. 12. 1908
Es ist so kalt, daß ich kaum schreiben kann. Alles voll Eis. Pernice legte sich gestern Abend folgendermaßen ins Bett: Unterjacke, Nachthemd, Kakijacke,

schwarzer Gehrock, außerdem herabgelassenes Moskitonetz. Lyncker liegt mit 41 Grad Fieber. Aber ich hoffe doch, daß wir Freitag reisen können.

Parlamentseröffnung in Konstantinopel
Frau Wiegand an ihre Mutter

Arnautköi, 18. 12. 1908
Ein sehr prächtiger Anblick, tausende von Menschen auf dem Platz vor der Sophienkirche, alle Kuppeln, alle Dächer bis hoch hinauf an den Halbmond voller Menschen, dazu Militär in ihren bunten Uniformen, das Einzige, was scheints wenig in die allgemeine Festfreude passen wollte, war der Sultan selber, der ganz krank vor Angst gewesen sein muß. Er ist ja seit Jahren zum ersten Mal wieder durch die ganze Stadt mit dem Wagen gefahren und hatte sich zu seiner Bedeckung an 15 Haremswagen mitgenommen. Denn einem Türken in Begleitung seines Harems tut hier so leicht kein Türke etwas.
Abends war dann große Illumination und Feuerwerk und allgemeine Festfreude, die aber ruhig blieb, wie alles hier zu Lande. Die Jungen hatten ihre ganze Flaggenparade aufgezogen, nur die österreichische Fahne wurde auf unsere Vorstellungen hin ausgelassen. Beim Einfahren hier hatte Theo auf seinem Schiff die Smyrnaer Abgeordneten und viele Neugierige, die extra zur Eröffnung hierher kamen. Die hatten Fahnen und Musik an Bord und als ihnen beim Einfahren österreichische Schiffe begegneten, wurden auf Kommando alle Fahnen gesenkt und die Musik schwieg still. Es wird immerhin einige Mühe kosten, bis die Österreicher hier wieder eine glatte Stellung haben. Von allen Botschaftern und Gesandten, die zur Parlamentseröffnung in feierlichem Aufzug fuhren, war der Österreicher der einzige, der bei dem schönen Wetter in einen geschlossenen Wagen geschlüpft war.

1909–1913

Entdeckung in Didyma

In der Rückwand des von 12 gewaltigen Säulen gestützten Tempelvorsaals öffnet sich ein Portal von der Größe einer Bühnenöffnung, 14 m hoch und mit einer dem menschlichen Maße nicht überschreitbaren 1,50 m hohen Schwelle. Hinter diesem Portal folgte erhöht ein zweiter Saal, aus dem der Priester das Orakel verkündete. Von dort führte eine monumentale Freitreppe zu dem heiligen Boden herab, auf dem die göttliche Begegnung stattgefunden hatte. Wie aber gelangten die Priester vom Vorsaal in das Innere des Tempels?

Th. W. an Winnefeld

Didyma, 18. 4. 1909
Heute abend wurde ich zum Pronaos des Tempels gerufen. Dort lag in der Nordwestecke der Schutt noch drei Meter hoch. Man war da plötzlich eingebrochen und es zeigte sich unvermutet eine schmucklose Tür. Wir ließen eine Leiter hinunter. Da gelangten wir in einen kaum verschütteten etwa 1 m breiten und 15 m langen, von Ost nach West sich senkenden Gang, dessen Wände und Gewölbe von so prachtvoll feiner Steinfugung sind, daß ich sie garnicht genug beschreiben kann. Es zeigte sich, daß am westlichen Ende des Ganges eine Türöffnung ist, welche sehr fein profiliert ist und schöne einfache Kapitelle hat. Dieser Gang führt unter dem nördlichen Treppengehäuse des Mittelsaales her und mündet im großen Adyton. Kein Mensch hätte so etwas vermutet. Über den Zweck kann man nur sagen, daß es sich jedenfalls nicht um mystische Anlagen — auf der Südseite war es sicher gerade so — handelt, dazu sind die Gänge viel zu direkt und zweifelsohne. Vielmehr sind es wohl Dienstgänge für den täglichen Gebrauch der Tempeldiener, während die riesenhafte Tür in der Mitte geschlossen blieb und nur bei besonderen Feierlichkeiten geöffnet wurde.

Der Tempel von Didyma *ist ein vom Schema aller anderen griechischen Tempel abweichendes Bauwerk. Sein doppelter Säulenkranz umgab nicht, wie üblich, die Cella mit dem Götterbild, sondern mit 25 m hohen Pfeilerwänden einen gen Himmel offenen heiligen Bezirk von 45 m Länge und 22 m Breite, zu dem eine 15 m breite Freitreppe über 24 Stufen hinabführt. In diesem Bezirk stand ein viersäuliges Tempelchen, welches das aus dem persischen Exil zurückgeführte archaische Kultbild barg. Schon das ältere, 498 v. Chr. von den Persern zerstörte Didymaion hatte diese außergewöhnliche Anordnung.*

Absetzung des Sultans Abdul Hamid

Die zunächst große Begeisterung über die jungtürkische »Einheit und Fortschritt«-Bewegung machte naturgemäß bald einer tiefen Enttäuschung und dem Parteienhader Platz. Die neuen Männer waren nicht imstande, die außenpolitischen Hypotheken des alten Regimes ungeschehen zu machen. Zahlreiche verbannte Politiker kamen ins Land zurück, die sich im liberalen Westen der heimischen Wirklichkeit entfremdet hatten oder die kaum weniger reaktionär waren als die bisherige Ordnung. Den nichttürkischen Völkern des Reiches bot der proklamierte »Fortschritt« den Ansatz zu verstärktem Streben nach nationaler Selbständigkeit, und so geriet die »Einheit« in immer stärkere Gefahren. Der entmachtete Herrscher sah das Pendel zu seinem Vorteil zurückschlagen. Auseinandersetzungen über die Ablösung des geistlichen Scheriatsrechts durch eine moderne westliche Gesetzgebung bot die Gelegenheit, den religiösen Fanatismus ins Spiel zu bringen. Als Träger reaktionärer Agitation stand die große Zahl der Softas, der mohammedanischen Theologiekandidaten, zur Verfügung. Diese »üben einen starken Einfluß auf die niedere Bevölkerung aus und verstehen, sie im geeigneten Augenblick zu fanatisieren. Sie sind dem Fortschritt feindlich, weil sie mit Recht in ihm eine Einschränkung ihres Einflusses besorgen. Meist äußerst arm und auf die milden Stiftungen der Moscheen und Medresse (Hochschulen) angewiesen, führen sie ein elendes Dasein, das ihnen die Aussicht auf ein glänzendes Jenseits um so verführerischer erscheinen läßt. In diesem Umstand liegt wohl der Grund einer oft bewiesenen Verwegenheit, mit der sie sich großen Gefahren aussetzen. Geschickte Führer haben mit Hilfe der Ulemas die Masse dieser Jugend für politische Zwecke zu benutzen gewußt.« (Ludwig Raschdau, Ein sinkendes Reich.) Mit Hilfe dieser Agitatoren, seinen Palastspionen und seinen Geldmitteln gewann der im Hintergrund bleibende Monarch jetzt Einfluß auf die Mannschaftsgrade der Truppen in der Hauptstadt, zu denen die neuen politisierenden Revolutionsoffiziere kein Verhältnis gefunden hatten.
Eines Nachts verläßt ein albanesisches Bataillon gegen den Befehl seiner Offiziere seine Kaserne, andere Soldaten schließen sich den Meuterern an, Offiziere werden ermordet, das Parlament besetzt. Dann aber versagt die Führung des Unternehmens, der an Verfolgungswahn krankende Sultan denkt nicht daran, sich zu exponieren. Während in einigen Teilen des Landes sich die Bevölkerung für die Jungtürken erklärt, löst der Fanatismus der Reaktio-

näre in Wilajet Adana Armeniermassaker aus. Die jungtürkischen Führer setzen die Garnison von Salonik gegen die Hauptstadt in Marsch, die Kasernen der Meuterer werden erstürmt, der Sultan kapituliert, seine Palastgarden lösen sich auf und flüchten. Ein Bruder des Entthronten, Reschad, ein fetter, freundlicher alter Herr, wird Sultan Mohammed V., und die gelb getünchten öffentlichen Gebäude werden rosa überstrichen.

Reschad war von seinem Bruder dreißig Jahre lang in Internierung gehalten worden, eine vergleichsweise humane Fortsetzung des von Mohammed dem Eroberer erlassenen osmanischen Hausgesetzes, das jeden Sultan verpflichtete, bei der Thronbesteigung seine Brüder zum Wohle des Reiches erdrosseln zu lassen und das bis 1600 bei sechs Thronwechseln angewendet worden ist.

Während der kritischen Wochen befanden sich Wiegand und seine Frau mit den 8 und 6 Jahre alten Söhnen in Didyma, wo die Bevölkerung aufgerufen wurde, sich zu bewaffnen und die Freiheit zu verteidigen. Zwei Wochen nach der Abdankung sind sie wieder in der Hauptstadt.

Frau Wiegand an ihre Mutter

Arnautköi, 11. 5. 1909
Wir sind am Sonnabend hier angekommen, nachdem die Kinder die Reise gut überstanden haben. Sie mußten sich schon tapfer halten, an einem Tag 7 Stunden zu Pferd, am anderen 3 und die Eisenbahnfahrt nach Smyrna. Es ging leidlich, trotz Keuchhusten.

Am Sonntag sind wir nachmittags oben in Pera gewesen, uns die allerdings stark zerschossenen Kasernen ansehen. Da fehlen ganze Mauerbatzen an Fenstern und Toren, man sieht, daß sie gründliche Arbeit getan haben. Jeder, den man sah, hatte etwas besonderes erlebt. Bei *(Konsul)* Mertens sind die Kugeln durch Fenster und Läden in die Zimmerdecke gefahren, die Vorhänge sind zerschossen, wie Fahnen in der Schlacht. Dittfurth *(deutscher Militärberater)*, der einen sehr starken Anteil an der Rettung von Mahmud Muchtar *(Pascha, türkischer Marschall)* hatte, ist zeitweise in seinem Haus belagert worden und sollte durch eine falsche Nachricht in die Selimie-Kasernen gelockt werden, um dort umgebracht zu werden.

Hier sind Tag und Nacht die flüchtigen Jildizsoldaten durchgekommen, haben unter Drohungen die Leute gezwungen, sie überzusetzen und auch in den am Berg gelegenen Häusern Brot und Geld erpreßt. Stamaty und Milo *(Hausangestellte)* gingen einmal oben zum Garten hinaus, um zu sehen, ob auf dem Berg alles sicher sei, da wurden sie von zwei Soldaten angefallen, die Stamaty Uhr und Geld wegnahmen und ihm, als er fortlief, noch eine zum Glück schlecht gezielte Kugel nachschickten.

Jetzt wird gehängt, und da an jedem Ort, an dem Offiziere ermordet wurden, die Mörder baumeln sollen, werden wir wohl auch hier das Schauspiel haben ... An der Serailspitze und bis oben an das alte Serail hinauf stehen Militärzelte und Kanonen, die Schildwachen am Wege sind alle ausgelost, kaum daß mal ein bekanntes Gesicht darunter ist, die Tore von Dolmabagdsche stehen offen und alles hat ein freieres, sichereres Aussehen. Um die zerschossene Tschaschkischlakaserne ist jetzt ein Volksbelustigungsplatz geworden, es wimmelt von Neugierigen und dazwischen gehen Verkäufer aller Art, eine russische Schaukel, ein Kaffeewirt, kurz, was so zur Levantinischen Freude gehört. Die Armenier können sich nach der ausgestandenen Angst gar nicht genug tun an flaggen und illuminieren. Am Freitag vor dem Einrücken der Salonik-Truppen waren alle Leute in Angst vor einem Massacre und unsere *(armenischen)* Nachbarn haben gebeten, wir möchten sie doch schützen. So hat Agnes eine hohe Leiter an die Gartenmauer gelehnt, damit sie jederzeit schnell flüchten konnten, über die Straße gings natürlich nicht ... Es scheint nach allen Berichten aber doch so, als sei das garnicht ein Armeniermassacre gewesen, sondern allgemeine Christenverfolgung, die der ekelhafte Kerl im Jildiz sich als letzten Trumpf ausgedacht hatte, und das allgemeine Durcheinander wollte er dann zur Flucht benutzen.

Der neue Sultan ist gestern in Ejub gewesen *(zur Umgürtung mit dem Schwerte Osmans, eine Zeremonie, die die Bedeutung einer Krönung hat).* Wieting meinte, das Ganze habe den Eindruck eines frohen Volksfestes gemacht, ohne große Pracht, aber jeder sei wie von einem Alp befreit gewesen.

Wenn man so alle Nachrichten zusammen nimmt, haben wir es doch gut gehabt in Didyma, denn die kleine Episode nachts bei der Heimkehr von Heraklea war doch mehr komisch und nur ein Beweis für die große Nervosität der Leute. Theo sah in Sokia einen Teil der Leute, die die große Aufregung veranlaßt hatten, Mohammedaner aus der Gegend vom Kaspischen Meer, die heimatlos herumzogen seit acht Monaten und nichts zu essen hatten.

Teils Hunger, teils Raublust mag sie getrieben haben, wer weiß. Jetzt sitzt der größere Teil fest, etwa 20 sollen geflohen sein. In Milet wurde noch viel darüber gelacht, daß wir nachts um 12 die tapfere Bürgerwehr wieder ins Bett geschickt haben.

Massaker in Adana

Die Befürchtungen vor einem von reaktionären Kräften ausgelösten Massenmorden in der Hauptstadt waren keineswegs orientalischer Phantasie entsprungen, wie der folgende Brief über Ereignisse in der Provinz Adana zeigt.

Frau Wiegand an ihren Mann

Arnautköi, 12. 5. 1909
Eben war Winkler hier und hat mir viel von seinen Erlebnissen erzählt. Ich gebe es der Reihe nach wieder, soweit ich es behalten habe.

Beide Winklers waren in Eregli und wollten über den Taurus zurück, als die ersten Gerüchte über Unruhen in Adana kamen und sie deswegen ihre Abreise um einen halben Tag verschoben und dann schließlich doch fuhren, einmal weil das Gepäck schon vorausgegangen war, zum anderen weil ebenfalls einige Tage früher Ingenieure zum Studium der neuen Strecke über Alexandrette *(Iskenderun)* — Mersina *(Mersin)* abgegangen waren und von ihnen keine Nachrichten gekommen waren. Unterwegs begegneten ihnen Karawanen, einzelne Reisende und ganze Trupps, die von der Richtung Adana kamen, aber nur erzählten von einem Überfall einer Räuberbande unterwegs. Winkler schrieb dem keine weitere Bedeutung zu und fuhr weiter. Am Abend des ersten Tages trafen sie ihre Gepäckfuhre, die heimkehrte. Sie waren unterwegs auch angefallen worden, kurz vor einem Han *(Rasthaus)*, hatten die Räuber zurückgeschlagen, waren dann, trotzdem es erst Nachmittag war, in dem Han geblieben, ohne die Fuhren abzuladen oder die Pferde auszuspannen. Mit Einbruch der Dunkelheit kamen 15 Kerle in den Han und stahlen frech, was sich bot. Der Handji wehrte sich, wurde mit Knüppeln einfach niedergeschlagen, der Gehilfe flüchtete durch ein Fenster mit Hilfe eines kurdischen Kutschers von Winkler, der sich dann aber aus Vorsicht stellte, als habe er im Gegenteil den Mann halten wollen, und die Kerle aus dem Han hinaus auf eine falsche Fährte lockte. Was aus dem Mann geworden ist, wissen sie nicht, sie sind sofort im Galopp davongefahren, den Taurus wieder hinauf, haben unterwegs an einer Wasserstelle nachts geschlafen und kamen vollkommen ermattet mit abgetriebenen Pferden wieder zurück.
Winkler ließ sich trotzdem nicht halten und fuhr weiter. Immer mehr Menschen begegneten ihnen unterwegs. Jeder rät ab vom Weiterreisen: Adana brennt, die Hans sind geplündert, die Leute sind erschlagen, keiner kommt mehr durch, und schließlich, auf einer sehr engen Stelle, stauen sich die Karawanen mit Flüchtigen, sodaß sie nicht mehr durchkommen. Ihnen entgegen kommt ein Trupp von etwa 50 bewaffneten Türken auf Pferden und Eseln, Wagen mit Hausrat. Als Winkler immer noch nicht nachläßt, nimmt ihn ein alter Türke mit Tränen in den Augen beiseite: »Ich lasse Dich nicht durch, es ist Dein sicherer Tod, und dann bedenke, was mit Deiner Frau geschieht.« Da gab Winkler den Widerstand auf, die Türken hatten schon vorher einfach seinen Wagen umgedreht, und so ging es zurück nach Eregli.

Dort waren inzwischen Telegramme aus Bagtsche angekommen. Morgens: »Sind in großer Gefahr, bitten um Hilfe!«, nach ein paar Stunden immer dringender und dann wieder eins und dann hörte jede Nachricht auf. Sie telegraphierten nach Adana an den Wali, der erklärte, er könne nicht helfen, an den Kaimakam in Bagtsche, ohne Antwort, nach Stambul, an die Konsuln in Mersina und Alexandrette und Adana, sie sollten alles zur Rettung aufbieten, aber keiner konnte etwas tun.

In Bagtsche *(heute: Bahçe)* war es so gegangen: Ohne daß vorher irgend welche Anzeichen von Unruhen gewesen, erschienen eines Morgens Haufen bewaffneter Bauern auf den Bergen, die den Talkessel umgeben. Gegen Mittag stiegen die Leute herunter und versammelten sich vor dem Haus des Kaimakams. Der wußte von nichts, woher? warum? »Wir wollen uns in den Dienst des Vaterlandes stellen.« Der Mann dachte an Bulgarien und erklärte ihnen, es sei alles in Ordnung, sie möchten ruhig wieder in ihre Dörfer gehen. Einige der Ingenieure, die die Bauern sahen, erzählten, daß alle gut bewaffnet gewesen seien, mit Flinten aller Art, mit Revolvern und Messern und vor allem mit den langen Hirtenstäben, die oben mit schweren Nägeln beschlagen waren. Die Horde zog ab, verschwand hinter dem Berg und es war Ruhe. Gegen Abend ritt einer der Ingenieure aus und bemerkte, daß die Leute nicht in ihre Dörfer gegangen waren, sondern jenseits der Hügel alle lagerten. Er meldete das dem Kaimakam, der inzwischen wohl Nachrichten aus Adana erhalten hatte, die er aber wohl nicht sagen mochte, und der ihnen nur riet, zur Beruhigung der zwei einzelnen Mädchen (Schwestern der Frau Winkler) und des Winklerschen Kindes über Nacht im Winklerschen Haus zu bleiben. So wachten in der Nacht die acht Ingenieure zusammen mit den zwei Schwestern von Frau Winkler. Als bis morgens alles ruhig blieb, gingen die Herren früh in ihre Häuser zurück, um zu schlafen, in kleinen Abteilen von zwei und drei auf einmal. Da waren die beiden Vordersten bis an den enggebauten Teil der Stadt an dem Tscharschi*(fluß)* gekommen, als ihnen eine Horde bewaffneter Kerle entgegenstürzt mit geschwungenen Beilen und Knüppeln, und ehe die Herren noch recht begriffen haben, was es bedeutet, schreit einer aus dem Haufen: »Das sind die Falschen, das sind Fremde.« Die Knüttel fallen wieder herunter und die Herren laufen in das Winklersche Haus zurück, die Hinteren auf dem selben Weg, die zwei Vorderen, die durch die Bauern abgeschnitten waren, auf Umwegen. Als die zwei letzten an das verschlossene Haustor kamen, stand schon ein Trupp von etwa 50 Armeniern davor, die sich hineinflüchten wollten. Die stürzten alle mit ins Haus und zugleich hörten sie schon von allen Seiten Schüsse und Geschrei. Ihr Haus stand 150 Meter vom Haus des Kaimakams entfernt und ca. 50 Meter von dem Haus ihres Hauswirtes, auch eines Armeniers. Dorthin hatten sich auch einige dreißig geflüchtet, Männer, Frauen und Kinder, und dieses Haus wurde zunächst beschossen. Die Kugeln flogen von Angreifern zu Verteidigern, ein gutes Teil aber in das Winklersche Haus. Und als die verteidigenden Armenier erst einige Türken verwundet hatten, wurden die wütend und legten an die Holzveranda Feuer. Das Haus brannte bald an allen vier Ecken, die Türken gingen näher heran, was flüchten wollte, wurde erschossen, und als dann das leichte Obergebäude zusammenstürzte, zogen sie noch ein paar aus den brennenden Trümmern, schlugen ihnen mit Steinen die Kniegelenke und Ellenbogen durch und dann langsam immer mit Steinen ein Gelenk nach dem anderen und ließen sie so liegen. Etwa zwölf Verwundete, u. a. der Hauswirt selbst, konnten aber flüchten und krochen über die Mauer und durchs Tor in das Winklersche Haus. Einige, die es nicht mehr erreichten, wurden vor der Haustür noch erschlagen und liegen gelassen. Und dann hörten die Eingeschlossenen nur mehr das Geschrei der Leute, Schüsse und das Krachen der zusammenfallenden Häuser.

Überall wurde geraubt und geplündert, alle Männer auf die barbarischste Weise langsam erschlagen oder auch mit den zerschmetterten Knochen einfach liegen gelassen. So sind in Bagtsche allein 262 Männer und ca. 50 Frauen und Kinder — denn die ließen sie im allgemeinen gehn, und nur was verbrannte oder sich direkt zur Wehr setzte, kam auch um.

Im oberen Dorf im Armenierviertel wohnte der Arzt der Bagdadbahn mit Frau und Kind. Zu dem hatten sich zwölf Männer geflüchtet. Die holten die Kerle aus dem Haus heraus, schlugen sie tot und legten sie vor die Tür des Mannes auf die Holzveranda, die zur Treppe führte. Der Arzt selbst flüchtete und kam auch in das Winklersche Haus. Das war der erste Tag. In der Nacht war Ruhe, die Kerle schliefen sich aus.

Im Winklerschen Haus war die Zahl der Flüchtlinge auf 120 angewachsen. Am nächsten Tag ging es weiter, am dritten Tag, als in dem ganzen Ort kein Haus mehr übrig war, erklärten sie: »So, nun gehts an die Giaurs.« Da kamen 50 Redifs *(Miliz)*, die zur Hilfe geschickt worden waren, und berichteten, im Nachbardorf, das hauptsächlich aus Armeniern bestand, Hassam Bely, hätten die Männer sich vor dem Ort in einem alten Kastell verschanzt, und die wollten sie zunächst einmal ausräuchern. So zog alles dorthin. Der Kaimakam, den die Deutschen um Hilfe gebeten hatten, erklärte sich für vollkommen machtlos, schickte ihnen zwei Gendarmen, die sich fürchteten und sich lediglich bei ihnen verstecken wollten, und seine Familie, die sie auch schützen sollten. Der einzige Trost, den er hatte, war: »Kommen die Leute als Sieger zurück, so sind wir alle verloren, kommen sie geschlagen zurück, so sind wir auch verloren, weil dann der Fanatismus ein anderes Opfer haben will.« Gegen Abend kamen sie zurück, ohne die Armenier besiegt zu haben. Sie hatten eine Anzahl Leute verloren und verlangten nun die Auslieferung der Armenier in dem Winklerschen Haus. Der Anführer war der Mufti *(Gelehrter religiösen Rechts)*, der auch als Unterhändler immer in das Hoftor hereingelassen werden mußte. »Wir haben keine Armenier!« und darüber kam die Nacht, in der die Räuber schliefen und die Ingenieure zusammen mit den drei türkischen Dienern abwechselnd Patrouillen um das Haus innerhalb der Hofmauern gingen, denn die größte Gefahr war jetzt Brandstiftung.

Von Bagtsche stand nur noch das Haus des Kaimakam, das war ca. 150 m weit, dann ein kleines Haus auf ca. 5 m Entfernung und eins direkt angebaut und die armenische Kirche etwa 20 m. An die Kirche versuchten sie vergeblich Feuer zu legen. Sie war voller Frauen und Kinder. Die Steinwände widerstan-

den. Die Marodeure, die in die Nähe des Winklerschen Hauses kamen, wurden durch die Flintenläufe vertrieben. So gings sechs Tage.
Die Leichen im Ort und vor der Haustür lagen dort, vollkommen nackt, denn jeder raubte, was er fand, auch die türkischen Frauen und Kinder raubten auf der Straße und in den Brandstätten, dazu waren die Leichen in der schauderhaftesten Weise verstümmelt, der Bauch aufgeschlitzt, der Kopf abgetrennt. Sie baten wohl einmal, man möchte doch wenigstens die Leichen vor der Tür fortschaffen, da wurden sie einfach in die Brunnen geworfen, und so gabs bei ohnehin knappen Lebensmitteln auch kein Wasser mehr.
Um die Flüchtlinge zu ernähren, gingen die türkischen Diener nachts selbst auf Raub aus. Sie wußten, wo die Leute ihre Vorräte an Reis etc. in Tontöpfen zu vergraben pflegten und brachten so einige Okka Reis und Mehl, und die zwei Mädchen hatten den ganzen Tag zu kochen, um die Leute auch nur einigermaßen zu ernähren. Die Vorräte an Konserven wurden alle verzehrt, die Hühner gegessen, der große Hund am zweiten Tag schon fortgeschafft, weil er anfing, an den Leichen zu nagen. Im Haus sei ein fürchterlicher Gestank gewesen, denn die Flüchtigen, die sich nicht bis in den Hof trauen durften, hatten nur einige Eimer für ihre Notdurft, und auch die wurden nachher nur in den Hof ausgeleert, und bei der Angst und Kopflosigkeit der Menschen wurde selbst diese Vorschrift nicht immer gehalten. Dazu der Blutgeruch der Verwundeten, kurz, es soll unerträglich gewesen sein. Dazu wurden die Lebensmittel so knapp, daß am letzten Tag die Flüchtigen schon nichts mehr zu essen bekamen.
Der Arzt hatte erklärt, wenn der verwundete Hauswirt nicht den Arm amputiert bekäme, würde er am Brand sterben, und im Winklerschen Hause, wo er unter einem Bett lag, sei es unmöglich, ihn zu behandeln. Da erbot sich der Kaimakam, ihn unter sicherem Geleit in die Moschee zu bringen, wo schon eine Anzahl geflüchteter Männer waren. Die waren einfach Muhammedaner geworden und schickten zu ihren Frauen, sie sollten es auch tun. Aber die Frauen wehrten sich und jede wollte lieber ihr Kind verschenken, als es mit in die Moschee nehmen. Der Kaimakam schickte also vier Saptiehs, die den Mann führten, aber gerade vor der Moschee wurden sie von der Horde angefallen, beiseite geschleudert, und der Mann erschlagen. Dann verlangte der Mufti, die Familie des Kaimakams dürfe nicht bei den Giaurs bleiben, und die Frauen, die sich wehrten und an den Balken anklammerten, wurden mit Gewalt wieder herausgeschleift. So ging es sechs Tage, da waren die Menschen so erschöpft, daß keiner mehr imstande war, sich zu verteidigen, und auch jeder die Hoffnung aufgegeben hatte.
Da erschien die Rettung. Ein Bahnagent in Adana hatte ca. dreißig Tscherkessen bewaffnet gemacht, und die hatten Esel und Pferde aufgebracht, gefangen, gekauft, gestohlen, und waren gekommen, die Leute zu retten. Unter deren Schutz sind die Menschen dann geflüchtet, ohne irgend etwas mit-

Abb. 11, 12

Abb. 13, 14

bb. 15

Abb. 11 Kaiserlicher Besuch
Abb. 12 Arbeiter am Landungssteg

Abb. 13 Milet. Der feierliche Anritt des Ehepaars Wiegand zum neuen Ausgrabungshaus von Milet-Akköi
Abb. 14 Milet. Zum festlichen Tage wurde die deutsche Fahne aufgezogen

Abb. 15 Milet. Das Ausgrabungsmagazin

Abb. 16 Milet. Thermen- und Wasserleitungsreste mit Festbesuchern
Abb. 17 Milet. Faustina-Thermen?

Abb. 18 Milet. Beginn der Ausgrabung
Abb. 19 Milet. Zur Eröffnung der Ausgrabung ein Ehrenposten vor dem Theater

Abb. 16, 17

Abb. 18, 19

Abb. 20   Milet. Das Theater, erst teilweise geräumt
Abb. 21   Milet. Das aufgeräumte Theater mit Mäanderschleife

Abb. 22   Das Markttor von Milet im Pergamon-Museum, Berlin

Abb. 23   Didyma. Eröffnung der Grabung des Apollontempels, 1906

Abb. 24   Didyma. Zugangstreppe zum Apollontempel

Abb. 20, 21

Abb. 22

Abb. 23

Abb. 24

Abb. 26 Palmyra. Der Mittelbogen des Tripylon von Westen. Blick auf die Nordwest-Ecke des großen Tempels

Abb. 25 Palmyra. Grabturm des Jamlishu

Abb. 28   Theodor Wiegand in El Arisch, 1916

Abb. 27   Palmyra. Blick in das Innere des Grabturms des Elahbel

Abb. 29 Damaskus. Das Tor Bab al Barid, in einem Jupitertempel des 2. Jh.n.Chr., 1917 auf Befehl Djemal Paschas freigelegt und restauriert

zunehmen, als was sie anhatten, und unter ihrem Schutz kamen auch noch 30 armenische Frauen und Kinder mit durch. Aber auf dem ganzen Weg war nichts zu essen, keine Unterkunft, und in dem ersten vollkommen zerstörten Ort Osmanieh *(Osmanye)*, in den sie abends kamen, lud sie der Kaimakam ein in sein Haus: »Nicht wahr, wir haben Euch ein schönes Schauspiel gegeben in den letzten Tagen.« Auf dem ganzen Weg alles zerstört, alles erschlagen, überall Leichen, in Adana kein Haus mehr da sozusagen, das einzige, was sie einmal unterwegs bekamen, war ein Brotfladen für das Kind. Die Bahnverbindung unterbrochen, bis ihnen Belart *(Schweizer Direktor der Bahn)* einen Extrazug schickte, und so sind sie flüchtend bis Smyrna *(richtig wohl Adana)* gekommen und von dort nach Eregli.

Winkler sagt, die amtlichen Zahlen seien viel zu niedrig, es zähle nach Tausenden. Überall seien noch kleine Räuberbanden gewesen, sodaß die Tscherkessen einen vollständigen Aufklärungsdienst einrichten mußten, und es ständig kleinere Kämpfe gegeben hat. Wie es jetzt aussieht, was von ihrem und dem Bahneigentum gerettet, was zerstört und gestohlen ist, was mit den Flüchtlingen in ihrem Haus geschehen ist, das alles wissen sie nicht und Winkler glaubt, daß noch auf Wochen hinaus ein Reisen in den Gegenden wegen dem Aasgeruch unmöglich sein wird.

Auch sonst erzählte er allerlei, glücklicherweise erfreulicheres. So kam in Konia am Tage der Revolution ein Telegramm an den Wali »Man soll der Gerechtigkeit des Volkes freien Lauf lassen.« Der Wali ging sofort zum Telegrafenbeamten und erklärte ihm, daß das Telegramm absolut geheim bleiben müsse, widrigenfalls er ihn als ersten erschießen würde. Trotzdem sickerte nach ein paar Tagen von Eskischehir die Nachricht durch, und die jungen Softas machten Miene, auch aufzuwiegeln. Da hat der Tschelebi sie streng verwarnt, denn »die Christen werden die Christen begraben, und dann werden wir erschlagen, und uns werden die Hunde begraben.«

Trotzdem blieb eine unruhige Stimmung unter den Hodjas. Da hat der Tschelebi dem Wali die vier Rädelsführer angegeben und der hat sie einige Tage in Ketten gelegt. Das half dann.

Tschelebi *ist die respektvolle Anrede für den Abt des berühmten Mevlana-Derwischklosters in Konya.*

Bagtsche *(Bahçe) liegt im nördlichen Ausläufer des Amanusgebirges, der auf alten Karten Giaur-Dagh, Berg der Ungläubigen, heißt. Dort ist der nördlichste Punkt der Eisenbahnlinie Adana–Aleppo. Die Entfernung von Adana beträgt 120 km.*

Vier Monate nach diesen Ereignissen wurde der zur jungtürkischen Spitzengruppe gehörende energische **Ahmed Djemal** *Oberpräsident der Provinz Adana. Er gibt in seinen 1922 erschienenen* »Erinnerungen eines türkischen

Staatsmannes« zu den Vorgängen folgende Erklärungen: Von den 550000 Bewohnern der Provinz seien 60000 Armenier gewesen, der Rest weit überwiegend Mohammedaner und Türken. In den kritischen Jahren 1894–1896 habe es hier keine Verfolgung der Armenier gegeben. Die Unruhe sei 1908 durch einen radikalen Armenierführer, einen jungen Geistlichen namens Muscheg, aufgekommen, der angesichts der Schwäche der türkischen Verwaltung nach dem Umsturz überaus anmaßend aufgetreten sei und dessen Gefolgsleute offen erklärt hätten, die Zeit der Befreiung vom türkischen Joch sei nicht mehr fern. Er habe eine – nach damaliger Rechtslage legale – Einfuhr von Waffen organisiert. Unglücklicherweise seien der Wali, der Divisionsgeneral und der betroffene Regierungspräsident (Mutessarif) überalterte, ängstliche und entschlußlose Männer gewesen. Auf die Nachricht von einer bewaffneten Aktion der Armenier, die nach der Überzeugung der Türken die Besetzung des Landes durch die Großmächte und die Schaffung eines armenischen Staates hätte auslösen sollen, habe dieser Telegramme in die türkischen Siedlungen geschickt, welche die Bewohner warnten, sie aufforderten, zu den Waffen zu greifen und in die gefährdeten Gebiete zu ziehen.
Im Laufe der folgenden Ereignisse seien in Adana 17000 Armenier und 1850 Türken umgekommen. Djemal selbst habe 47 Türken hinrichten lassen, darunter den bei der türkischen Bevölkerung sehr beliebten Mufti von Bagtsche, dem Schauplatz des Berichts. Der Agitator Muscheg sei auf einem ausländischen Schiff entkommen.
Es ist einfach, das Grausige historischer Katastrophen so darzustellen, daß den sensationsgefesselten Leser das Empfinden erfüllt, wie weit er selbst von solchem Tun und Geschehen entfernt sei. Darum soll der Historiker nicht nur sagen, wie es geschah, sondern auch deuten, wie es dazu kam.
Als im Russisch-Türkischen Kriege 1877/78 das russische Heer nach dem schließlichen Fall der bewunderungswürdig verteidigten offenen Stadt Plewna die östliche Balkanhalbinsel besetzte, bewirkten planmäßige Maßnahmen der Okkupanten eine panikartige Flucht der nur noch aus Frauen, Kindern und Greisen bestehenden, im heutigen Bulgarien und in Ostthrazien ansässigen türkischen Bevölkerung. Die Anzahl der Flüchtigen ist damals von urteilsfähigen Zeugen auf 500000 bis eine Million geschätzt worden. Die Zahl der bei der Besetzung, während der winterlichen Flucht bei 15 Grad Kälte und in den unversorgten Aufnahmelagern Umgekommenen gingen in die Hunderttausende. All das geschah im Zuge der Errichtung eines rußlandhörigen großbulgarischen Nationalstaates und nach amtlicher russischer Version durch Bulgaren. Doch war es nur ein Teil der sich seit 100 Jahren fortsetzenden unerbittlichen Verdrängung der Türken aus Europa. Die christlichen Mächte sind während dieses Prozesses stets nur für ihre Religionsgenossen eingetreten. Die Elendszüge der nach dauerhafter Wiederansiedlung suchenden Flüchtlinge, der Muhadjirs, gehörten zum ständigen Bilde Anatoliens. So war es nur

zu verständlich, daß das türkische Volk im abbröckelnden Osmanischen Reich immer klarer das kleinasiatische Rechteck bis zum Kaukasus als sein nationales Réduit empfand. Immer wieder hatte die Erfahrung gezeigt, daß die Selbständigkeitsbestrebungen der anderen Völker des Großreichs in einen Vernichtungskampf des Entweder-Oder einmündeten. Hielten die Minderheitsvölker der anatolischen Bastion, die Armenier und Kurden im Osten, die Griechen im Westen, nicht schon die Zündschnüre in Händen, um auch diese letzte Stellung eines stolzen Volkes zu sprengen? Und darf man von den hier beteiligten, aus langer Unbewußtheit erwachenden Völkern eine politische Weisheit und Selbstüberwindung erwarten, die das kulturbewußte Europa nach 1918 nirgends bewiesen hat?

Grabungserlaubnis für Samos
Th. W. an seine Frau

Köln, 22. 6. 1909
Was Dich freuen wird, ist ein Telegramm aus Samos, wonach ich auf zehn Jahre das Ausgrabungsrecht erhalten habe, und zwar für die ganze Insel, und mit dem Anspruch der Duplikate an Funden. Ich habe nichts briefliches noch, aber der Erfolg ist groß und gut. Zwölf Jahre habe ich arbeiten müssen, um dahin zu kommen. Es lebe die Zähigkeit! Es ist eines der angenehmsten Gefühle für einen willenskräftigen Mann, wenn er ein so lang und fest im Auge behaltenes Ziel erreicht. Aber wie kurz ist ein menschliches Leben und wie wenig kann man ganz durchführen, bis in alle Verzweigungen. Mit Milet ists einigermaßen gelungen, ob Samos das Bild der jonischen Kultur so herrlich erweitern wird, wie ich es hoffe, wage ich noch garnicht recht zu denken.

Samos: Die Samioten hatten am griechischen Freiheitskampf 1821–1829 unter ihrem örtlichen Führer Lykurgos Logothetis erfolgreich teilgenommen. Trotzdem kam Samos nicht zum neuen Königreich Griechenland, dem die rivalisierenden »Schutzmächte« England, Frankreich und Rußland keine zu eigenem politischem Gewicht ausreichende Größe zugestanden. Die Insel verblieb beim Osmanischen Reich, erhielt aber einen 1832 international verbürgten Sonderstatus parlamentarischer Selbstregierung unter einem vom Sultan einzusetzenden christlichen Statthalter mit dem Titel eines Fürsten von Samos. Dieser hatte zwischen dem griechischen Nationalismus und der türkischen Oberherrschaft einen schweren Stand. Die politischen Verhältnisse auf der Insel wurden noch dadurch erschwert, daß sich als Erbe römischer Zeiten der Grundbesitz in den Händen weniger Reicher befand, denen die Armen teils hörig waren, teils opponierten. Fürst von Samos war zu jener Zeit der 1907 eingesetzte Andreas Kopassis, der einer vornehmen griechischen Phanariotenfamilie kretischer Abkunft angehörte.

Th. W. an Kekule

Köln, 23. 4. 1909
Wie Sie sich erinnern werden, hatte Sarre 1895/96 die Absicht, Samos zu erforschen und am Heraion zu graben. Er zog sich dann infolge der Intrigen der Hellenizontes *(griechische Nationalistenpartei)* in Samos zurück und die Partei Sophulis behielt Oberwasser. Ich hatte zwei Jahre für Sarres Projekt gearbeitet, mich sowohl wie den braven *(deutschen Vizekonsul)* Stamatiadis kränkte die den Deutschen zugefügte Schlappe und wir behielten die Sache immer im Auge, obwohl Sophulis inzwischen sogar die archäologische Gesellschaft von Athen ins Land gerufen hatte. Inzwischen kam die große Umwälzung, die Partei Sophulis ist verbannt, er selbst zum Tode verurteilt und sitzt exiliert in Athen. Der jetzige Fürst Andreas Kopassis hat sich im Sattel behauptet, und da er mein persönlicher Freund und ein warmer Verehrer der deutschen Wissenschaft ist, so hat er das Projekt wieder angefaßt, aufleben lassen, und so bekam ich denn ein Telegramm, in welchem mir für 10 Jahre das alleinige Recht zu Grabungen am Heraion, dem heiligen Weg und in der Stadt Samos übertragen wird, unter gleichzeitiger amtlicher Zusprechung aller Duplikate der Funde. Ich habe natürlich zugegriffen und kann das um so unbedenklicher, als ich keine amtlichen Gelder zu dem Anfang der Untersuchung, den man bescheiden halten würde, benötige, weil mir von verschiedenen Seiten einige Privatmittel in Aussicht stehen.
Ich denke mir, Samos steckt voller archaischer Plastik. So werden wir ein immer umfassenderes und großartigeres Bild jonischer Kultur gewinnen. Sie ersehen aus dem Vorgang zugleich, daß wir Deutschen in der Türkei wieder ganz oben auf sind und durch die Umwälzung nur gewonnen haben.

Der Beginn der Grabung war durch eine private Spende von 20 000 Mark sichergestellt.

POLYKRATISCHES REGIMENT
Th. W. an seine Frau

Vathy/Samos, 28. 9. 1909
Am Freitag, 24. 9., war ich nachts 4 Uhr bei sternklarem Himmel mit Lyncker von Covella nach Samos abgesegelt und zwar mit dem neuen Segelboot des Mastro Georgios Horologas, das die deutsche Flagge führt. Von Tigani *(heute Pythagorion)* ritten wir auf zwei Schimmeln mit roten Satteldecken nach Vathy und wurden sofort vom Konsul Stamatiadis und dem Gymnasiarchen zum Fürsten Kopassis geleitet. Dieser höchst energische, kluge und uns wohlgesinnte Mann empfing uns auf das allerbeste und wir besprachen die Be-

dingungen der Ausgrabung bis ins einzelne. Er machte sich die nötigen Notizen, und gleich nachdem wir uns empfohlen hatten, berief er seine Buleuten (»Minister«), von denen aber der eine wegen Alters seine Demission eingereicht hat, der andere wegen Unterschlagung angeklagt ist, sodaß nur zwei dieser Herren in Aktion traten. Mit diesen wurde alles redigiert.
Heute, Dienstag, nun wollten wir den Staatsakt zeichnen, da sagten aber alle übereinstimmend, Dienstag gelte als Unglückstag, und nie habe man in Samos erlebt, daß an diesem Wochentag ein Abkommen unterschrieben worden sei. *(Der 29. Mai 1453, an dem Konstantinopel von den Türken unter Mehmed II. erstürmt wurde, war ein Dienstag.)* Da haben wir denn auch heute gefaulenzt und Seebäder genommen und Gegenbesuche empfangen vom Fürsten, den Buleuten, dem süßlichen Erzbischof. Der Fürst blieb eine Stunde bei der Zigarre, und ich brachte ihn darauf, uns die ganzen persönlichen Erlebnisse seiner Revolution zu erzählen, die ungemein interessant sind und mich mit großer Achtung vor dem persönlichen Mut des Mannes erfüllt haben.
Heute Abend fragte ich noch einmal nach der Redaktion unseres Abkommens, und wann ich den definitiven Akt zur Lektüre bekommen könnte. Die Antwort amüsierte mich sehr: Der Fürst lasse mir sagen, ich werde noch heute die Papiere bekommen. Er habe zu diesem Zweck zwei Kanzleibeamte bei sich im Palais und habe sie in einem Zimmer eingesperrt und den Schlüssel abgezogen, sie könnten nicht eher fort, als bis die Arbeit fertig sei.
Was bei der Sache sehr wichtig ist und was der Fürst mir als besondere Gunst zuwandte, ist folgendes: Das Abkommen ist nicht eine einseitige Verfügung des samischen Staates, sondern ein Kontrakt zwischen dem Staat und mir. Der Staat kann dann später, bei anderen politischen Zuständen, nicht einseitig Veränderungen vornehmen, sondern er muß sich dazu mit mir ins Einvernehmen setzen. Der Fürst ersuchte mich, diese Einrichtung vor den Samioten geheim zu halten, da seine Minister sich die Bedeutung nicht klar gemacht hätten. Morgen wird also unterschrieben.
Der Fürst, ein Mann von kraftvoller, gedrungener Gestalt und den Augen eines Stiers, führt ein höchst festes Regiment, wie Du siehst, und mir gefällt das sehr gut.

Milet, 11. 10. 1909
Ich muß Dir doch die samischen Erlebnisse bis zuende erzählen. Also endlich, nach dem tatenlosen Dienstag, sollte Mittwoch, den 29. September, der Vertrag unterzeichnet werden, und zwar morgens um 8 Uhr. Um 9 Uhr ließ sich aber noch niemand blicken, auch um 10 Uhr nicht. Da alarmierte ich unseren Konsul, er solle ins Palais gehen und fragen, warum nichts erfolge. Nach einer Stunde kam er wieder und sagte: le prince est furieux. Warum? Die Schreiber hätten den Vertrag schon zum dritten Mal falsch kopiert, jetzt habe der Fürst sie unter Klausur und diktiere selber.

Endlich gegen Mittag wurde ich zum Fürsten befohlen. Die Senatoren waren anwesend, alle im Gehrock, nur ich im gelben Reitanzug mit Strohhut, denn unsere Koffer waren schon gepackt. Der älteste Senator las nun den Kontrakt vor, dann unterzeichneten vor den Augen des Fürsten die Senatoren und ich zwei Exemplare, das eine wanderte ins Archiv, das andere überreichte mir der Fürst mit einer sehr netten und gebildeten Ansprache über die historische Vergangenheit der Insel, worauf ich erwiderte, wenn es nach meinen Wünschen und Hoffnungen gehe, so bedeute dieser Moment eine neue Epoche für die Aufklärung der großen Vergangenheit der Insel, deren jetzigen Bewohnern ich von Herzen alles Gute wünsche. Wir schieden sehr feierlich und doch recht freundschaftlich, beim Fortgehen schenkte mir der Fürst sein Bild mit Unterschrift und ein Bild der Fürstin »pour Madame Wiegand«, das ich Dir senden werde und wofür Du Dich bei ihr, einer Österreicherin, auf Deutsch bedanken mußt.

Eine griechische Hochzeit
Th. W. an seine Frau

Milet, 13. 11. 1909

Gestern kam jemand vom Dorf und kündigte uns den Beginn der Hochzeit des Dimitri Darakas an. Wir gingen früh schon hin und sahen gleich den ganzen Beginn der Zeremonien. Diese beginnen nämlich mit der Toilette des Bräutigams in dessen Haus, und der Schmückung der Braut in deren Haus. Das ist ganz antik und auch das Brautbad ist noch üblich. Bei Dimitri begann die Sache mit Rasieren und Haarschneiden. Ehe aber der Bräutigam unter das Schermesser kam, wurde ein Junge von 12 Jahren etwa geschoren. Der Gebrauch verlangt, daß es ein Junge sein muß, dessen beide Eltern noch leben. Und hier konnte man denn so recht die Zähigkeit der alten griechischen Tradition bewundern: es ist der Pais amphidalys, der bei der altgriechischen Hochzeit dem Bräutigam mit kleinen Diensten zur Seite stand. Der Barbier wurde bezahlt, indem jeder der Anwesenden einen Silberpiaster in die Seifenschüssel warf, während sie beim Einseifen gebraucht wurde.

Wir gingen dann mit dem Bräutigam im Zuge durchs Dorf in das Haus der Braut, wo sie, umgeben von Frauen, uns erwartete. Jedem der Gäste erwies sie sowohl, wie der Bräutigam, die Ehre durch Fußfall, Berührung der Erde mit der Stirn und nach dem Erheben Handkuß — die uralte Proskynesis. Dann gings unter Musikbegleitung und Schießen zur Kirche, die gefüllt war mit Frauen, Männern und lärmenden Kindern. Die Priester nahmen die Zeremonien vor, der Kumbaros, etwa der Traupate, steckte die Ringe an und krönte die beiden mit Hochzeitskronen. Man gab ihnen Wein zu trinken, auch dem Kumbaros — eine symbolische Erinnerung an die Hochzeit von

Kana —, und gab ihnen eine süße Speise aus Mandelkernen mit Honig. Dann gaben sich die Geistlichen, das Brautpaar und die Brautführer die Hände und gingen singend rings um den Altar, während der Kumbaros die Kronen über das Paar hielt. Während dieses dreimaligen Umzuges erhält der Kumbaros von den Umstehenden, an denen er vorbeigeht, kräftige Püffe und Knuffe, aber nur wenn er unverheiratet ist, damit er aufmerksam gemacht wird, es dem Paar nachzutun. Dann stellt sich das Paar wieder vor den Altar. Vor ihnen, zugewandt, steht links der eine der Geistlichen mit erhobenem Evangelium, rechts der andere mit der süßen Speise auf einem großen Teller. Und nun kommen erst die Männer, verneigen sich vor dem Brautpaar, küssen den Bräutigam auf die Stirn, berühren mit der Hand die Stirn der Braut und führen die Hand dann zum Mund. Dann reichen sie zwischen dem Brautpaar, über dessen Köpfe weg, nach hinten ein Geschenk: Pfanne, Kasserolle, Flasche, Hausgerät aller Art, das der Kumbaros im Empfang nimmt. Hierauf küßt der Geber das Evangelium, geht zum anderen Geistlichen, der ihm einen Löffel voll süßer Speise gibt und wofür er einen Piaster oder weniger auf den Teller legt. In gleicher Weise folgen die Frauen den Männern, jedoch küssen sie die Braut und berühren nur den Bräutigam in oben beschriebener Art. Die Frauen schenken namentlich Wäsche, Stoff, Stickerei.

Nun geht der Zug von der Kirche zum Haus des Bräutigams, auch die Geistlichen gehen mit, um der Mutter des Bräutigams, die nach dem Brauch zuhause bleibt und nicht zur Kirche kommt, den Segen und die süße Speise zu spenden. Dann beginnt die Musik, Tanz, Essen und Trinken. Man geht zur Braut, schenkt ihr einen Medjid in die Hand, spricht dabei Na sysete kai stereomenoi *(Daß Ihr lebet und fest auf dem Boden steht)* und empfiehlt sich. Nach der Hochzeit, während welcher die Herren mehrere Gläser Mastix und Wein bekommen hatten, entwickelte sich bei uns zuhause nach Tisch beim Bier eine Art Commers unter Cellobegleitung von Pernice. Auch der Commissär war dabei, Lyncker und ein fremder junger Archäologe, der sein blaues Wunder an dem lustigen Ton sah. Knackfuß hättest Du nicht wiedererkannt, er hatte heimlich alle Schlafzimmer abgeschlossen, damit keiner ins Bett gehen konnte! Dafür wurde er an allen Vieren emporgehoben, auf den Tisch gelegt und versohlt. Gegen ein Uhr nachts entwickelte sich, während ich fortgesetzt Tränen lachte, eine solenne oberbayerische Keilerei zwischen Knackfuß und Lyncker einerseits, Krischen und Pernice andererseits, die so urkomisch war und wobei die auf dem Boden ringenden Paare so durcheinander purzelten, daß es unbeschreiblich ist. Ich kann nur sagen: um ein Uhr nachts fiel die große Standuhr, die Stiftung von Wilamowitz, um, ich konnte sie gerade noch auffangen. Um halbzwei Uhr brachte ich die Gesellschaft endlich zum Schlafengehen. Krischen erklärte strahlend: So, das langt mal wieder für zwei Monate. Bei meinen Schiedsrichterbemühungen wurde mir ein großer Teil der Haut des Unterarms abgeschunden und die

Nase sanft eingedrückt, es war furchtbar komisch. Gerkan kam im Nachthemd wieder herauf und zog Pernice, der beinahe gesiegt hätte, ein Bein weg, worauf Pernice rief: »Mir kommt's so vor, als wäre da noch einer?« Ich stand morgens schon um halbsieben Uhr auf, die Leute schliefen noch, das Zimmer war noch unaufgeräumt, es sah aus wie das Schlachtfeld von Waterloo. Ich las drei Hemdknöpfchen, eine Manschette auf, ferner einen durchgerissenen Schlips, der Lyncker gehörte, und ein Paar Hosenträger von Pernice. Als ich an Pernices Fenster vorbei kam, guckte er heraus und sagte: »Du Wiegand, in welcher Richtung liegt denn eigentlich Milet?« So verlief die Hochzeit des Darakas.

BRAND DES PARLAMENTS-PALASTES
Frau Wiegand an ihre Mutter

Arnautköi, 25. 1. 1910
Der Südsturm, der Tschiragan verbrannt hat, bläst immer weiter. Von dem schlechten Eindruck, den der Brand auf die einfachen Türken gemacht hat, macht man sich draußen kaum einen Begriff. Die Leute sind ja so maßlos abergläubisch, und als damals noch unter dem alten Regime der Konak von Izzet Pascha brannte, bedeutete es für Alle schlimme bevorstehende Dinge, und die Revolution schien ihnen dadurch prophezeit zu sein. Jetzt brennt der schönste moderne Palast, den die Türken haben, in einer Stunde bis auf die Grundmauern nieder, ohne daß man auch nur den 20. Teil der kostbaren Möbel retten konnte, und die Leute sagen, der Südsturm, der die Löscharbeiten erschwert habe, sei der Fluch Abdul Hamids gegen die neue Türkei. Wenn man dazu an die wachsende Mißstimmung gegen die widerwärtige Komitéherrschaft denkt, so mag es wohl sein gut Teil dazu beitragen, die Gegenrevolution, die man allgemein hier erwartet, zu beschleunigen.
Ein Jammer ist es um den Palast, und nachdem das Kind in den Brunnen gefallen ist, erklären es natürlich alle für eine Unverschämtheit des Parlamentspräsidenten Achmed Riza, sich einen solchen Palast überhaupt geben zu lassen. Die Abgeordneten sollen überhaupt darin gehaust haben, und die 150 Diener werden die Schweinerei mit Mangal (*offenes Holzkohlenbecken*) und Kaffeekochen wohl voll gemacht haben. Jetzt sieht es trostlos aus, rauchgeschwärzt und die feinen Marmorverzierungen auch außen verbrannt und abgesprungen, die Balkons mit ein paar alten Brettern gestützt. Dazu heißt es in den Zeitungen, das Parlament habe beschlossen, den Palast wieder aufzubauen! In den ersten Tagen sah man auf den Schiffen, die vorbeifuhren, manchen Türken mit feuchten Augen sich wegwenden, ganz Fremde, besonders Offiziere, gaben sich stumm die Hand und weinten, kurz, es ist ein nationales Unglück, wie eine verlorene Provinz.

Daneben schreitet die Verschönerung des neuen Sultans rüstig fort. Er hat eine neue Leibfarbe. Abdul Hamid ließ alles ockergelb tünchen. Das ist natürlich nicht mehr möglich für die neue Türkei, und so wird alles schön rosa, die Kasernen, die hohen Mauern von Dolma Bagtsche und jetzt glücklich der Palast von Dolma Bagtsche auch. Es sieht aus zum heulen.

Der Tschiragan-Palast (Çiragan-Sarayi) wurde 1874 von Sultan Abdul Asis mit einer fast kilometerlangen Wasserfront am Bosporus in türkischem Renaissancestil erbaut, verschwenderisch ausgestattet und 1875 mit einem Staatsbankerott bezahlt, der dem Sultan Thron und Leben kostete.
Nach der jungtürkischen Revolution tagte dort das Parlament.

MUSEUMSKRIEG IN BERLIN
An Schrader

Konstantinopel, 29. 3. 1910
Ich kann Dir auch von Berlin einiges »skandalöse« berichten. Heimlich hat Bode mit Hoffmann die Entscheidung über das Pergamonmuseum so getroffen und sich durch S. M. bestätigen lassen, daß unser Markttor ins Freie (»an die Luft«) gesetzt wird, zwischen Nationalgalerie und Neues Museum, wo es zwar verblüffend echt »wirkt«, aber die Werkstücke sicherem Untergang entgegengehen. Und mit größter Mühe hat Winnefeld gerade noch erreicht, daß der Altarsaal 30 m tief wird. Hoffmann wollte die Frieslängen knicken! Ich habe feste protestiert, jede Verantwortung abgelehnt.

Das Pergamonmuseum: Der in Berlin zur endgültigen Aufnahme des Altarfrieses von Pergamon geplante Museumsneubau sollte außer diesem auch die neu gewonnenen antiken Objekte aus Baalbek und Südionien aufnehmen, darüber hinaus aber auch für die großen vorderasiatischen Funde (Babylon u. a.), die angewachsene ägyptische Abteilung und das zur Entlastung des Kaiser-Friedrich-Museums vorgesehene Deutsche Museum Raum schaffen. Wiegand verfolgte das Ziel, ein Architekturmuseum entstehen zu lassen, das dem Betrachter die Wirkung originaler antiker Bauten vermitteln sollte. Nächst dem Pergamonaltar war das größte der dafür vorgesehenen Schaustücke das Markttor von Milet, dessen Aufstellung 1906 genehmigt worden war. Der mit dem Bau beauftragte Architekt Alfred Messel legte einen genialen Entwurf vor, der davon absah, den großen Altar körperlich in einen riesigen Saal zu stellen, weil der Betrachter ihn dann nur auf allzu schmalen Umgangskorridoren umschreiten würde. Er beschränkte sich vielmehr darauf, nur die Treppenfront zu zeigen und den Altarfries in seinen originalen Seitenlängen an den Saalwänden anzubringen. Dadurch ergab sich auch der erwünschte Abstand für die Anschauung. Zwei Nebensäle sollten griechische

und römische Architektur aufnehmen und Flügelbauten der Vorderasiatischen Sammlung und dem Deutschen Museum bestimmt sein. Im römischen Saal war das Milettor als Durchgang vorgesehen, mit einem Abstand zum Betrachter, der dem Blickwinkel eines antiken Theaterbesuchers zur Bühnenfront entspricht, welcher das Tor ähnelt.
Messel starb 1909, ehe der Bau begonnen war. Von da an gab es unentwegt Auseinandersetzungen mit seinem Nachfolger Ludwig Hoffmann und dem Preußischen Kultusministerium um Änderungen des Messelschen Entwurfs, die sich vielfach um die Aufstellung oder Nichtaufstellung des Markttors drehten, aber auch den Gedanken des Architekturmuseums überhaupt in Frage stellen wollten. Die Knappheit der Mittel nach dem verlorenen Kriege in der Ära der Reparationen, Wünsche nach Priorität einzelner Abteilungen, solche der Architekten nach Vorrangigkeit der baulichen Ausschmückung mit Vorhalle und Quadrigen auf dem Dache schufen ununterbrochen neue Schwierigkeiten, gegen die Wiegand in einem fast zwanzigjährigen aufreibenden »Museumskrieg« kämpfte. Erst 1927 fiel die Entscheidung, und 1930 wurde der Pergamonbau zum 100jährigen Jubiläum der Berliner Museen so eröffnet, wie Messel ihn entworfen hatte.
Wiegand »ging aus diesem Museumsstreit als Sieger hervor, wobei es ihm gelungen war, ein Museum zu schaffen und einzurichten, das in völlig neuartiger und einmaliger Form und Ausstellungstechnik die Kunstwerke der Antike — vornehmlich die Schöpfungen griechischer und römischer Baukunst — zur Anschauung brachte. Ein großes organisatorisches Talent sowie Gewandtheit und Diplomatie im Umgang mit Kollegen, vorgesetzten Dienststellen und einflußreichen Persönlichkeiten des öffentlichen und privaten Lebens befähigten Wiegand zu einem in jeder Weise glücklichen Wirken an den Berliner Museen, deren Ansehen er durch den einzigartigen großangelegten Ausbau der Antikenabteilung zu Weltruhm emporhob.« (Elisabeth Rohde, Griechische und römische Kunst in den Staatlichen Museen zu Berlin. 1968.)

Fahrt nach Nysa und Aphrodisias
Th. W. an seine Frau

Didyma, 29. 4. 1910
Wir fuhren nach Nazli (heute: Nazilli), wo uns der brave Chalidis mit offenen Armen empfing. Wir deponierten unsere Sachen, fuhren gleich zur Station Sultan-hissar, dort empfing uns der Stationschef Dimitriadis und begleitete uns die Bergschlucht hinauf nach Nysa. Die Gegend ist wohl die reichste und schönste im ganzen westlichen Kleinasien. Rauschende Bergwasser, uralte Bäume, üppige Vegetation überall, wundervolles Konzert der Nachtigallen.

Nysa liegt hoch und ist die kühnste Schöpfung römischer Ingenieurkunst, die sich denken läßt. Denke Dir die wild eingerissene Schlucht eines Bergflusses. In diese hinein hatten die Leute mit gewaltigen Gewölben und Pfeilern ihr Amphitheater so gebaut, daß das Wasser darunter wegrauschte. Ähnliches kennt man von Pergamon, und in Kyzikos hast Du es selbst gesehen. Aber das ist alles zahm gegen diese erstaunlichen Tiefen und steilen Wände der Nysa-Schlucht. Wir gingen weiter nach oben; da stand das große Theater, aber die Zeit hatte es in den schönsten Olivenhain verwandelt. Zwischen den marmornen Sitzstufen, die bis hoch hinauf aus dem Grün schauen, drängen sich die silbrigen Stämme der Bäume und Bäumchen, in deren reichem Geäst der Wind brauste. Hier hätte man gerne neben der zerfallenen Bühne gesessen. Aber noch ein überraschenderer Anblick sollte kommen: auf der Ostseite des Theaters fließt der erwähnte Bergstrom vorbei. Man wundert sich, wo denn die tiefe Schlucht geblieben ist, und Dein Erstaunen ist ungeheuer, wenn Du hinabgeführt wirst und nun siehst, wie ein großes Gewölbe sie heute noch überspannt und wie sich die Schlucht in finstere Tiefen gegen die Berge verliert, ohne daß Du ein Ende bemerkst. Dazu das tiefe Rauschen und Brausen des stürzenden Wassers, das in großen Akkorden die erregte Vorstellungskraft erhöht und zur Empfänglichkeit für das Erhabene beiträgt.
So ist die Stadt schon zu Augustus' Zeiten von Strabo beschrieben worden und so findet man ihre wesentlichen Züge wieder: zwei Stadtteile durch solche Kunst verbunden, auf der östlichen Seite Rathaus und Markt deutlich sichtbar an langen Säulenfluchten und runden Sitzreihen, auf der westlichen Gymnasium, Bäder, vielleicht eine Bibliothek und vieles andere, was ernstlicher Untersuchung bedarf. Denn daß Diests Arbeit nur eine kleine Vorstudie ist und nicht ernst ins Ganze gegangen ist, wird hier klar. Ganz merkwürdig ist die Nekropolis. Etwa 1½ Stunden westlich nämlich liegt einer der im Altertum mehrfach vorkommenden Eingänge in die Unterwelt mit einem Plutonion. Dahin führt die große Straße, die von großen Grabbauten ganz begleitet ist. Die Toten gingen ihren letzten Weg hier tatsächlich »zum Hades«. Und die Grabbauten sind fast alle von ein und demselben großen Arcosolientyp, oben große gewölbte Kammer, unten Gräberzimmer wie in einem Keller. Die gemörtelten Gewölbe haben alle Zeit und alle Erdbeben ausgehalten. Sie sind in vielen Exemplaren aneinandergereiht, stehen bald links, bald rechts von der alten Straße, und der heutige Weg folgt ihnen.
Abends waren wir wieder bei Chalidis, besahen die von der Bande des Tschakidji niedergebrannte Fabrik, und man gab uns ein großes Festessen nebst Betten mit sehr wenig Wanzen.

Nysa: *Der Mittellauf des Mäander folgt über 120 km einem ost-westlich gerichteten breiten Tal, das mit der Oberrheinischen Tiefebene verglichen werden kann. Nicht der Fluß hat diesen »Mäandergraben« geschaffen, er ist* vielmehr eine tektonisch entstandene Erdspalte. Nördlich begrenzt ihn, 1300 bis 1600 m hoch, das Aidingebirge. Zwischen dessen Urgestein und dem Mäandergraben haben Erdkräfte eine 100 bis 200 m hohe Terrasse gegen den Gebirgshang emporgeschoben. Von den dem Flußlauf zustrebenden Abwässern des Gebirges ist diese Erdschwelle zu zahllosen Kegeln, Tafelbergen, Keilen und Kuppen zersägt worden, für altgriechische Stadtgründer ein überreiches Angebot an schwer angreifbaren und leicht zu befestigenden Höhenstellungen. So gründeten der Überlieferung nach drei spartanische Lokatoren im Bereich des späteren Nysa drei selbständige Städte, die Jahrhunderte später vereinigt wurden. Kommunalpolitische Eifersucht ist innerhalb solcher Eingemeindungsstädte sehr zählebig. Der Magistrat der in der römischen Kaiserzeit blühenden Stadt Nysa hatte daher den großartigen Einfall, die wichtigen kommunalen Repräsentationsbauten, Theater und Stadion in die ehemalige Grenzschlucht über den diese durchfließenden Bergbach zu setzen, so daß kein Stadtteil sich durch diese Standortwahl beeinträchtigt fühlen konnte.

Der Flußtunnel von Nysa, über dem sich der künstlich geschaffene Theatervorplatz befindet, ist 115 m lang, 9 m breit und 10 m hoch. Zur Entlastung der Gewölbedecke wurde darüber noch ein zweites Gewölbe aufgesetzt. Die Sitzreihen des Theaters sind heute zwischen den stehengebliebenen Ölbäumen freigelegt. Der romantische Reiz des Platzes mit seinem Fernblick durch die Schlucht in das Mäandertal ist unverändert.

Nysa ist auf Wiegands Veranlassung 1917 bis 1919 von Oberst Walter von Diest gründlich untersucht und topographisch aufgenommen worden.

Am folgenden Morgen fuhren wir mit dem Frühzug nach Kujudjak *[heute: Kuyucak]*, dort hatte uns der Sektionsinspektor Schulz, ein biederer deutscher Ingenieur und Kriegsveteran von 1870, Pferde besorgt, mit denen wir nun in sechs Stunden nach Karassu *(heute: Karacasu, 29 km südöstlich Kuyucak)* ritten. Ein bequemer Weg in einem weiten, von Bergen begleiteten Hügeltal, in dessen Umgebung noch viel Waldbäume stehen. Karassu, das übliche Türkenstädtchen mit Kaimakam, einem alten Fuchs, und Militärdepot, türkischem Markt und griechischen Wucherbakals sowie einem schwindsüchtigen Schullehrer.

Am folgenden Morgen sollten wir nach Aphrodisias reisen. Es goß aber in Strömen. Kein Mensch bemitleidete uns, alle Leute jubelten, denn es war der entscheidende Regen für gute Ernte. Abends sahen wir die Berge voll Schnee und es goß immer noch. Aber am Morgen war der wundervollste Frühlingstag, blau und klar, angebrochen. Zwei Stunden später waren wir in Aphrodisias. Wir ritten durch das Tor, das mit einer großen Inschrift des Kaisers Constantius den Fremden begrüßt, und das mit allerlei interessanten Skulp-

turen der alten Stadt dekoriert ist. Dieser Gürtel ist ringsum verfolgbar, er läuft durch die Ebene, er steigt auf den Rand des Stadions, das längliche Eiform hat, wie Laodicea, er umfaßt die niedrige Akropole. Und kaum hat man diese Mauer mit ihren unzähligen antiken Werkstücken, mit ihren Massen verbauter Inschriften passiert, da erblickt man auch die dicht gedrängten Säulen des jonischen Tempels. Dort stiegen wir ab. Der Bau ist sicher römisch, Inschriften auf den Säulen beweisen es. Aber das Kapitell wirkt mit erfreulicher Kraft wie ein rassereiner Nachkomme des Phigaliakapitells. Im übrigen ist der Befund stark gestört durch die eingebaute große Kirche. Aber es ist eine der ältesten und interessantesten Kirchen, die es gibt, und ich neige zu der Meinung, daß sie gleichzeitig mit der Mauer des Constantius ist und die größte Aufmerksamkeit verdient.
Gaudin hat hier nicht gegraben, sondern gewühlt. Es muß alles noch einmal gemacht werden. Dort, wo der Tempeleingang war, ist jetzt die Apsis, dahinter lag ein prachtvoller Torbau in der Art des milesischen Markttores, aber noch reicher. Dann kam eine Fläche, die sicher ein großer Innenhof war, und dann ein Rest von Propyläen mit gedrehten Säulen und korinthischen Kapitellen, glänzend in der Wirkung. Auch hier ist keine ganze Arbeit getan. Feine Museumsstücke liegen herum. Der Wächter ist vor drei Jahren gestorben und nicht ersetzt. Seitdem haben sich zwei Steinmetzen etabliert, die türkische Grabsteine fabrizieren. Die Spuren dieser Leute fanden wir im Gymnasium, aus dem die herrlichen Konsolen stammen, und das noch eine Fülle der edelsten römischen Architektur enthält, wir fanden sie am Tempel, an der Stadtmauer, am Stadion, kurz, überall. Ich habe noch nie solche Betrübnis empfunden über den Untergang, als hier, telegraphierte sofort an Halil Bey, ritt abends noch zum Kaimakam nach Karassu, nachdem ich den Ortsbürgermeister vorher verantwortlich gemacht hatte. Aber was hilft das alles? Wenn es so weiter geht, wird die Säulenflucht des Marktplatzes, der jetzt ein großer Sumpf ist, in dem die Frösche quaken und die Störche wandern, verschwinden. Das Buleuterion habe ich mühsam noch entdeckt. Der ganze Ort ist wie ein Märchen aus dem Orient in seiner unverfälschten Form.
Wenn man dann, wie ich, einen Tag später nach Priene kommt, dort die knappen Linien des Hellenismus mit dem üppigen Rankenwerk der Kaiserzeit vergleicht, dann hat man Geschichte und kunstgeschichtliche Kontraste, deren Bedeutung man nie wieder vergißt.

Auf der Stätte von Aphrodisias liegt 13 km von Karacasu das Dorf Geyre. Aphrodisias blühte während des römischen Kaiserreichs. Sein Tempel einer orientalischen Aphrodite war Mittelpunkt regen kultischen, medizinischen und gesellschaftlichen Lebens. In Aphrodisias sind seitdem von französischen, italienischen und in neuerer Zeit türkischen Archäologen umfangreiche Grabungen ausgeführt worden, die weitläufige Thermen, Wohnpaläste, ein her-

vorragend erhaltenes Odeion freigelegt und den Ort des Theaters festgestellt haben. Überaus eindrucksvoll wirkt das 270 m lange Stadion. Das Dorf Geyre mit antiken Sarkophagen als Viehtränken und römischer Marmorbank unter der alten Platane des Dorfplatzes besitzt noch den gleichen altorientalischen Charme, den Wiegand empfunden hat.

Wiegands Kampf für Denkmalschutz
Th. W. an seine Frau

Didyma, 23. 5. 1910
Deine Nachricht, daß das Tekfurserail nun gerettet wird, ist mir wie holde Musik in den Ohren geklungen und ich bin ganz stolz, daß das ewige Drängeln doch ein bißchen geholfen hat. Meinen Artikel gegen die Zerstörung des Mewlewikapussi-Tores wirst Du im Osmanischen Lloyd gelesen haben. Ich bin nun sehr neugierig, was Halil mir über meinen Entwurf zum türkischen Denkmalschutzgesetz schreiben wird. In Aphrodisias ist auf mein Drängen wieder ein Wächter eingesetzt worden, es war höchste Zeit.

Wiegand führte einen ständigen Kampf gegen die Zerstörung historischer Baudenkmäler in der Türkei durch Unverstand, Gleichgültigkeit und Profitstreben. Die Zerstörung Magnesias, die sich über mehr als 10 Jahre hinzog, hat er kaum verhindern können. Side, Tarsos, Laodikeia, Alabanda und Tralles waren Orte, in denen er die türkischen Behörden zum Einschreiten gegen geschäftstüchtige Kalkbrenner und Bauunternehmer veranlaßt hat. Die große seldschukische Moschee in Ephesos hat er von der Reklame einer ausländischen Firma befreit, die von Milet restauriert. Er hat sich für die Erhaltung der gewaltigen byzantinischen Stadtmauer Konstantinopels und ihrer Tore gegen falsch verstandenen Fortschrittsglauben eingesetzt und dazu beigetragen, daß der Palast des Konstantin Porphyrogenetos aus dem 12. Jahrhundert, das Tekfurserail, erhalten blieb. In Pergamon hat er für den Schutz der Roten Basilika sorgen, den späten Abriß einer schönen seldschukischen Moschee aber nicht mehr verhindern können.
Die Alttürken standen antiken Baudenkmälern gleichgültig gegenüber, der Eifer der Reformer war oft geneigt, die eigene Vergangenheit zugunsten äußerlicher westlicher Errungenschaften zu mißachten. Bedenkt man, daß der Generaldirektor der Altertümer Hamdi Bey bis 1908 Reiseverbot hatte, so kann man ermessen, welche Bedeutung dieser Tätigkeit eines angesehenen Ausländers für den Denkmalschutz zukam. Als Hamdi 1910 starb und sein Bruder Halil dessen Posten übernahm, ließ er sich von Wiegand den Entwurf eines türkischen Denkmalschutzgesetzes unterbreiten, das 1911 in Kraft treten sollte, als für die Türkei ein Jahrzehnt militärischer und politischer Verwicklungen begann.

Ein grundlegender Wandel ist erst unter der Führung Kemal Atatürks eingetreten, der die archäologische Erforschung des türkischen Vaterlandes zu einem der Programmpunkte seines Reformwerks gemacht und mit großer Tatkraft gefördert hat. Der Reichtum des Landes an eindrucksvollen Baudenkmälern aus vier Jahrtausenden ist ein wesentlicher Faktor für die Entwicklung der Türkei zum Reiseland geworden.

ZUSTÄNDE AUF SAMOS
Th. W. an seine Frau

Didyma, 30. Mai 1910

Am Sonnabend kam ich in Vathy/Samos an und wurde vom Konsulat mit wehender Flagge abgeholt. Der Adjutant des Fürsten kam aufs Schiff und brachte mir die fürstlich polykratischen Grüße. Es gab dann den Morgentee bei dem braven Stamatiadis und seiner zahlreich versammelten Familie und um 9 Uhr war die Audienz, zu welcher ich ein Bändchen des Kronenordens ins Knopfloch stecken mußte und den roten Saffianlederkasten für den Fürsten unter den Arm nahm (Großkordon des Roten Adlerordens). Im Palais feierliches Präsentieren der Wachen, feierliches Emporgeleiten zum oberen Salon. Der Fürst Kopassis empfing uns im Großkordon des Osmanie-Ordens mit Brillianten, ich übergab den Saffiankasten dem Konsul und dieser übergab ihn dem Fürsten mit einer sehr würdigen und feinen Ansprache, worauf auch ich den Wert betonte, den der Kaiser auf das wissenschaftliche Interesse des Fürsten für unsere Arbeit lege. Erneute Versicherung, daß er unseren Arbeiten jeden appui légal zuteil werden lassen wolle — und da rauschte in grauer Seide die Fürstin herein, die sehr nett und vergnüglich war, zugleich kam ein Diener mit Sekt, das erste Glas dem Kaiser, das zweite der deutschen Wissenschaft, das dritte dem Fürsten von Samos. Wir plauderten sehr nett eine Stunde, da mußte ich auch viel von Dir erzählen und von unserem Haus in Arnautköi, das sie gut kannten, weil alle diese vornehmen Griechenfamilien sich gut kennen, so auch unsere Vorgänger im Hause.
Nachdem ich mich zurückgezogen hatte, ging ich ins Hotel Hygmonia Samou, wo ich mich in andere Kleider steckte. Von dem ungewohnten Morgensekt rumorte es gewaltig in meinen Niederlanden und ich eilte zur stillen Klause. Als ich mich etabliert hatte, bemerkte ich, daß natürlich keine alten Zeitungen da waren. Aber da kam etwas sehr komisches. Ich hörte einen schlurfenden Pantoffelschritt, der immer näher kam. An der Tür zunächst Stille. Dann hörte ich, wie ein Stuhl herangerückt wurde und nun bemerkte ich über der Tür hoch oben eine offene Luke. Kaum hatte ich das gesehen, so flog mir auch schon eine zusammengeballte Zeitung an den Kopf und ich war gerettet. Du siehst also, Samos entwickelt sich, **auch die Flöhe**, denn als ich ¼ Stunde auf

dem Bett gelegen hatte, hatte ich 15 gefangen. Aber nachts tat mir der neue Schlafsack großartige Dienste.
Mittags war großes Essen beim Konsul, nachmittags ging ich in den Neubau des Museums, zu dem wir ja den Plan gemacht hatten, zu inspizieren. Da zeigte sich denn, daß sie jedes Fenster einen halben Meter zu schmal gemacht hatten. Das kam so: Zuerst hatten sie die eisernen Gitter machen lassen, die waren nach Landessitte 1 m breit. Und nun wurden die Fenster, die eigentlich 1½ m breit sein sollten, um die eisernen Gitter herumgebaut!
Nach diesen wahrhaft erhebenden Eindrücken ging ich wieder ins Hotel zur fröhlichen Flohhatz, als ein Chorophylax *(Landgendarm)* kam und mir den Besuch des Fürsten ankündigte, worauf ich den »Salon« (des Hotels) herrichten ließ, Zigaretten und Kaffee bestellte und den Fürsten an der Treppe empfing. Er erzählte wieder einmal recht amüsant, wie man im Januar versucht habe, Unruhe im Lande zu erregen (in Marathokampo hatten einige Pallikaren den Gendarmeriechef und den Polizeichef verprügelt). Die Leute hatten geglaubt, er, der Fürst, dürfe sich nicht der türkischen Truppen und des türkischen kleinen Kreuzers im Hafen für außerhalb Vathy liegende Orte bedienen. Sofort habe er ca. 120 Mann auf den Kreuzer gepackt und sei nach Marathokampo abgedampft, dann habe er erst dreißig gelandet, dann sei er selber heraus, und schon sei ihm eine Deputation entgegengekommen. Die Ruhe sei alsbald wieder da gewesen und nun habe er in aller Offenheit in der Kirche zu den Leuten geredet. Da habe sich denn herausgestellt, daß die ganze Sache von zwölf Kerlen angezettelt gewesen sei, und daß diese auf einem Berg nahe dem Meer sich verborgen hielten und Amnestie verlangten. Diesen Leuten habe der Fürst eine Frist von drei Tagen gestellt, sich zu ergeben, und falls dies nicht geschehen, alle Vorkehrungen getroffen, den Berg zu umstellen und von der See aus zu beschießen. Das Verlangen nach Amnestie wurde abgelehnt und die Leute stellten sich ganz schön, worauf sie verurteilt und bald begnadigt wurden.
Tatsache ist, daß man jetzt eine kolossale Angst vor Kopassis hat, weil er ein mutiger Kerl ist. Aber die Wahlen hat er hübsch vertagt, weil er weiß, daß er die Minorität bekommen würde.
Im Anschluß an diese Visite lud mich der Fürst zu einem Spaziergang ein, zeigte mir die neue Kathedrale und seinen fürstlichen Hofgarten, der wirklich nett angelegt ist und wo er viel drauf wendet. Wir saßen unter einem üppigen Orangenbaum, dessen junge Früchte der Wind von Zeit zu Zeit herabwehte und sprachen von der Zukunft der Türkei, d. h. von einem Ding, das niemand kennt.
Abends war fürstliches Diner. Der Fürst trug den neuen Großkordon des Roten-Adler-Ordens mit großer Würde und noch größerer Freude. Die Fürstin trug ein rosaseidenes Kleid und hat wohl ein wenig die Art einer älteren Frau, die nicht vergessen kann, daß sie einst jung und schön war. Aber als sie nach

dem Souper mit seinen Toasten nach oben an den Flügel ging und Wagner, Schumann und Chopin meisterhaft spielte, da war ich doch von dieser einsamen und kinderlosen, nervösen Frau recht entzückt, die ihren Mann sehr liebt und mir den elenden Winkel zeigte, wo sie während des Bombardements und der Revolution acht Tage hatte liegen müssen, während das Palais der Zielpunkt aller Kugeln war und der Fürst auf einem Teppich am Boden in einem anderen Winkel sitzend die Regierungsgeschäfte führte, wobei die Geschosse seinen stiernackigen Kopf umsausten. Ganze Wände waren durchbohrt und man hat absichtlich die Spuren nicht verwischt.

Th. W. an Winnefeld

Konstantinopel, 17. 8. 1910
Die Expropriation in Samos ist fertig und sanktioniert, nachdem der Fürst Kopassis sich energisch an die Spitze der Verhandlungen gestellt hat. Als der Widerstand der Sophulisten sich mehrte, bestieg er das türkische Stationär-Kanonenboot, nahm die vier Senatoren *(= Minister)* und den deutschen Konsul an Bord und fuhr nach Kolonna. Dorthin hatte er für den folgenden Tag die Besitzer bestellt. Die Sophulisten wollten aber dem Fürsten bei dieser Gelegenheit ans Leben und hatten von Athen aus eine Anzahl übler Kerle gesandt, um ihn abzuschießen. Diese Bande hatte nachts im Weinberg bei dem Heraion gelagert, war unter sich über die Art des Vorgehens in Streit geraten und der Hauptattentäter war dabei erschlagen worden. Als der Fürst morgens kam, fand man die Leiche und bei ihr die Papiere mit Anweisungen der Sophulisten, was nach der Ermordung des Fürsten geschehen solle. Die Sache ist dem Fürsten als Agitationsmaterial gegen seine Feinde sehr willkommen und er hat sofort Wahlen ausgeschrieben, von denen er hofft, daß sie zu seinen Gunsten ausfallen. So leben wir, so leben wir ...

DEUTSCHES ANSEHEN IN DER TÜRKEI
Th. W. an seine Frau

Smyrna, 26. 9. 1910
In Sokia ist auch ein Anfang zum Boykott gegen die Griechen gewesen und das Opfer war unser Korrespondent A. Macropoulos. Als die Belagerung seines Geschäftes anfing, kam der alte Hadji Halil Pascha als Freund, setzte sich in den Raum und sagte: »Nun wollen wir doch einmal sehen, ob die Kerle Dich zwingen, zuzumachen, wenn ich hier drin sitze.« Die Sache half aber nichts. Ein kurdischer Arabadji *(Droschkenkutscher)* kam und sagte ganz einfach: »Heidé Pascha, tschik burdan« *(wörtlich: »Los, Exzellenz, scher Dich*

raus«*)*, und der Pascha war auf der Straße, trotz seiner 60000 Morgen Grundbesitz. Macopoulos trat nun heraus und sagte: »Ihr könnt mein Geschäft zerstören, bitte, geniert Euch garnicht. Aber bedenkt, daß ich Wiegands Korrespondent bin und daß die Deutschen mich deshalb schützen. Sowie Ihr anfangt, sende ich an ihn einen reitenden Boten.« Und da begab sich das merkwürdige, daß die Bande still auseinander ging. Also der deutsche Kredit ist doch noch leidlich.

Das alte und das neue Regime
Th. W. an seine Frau

Smyrna, 26. 9. 1910
Da fällt mir eine reizende Geschichte ein, die ich neulich in der Türkei hörte: In Brussa war es früher Sitte, daß man Bäcker, die falsches Gewicht führten, nackt auszog und sie unter den Armen mit einem Seil vor ihrem Laden aufhing. Der Körper wurde ganz mit Honig überzogen und nun kamen die zahllosen Mücken von allen Seiten und begannen den Honig aufzusaugen. An einem solchen Bäcker kam ein Derwisch vorbei und hatte Mitleid. Er fing an, die Fliegen zu verscheuchen. Er glaubte, wunders wie dankbar ihm der Bäcker sein werde und war höchst erstaunt, als dieser auf einmal heftig zu schimpfen anfing und verlangte, er solle die Fliegen nicht stören. Als der Derwisch nach dem Grund fragte, sagte der Bäcker: »Siehst Du denn nicht, daß diese Fliegen, die Du verscheuchst, sich schon beinahe vollgesogen haben und daß ich an sie gewöhnt bin? Wenn Du diese verjagst, kommen neue, hungrige, und die sind mir viel unangenehmer!« Den Schluß auf das neue Regime kannst Du Dir selbst machen.

Beginn der Grabung in Samos
Th. W. an seine Frau

Tigani, 4. 10. 1910
Da säße ich also in der alten Stadt des Polykrates. Mein neu gebautes Häuschen liegt hoch am Berge, der von der alten Stadtmauer gekrönt wird und Tigani liegt mir zu Füßen. Darüber hinaus habe ich den prachtvollsten Meeresblick nach Süden. Links sehe ich gerade noch ein Ende von Mykale-Kap, die Küste von Milet, und Didyma schimmert fern in weißlichblauer Sonnenflut und rechts zieht sich in wunderbarem Bogen der Strand nach dem Heratempel hin.
Das Haus ist sehr klein. Aber fein sind wir! Wir haben laufende Wasserleitung, auch am verschwiegensten Orte. Wenig Kinderlärm, viele kleine

grüne Gärten, alte Mandelbäume, Zitronen und Reben. Weiter unten der Markt mit rauschenden Pappeln, zwischenhin schlanke Zypressen. Dann der Hafen mit seinen schnurgeraden alten und neuen Molen. Es ist so still, daß man sich redlich wundert, wenn alle Woche zweimal ein dünnes Dampfpfeifchen tönt und ein ganz kleiner Küstendampfer einfährt, der einige Fässer Wein an Bord nimmt oder einige Hämmel ausschifft. Die während des Tages wechselnden Luftstimmungen sind über alle Maßen schön. Wenn Mittags die Sonne am wolkenlosen Himmel steht und das Meer, von tausend glitzernden Wellen bewegt, alles Licht zurückstrahlt, der Horizont sich ganz in blassem weichem Blau verliert, Meer und Himmel verbindend, dann herrscht eine solche Fülle von Glanz, daß Dir das Himmelsblau über Dir fast etwas schwärzliches in seinen tiefsten Tönen anzunehmen scheint. Dazu denke Dir auf einer Klippe am Ufer noch die aus gelbem Kalkstein errichtete verfallende Burg des Freiheitskämpfers Lykurgos Logothetis von 1821, und eine Fülle von bunten Segelbooten am Ufer mit weißen und rotbraunen Leinensegeln.
Natürlich ist das Boot unseres Kapitäns Georgi Horologas bei weitem das schönste und flinkste. In der Tat haben wir gestern bei Nordsturm die Fahrt von Heraion bis in den Hafen in 20 Minuten gemacht und dabei alle Fischerboote, die ebenfalls zum Hafen flüchteten, überholt. Daß die deutsche Flagge am Hauptmast bei Georgis Stolz eine Hauptrolle spielt, kannst Du Dir wohl denken.
Am Heraion habe ich am Sonnabend, dem 1. Oktober mit der Grabung begonnen. Funkelnagelneue Feldbahn aus Essen, neue Hacken aus Hagen, Hackenstiel aus amerikanischem Hikoryholz — alles das erregte die Bewunderung der Samioten. Die Leute scheinen willig und arbeitsam, haben das bißchen Verdienst auch bitter nötig.
Der Beginn der Arbeit besteht darin, das ungeheure Unkraut, namentlich Süßholz, Brombeer und agnus castus, dazu stachliche Sumpfbinsen, abzuhakken. Wenn ein großer Haufen zusammen ist, wird ein langer Strick drumgezogen und so die Masse hinausgeschleppt, alles auf einen Haufen, wo wir später ein großartiges Feuer anstecken wollen, vielleicht zum 30. 10. *(Wiegands Geburtstag).*

Agnus castus ist *der der samischen Hera geheiligte Lyngosstrauch. Jene war ursprünglich eine altkretische Vegetationsgottheit, welche sich in der Wachstumskraft des hierin mit unserer Weide vergleichbaren Strauches manifestierte. Die spätere griechische Mythe ließ die neugeborene Hera — um sie ihrem kinderfressenden Vater Chronos zu entziehen — vom Olymp zur Erde in einen Lyngosstrauch hinabfallen, der sie in seinem dichten Gezweig verbarg. Nach der alljährlichen Heiligen Hochzeit der samischen Hera mit Zeus wurde ihr Kultbild mit Lyngoszweigen umkränzt, wodurch diese ihre Jungfräulichkeit zurückgewann. In der Zeit des auf der Nachbarinsel Kos lehrenden Hippo-*

krates kam man auf die analogisierende Idee, die Früchte dieses Strauches seien ein wirksames Mittel zur Dämpfung des Geschlechtstriebes. Das Mittelalter übernahm diesen Glauben und die Körner des Lyngossamens wurden nach Mitteleuropa unter dem Namen »Mönchspfeffer« eingeführt. Noch unmittelbarer war die Wirkung des Lyngos auf die griechisch-orthodoxen Mönche, die seine Zweige unter ihre Matratze legten, um sich vor fleischlicher Anfechtung zu schützen. Der lateinische Name agnus castus stellt eine Gedankenverbindung zum christlichen Lamm-Gottes, das der Welt Sünde trägt, her, die auch im deutschen Namen Keuschlamm aufscheint (Joh. 1, 30). So hat die kretische Vegetationsgöttin viertausend Jahre überdauert.

FÜRST UND VOLK
Th. W. an seine Frau

Tigani/Samos, 4. 10. 1910
Einen Abend war ich beim Fürsten Kopassis eingeladen. Während des Tages wollte ich auch der Fürstin meinen Besuch machen, aber es hieß, sie sei unpäßlich. Da dies im vorigen Jahr am Tag des Diners ebenso hieß, so war die Kombination klar, daß die Fürstin selber das Diner macht. Abends war ich dann mit neun Deputierten zusammen, lauter braven Bauern, die sich einfach, aber durchaus schicklich zu benehmen wußten. Um meine Kombination zu prüfen, machte ich der Fürstin ein ganz ungeheures Kompliment über ihren vortrefflichen Koch. Darauf fing sie ganz unbändig an zu lachen und gestand mir, wie dankbar sie ihrer österreichischen Mutter sei, daß sie von ihr kochen gelernt hätte. Denn der fürstliche Koch sei bei der Revolution entlaufen und habe die Waffen gegen ihren Mann ergriffen und jetzt hielte sie es für besser, sich nur einer weiblichen Hilfe zu bedienen und ihrem Mann selbst zu kochen, da sei man auch sicher, daß man nicht vergiftet würde. Ich muß sagen, daß mich das mit Respekt vor der Frau erfüllte.

GASTFREUNDLICHE SAMIOTEN
Th. W. an seine Frau

Tigani, 7. 10. 1910
Ich mache die Entdeckung, daß es sich mit den Leuten in Samos sehr gut leben läßt. Sie sind freundlich und gefällig. Kommt man in irgend ein Haus, eine Inschrift oder ein Fragment zu besehen, gleich wird man nett bewirtet oder der Großvater steigt in den Weinberg und bringt eine prachtvolle Traube, und die Kinder ein wohlriechendes Sträußchen. Es hat sich doch auf diesen Inseln etwas erhalten von der Zierlichkeit und Gefälligkeit der alten griechi-

schen Lyriker. Wenn man von den formvolleren und ernsten Türken kommt, empfindet man diese liebenswürdige Beweglichkeit doch sehr deutlich!
Daß dieser Eindruck, den ich jetzt vom Samiotenvolk habe, im vollsten Gegensatz zu der allgemeinen Meinung über Samos steht, ist mir sehr klar. Aber das Volk ist doch etwas anderes, als die fünfzehn Politiker, die ihre »Bildung« mißbrauchend, die Insel in die größten Kalamitäten gestürzt haben. Zu meinem großen Erstaunen kam heute Athanas und erzählte, daß alle die armen Leute einmütig für Kopassis wären, weil sie glaubten, daß er die Armen gegen die Reichen beschütze. Damit hat der Volksinstinkt absolut das Richtige getroffen: die unverzeihlichste Maßnahme des Fürsten ist in den Augen der reichen Politiker die Gründung einer Agrikulturbank, wo der Arme kleine Darlehn zu 4% erhält, während er früher 12 und 13% hat zahlen müssen.
Wir haben hier eine Reihe der wundervollsten blauen Herbsttage. Wenn der Abend naht und die Sonne anfängt, gelbliches Licht zu verbreiten, gehe ich vom Heraion zum Strand und steige ins Meer. Aller Staub des Tages wird abgewaschen, auch bildlich. Wenn ich so recht weit hinaus schwimme in die sanft bewegte Flut, während sich die Küste in dem Samos auszeichnenden schönen Bogen bis zur Stadt hinzieht, darüber die steilen Gebirge der Insel, jenseits das prachtvolle Dreieck der Mykale rötlich strahlend und dann immer mehr in Purpur und dunkles Blau übergehend — dann empfinde ich, wie Gegenwart und Antike eins werden, ich genieße die ungeheure, unerschöpfliche Schönheit dieser Natur mit vollen Zügen und es überkommt mich eine feierliche Empfindung gegenüber diesem Jahrtausende sich gleich bleibenden unerhört großartigen Schauspiel, dem man eine kurze Spanne Zeit mitfühlend zusehen durfte, um dann zu den Atomen zurückzukehren. Da bin ich allein mit dem Meer, der Sonne, den alten zerrissenen Berggipfeln, und vom Ufer leuchtet die letzte Säule des größten altionischen Tempels und mahnt an die neue Aufgabe —.

Wiegands 46. Geburtstag
Th. W. an seine Frau

Tigani/Samos, 31. 10. 1910
Mein gestriger Geburtstag ist mit einem ebenso überraschenden wie ungewollten Aplomb gefeiert worden. Morgens hatte ich mich, ohne daß jemand an den Tag dachte, so recht behaglich auf einem Feldsessel niedergelassen, um eine Studie von Thiersch über die alexandrinische Königsnekropole zu lesen, als plötzlich schwere Männertritte ertönten und an der Tür geklopft wurde. Krischen und Gerkan waren nachts 3 Uhr von Milet abgesegelt und kamen mit ihren Glückwünschen. Nun wurde die Sache lustig. Erst ein kleiner archäologischer Spaziergang in der Stadt, dann ein Festmahl und daran an-

schließende Segelfahrt zum Heratempel, wo die deutsche Fahne hochging. Abends segelten wir in zauberhafter Beleuchtung des Meeres und der Berge zurück. Die zahlreichen Segelboote der Schwammfischer sahen mit ihren hohen weißen Segeln aus wie Schmetterlinge, die sich auf der blauen Fläche halb schwebend niedergesenkt haben.

Als wir in beginnender Dunkelheit wieder den Berg heraufkamen, wo unser Häuslein steht, ging auf einmal ein Radau los, als wäre die Hölle losgelassen. Meine Schiffsleute ließen nämlich krachende Kanonenschläge los. Gleich darauf stiegen vom Nebenhaus prächtige Raketen zum Himmel, das war die Ehrung von Seiten meines Nachbars, des Bürgermeisters. Inzwischen hatte der Lärm die Unruhe des Kommandanten des türkischen Kanonenbootes im Hafen erregt, Alarmsignale ertönten, die Mannschaft trat in die Gewehre, die Geschütze wurden klar gemacht und alles war bereit, die Revolution, die mein Geburtstag verursacht hatte, zu unterdrücken. Als dann zahlreiche Magnesiumfackeln aufleuchteten und unser kleines Haus in roter, grüner, gelber, weißer Lichtfülle strahlte, begriffen die Türkenschädel, daß es etwas harmloses sei. Und nun kam eine Deputation, geführt von den zwei Abgeordneten, der Hafenkapitän, die Gemeinderäte, der Hauptlehrer — letzterer mit schlechtem französisch — und es wurden Reden gehalten, die ich erwiderte und dann mit viel Bier begießen ließ. Alles dieses nahm Dimensionen an, während der brave Kapitän Georgi stolz in der einen Hand das gefüllte Bierglas hielt, mit der anderen aber die Rührungstränen aus den Augen putzte. Zu guterletzt flammten am Heraion sieben große Feuer auf — alles dies war abgehauenes Gestrüpp vom Reinigungswerk vor Beginn der Ausgrabung — und zwischen den lodernden Flammen grüßte schneeweiß die einzige noch stehende Marmorsäule des Tempels.

Allmählich verzog sich die Schar der Gäste und um 10 Uhr gingen wir alle satt der Freude und des Tages zu Bett. Heute sind die beiden Milesier wieder fortgesegelt.

Das sprachgewandte Telefon
Th. W. an seine Frau

Tigani, 4. 11. 1910
Die Mannschaft des kleinen türkischen Kanonenbootes im Hafen brachte in Erfahrung, daß ein Telefon auf der Insel sei, und da sie in der Türkei die Telephone nicht kennen, so kamen sie in Scharen und wollten mit ihren Kameraden in Vathy und Marathokampo sprechen. Das hättest Du mal das Strahlen der Leute sehen sollen, dieses Maschallah! Maschallah! Aber das verwunderlichste war doch für sie: »Das Telefon spricht ja türkisch, wir glaubten, es spreche nur griechisch!«

Die Najadenquelle des Polykrates
Th. W. an seine Frau

Tigani (Samos), 21. 11. 1910
Wir haben einen Besuch bei den »Ajades« gemacht. Das ist der Ort, wo die Quelle für die alte Wasserleitung des Eupalinos aus dem Kalk- und Marmorgebirge entspringt. Das Bassin mit seinen Marmorpfeilern ist noch dasselbe, wie zur Zeit des Polykrates und wir blickten hinein, nachdem es uns mit vereinten Kräften gelungen war, den Riesenschlüssel umzudrehn, den uns der Bürgermeister mitgegeben hatte. Der Unterschied gegen die alte Zeit ist nur, daß über dem Bassin sich jetzt drei Kapellen des heiligen Johannes erheben. Drei auf einmal? Nicht wahr, das ist sehr auffällig und regt zur Überlegung an. Da fällt Dir zunächst ein, daß jedenfalls anstelle der christlichen Kapellen einmal ein heidnischer Kult gewesen sein wird, und das kann dann nur ein solcher gewesen sein, der die Quelle beschützte. Dann hast Du auch die Lösung: Du brauchst bloß vor den jetzigen Namen Ajades ein N zu setzen und hast die Dreizahl der Najaden. Die Geistlichkeit erklärt es natürlich ganz anders und faselt von hagios Triades.
Die holden antiken Wassermädchen sind aber in Samos auch sonst nachzuweisen, nur sind sie zu gefürchteten Wesen umgeformt. Wenn Frauen zur Wäsche an die Quellen gehen, machen sie vorher den Hagiasmos, das Kreuzzeichen, und es ist strenge Sitte, beim Waschen kein übermütiges Wort oder keinen Schimpf auszustoßen, weil sonst die Najades es hören.

Die Wasserleitung des Eupalinos von Megara wurde im 6. Jahrhundert während der Herrschaft des Polykrates gebaut. Sie besteht aus einem 1 km langen, begehbaren Felstunnel, der einen die alte Stadt überhöhenden Berg durchsticht und Trinkwasser aus dem heute Ajades genannten Quellgebiet in den Mauerring hineinführte.
Die Verbindung einer Quelle mit einem Nymphenkult ist ebenso ein Regelfall wie dessen spätere Ersetzung durch eine christliche Kapelle. Es beweist daher nicht viel, daß an der Stelle des heutigen Marienhauses bei Ephesos, wo sich eine Quelle befindet, der heilkräftige Wirkung zugesprochen ist, die Fundamente einer frühchristlichen Kirche aufgefunden worden waren.

Grabungserfolge in Didyma
Aus C. Watzinger, Th. Wiegand

»Als im April 1910 ein großer englischer Dampfer bei Patmos strandete und abgerüstet wurde, erwarb bei dieser Gelegenheit Wiegand drei große Hebebäume von zehn Meter Länge aus Pitchpineholz und gewann damit einen

solchen festen Dreifuß für die Flaschenzüge, wie er in Anatolien sonst nicht zu finden war.
Bei der Aufräumung der Umgebung des Tempels waren bis zu sechs Meter Schutt wegzuschaffen; er wurde in schrägen Rampen abgegraben, auf denen zugleich die großen Blöcke herabgezogen werden konnten. Nachdem man sich so an den Tempel herangearbeitet hatte, wurde dessen Trümmerberg zunächst von seinen Schuttmassen befreit und dann die in Sturzlage aufgehäuften Bauglieder allmählich entwirrt. Dabei stieß man zuerst auf die Reste der spätrömischen und der christlichen Befestigungsanlage, die den Tempel in eine Burg zur Verteidigung gegen Goten und Sarazenen umgewandelt hatten. Mit Hilfe der Flaschenzüge wurden die neugefundenen Bauglieder des Tempels, soweit sie sich anpassen ließen, an ihre alte Stelle im Bau verbracht, die übrigen wurden herabgewälzt und übersichtlich auf dem freien Platz rings um den Tempel aufgestellt. Je mehr man von der Front im Osten in das Innere vordrang, desto mehr erhaltene Teile des antiken Baus kamen zutage, und eine überraschende Entdeckung folgte auf die andere.«

Th. W. an seine Frau

Didyma, 2. 4. 1911
Was soll ich Dir von den Fortschritten am Tempel sagen? Die Freitreppe, die nach dem Tempelinneren herabführt, ist einfach großartig in Anlage wie Erhaltung. Es fehlt kein Stein. Und die zwei Zimmerchen, die den gewölbten Gängen vorgelagert sind, wirken prachtvoll, sie sind bis zur Decke erhalten. Alle Schmuckteile fein und doch kraftvoll, ganz wie das hellenistische Zeitalter in seinen besten Erscheinungen.
Und nun zeigen sich die mächtigen Wandsockel beiderseits unter den Wandpfeilern! Alles ist groß und wuchtig gedacht, alles von äußerster Vornehmheit. Kurz, es wird, es wird! Wir haben ein Monument allerersten Ranges, das sich in seiner Art neben der Akropolis in Athen sehen lassen darf. Hier ist das echte große Milet.

Th. W. an Winnefeld

2. 4. 1911
Wieder ist ein großer Fortschritt da. Aber der Anblick des sich entwirrenden Inneren — der hat mich geradezu gepackt! Noch steht die Kirchenapsis auf der wundervoll erhaltenen Freitreppe, noch sind die zwei Vorzimmer der beiden Gewölbegänge nicht ganz frei, und doch — welche Tiefe, welche Gewalt in dieser Anlage, in diesem hohen, machtvollen und doch so vornehmen Sockel. Und jetzt hatte denn Knackfuß auch der Verabredung gemäß auf der nörd-

lichen Langmauer Cellablöcke in regelmäßiger Höhe abschließend aufgesetzt. Wie der Bau damit wieder gewachsen ist, vermag Ihnen dieser Brief natürlich nicht zu schildern. Kurz, es ist eine riesenhafte und doch unendlich vornehme Anlage herausgekommen und der arbeitslustige alte Herr Niemann steht anbetend davor und erklärt, das sei nun das schönste und großartigste, was er in seinem ganzen, an großen Eindrücken so reichen Leben erlebt habe und die Aufgabe erdrücke ihn fast.

Didyma, 7. 5. 1911
Der alte Herr Niemann hat aus einem reichen Leben reizende Sachen erzählt, so z. B. von seinen Arbeiten in Spalato am Diokletianspalast. Der gehörte ursprünglich niemandem, aber ein geistlicher Herr, der Monsignore Bulic, hatte es verstanden, der Bevölkerung einzubilden, daß sie unter keinen Umständen an den Palast rühren dürfe. Aber mit der Zeit kamen die Advokaten dahinter, daß man gar kein Recht zu diesem Verbot habe. Da ließ der Monsignore Bulic den Palast ohne Kenntnis der Regierung einfach ins Grundbuch als Regierungsbesitz eintragen. Als aber in Wien der Finanzminister davon erfuhr, sagte er: »Was soll mir der Palast? Den muß ich ja nur erhalten« und ordnete an: »Entweder wird der Eintrag wieder gestrichen oder ich verordne, daß der Palast als Steinmaterial abgebrochen und verkauft wird.« Außerdem bekam der brave Monsignore einen amtlichen Rüffel und als Niemann später sein prachtvolles Spalatowerk veröffentlicht hatte, einen hohen Orden. So gehts...

Didyma, 8. 5. 1911
Inzwischen geht hier die Entdeckerei in der erwünschtesten Weise fort. Von dem geradezu entzückenden kleinen Innenbau der Cella ist jetzt kaum mehr ein Glied unvertreten. Alles steckt in der byzantinischen Kirche, die wir schon teilweise abbrechen. Und dann kam gestern einen halben Meter unter dem Kirchenfundament eine gewaltige Quermauer heraus – da haben wir den archaischen Tempel zweifellos gefunden. Junge, Junge, was wird das alles noch geben!

DER GROSSE BRAND VON KONSTANTINOPEL
Frau Wiegand an ihren Mann

Arnautköi, 26. 7. 1911
Mit den Kindern und Wieting ging ich am späten Sonntag Nachmittag über den Berg spazieren, auf der Höhe nach Ortaköi. Schon sehr bald fielen uns

getrennt und dicht aufsteigende Rauchwolken auf, die schnell so groß wurden, daß es keine Dampfer sein konnten. Und dann sahen wir bald auch die Flammen herausschlagen, ein Herd unter der Suleimanije, der mit rasender Geschwindigkeit eine steile Gasse hinauflief, ein anderer sehr großer links vom Seraskierturm, der von einem sehr großen hohen Gebäude herrührte und sich auch nach unten zu vergrößerte. Es sah aus, als brenne der Bazar. Später hörten wir, der große Generalstab, gegenüber vom Kriegsministerium in der Kupferschmiedstraße sei ausgebrannt. Dazu alle die kleinen Gassen, die nach oben zu zum Bazar gehören, aber noch ungedeckt sind, Depots, Hans, kleine Wohnhäuser und dergleichen. Das Feuer unter der Suleimanije ergriff eine zweite spitzwinklig dazu laufende Straße — die hohe Terrasse schützte die Moschee selbst — und bald kam in der Mitte zwischen beiden Feuern tief unten ein neuer ganz getrennter Herd, der dann die Beiden rasch vereinigte. Dazu leuchtete es in dichten weißen Wolken hinter dem Turm von einem vierten Feuer, dessen Ausdehnung wir nicht beurteilen konnten. Wir standen lange auf der Höhe über Ortaköi und überall kamen die Leute schweigend und ängstlich aus ihren Häusern und sahen fast bewegungslos, wie gebannt auf Stambul hinüber.

Gegen neun Uhr abends fuhr ich nochmal mit den Jungen ein Stück in den Borporus hinaus, der Sturm hatte aufgehört, der Borporus war fast leer, nur die regelmäßigen Dampfer mit Lämpchen und Fahnen fuhren ihren Weg *(es war der Nationalfeiertag der Verfassung)*, am Ufer waren die Häuser wohl beleuchtet, die Menschen machten es gedankenlos, manches Haus hatte plötzlich große Lücken in dem Lichterschmuck, die Menschen sahen immer wieder nach dem grell rot beleuchteten Himmel hinauf. Nur Ortaköi wimmelte von Menschen und auf der Landungsbrücke war Lärm und Lachen (dort wohnten viele der Jildizbeamten und Polizisten des alten Regimes). Sowie wir aus unserer Bucht herauskamen, stand der Seraskierturm vor uns, schwarz gegen einen roten Himmel, umgeben von Feuerschein und Rauchwolken, es schien, als sei der ganze Rücken von Stambul ein Feuermeer. Der Schein erleuchtete auch ab und zu gespenstisch die Validémoschee am Wasser, oder die Minarets der Suleimanije tauchten auf, um in den Rauchwolken wieder zu verschwinden. Die vereinzelten Raketen und Leuchtkugeln, die trotz allem von der Serailspitze aufstiegen und sich vor den roten Wolken verloren und die illuminierten Schiffe im Hafen, alles war nichtig und wirkungslos. Es war wie ein Spott, mit menschlichen kleinen Künsten gegen solche Naturgewalt aufkommen zu wollen.

Abends in Therapia auf der Loreley war natürlich auch nur davon die Rede. Die Herren waren alle zum Löschen heruntergefahren, nachts durch die Türken gerufen von einem Ball auf dem »Taurus«. Zu löschen gab es wenig mehr, es war alles ein Feuermeer, aber einreißen hätten sie helfen können, und die Türken, die sehr dankbar waren für ihr Kommen, anleiten. Es sei auffallend gewesen, mit welcher Freude die Bevölkerung sie begrüßt hätte, und wie sie sich sofort unter ihr Kommando gestellt hätten. »Voilà les hommes, qui savent travailler.« Gaudecker, der — als einziger Kommandant — die Österreicher und Italiener mit befehligte, erzählte, wie merkwürdig es ihn berührt hätte, daß alle die vielen türkischen Soldaten, die herumstanden, nirgend mit Hand anlegten, und als er einem Feuerwehroffizier sagte, er solle doch die Leute mit heranziehen, da hat er nur die Achseln gezuckt: das ginge über seine Befugnisse. Die Angst vor Brandstiftung war so groß, daß das Kriegsministerium von einem dichten Kordon umgeben war. Soldaten mit bereiter Waffe saßen um das Gebäude herum auf den Stühlen, die aus dem Generalstabsgebäude herausgerettet werden konnten. Jedermann wurde der Eintritt verwehrt und auch die helfenden Matrosen mußten, statt auf dem kürzesten Weg durch den Hof hindurch, vor dieser Wache Kehrt machen und den ganzen Bogen herum laufen, um an das Feuer zu kommen.

Von dem Feuer machst Du Dir gar keinen Begriff. Ich ging gestern mit Frau Wieting durch. Von den Mauern des Seraskierplatzes angefangen, die schwarz von Rauch sind, die Fenster des Turmes sogar angekohlt, bis hinunter nach Wlanga-Bostan ein Trümmerfeld. Hinüber über das kleine Flußtal bis auf den anderen Hügel, ein Weg von sicher drei Stunden im Umkreis, alles verbrannt. Ein paar Brandmauern stehen, Schornsteine, die mit Einsturz drohen, ganze Straßen sind verschwunden unter den herabstürzenden Trümmern, ganze Straßenfronten mit guten festen Steinhäusern, wie sie hier selten gebaut werden, sind leer gebrannt, die Böden eingefallen, auf den rauchenden Trümmerhaufen unten liegt ein verbogenes Bettgestell, die Fenstergitter sind herausgefallen, oder es hängt wie schmutzige Lappen das geschmolzene Fensterglas darin. An manchen Stellen sind Drähte gespannt, um den Verkehr zu hindern, da sind die Leute dabei, mit Stricken die einsturzdrohenden Mauern umzuwerfen. Und zwischendurch schiebt sich schweigend eine große Menschenmenge aller Nationen, Kinder und Große, von denen keiner sich recht traut, laut zu reden. An den vereinzelten Brunnen drängen sich die Leute mit Gefäßen aller Art, sie wollten die heiße Asche ihrer Schuttstätten möglichst schnell abkühlen, um zu suchen, was sich unter der Asche erhalten hat.

Einen Alten sah ich, der hatte ein großes Faß mit Wasser und eine breite Schüssel dazu, da schwemmte er die ganze Asche durch nach ein paar Münzen, die ihm das Feuer wohl gelassen hätte. An einer anderen Stelle saß eine türkische Familie, Frauen und kleine Kinder, in dem verwüsteten und verbrannten Gärtchen neben dem zusammengefallenen Haus, der Mann war dabei, mit ein paar Planken die Straße abzuschließen und die Neugierigen fernzuhalten. Eine kleine Moschee, in die die Menschen ihre Habe gerettet hatten, war ausgebrannt, das Feuer war so stark gewesen, daß auch die hohen alten Grabsteine in dem Friedhof drum herum vollständig gesplittert waren. Dazu stockt nun natürlich alles Leben in der Stadt, die Ministerien sind nicht besetzt, die

Leute kommen nicht, weil sie für ihre Familie zu sorgen haben, denn hier wohnten die wohlhabenden Türken, Offiziere und Beamte. Es ist, als sollte die Türkei niemals weiter kommen.
Wieting schilderte die Nacht auch aus eigener Anschauung. Er wurde spät nachts zum Kriegsminister gerufen, der durch einen fallenden Balken am Kopf verletzt war und den er dann verbunden hat.

Frau Wiegand an ihre Mutter

Arnautköi, 7. 8. 1911
Natürlich gedeiht auch die Cholera unter so viel Obdachlosen erschreckend schnell. Die Fälle sind immer noch nicht so viele für die große Stadt, aber sie nehmen täglich zu und wir haben doch jetzt auch wieder angefangen, vorsichtig zu leben mit abgekochtem Wasser und ohne frische Früchte und all das übrige, wovon besonders betrüblich das Einstellen des täglichen Schwimmens war. Kurz, es ist eben nicht übermäßig idyllisch hier und ich denke doch manchmal an das ordentliche Deutschland mit all seinen schönen genauen Polizeivorschriften und allen drum und dran als etwas ganz angenehmes.

Die Bevölkerung war davon überzeugt, daß Brandstiftung vorlag. Der Nationalfeiertag der Verfassung könnte inneren Gegnern des Regimes und äußeren Feinden des Osmanischen Reiches gleichermaßen zu einer apokalyptischen Demonstration geeignet erschienen sein. Doch genügen auch Sturm und Nachlässigkeit zur Erklärung des Geschehenen.
Das Brandfeld, das einen Umfang von einem Quadratkilometer hatte, legte die Reste ehemaliger byzantinischer Kaiserpaläste frei und erleichterte deren Erforschung, der sich Wiegand sogleich und nochmals im Jahre 1918 zuwandte.

Alttürkische Gastlichkeit
Bericht über eine Tageswanderung durch Altstadtviertel Konstantinopels unter Führung eines alten Türken.

Frau Wiegand an ihre Mutter

Arnautköi, 26. 6. 1911
Wir setzten tief am Goldenen Horn auf die Stambuler Seite über, nicht weit von Fanar. Der alte Türke hatte dort seinen Sohn verheiratet und wollte bei der neuen Schwiegertochter gern über Mittag ausruhen. Wir zogen also brav mit, erst noch bis an die Stadtmauer hinauf, ein paar alten Steinen nach, und dann in das Türkenhäuschen, das ganz im Grünen verschwand.
Bis die Schwiegertochter das Essen fertig hatte, bekamen wir jeder einen Kaf-

fee und der Alte hockte auf ein Schemelchen, nahm eine Art türkischer Guitarre und sang uns Freiheitslieder vor. Nach einiger Zeit gabs dann auf einem großen Brett ein Blechschüsselchen mit kalten Maccaroni und darüber eine dicke Schicht der hiesigen Sauermilch. Dazu ein Stück Brot und einen Holzlöffel. Und dann futterten wir zu Dritt aus der Schüssel, jeder sorgfältig in seinem Loch bleibend, und nur der Alte sorgte dafür, daß der Zufluß von Sauermilch in meinem Loch ausreichend war, und schob immer ein bißchen nach. Es war alles so reinlich und gut gemeint, daß wir gern mittaten, und so ein Stück wirklich alte Türkei sieht ein Fremder selten hier. Hinterdrein gabs noch ein Blechnäpfchen mit Wabenhonig, da haben wir mit unserem Brot jeder ein bißchen drin rumgetitscht. Dann machte der Alte sein Schläfchen auf der Erde, wir bekamen noch einen Kaffee, und die Schwiegertochter spielte uns auf einer großen türkischen Zither allerlei vor. Dann gings weiter in den sonnigen Straßen bergauf und bergab, bis wir schließlich spät nachmittags unterhalb vom Bazar auf der Marmarameerseite landeten.

Segelschiffsromantik
Frau Wiegand an ihre Mutter

Arnautköi, 25. 8. 1911
Gestern brachte uns die strenge Cholera-Quarantäne in Kawak ein wunderhübsches Bild. Eine große Flotte Segelschiffe der verschiedensten Größen, gewiß an dreißig Schiffe, waren frei geworden und fuhren nun gemeinsam nach der Stadt hinunter *(vom Schwarzen Meer herkommend)*. Als die Schiffe durch die Enge bei Kandilli um die Ecke bogen, zuvor in breiter Front mehrere Zweimaster und dann immer und immer wieder neue Segel folgten, da hatte man vollkommen den Eindruck einer mittelalterlichen Erobererflotte, viel anders hats weder im Altertum noch zur Genuerserzeit ausgesehen. Dazu brannte es auch wieder mal in Beylerbey. Flammen, Rauch, Trompetensignale, und dazu die langsam vorwärts segelnde Schiffsreihe, wer hätte wohl eine alte Kriegsschilderung besser illustrieren können.

Methoden aus Tausendundeiner Nacht
Th. W. an seine Frau

Konstantinopel, 8. 10. 1911
Was sagst Du dazu, daß die Regierung den neulich von den Räubern entführten Kyriakos mit 10% der Summe bestrafen will, die er als Lösegeld den Räubern gezahlt hat (2000 Ltq), weil das Zahlen ohne Zustimmung der Regierung ungesetzlich sei. Dem Land ist nicht zu helfen.

Jetzt hat der Unterrichtsdirektor in Smyrna folgende Bestimmung getroffen: will jemand anzeigen, daß irgendwo antike Ruinen zerstört werden, so muß er gleichzeitig das Reisegeld für den Beamten senden, welcher sich dorthin begeben wird. Ist die Anzeige begründet, so bekommt der Anzeiger das Geld zurück, ist sie unbegründet, so behält die Regierung das Geld zur Strafe. Jetzt wird mir klar, weshalb sich alle Welt hütet, irgend eine Beschädigung anzuzeigen.

Gestern nahm der Steuereintreiber wieder Steuern ein von Häusern, welche ich bereits vor sechs Jahren niedergelegt habe. »Aus Versehen« werden solche Dinge im Kataster nicht gelöscht.

Der Italienisch-Türkische Krieg 1911—1912

In der zweiten Hälfte des 19. Jahrhunderts waren Algerien und Tunesien zu französischen, Ägypten und der Sudan zu britischen Kolonialländern geworden. 1907 teilten Rußland und England Persien untereinander in Interessenszonen auf, in denen sie seitdem nach eigenem Ermessen militärisch intervenierten. Im Sommer 1911 mußte das an freien Handelsräumen interessierte Deutsche Reich widerstrebend das französische Protektorat über Marokko anerkennen. Daraufhin landeten im Oktober 1911 italienische Truppen unangekündigt an der türkischen Küste Nordafrikas, besetzten die Landeshauptstadt Tripolis und beanspruchten die Annexion Tripolitaniens und der Kyrenaika. Die Türken führten einen ergebnislosen Kleinkrieg im Hinterlande, bis sie sich unter dem Druck des 1912 ausgebrochenen Balkankrieges fügen mußten.

Im Verlauf des Tripoliskrieges okkupierte Italien »als Pfand für eine Kriegsentschädigung« Rhodos und die Inseln des Dodekanes, wobei sich Kampfhandlungen bis nach Samos ausdehnten, das von französischen und englischen Kriegsschiffen überwacht wurde.

Es ist ein »Treppenwitz der Weltgeschichte«, daß es Italien während seiner dreißigjährigen Herrschaft im heutigen Lybien nicht gelang, die dort erst nach seinem Abzug entdeckten ungeheuren Erdölvorräte aufzufinden. Es hätte andernfalls nicht mehr zu den »Habenichtsen« gehört, und die europäische Geschichte dieses Jahrhunderts hätte einen anderen Verlauf genommen.

Kopassis' Ende

Ein halbes Jahr vor diesem Kriege wurde Fürst Kopassis bei einem Abendspaziergang von einem aus Athen gekommenen Mörder aus dem Hinterhalt durch fünf Revolverschüsse schwer verletzt und starb am Tage darauf. Die

Witwe überführte seine Leiche nach dem schönen Landsitz ihres Mannes in Jeniköy bei Konstantinopel, doch fiel dieses Haus der Brandstiftung durch seine Gegner zum Opfer. Der Anstifter seines Mordes wurde ein Jahr später von seinen eigenen Anhängern umgebracht.

Th. W. an seine Frau

Samos, 1. 9. 1912
Ein samischer Zigarettenhändler rief seinen Sohn und sagte ihm folgendes:
»Belade ein großes Segelschiff mit Zigaretten und fahre nach Kalymnos zu der italienischen Flotte. Melde Dich beim Admiral, bitte ihn, daß er Dich dem Kommandanten desjenigen Kriegsschiffes vorstellt, welches die Türken auf Samos bombardiert hat. Ist dies geschehen, so bitte den Kommandanten, daß er Dir die Kanone zeigt, mit welcher auf die türkische Flagge zu Samos geschossen wurde. Hierauf umarme und küsse unter Tränen die Kanone. Die Italiener werden alle tief gerührt sein. Dann ist der Zeitpunkt gekommen, wo Du Deine Zigaretten vorzüglich verkaufen wirst.«
Der junge Mann tat so, wie ihm sein Vater geraten hatte, er fand den Admiral und wurde dem Kommandanten des betreffenden Schiffes vorgestellt und dieser zeigte ihm die Kanone, die er umarmte und küßte. Als er aber dann seine Zigaretten anbot, erhielt er zur Antwort: »Bedaure sehr, seit gestern hat Italien seine eigene Tabakregie eingeführt.«

AUFSTAND IN SAMOS
Th. W. an seine Frau

Tigani/Samos, 1. 9. 1912
Wir sind gestern in Samos eingelaufen. Der Fürst saß ratlos in seinem Palais, ein englischer Kreuzer lag hell erleuchtet im Hafen von Vathy, ein französischer vor Tigani, unmittelbar am Ufer vor dem fürstlichen Schloß sah man im Wasser in zwei getrennten Teilen auseinandergerissen die fürstliche Lustjacht versenkt, die von den Italienern mit einem Torpedoschuß zerstört worden war. Der Hauptmast neigte sich nach Norden, der gelbe Schornstein machte melancholische südliche Verbeugungen gegen das Portal des Fürsten, der diese betrübliche Aussicht unmittelbar vor seinem Balkon hat.
Es waren am Tag unserer Ankunft drei politische Morde erfolgt, ein Gendarm war auf offenem Platz am Hafen erstochen, die übrigen 30 entwaffnet worden. Man erwartete fünfhundert kretische Freiwillige, welche die Türken von der Insel vertreiben sollen, und die zwei Kreuzer der Schutzmächte waren da, um deren Landung zu verhindern. Natürlich ist jeder der beiden Kommandanten mit Deputationen bestürmt worden, aber sie antworteten, sie

würden die Denkschriften ihren Regierungen gern übermitteln, für jetzt aber hätten sie nur die kretische Landung zu verhindern. Heute morgen ist der französische Kommandant hier an Land gekommen, man überreichte ihm ein Bukett samischer Blumen und ließ alle Kirchenglocken läuten. Wassiliaki Theophanidis, unser Ausgrabungskommissar, machte den Interpreten der samischen Gefühle.

Das, was die Leute jetzt wollen, ist nichts ungerechtfertigtes: sie verlangen, daß die türkischen Truppen von der Insel zurückgezogen werden, gemäß der Konvention von 1834, sie verlangen, daß der Fürst von Samos für eine Reihe von Jahren fest und unabsetzbar ernannt wird, wie dies auch im Libanon der Fall ist, und endlich soll die einheimische Gendarmerie durch europäische Offiziere reorganisiert werden. Wird der Fürst unabsetzbar, so braucht er nicht fortgesetzt mit den Mehrheiten der Bouly paktieren.

Die »Minister« haben natürlich auch gewechselt. Der Ministerrat hat uns einen rührenden Gefallen getan. Wir haben hier in Tigani eine Wasserleitung, die mehrere Stränge hat. Je nach der Parteikonstellation wird der eine oder andere Strang reichlich mit Wasser bedacht resp. abgeschlossen. Diesmal war unser Strang in Ungnade, obwohl wir Abgaben bezahlen und wir litten Wassermangel, während einige Politiker nebenan Tag und Nacht die Wasserrohre in ihre Gärten laufen ließen, ohne abzudrehen. Wir wandten uns schließlich an Stamatiadis und dieser erwirkte in Vathy einen »Beschluß des Ministerrats«, wonach unser Wasserrohr regelmäßig anzudrehen sei.

Th. W. an seine Frau

Smyrna, 1. 10. 1912

In Samos 1200 Aufständische. 80 Türken tot, 120 verwundet, 12 Samioten tot, Verwundete unbekannt. Heute läuft ein fünftägiger Waffenstillstand ab. Wenn die türkische Garnison nicht Verstärkung bekommt, gehts ihr schlecht, sie wird kapitulieren müssen. Die Stadt Vathy ist von französischen Truppen als neutrale Zone besetzt. Auf dem Fürstenpalais, dem Gericht etc. weht die französische Tricolore. Die griechischen Zeitungen hier schreiben mit unverhülltem Triumph. Jedenfalls ist Sophoulis als kriegführende Partei anerkannt und das ist ein Erfolg.

»IN TYRANNOS« — AUF SAMISCH
Th. W. an seine Frau

Tigani/Samos, 1. 9. 1912

Der jetzige Fürst G. Verglery Effendi ist ein zurückhaltender stiller Grieche, der nicht mit soviel Entschiedenheit und Offenheit vorgeht wie Kopassis, des-

Zum Feste nahen sich huldigend die Milesier!

Zeichnung von Fritz Krischen zum 48. Geburtstag Theodor Wiegands 1912
von links nach rechts: Wiegand, Watzinger, Wulzinger, Knackfuss, Schede, Krischen

sen Fehlen gerade jetzt allgemein beklagt wird, auch von den früheren Gegnern. Übrigens hat das Parlament noch reizende Geschichten gemacht, ehe es sich nach der Ermordung des Fürsten auflöste: Kopassis hatte einen Überschuß in der Staatskasse, mit dem er eine Landwirtschaftsbank gründen wollte, um dem Wucher auf der Insel zu steuern. Da stand nun einer nach dem anderen von den Volksvertretern auf und erklärte: »Ich habe im Interesse des Staates 100 Pfund für die Presse ausgegeben, ich beantrage für mich 100 Pfund aus dem Überschuß«, ein Zweiter: »Ich bin im Interesse des Staates in Smyrna und Konstantinopel gewesen, ich beantrage für mich 150 Pfund«, ein Dritter: »Ich war im Staatsinteresse in Athen, ich verlange 80 Pfund« und so ging es fort, bis die 40 Männer sich den ganzen Fonds verteilt hatten. Dann gingen sie in ihre Dörfer.

11. 9. 1912
Inzwischen hat sich in Samos gleich nach Kopassis Tod ein Trust der Weinfabrikanten gebildet, und die Kerle haben es fertig gebracht, daß der Preis pro Oka von 30 auf 25 Para gefallen ist. Dafür ist denn jetzt eben der Trustpräsident in Vathy ermordet worden. Das geht alles so nebenher, sang- und klanglos. Das Volk aber bedauert Kopassis Tod, denn er half den Kleinen und schlug die großen Wucherer.

DER FIEBERHEILIGE
Th. W. an seine Frau

Didyma, 11. 9. 1912
Heute haben wir einen eigentümlichen griechisch-orthodoxen Feiertag. Der heilige Johannes Baptista gilt hier als großer Fieberheiliger und ich erinnere

mich, daß wir einmal vom Latmos mit zwei Arbeitern herunterkamen, wir hatten den ganzen Tag nichts gegessen, und als wir uns gegen Abend am See niedersetzten und den zwei Leuten Essen anboten, lehnten sie das weit ab mit der Begründung: »dann würden wir das Fieber das ganze Jahr nicht mehr los, avtos o Janis ine kakos Hagios *(dieser Janis ist ein schlechter Heiliger)*«, und der Kapitän Georgi hat es mit eigenen Augen gesehen, wie ein Musiker, der an diesem Tag mit seiner Geige aufspielen wollte, sofort vom Fieber gepackt wurde.
Sehen übrigens nicht alle byzantinischen Kirchenheiligen mit ihren langen straffen, trostlos trüben Gesichtern aus, als litten sie an Malaria?

Fortbestand der Grabungsrechte

Nach Ausbruch des Balkankrieges, am 24. November 1912, erklärte eine samische Nationalversammlung unter Führung von Sophulis die Vereinigung mit Griechenland. Als die siegreiche Partei in der Opposition stand, hatte sie Wiegand wegen des Ausgrabungsvertrages als »Verächter des Griechentums«, der mit dem »Verräter Kopassis« verhandelt habe, heftig angegriffen. So war es von großer Bedeutung, daß der griechische Außenminister im März 1913 mitteilte, die provisorische Regierung werde den Vertrag mit Kopassis weiterhin als bindend anerkennen.

Th. W. an seine Frau

Tigani/Samos, 16. 7. 1913
Wie sich die Zeiten ändern: morgen, am Jubiläumstag des Kaisers, wird der Präsident der samischen Regierung, der von Kopassis zum Tode verurteilte Sophulis mit seinen griechischen Offizieren bei uns vorsprechen und ein Festdiner bei uns essen, an das sich die Besichtigung des Heraions anschließen wird. Hier wird wohl unser Hauptversöhnungsfest stattfinden.

Die deutschen Ausgrabungsrechte überstanden alle Fährnisse zweier Weltkriegsgegnerschaften, sie liegen heute beim Deutschen Archäologischen Institut, das die Grabungen bis in die Gegenwart fortgesetzt hat. Diese haben so merkwürdige Einzelstücke zutage gefördert, wie den Stamm des heiligen Lyngosbaumes, an dessen Fuß in mykenischer Zeit die ungenannte Vegetationsgöttin verehrt wurde und der stets der Mittelpunkt des Heiligtums geblieben ist, oder ein kleines Holzidol der Hera, das jenes frühe hölzerne Kultbild wiedergibt, das dem ersten, nicht von Menschenhand geformten nachgefolgt ist. An aufstehendem Mauerwerk hat sich außer der einzigen archaischen Säule des Polykratestempels kaum etwas erhalten.

»Von der Verehrung der Hera zeugen Statuen, Kleinplastik, Gefäße und Geräte. Marmortafeln und Basissteine mit verlöschender Schrift reden von dem Besitz der Göttin, von Weihungen und Erlassen, von Verträgen und Beschlüssen, von Ehrungen einheimischer und fremder Herrscher und Bürger, sie enthalten Lobpreisungen und Gebete, verzeichnen Namen von Verwaltern des Heiligtums, und noch vieles andere steht darauf geschrieben.
Was die dürftigen Nachrichten aus dem Altertum verschweigen, hat die Ausgrabung in jahrzehntelangem Ringen mit Pflanzenwuchs und Grundwasser gewährt: einen Einblick in die Anfänge eines Heiligtums und in den Ablauf seiner eineinhalbtausendjährigen Geschichte und in seine wechselvollen Schicksale: wie es sich wandelte, sich ausbreitete und blühte, sich verengte und wie es schließlich aufgehoben wurde mit dem Anbruch der christlichen Ära, die ihr Erbe übernahm. Samische Kunst und samisches Handwerk, samische Kultur und Eigenart werden deutlich. Samos' führende Stellung unter den Inseln und Städten Joniens zeichnet sich ab. Aber auch die Insel und ihre Geschichte empfangen neues Licht; nicht nur sie ist voll von Schicksalen, auch jeder Gegenstand, jeder Stein, jede Handvoll Erde, die, nicht verwachsen mit dem Boden, von Menschen im Heraion bewegt wurde, birgt Geschichte: Geschichte freilich nicht als eine Summe von Ereignissen, sondern als Glaubens- und Lebensform, die sich wandelte und verzehrte.« *(Hans Walter, Das Griechische Heiligtum.)*

Der Balkankrieg 1912/13

Während des Italienisch-Türkischen Krieges gelang es der russischen Diplomatie, die widerstreitenden Interessen der in den Jahren zwischen 1817 und 1878 auf ottomanischem Territorium erstandenen Nationalstaaten in einem gegen die Türkei gerichteten Balkanbund zusammenzufassen, der Bulgarien, Serbien, Griechenland und Montenegro umfaßte. Im Oktober 1912 traten die Balkanstaaten gegen die Türkei in den Krieg, auf den diese weder militärisch noch politisch vorbereitet war. Die in Mazedonien, Albanien und dem Epirus verstreuten türkischen Garnisonen verloren sofort das Gesetz des Handelns und erlagen der Übermacht. In Ostthrazien wollte die türkische Führung gegen die Bulgaren offensiv vorgehen, ohne das Eintreffen der in der Weite des Reiches verteilten aktiven Truppen abzuwarten. So wurden rasch aufgestellte Landwehrformationen (Redifs) in den Kampf geschickt, die mangelhaft ausgebildet, schlecht diszipliniert, unzureichend geführt und miserabel versorgt, in zwei Schlachten mit den modern bewaffneten Bulgaren von Panik erfaßt wurden und sich zu regelloser Flucht wendeten. Erst vierzig Kilometer vor der Hauptstadt, an der veralteten Befestigungslinie von Tschataldscha, er-

lahmte der bulgarische Ansturm. Die Verluste durch Artilleriebeschuß und Cholera überstiegen die begrenzten Kräfte.

Als sich in der zweiten Phase des Balkankrieges Serbien, Griechenland und Rumänien zusammenfanden, um den Bulgaren ihre Kriegsbeute abzujagen, ergab sich für die Türken die Gelegenheit, Adrianopel (Edirne) in raschem Vorstoß zurückzugewinnen. Ein jungtürkischer Führer, der Major Enver, dem der Ruhm dafür zufiel, errang dadurch für die nächsten sechs Jahre die führende Stellung in der Türkei. Von strahlender Jugend, ein Held und Träumer, ehrgeizig, großzügig und von edler Gesinnung, unrealistisch, ohne Kenntnis und Achtung des Details und der allein fruchtbaren Kleinarbeit, ein großer Bewunderer der Deutschen, war er eine ins Morgenländische abgewandelte Jung-Siegfried-Gestalt. Sein Antipode, der finstere, einsame, menschenverachtende, sorgsam erwägende, lange um Entschlüsse ringende, Voraussetzungen und Folgen bis ins kleinste überdenkende, fremdenhassende Mustafa Kemal — ein Hagen von Tronje aus dem Nibelungenliede, um den Vergleich fortzuführen — betrat die politische Bühne erst, als der Untergang der Türkei unwiderruflich vollzogen schien.

Der folgende Brief stammt von Frau Wieting, deren Mann als Leiter des Militärlehrkrankenhauses Gülhané in Konstantinopel Militärarzt in der türkischen Armee war.

Frau Wieting an Frau Wiegand

Arnautköi, 25. 10. 1912
Julius ist vorgestern zur Front abgereist, nach einer vorausgegangenen vierzehntägigen Inspektionsreise. Ihm ist die gesamte Sanitätsarbeit für die Ostarmee auferlegt worden. Ich arbeite von morgens bis abends in Gülhané in der Verbandfabrik. Die Soldaten sind sämtlich einberufen und so versehen wir die Arbeit: deutsche und türkische Damen. Es müssen täglich 8000 Verbandpäckchen nach dem Kriegsschauplatz abgehen, d. h. jetzt nur bis Adrianopel, wo seit Tagen wild gekämpft wird. Die Linie weiterhin ist seit gestern unterbrochen, und so kann z. B. Vollbrecht *(Wietings Assistenzarzt)* nicht nach Salonik, wo er doch so nötig wäre.
Julius ist etwa 4 Stunden von Adrianopel in Muratly in einem halb verfallenen wüsten Militärhospital, wo seit vorgestern 10000 Verwundete liegen. Die Schwerverwundeten sind nicht transportfähig und so gehören in dieses Hospital gerade eine tüchtige Kraft und Autorität. Die Mittel- und Leichtverwundeten werden von Julius in den Zügen untergebracht. Die Strohsäcke dafür hat er sich vom Kriegsministerium geradezu erkämpfen müssen, der Kriegsminister fand, »es genüge Pferdemist« auf dem Boden der Waggons!

Nebstbei bemerkt offene Viehwagen! Trotz jahrelangen Bemühungen von meinem Mann haben die Türken keine Sanitätswagen.

Die am schwersten Verwundeten kommen nach Gülhané, wo sie in Vertretung meines Mannes Vollbrecht behandelt, die leichter Verwundeten werden ins deutsche Hospital und in ein Militärkrankenhaus in Stambul, die ganz leichten, außerdem die »Elite«, auf die Deutsche Botschaft transportiert, wo letztere die Ehre haben, von Damen der Gesellschaft gepflegt zu werden und mit Schokolade gefüttert!

Ich habe mich wohlweislich von all diesem ferngehalten, wie ich ja auch die Nähstunden in der Teutonia nicht besuche, wo sie sinnlos bis ins blitzblaue hinein dünne Leinenhemden, Mützen und Hosen nähen, ohne sich ein einzigesmal an die Stirn zu fassen und sich zu fragen, was die armen Kerle in der Winterkälte mit all dem dünnen Zeug anfangen sollen, und ob es nicht lieber angebrachter wäre, wollenes Unterzeug, vor allem wollene Strümpfe, Strümpfe, Strümpfe zu beschaffen! Wenn einer eiskalte nasse Füße hat, kann er nicht tapfer sein. Ebenso, wenn er Hunger hat. Ach, und Hunger werden sie haben, die armen Menschen. Sie sollten die Züge dieser armen Eingezogenen sehen, liebe Frau Wiegand, das Herz dreht sich einem im Leibe um. Von weither, aus dem hintersten Anatolien kommen sie, ohne Schuhzeug, in dünnen, zerrissenen Kleidern. Da kommen sie dann mit schwerer Lungenentzündung hier an, mit Bronchitis und Angina, mit hohem Fieber, und müssen erst wieder gesund gepflegt werden, ehe sie eingekleidet werden und zur Front abgehen. 100 solcher Kranker liegen in Gülhané, 40 sind gesund geworden und gestern eingekleidet worden.

Die Cholera ist schlimmer als je. In der Sophienkirche *(Choleralazarett)* sterben täglich noch 50 Menschen, in San Stefano *(Yeşilköy)* über hundert.

Th. W. an seine Frau

Anfang Juni 1913
Auf der Fahrt nach Korfu kamen in der Nacht zweitausend Mannschaften und Offiziere der türkischen Division von Monastir *(jetzt Bitola in Jugoslawien)*, die sich nach Valona *(jetzt Vlore in Albanien)* durchgeschlagen hatten, an Bord. Die Leute litten an Fieber, Dysenterie und allgemeiner Entkräftung. Noch während der Fahrt wurden sechzehn Tote ins Meer geworfen, in Korfu an dreißig Verstorbene ausgeschifft. Der Divisionskommandeur Mehmed Ali, ein Schüler von von der Goltz, an den ich mich als einen blühenden schwarzbärtigen Vierziger erinnerte, war jetzt schneeweiß und erzählte mir, das sei alles während des auch von ihm nicht erwarteten Elends und Unheils der letzten acht Monate gekommen. Von den Leiden der Truppe könne man sich keinen Begriff machen, er selbst als Höchstkommandierender sei nicht

selten achtundvierzig Stunden ohne jegliche Nahrung gewesen, und nun möge man sich vorstellen, wie es anderen gegangen sei. Dabei habe er ein völlig zersetztes, unkameradschaftliches Offizierskorps gehabt, die Politik habe auch in den schlimmsten Zeiten nicht geruht und den militärischen Geist gelähmt. Wenn er sich durchgeschlagen habe, so wisse er selber kaum, wie ihm das gelungen. Seine ganze Division habe aus Rekruten bestanden. Das Elend und der Haß gegen die Jungtürken machte den Mann offener wie sonst Türken sind, auch wohl der Umstand, daß ich ihm von von der Goltz erzählen konnte. Sehr offen äußerte sich der General auch über den Gegner. Von den Serben hat er einen viel geringeren Eindruck als von den Griechen. Nach seinen Schilderungen müssen diese vor Janina einen ganz außerordentlichen Elan entwickelt haben. Ils ont fait mille attaques, sagte er in ehrlicher Anerkennung. Der Fall von Janina sei auf die zweideutige Haltung der Albanesen zurückzuführen, die zuletzt einfach ausgerückt seien, so daß nur noch zehntausend Anatolier da waren, die sich zuletzt von Pferdefleisch nährten, und denen sechzigtausend Griechen gegenüberstanden. Man hat den Eindruck, daß nach dem Frieden eine arge Umwälzung und Reaktion kommen wird.

Abschied von der Türkei

Am 1. Juli 1911 hatte Wiegand die Leitung der Antikenabteilung der Königlichen Museen in Berlin übernommen. Seine Arbeiten in der Türkei waren allmählich in andere Hände überzuführen. Wiegand ließ sich am neuen Dienstort nach eigenen Vorstellungen von dem Architekten Peter Behrens ein schönes, vom damaligen »Villenstil« weit abweichendes Wohnhaus bauen, das heute das Deutsche Archäologische Institut beherbergt. Seine Wirksamkeit in der Türkei, die ihrer staatlichen Auflösung unaufhaltsam entgegenzutreiben schien, war nach menschlichem Ermessen beendet. Doch wie noch oft in diesem Jahrhundert geschah gerade das, was am unwahrscheinlichsten erschien.

1916

Der Weltkrieg 1914—1918

Nur ein Jahr nach der Wiederherstellung eines Friedens allseitiger Erschöpfung auf dem Balkan begann der Erste Weltkrieg. Die mit Deutschland eng verknüpfte Türkei zögerte zwischen einer Neutralität, die sie den Interessen der Mittelmeermächte und Rußlands ausliefern würde, und dem Setzen auf die deutsche Karte, was Überleben oder Untergang in sich schloß. Die Entscheidung fiel für Deutschland und den Krieg, als die beiden hochmodernen Kriegsschiffe des deutschen Mittelmeergeschwaders, der Schlachtkreuzer Goeben und der kleine Kreuzer Breslau, den Ring der englisch-französischen Flotte durchbrachen und in die Dardanellen einliefen. Schiffe und Mannschaften traten unter die türkische Flagge und eröffneten im Schwarzen Meer den von Enver ersehnten Krieg gegen Rußland. 90 000 Mann Elitetruppen setzte er im armenischen Hochland gegen den russischen Kaukasus an, das Phantasiegebilde eines großturanischen Reiches vor Augen. Nur jeder zehnte überlebte den über die Hochtäler und Pässe frühzeitig hereingebrochenen Winter. Im Frühjahr 1915 sammelte sich vor den Dardanellen eine gewaltige englisch-französische Flotte, der allein 58 Panzerschiffe angehörten. Sie sollte die Durchfahrt zu den Schwarzmeerhäfen des russischen Bundesgenossen erzwingen. Die Verteidiger der Meerengen unter dem Oberkommando des bisherigen Leiters der deutschen Militärmission in der Türkei, des Generals Liman von Sanders, dem 500 deutsche Offiziere und Mannschaften zur Seite standen, hatten unter den äußerst beschränkten Gegebenheiten mit erfindungsreichen Behelfsmaßnahmen alles nur Mögliche getan, um dem Angriff zu widerstehen. Am 18. März 1915 entwickelte sich die größte Schlacht, die je zwischen Kriegsschiffen und Landbefestigungen ausgetragen worden ist. Als sich die Armada am Abend mit schweren Verlusten aus den Meerengen zurückzog, hatten die schweren Geschütze der veralteten Küstenforts und die im Gelände verteilten provisorischen Batterien ihren geringen Munitionsvorrat zur Hälfte verschossen. Die Entscheidung des Tages hatten mühevoll im stürmischen Schwarzen Meer vor Trapezunt aufgefischte und überraschend wieder ausgelegte russische Seeminen gebracht. An Ersatz der schweren Munition war kaum zu denken. Serbien hatte 1914 dem Angriff der Donaumonarchie widerstanden und sperrte die Balkanbahn. Noch so listenreich getarnte Nachschubsendungen durch das neutrale Rumänien begegneten äußersten Schwierigkeiten. So hätte ein am nächsten Tage wiederholter Durchbruchsversuch der

Panzerschiffe große Erfolgsaussichten gehabt. Doch er unterblieb, die Verluste wogen der Flottenführung zu schwer.
Einen Monat später begann ein gewaltiges Landungsmanöver gegen die Nord- und Westseite der nur 80 km langen und 15 km breiten Halbinsel von Gallipoli und die Gefilde des Trojanischen Krieges auf der asiatischen Seite. Fünf Divisionen, fast ebenso kopfstark wie die Verteidiger, aber weit besser ausgerüstet, sollten die Meerengensperre von rückwärts aufbrechen. Wo sonst der Artillerie und den Schnellfeuerwaffen das Wort zustand, zwang Munitionsmangel die Verteidiger zu ungezählten Gegenangriffen mit blanker Waffe. Als deutsche Unterseeboote im Kampfgebiet erschienen und die Panzerschiffe zur Vorsicht zwangen, konnten die Landungskorps nicht mehr über einen von den Schiffsgeschützen beherrschten Uferstreifen von drei bis vier Kilometer Tiefe hinauskommen. Den hervorragenden soldatischen Eigenschaften des Anatoliers unter guter Führung kam das zerklüftete Gelände zu Hilfe. Unter riesigen Verlusten zogen sich immer neue Landungskämpfe den ganzen Sommer über hin. Dabei trat unter den türkischen Offizieren Mustafa Kemal als hervorragend befähigter Truppenführer hervor. In einem seiner Tagesbefehle heißt es: »Ich kann nicht annehmen, daß es unter uns, den Führern und den Soldaten, die wir befehligen, einen einzigen Mann geben könnte, der nicht lieber gleich hier sterben möchte, als die Schande des Balkankrieges wieder mitzuerleben.« Liman von Sanders ernannte den von Enver mißtrauisch Niedergehaltenen zu seinem Stellvertreter.
Die Wende der Kämpfe trat ein, als Anfang Oktober 1915, einen Monat nach dem letzten großen Fehlschlag der Angreifer, Armeen der Zentralmächte, denen sich die wegen des zweiten Balkankrieges rachedurstigen Bulgaren anschlossen, Serbien angriffen und den Eisenbahnweg nach Konstantinopel öffneten.
Im Januar 1916 räumten die Alliierten den blutgetränkten Küstenstreifen Gallipolis, um nördlich von Saloniki eine neue, mazedonische Front aufzubauen, die die Reste der serbischen Armee aufnahm. Das widerstrebende Griechenland wurde in der Folge durch Blockade und Intervention zur Bundesgenossenschaft gezwungen. Der Gallipolifeldzug hat jeder Seite über eine Viertelmillion an Toten, Verwundeten und Erkrankten abgefordert — Opfer militärischer Prestigepolitik auf einem Nebenkriegsschauplatz! Wäre die Kriegsmaterialzufuhr zu den frontnahen Häfen der Ukraine zustande gekommen, so hätte sich Rußlands außen- und innenpolitisches Schicksal anders gewendet.
Aus dem anfänglich militärisch und politisch schwachen Landekopf der Alliierten vor Saloniki entwickelte sich in den folgenden Kriegsjahren mit Eigengesetzlichkeit eine immer mehr erstarkende Kampffront, von der aus es im Herbst 1918 durch einen groß angelegten Offensivstoß gelang, die Balkanposition der Mittelmächte zum Einsturz zu bringen.

Wiedersehen mit der Türkei

Am 25. August 1916 verließ der bisher größte nach Südpalästina bestimmte deutsche Heerestransport, 206 Mann Spezialtruppen und hochwertiges Material umfassend, Berlin und erreichte acht Tage später Konstantinopel. Transportführer war Wiegand, Hauptmann der Landwehr, sein Adjutant der Architekt und Leutnant der Reserve Karl Wulzinger. Dolmetscher der Professor der Archäologie und Landsturmmann Carl Watzinger, Wiegands späterer Biograph. Während der Fahrt trat Rumänien auf seiten der Entente in den Krieg ein. Diese Bedrohung der eben wiederhergestellten Balkanverbindung wurde in einem bis zum Januar 1917 dauernden Feldzug ausgeschaltet.

Th. W. an seine Frau

Moda (Vorort von Konstantinopel), 3. 9. 1916
Mein gutes liebes Mariele, es ist unrecht zu sagen, was ich jetzt sagen möchte: ich fühle mich hier glücklich in einer seltenen Weise. Der leichte Wind, der über die blauen Wellen geht, der lichte offene Himmel, die altvertrauten Ausrufer, das ganze unveränderte Getriebe, es hat doch etwas heimatliches für mich und man atmet wunderbar leicht. Ich habe es mir garnicht gedacht, daß es hier unten so schön war, als wir hier gelebt haben. Nun denke ich mitunter auch, daß ich Dich nicht hätte allein lassen sollen. Ich hätte kaum gedacht, daß Du Dir beim Abschied so schwere Gedanken machen würdest und Deine traurigen Augen verfolgen mich ein wenig. Ich kann mein Fortgehen nur rechtfertigen, wenn ich hier wirklich gut am Platze bin und mich in der neuen Arbeit für das Vaterland bewähre und auch Dir damit Ehre mache...
Oberstleutnant von der Goltz, Sohn des Feldmarschalls, wird Chef des Generalstabs am Suezunternehmen. Er geht fast gleichzeitig mit meinem Transport ab und in Bosanti werden wir uns gewiß wieder treffen. Dort beginnt ein Marsch von drei Tagen, der sicher schön heiß werden wird. Dann kommt wieder eine Strecke Bahn, dann nochmals zwei Tage Marsch, der Rest ist Eisenbahn. Während das deutsche Publikum glaubt, daß Djemal Pascha im Herbst mit 300 000 Mann gegen den Suezkanal vorbrechen wird, scheint es in Wirklichkeit zu gelten, Syrien gegen die Engländer zu verteidigen; diese haben sich auf dem Ostufer fest eingenistet, haben die Bahn auch hinübergeführt und man hat den Eindruck, als ob sie gegen El Arisch mit der Bahn losgehen wollten und dann einen kombinierten Angriff zu Lande und zu Wasser vorhätten. Jedenfalls stehen 30 000 Engländer östlich des Kanals. Ich hatte aus der Unterhaltung mit v. d. G., der mich allein zum Frühstück im Perapalace heute eingeladen hatte, den Eindruck, als ob er sich keine allzugroßen Illusionen über den dort zu erwerbenden Kriegsruhm machte.

An der Kilikischen Pforte
Th. W. an seine Frau

Etappenstation Tscham-Alan im Taurus, 9.9.1916
Hier sitze ich im wundervollsten Gebirgsland, umgeben von bewaldeten Fichtenhöhen, über die die schroffen Klippen des Taurus emporstarren. Ich bin heute morgen ganz allein mit einem Auto von Bosanti vorausgefahren, habe die Kilikische Pforte mit allen Empfindungen eines historisch denkenden Menschen durchschritten und finde hier in Hauptmann von Carnap einen überaus verständigen und tatkräftigen Berater. Das Resultat ist, daß morgen früh um 9 Uhr meine ganze Abteilung nebst Gepäck auf 17 Lastautos aufgeladen und nach Gülek gefahren wird. Man hatte mir in Bosanti gesagt, wir müßten die ganze Strecke marschieren, 3½ Tage. An sich wäre ich dafür gewesen. Aber auf der Straße liegt 20–30 cm hoher Staub, beständig arbeiten 1000 Mann unter einem deutschen Hauptmann Wolf an der Ausbesserung. Dies muß ein sehr praktischer Mann sein. Um z. B. die Arbeiter von den Handwerkern zu unterscheiden, hat er letzteren feuerrote Jacken machen lassen. Überall sitzen Steine klopfende, grabende, karrende Menschen, dann kommt wieder ein Waldstück mit Zelten – da schleicht sich ein unheimlich langer Zug müder, kranker Menschen zum Zelt des Arztes. Es sterben viel Leute, die Todesursache ist weniger Infektion an Typhus, Ruhr, als Entkräftung, Blutarmut etc., denn viele der Leute waren ungeeignet für schwere Arbeit und wurden von den Türken im Ramsch als Arbeiter ausgehoben, nun unterliegen die Schwachen und Alten.
Bis jetzt ist der Gesundheitszustand unserer Leute gut. Ich hatte ein strenges Verbot ausgesprochen, daß Melonen, Trauben etc. nicht gekauft werden dürften auf den Bahnhöfen. Der erste, der diesen Befehl überschritt, war der wachhabende Unteroffizier (Offiziersaspirant und von Beruf Volksschullehrer), der nun drei Tage Arrest erhielt und seiner Offizierslaufbahn verlustig ging. Man muß mit eiserner Faust durchgreifen, wenn man die Leute gesund durchbringen will.
Das ganze Personal der Anatolischen Bahn ist überanstrengt, übermüdet und gleichgültig. Die Leute haben vier Kriegsjahre hinter sich und keiner hat seit zwei Jahren eine Stunde Ruhe und Urlaub gehabt, die Lokomotiven sind abgenutzt, die Kohlen z. T. schlecht und zu wenig. Steigungen waren oft eine Qual, ein ewiges Stoßen, Stehenbleiben, Anrucken und Rumpeln. In Bosanti mußte ich unter diesen Umständen drei Wagen mit Munition abhängen lassen, sonst wären wir überhaupt nicht vom Fleck gekommen.
In Afium Karahissar bekamen wir 57 Kamele mit 40 Treibern. In Konia, wo die neue Wasserberieselungsgesellschaft 300 000 Dönüms Acker in Arbeit hat, meldete ich mich bei dem türkischen Bahnhofskommandanten, einem alten Major. Ich gab ihm ein Telegramm folgenden Inhalts für Bosanti zur Beför-

derung: »Etappenkommandantur Bosanti. Bitte für 4 Offiziere 186 Mann deutscher Truppen eine Brotration sowie Unterkunft bereitzustellen.« In Bosanti empfing uns kein Mensch. Der Etappenkommandant, ein jüdischer aufgeregter Major namens Jacoby, Sohn des bekannten alten Kupferstechers, empfing uns ganz verzweifelt; er hatte keine Nachricht bekommen! Nun ging ich zu dem türkischen Bahnhofskommandanten. Der erklärte, auch nichts bekommen zu haben. Warte, dachte ich, Du alter Bummelfritze, hast das Telegramm gewiß aus Bequemlichkeit unterschlagen. Ich ging nun nebenan zu dem Stationschef der Anatolischen Bahn und freundete mich mit ihm auf neugriechisch an. Dann bewog ich ihn, mir das Kopierbuch seiner Telegramme vorzuzeigen — da war das Telegramm. Aber wie sah es aus! Der brave alttürkische Major in Konia hatte es eigenmächtig in seinem Sinne verändert. Es lautete nun folgendermaßen: »Morgen erhalten Sie 40 Kameltreiber mit 57 Kamelen, außerdem 186 deutsche Soldaten und 4 Offiziere.« Das wichtigste immer zuerst!

Auf diesen Schrecken tranken wir einen Whisky mit Soda. Es gibt nämlich erstaunlich viel Whisky in Cospel und auf allen Orten, wo es Restaurants gibt, weil die Türken die Whiskyvorräte Mr. Townshends aus Kut el Amara inzwischen vorteilhaft verkauft haben. Diese Vorräte müssen wahrhaft unermeßlich gewesen sein.

Wir kamen am 7. September in Ulu-Kischla *(heute: Ulukisla, 46 km westlich Bosanti)* an. Vor dem prachtvollen alten steinernen Han, in dessen Gewölben die durch das Dunkel brechenden Sonnenstrahlen rembrandtsche Effekte hervorzuzaubern, lag ein altrömischer großer Meilenstein, dessen Inschrift wir kopierten. Da kam ein türkischer Offizier und sagte, ein russischer Baron, der Deutsch könne, wünsche mich zu sprechen, er sei unter einem Gefangenentransport aus dem Kaukasus. Richtig stand nahe dem unheimlich angewachsenen Soldatenfriedhof ein Haufen von gefangenen Russen und es kam auf mich ein blonder, etwa 24jähriger Mann mit sehr eleganter Gestalt, der sich als Eduard Dirkson von Smeker aus Reval, Schloß Schlawnau vorstellte. Er sei auf dem Transport von Siwas nach Kutahia. Als ich ihn fragte, ob man etwas für ihn tun könne, antwortete er, er bäte, daß sein Onkel, Oberförster Carl v. D., in Wartenburg benachrichtigt werde. Geld hatte er keins, einen Mantel hatte er auch nicht. Ich konnte nichts weiter tun, da der Zug abfuhr, bitte Dich aber das wesentliche an den Oberförster zu schreiben. *(Die Überführung des jungen Mannes nach Deutschland ist tatsächlich gelungen.)* Nach Ulukischla trat die Bahn in das Taurusgebiet ein und die Felsberge sind gerade am Anfang von der wildesten und scharfzackigsten Form, in manchen Partien wurde ich sogar an den Latmos erinnert. Der Kontrast ist um so fühlbarer, als wir am Abend vorher auf der Hochfläche gefahren waren und dort die Tauruskette niedrig erscheint, ganz baumlos und die einzelnen Berge mit ihren weichen blauen Schatten auf braunrotem Grund aussahen wie gelagerte

Riesentiere oder wie gewaltige Zeltdecken mit großen bewegten Flächen. Jetzt auf einmal Schneegipfel, Zacken und ein rauschendes Wasser in raschen Fall, moosgrüne Stellen darin, breitere Kiesbetten, auf denen Büffelherden lagern, einige Tiere liegen im Wasser. Jurukenkinder in ihrem zerlumpten grellfarbigen Kostüm, Ziegenherden treibend, dann eine schöne spitzbogige Türkenbrücke, verfallene, verlassene Dorfstätten, wo man vergeblich die Nomaden hat seßhaft machen wollen. In einem Seitental große weidende Pferdescharen, in einer anderen Schlucht der übliche Waldbrand in den Pinien. Und über dem ganzen der unbeschreiblichste Himmel, lichtblau mit weißen Wolken.
Endlich naht Bosanti. Ein hoher Eisenbahnbeamter hatte mich schon ein wenig vorbereitet: der Bahnhof sei zu klein, seit Monaten mit Material aller Art verstopft, die meisten Arbeiter fieberkrank, auch ungeeignet. Das breite Kiesbett des Flusses erweitert sich und vor mir liegt eine über Nacht entstandene Zelt- und Barackenstadt, das reine Klondyke der Türkei: hunderte von Waggons stehen bereit zur Entladung, auf dem Platz hinter dem Bahnhof lagert unzählige Munition, wohl an 3 000 Tonnen, in der heißen Sonne, und das ist nicht gut. Breite Stapelplätze dehnen sich dahinter aus, Lebensmittel, Viehfutter, Baumaterial und Fuhrparks sind dort gesammelt. Lehmziegelbaracken sind im Entstehen, weiße spitze Türkenzelte stehen Kreis an Kreis, dazwischen Holzbuden der Firma Holzmann, weiße, freundliche Offizierswohnungen, grüne Zelte mit deutschen und österreichischen Fahnen, die niedrigen Zeltbahnen lagernder Abteilungen, die auf Weitertransporte warten; die Wege sind voller Staub, die Abhänge voller Fußwege; Pferde, Kamele, brummende und schwer beladene Lastautos, zwischendurch Viehherden, kurz ein wahrer Hexensabbat und zuerst ganz unübersichtlich. Dann lernt man, wo der Bahnhofskommandant ist, dann wo die »Punktkommandantur«, dann wo die »Linienkommandantur« ist, man empfängt uns liebenswürdig im Kasino und neben dem neuen Kommandanten Schröder sitzt ein dunkler, energisch aussehender Herr, der sich leicht erhebt und vorstellt, Sven Hedin. Österreichische Offiziere kommen auch zu Tisch, draußen auf der Veranda wird Streichmusik gemacht, und während wir uns mit dem berühmten Gast unterhalten, ertönt zum ersten Mal, solange der Taurus steht, Händels Largo und Griegs Musik zu Peer Gynt in den Waldschluchten.
Ich habe unterwegs noch sechs Flugzeuge aufgelesen, die ich mitnehme. Von der Schwierigkeit der Gebirgstransporte macht man sich nur schwer eine Vorstellung.

Bosanti (Pozanti) liegt am Westeingang der Kilikischen Pforte durch das Taurusgebirge zwischen Anatolien und der Ebene von Adana. Dieser Punkt ist gleichermaßen 1 000 km von Konstantinopel, Jerusalem und Bagdad entfernt. Hier unterbrach eine 20 km lange Baulücke die eingleisige Eisenbahn, von der die Versorgung der syrischen und der mesopotamischen Armee abhing. Dieser

Bauabschnitt wurde erst im Herbst 1918 zum Zeitpunkt des militärischen Zusammenbruches fertig. Er enthält zahlreiche Viadukte und 70 Eisenbahntunnels, davon drei mit mehreren Kilometern Länge.

Station in Adana
Th. W. an seine Frau

Adana, im Hause des Oberingenieurs Winkler, 10. 9. 1916
Mit einem Mercedeswagen von 50 Pferdekräften und siebzehn Lastautos sind wir gestern stolz den Taurus herabgefahren und haben den Anschluß an die Bahn in Gülek, am Rande der cilicischen Ebene gewonnen. Unsere Leute lagern auf freiem Feld in ihren kleinen Zelten und ich bin nach Adana hereingefahren, um mit Winklers und des Eisenbahnoffiziers Hptm. Goerke's Hilfe den Amanus zu überschreiten. Heute Abend sind wir bereits in Mamureh und werden sofort einen Nachtmarsch daranschließen. Unsere Gepäckstücke, 40 Tonnen, wird Winkler auf der Förderbahn der Baugesellschaft voransenden nach Islahiye, wo wir es wieder treffen. Ich gebe 30 Mann zur Bewachung mit auf die Bahn, denn der Anreiz zum Diebstahl ist in diesem Land, wo das Kilo Zucker z. Zt. 17 Francs kostet, zu groß.
Die Fahrt den Taurus abwärts war noch staubiger, als die erste Hälfte. Die Autos wühlten sich durch das Staubmehl, wie Torpedoboote durch die Wellen. Die Landschaft wird langsam sanfter und reizloser, obwohl manch stolze, höhlenreiche Klippe noch die Augen anzieht. Von der Ferne leuchtet das Meer. Als wir in Kurd Mussa im letzten Drittel der Fahrt waren, kam uns ein Anblick zu Gesicht, den ich so bald nicht wieder loswerden kann. Ein Zug von etwa 100 kriegsgefangenen Engländern wankte langsam an uns vorüber, die Menschen waren so mager und elend, daß man an indische Hungerleichen erinnert wurde, es waren aber keine Inder, sondern die englischen einstigen Lehrmeister der indischen Truppen. Aus hohlen, erstarrten und fast erschreckten Augen starrten die Leute uns groß an, die Arme einzelner Leute waren wie Kinderärmchen so dünn und ganz faltig, obwohl es Leute in den 20er Jahren waren. Ein scheußlicher Anblick. Weiter abwärts hatten mitleidige Türken einen ganz jungen Engländer auf einen Ochsenkarren geladen und nach einiger Zeit fanden wir am Wege einen Toten, um den bereits ein Hund herumschlich. Ich sprach einige Stunden später den amerikanischen Konsul von Mersina. Er hat 200 Engländer ins Hospital in Adana gebracht und meint, nicht die Hälfte von Townshends Armee sei mehr am Leben. Die Leute *könnten* schon garnicht mehr essen, auch wenn sie wollten, und litten an Skorbut, Ruhr, Typhus und Dysenterie, manche an mehreren zugleich.
Abends traf ich Winkler, der Mutter und Dich sehr herzlich grüßen läßt, in seinem schönen, weiträumigen Hause mit den deutschen Offizieren, die in Adana stationiert sind, und hatte so alles zusammen, was ich brauchte. Ich

ziehe so rasch wie möglich durch diese gesundheitlich so bedenkliche Gegend, in die uns die Inder auch noch die Malaria tropica schwerster Form eingeschleppt haben. Unsere Leute sind verständig und nehmen brav Chinin wie ich selbst. In Winklers Fremdenzimmer habe ich glänzend geschlafen, nachts saßen wir im Mondschein auf dem großen flachen Erddach, weithin übersieht man die Stadtquartiere mit den Minaretts und den vielen auf den Dächern schlafenden Menschen. Heute Morgen ein Gang durch Adana.
Die Stadt liegt ganz flach. Sie ist ein enormes Geschäftszentrum und die Tscharschi-Straße, die sich wie eine lange faule Schlange durch den Ort zieht, beherrscht alles. Das ist die Gegend, die s. Z. bei dem Armeniermassaker in Brand aufging, hunderte von Häusern dieses unglücklichen Volkes liegen dicht dabei noch in Trümmern und an mancher Wand zählte ich 20–30 Gewehrschuß-Einschläge. Die neue Tscharschi-Straße ist ganz poesielos und könnte mit ihren unvernünftigen Breite, die der Staubentwicklung so günstig ist, ebensogut in Athen oder Argos stehen.
Geht man in die Seitengassen, dann sieht man, daß man sich in einem ganz neuen Klima, dem subtropischen befindet. Schwarze breite Schattendächer tragen die vorwiegend flache Abdeckung der Wohnhäuser und ganz merkwürdig ist, daß sich hier die römisch-byzantinische Mauertechnik mit ganz flachen gebrannten Ziegeln erhalten hat, dazwischen allerdings nicht mehr zäher Mörtel, wie im Altertum, sondern dicke Lehmschichten, 3–4 cm hoch. Leider sind eine Menge schöner alter Häuser auch schon niedergerissen. Ausgewiesene Armenier haben sie verlassen müssen und dann wurde eine Straße angelegt, die die vordere Hälfte einfach abschnitt. So stehen hunderte von Häusern als Ruinen und jeder, der etwas braucht, holt sich davon. Die armenische Kirche ist in ein Ledermagazin verwandelt und in der Vorhalle ist eine türkische Handwerkerschule eingerichtet.
Einen prachtvollen Anblick hatte ich an dem wasser- und fischreichen Seihûnfluß, an dem hunderte von Pferden, Büffeln und Rindern in der Morgenfrühe getränkt wurden, dicht bei der großen antiken Steinbrücke, die sich mit leuchtend gelbem Quaderwerk in vielen Bogen unregelmäßig über den Fluß spannt, denn der Oberteil ist oft umgebaut worden. Und im Hintergrund der Flußlandschaft sieht man die mächtige Tauruskette als silberweiße imposante Masse. Denke Dir dazu die duftigen Schleier der Ebene, die zarten blaßroten Farbentöne der Vorberge in der Frühsonne, die Silberpappeln und fischenden Menschen am Stromufer – aber wer kann das alles schildern?
Adana bekommt Fliegerbesuche, wir fahren daher erst gegen Abend von Gülek ab. Der letzte Versuch, die Eisenbahnbrücke über den Seihûn zu zerstören, ist mißglückt.

Der britische General Townshend rückte im Sommer 1915 von Basra am Schatt el Arab, dem Zusammenfluß von Euphrat und Tigris 100 km oberhalb des Persischen Golfes, mit 15 000 Mann gegen Bagdad vor. Ihm standen schwächere türkische Truppen unter der Führung des Reorganisators des türkischen Heerwesens, des Generalfeldmarschalls Colmar Freiherr von der Goltz gegenüber. Der Vorstoß wurde zurückgeschlagen und Townshend in Kut el Amara am unteren Tigris eingeschlossen. Der überaus wagemutigen Führung des 73jährigen Marschalls gelang es, mit unterlegenen Kräften die Einschließung aufrecht zu erhalten und mehrere Entsatzversuche abzuschlagen. Dabei waren die Briten, denen die See- und Flußverbindungen offen standen, nur 150 km von ihrer Basis Basra entfernt, die türkische Armee dagegen 850 km von Ras el Ain (türkisch heute Ceylanpinar), dem damaligen Endpunkt des Bagdadbahnbaus. Ende April 1916 kapitulierte Townshend mit 10 000 Indern und 3 000 Engländern. Von der Goltz war kurz zuvor an Flecktyphus gestorben.

Durch das Amanus-Gebirge
Th. W. an seine Frau

Damaskus, Hotel Victoria, 19. 9. 1916
Nach neun Tagen kann ich Dir wieder mal etwas ausführlicher erzählen. Ich bin von Rajak südlich Aleppo mit Oberstleutnant v. d. Goltz hierher vorausgefahren, um alles für die Weiterleitung meiner Soldaten nach Jerusalem vorzubereiten.
Zuletzt schrieb ich von Adana, wo wir mit den Engländern noch schauerliche Erlebnisse hatten. Das ganze Hospital war voll von diesen Unglücklichen, man hatte zwei Abteilungen gemacht, in der einen lagen Leute, die man hoffte durchzubekommen, in der anderen tote und sterbende, bedeckt mit Fliegen und Unrat. Nachts fuhren wir nach Mamureh am Fuß des Amanus, wo 80 tote Engländer auf dem Bahnhof herumlagen, es kamen immer neue schwankende Gestalten mit starren blauen Augen, z. T. getrieben von türkischen Gendarmen. Als einer von diesen einen kranken Engländer vorwärtstrieb, indem er ihm mit einem schweren Knüppel auf den Hinterkopf schlug und mit dem Fuß trat, konnte einer unserer Landwehrleute, ein Berliner Oberkanonier vom 1. Garde Fuß Art. Rgt. nicht an sich halten und schlug den Türken mit einer riesigen Ohrfeige zu Boden. Der Engländer wurde dann von uns versorgt, ich glaube aber nicht, daß er heute noch lebt.
In Mamureh waren die Zustände wenig erbaulich. Da standen wir nun auf dem verseuchten Bahnhof, dicht an einem großen Sumpf, vor uns das schwierige Amanusgebiet. Es meldete sich kein deutscher Etappenoffizier, Zugtiere fehlten für die Feldküche, endlich fand ich einen Feldgeistlichen und einen Doktor und erfuhr, die Etappe sei aufgelöst, der Major Schoen sitze 4 km weiter im Gebirge. Ich bekam den Herrn telefonisch zu fassen, erklärte ihm, daß

ich in diesem Sumpfloch, wo kein Mensch für uns sorgen könne, keine Minute mehr bleibe, worauf er grob, ich noch grober wurde und mit sofortigem Telegramm nach Cospel drohte. Endlich, und mit besonderer Hilfe von Winkler, bekam ich fünf Extrazüge der kleinen Förderbahn durch den Amanus gestellt. Wir mußten unser ganzes Gepäck auf die Kleinbahn umladen, und als dies geschehen war und wir die offenen Güterwagen erkletterten, brach sich Watzinger den Fuß. Es wäre vielleicht gut abgegangen, wenn er nicht den schweren Tornister getragen hätte.

Es war eine große Verantwortung für mich, die vielen Soldaten auf einer offenen, sehr kühn an Abgründen und Schluchten vorbeiführenden Bahn zwölf Stunden lang zu fahren, aber die Gefahr des Sumpfes war größer. Es ist nicht zu glauben, wie sehr die großen Truppendurchzüge die Haltestellen der Etappe verseucht haben. Unsere Leute waren sehr müde, Wulzinger und ich hatten fortwährend zu tun mit Ermahnungen, die Gliedmaßen beieinander zu halten, nicht einzuschlafen. Als wir schließlich nachts 3 Uhr durch das Tunnel mußten, war es der kritische Punkt, denn über den Köpfen der Leute waren eine Strecke lang höchstens 10 cm Zwischenraum bis zur Balkenversteifung des Tunnels und niemand durfte sich gerade aufrichten. Das ging wohl eine Viertelstunde so. Der ganze Tunnel ist in ¾ Stunden passiert worden.

Landschaftlich war die Fahrt von höchstem Reiz, wenn auch der Taurus noch großartiger wirkt. Mir wurde die Fahrt zuletzt etwas lang, denn ich hatte 24 Stunden nichts gegessen, so viel war zu tun, bis man endlich an sich selbst denken konnte. Nun fanden wir einige sehr freundliche und gebildete Eisenbahnoffiziere, die uns in der kalten Nacht Tee mit Rum und etwas Essen verabreichten. Die Herren erzählten, daß in letzter Zeit viel Explosionen von feindlicher Seite verursacht worden sind. Sie führten mich an eine Stelle, wo 2000 kg Dynamit in die Luft geflogen waren, vier Deutsche und acht Türken sind dabei spurlos verschwunden, der ganze Zug lag zerstört herum, ein schwerer Eisenträger war bis auf das jenseitige Talufer geflogen. Das war die achte Explosion in diesem Jahr, während sonst nie etwas passiert ist, und man arbeitet doch schon sieben Jahre. Eigentümlich ist auch, daß die Explosionen stets des Nachts passieren. Man hat jetzt weithin nächtliche elektrische Beleuchtung durchgeführt.

Im Tunnel wird noch der Kampf gegen das Wasser geführt, die Sohle ist an einigen Stellen noch zu vertiefen, die Wände noch zu glätten und vereinzelt auch auszumauern. Aber Winkler hofft, den Betrieb am 1. Januar 1917 zu eröffnen. Wenn man bedenkt, auf einer wie kleinen Bahn jetzt das Schicksal dreier großer Armeen beruht, wird einem doch merkwürdig zu Mute. Denn alles Material für den Kaukasus, Mesopotamien und Syrien muß auf dieser Förderbahn rollen, deren Wagen 7½ qm Tragfläche und nur 5000 kg Tragfähigkeit haben.

Das Gestein des Tunnels ist blaugrau wie Schiefer, aber sehr hart. Rechts liegt auf dem Boden das dicke Lüftungsrohr, daneben das Dampfdruckrohr für die Minenbohrer, links der große Kanal zur Abführung des Wassers von den Einbruchstellen. Dort haben die Arbeiter harten Dienst, im eiskalten Bergwasser müssen die Bohrstäbe vorgetrieben werden, während der Tunnel selbst von einer feuchten warmen Luft erfüllt ist. In der Morgensonne trockneten unsere Kleider schnell wieder.
Indische Gefangene, besonders Gurkhas mit freundlichen Gesichtern und blitzblauen Zähnen arbeiten in Massen am Ostausgang; ihnen scheint das Klima gut zu bekommen, während ihre Lehrmeister zugrunde gehen. Die Ernährung war die gleiche, doch verlangten die Inder mehr Reis, die Engländer mehr Alkohol. Diese Inder laufen mit nackten braunen Beinen herum, sind arbeitsam und immer vergnügt, besonders die Buddhisten.
Wieder kam, am Ostfuß der Amanus, ein böses Fiebergebiet bei Islahié, unweit der Ruinen von Sendschirli. Die deutschen Eisenbahntruppen leiden sehr. Aber sie haben doch ihren Humor noch behalten und manche ihrer kleinen Aussteigepunkte mit hochtönenden Namen bezeichnet, z. B. findet sich im wildesten Schluchtgebiet die Station »Schöneberg«. Nun galt es wieder, alles Gepäck in die Großbahn nach Aleppo umzuladen. Es ist eine Aufgabe für sich, die Sachen vor Diebstählen durch die sich überall herumdrängenden und lungernden »Arbeitssoldaten« zu bewahren.
Aleppo ist ein Märchen. Wenn man sich durch die unsagbare Atmosphäre von weißem Staub durchgesetzt hat, die zwischen dem Bahnhof und der Altstadt liegt, erlebt man Träume. Aber man muß wirklich malerische Phantasie besitzen und außerdem von einer so vortrefflichen Frau geführt werden, wie es Frau Koch von Winkler ist. Mitten in Aleppo erhebt sich über der Stadt eine Burg, errichtet von großen arabischen Herrschern zur Zeit der Kreuzzüge, von überwältigender Schönheit. Es ist eine richtige Akropolis mit trapezförmigem Umriß, tiefem Graben und unzähligen Türmen auf dem Rand der Höhe, aber das schönste ist der Aufgang. Der ist ganz, als ob ihn die kühnste Erfindungskraft eines Malers geschaffen hätte. Denke Dir unten am Graben einen starken Turm, durch den Du auf einen aufsteigenden, von engen hohen Bogen getragenen Viadukt kommst. Die Farbe des Turmgesteins leuchtend gelb, jede Stufe abwechselnd weiß und schwarz, dann am oberen Rand der Burg ein gewaltiger, zweistöckiger zweiter Turm mit Pechnasen, hohen Fenstern und Zinnen, golden leuchtend im Licht der Nachmittagssonne, Portale von arabischen Ornamenten umsäumt, alles stark und klar geometrisch gezeichnet, dann ein zweites Tor mit Schlangendekoration, dunkle breite Aufgänge — endlich ist man oben und kommt dann in einen wunderbar goldgelben Säulensaal, wo früher der Araberfürst sein Gericht abhielt. Das Dach ist eingestürzt, aber die Säulen stehen noch und alles bezeugt vornehme Größe.

Es liegt etwas tröstliches in dem Gedanken, daß wenigstens etwas bedeutendes und originelles aus der Zerstörung der byzantinischen Welt und den unzähligen Plünderungszügen hervorgegangen ist, wenn auch die heutigen Machthaber die Größe dieser Form nicht mehr begreifen, sonst würden sie alles tun, um solche Dinge zu erhalten. Statt dessen werden die Fürstengräber draußen vor der Stadt vernachlässigt, armes Gesindel hat sich dort eingenistet und Mamelukengräber mit den feinsten Ornamenten gehen dem schlimmsten Verfall entgegen.

Wenn aber irgend etwas meine Begeisterung erregt hat, so ist es das arabische Privathaus der alten Zeiten. Da ist noch ein Königspalast, ganz verschwiegen und unscheinbar mitten in der Stadt gelegen. Kommt man aber durch die Pforte, so erhebt sich ein 20 m hoher Liwan mit den herrlichsten Kacheln, ein quadratischer Hof dehnt sich davor aus, er enthält ein großes Wasserbassin, und die niedrigeren drei Seiten des Hofes enthalten Zimmer voll der feinsten und zartesten arabischen Holzbildhauerei und Malerei. Die altarabische Architektur erweckt in mir die Vorstellung von Stilsicherheit und Größe in der dekorativen Ausgestaltung; der persische Blumenstil, der in Anatolien und Konstantinopel überwiegt, ist gewiß reicher, aber nicht bedeutender.

Durch den Libanon

Am 18. September traten wir in das Libanongebiet ein. Wir fuhren auf 1000 m Höhe bei wolkenlosem Himmel in kühler Luft über braune steinige Gefilde zwischen kahlen, langen graubraunen Felsrücken, die von mäßigen Schluchten zerteilt sind. Hier und da blitzt noch von den Höhen ein kleines Schneefeld. Auf den Vorbergen liegt dünner, unscheinbarer Wald. In dem großen Einerlei erkennt man die Dörfer an den dunkelgrünen Pappelhainen, die sie umgeben. Im ganzen ist die Sonnenbeleuchtung so wie in Griechenland, aber die roten Töne sind in Syrien doch wohl noch feiner. Die Pappel ist charakteristisch für das Land, sie ist das Bauholz der Städte und Dörfer, und der Kontrast zwischen Wasser und Trockenheit wird durch sie augenfällig, besonders da, wo tiefe malerische Schluchten das harte, sonderbar verworfene Gestein hervortreten lassen, während sich aus der Tiefe der dichte rauschende Pappelwald emporstreckt und dem Verlauf der Schluchten stundenlang folgt. Aus den Gärten leuchten die Quitten und die roten Pistazien, und die freundliche, bewegliche Bevölkerung bringt Trauben und Pfirsiche in Fülle heran. Schade, daß wir nichts davon essen dürfen! Man sieht viel schöne große dunkle Augen, schlank gewachsene Mädchen und zierliche Kinder. Daneben freilich auch die abstoßenden Typen schmutziger, verwahrloster Kerls, die es darauf absehen, alles an sich zu bringen, was nicht niet- und nagelfest ist. Goltz sagte: »Sie

sind sehr nett und gefällig, dafür reißen sie aber im Felde auch aus wie Schafleder.«
Nach dem Passieren des Amanus nahmen bei unserem Transport die Malaria- und Ruhrfälle wieder zu, und als heute morgen (20. Sept.) um 8 Uhr der Zug im Bahnhof Beramkeh vor Damaskus einlief, wurden mir 16 Erkrankte gemeldet. Ich hatte nur einen Sanitätsfeldwebel zur Verfügung. Die Verordnung des Garnisonältesten von Damaskus lautet, alle deutschen Kranken sollten tunlichst nach Jerusalem gebracht werden und nur schwere Fälle sofort ausgeschieden werden und in Damaskus ins türkische Krankenhaus. Wir haben nun aber in Damaskus einen deutschen Garnisonarzt, Stabsarzt Dr. P., dieser Herr wohnt in einem schönen Gasthaus — Palasthotel —. Ich sandte sofort den Kaplan des Soldatenheims und den Sanitätsfeldwebel zum Herrn Stabsarzt mit einem zweispännigen Landauer (10 Minuten Weg) und ließ ihn bitten zu kommen und die Leute anzusehen und danach zu entscheiden, wer in Damaskus unbedingt bleiben müsse. Der Herr Stabsarzt lehnte aber glatt ab, es war morgens 8.30, und sagte, er könne unmöglich »wegen jedes Militärtransportes an die Bahn kommen«. Dies meldete mir der Sanitätsvizefeldwebel und Du kannst Dir wohl meine und meiner Offiziere Empörung vorstellen. Wir schieden nun nach bestem Ermessen fünf schwer kranke Leute aus und übergaben sie dem türkischen Kanawat-Krankenhaus. Dann wurden wir auf den anderen Bahnhof von Damaskus, bei Kadém, gefahren, wo der Hedjasbetrieb einsetzt. Zu meinem Glück bemerkte ich 5 Minuten entfernt von der Station einen großen deutschen Brückentrain in einem Ölbaumwald, ging sofort hin und fragte, ob da ein deutscher Arzt sei. Ich wurde zum Oberarzt Dr. Voß geführt, der beim Mittagessen saß, sofort aufstand und mit mir kam. Er stellte fest, daß es sich um weitere zehn ernste Fälle von Erkrankung handelt, und daß alle diese Patienten sofort ins Kanawat-Krankenhaus mußten. Also der Herr Stabsarzt hätte uns ruhig alle diese armen Kerls weiter auf die Reise mitgehen lassen. Und mehr tun, als ihm einen Landauer vors Hotel zu senden, konnte ich doch nicht. Die Herren haben wahrlich in Damaskus nicht allzuviel Arbeit, und was Dr. Voß in 10 Minuten erledigte, hätte der Herr Stabsarzt doch wohl auch fertig bringen können. Dabei ist unser Transport nicht etwa ein beliebiger, unbedeutender, sondern der bedeutendste Ersatztransport, der in diesem Kriege nach der Sinaihalbinsel abgegangen ist!
(Die Mitteilung dieses Vorfalles nach Deutschland hatte für Stabsarzt Dr. P. Folgen.)
Sehr interessant sind die syrischen Geldverhältnisse. Für ein Goldpfund bekommt man 1¾ Papierpfund. Die hohen Beamten haben kein Interesse an der Änderung dieser Zustände, sondern sammeln ihrerseits, unter Druck natürlich, Gold, und kaufen Papier, also für 1000 Goldpfund 1750 Pfund Papier. Dieses Papier wird nach Deutschland gesandt und die dortigen Banken müssen es mit Mark in Zahlung nehmen.

In Birseba (Beerscheba)
Th. W. an seine Frau

El Arisch, 1. 10. 1916
Seit zwei Tagen bin ich hier in El Arisch. Von Damaskus fuhren wir über Derra am Haurangebirge entlang, man sah viel Basaltformation, die Dattelpalme begann in einzelnen Gruppen aufzutauchen. Unsere Leute erfreuten sich an Granatapfelblüten und an ganzen Waldstücken von Rizinusstauden, die der energische Direktor der Hejasbahn, Herr Dieckmann, hatte pflanzen lassen, um Ersatz für fehlendes Maschinenöl zu erhalten, leuchtend rote Stämme und Äste, schöne lange Spitzblätter. Ich dachte mir, nun werde die Maschine mit solchem Öl doch wohl schneller »laufen«, aber das Schneckentempo — bei Holzfeuerung — blieb unvermindert und unter dem Wellblechdach der Waggons hatte man manches zu leiden. Einige Leute, auch mein Bursche, bekamen die Krätze von kranken Kamelen, die unsere Vorgänger im Waggon waren.
Seit unserem Aufbruch von Gülek im Taurus habe ich bei der Heizung der Lokomotiven ausschließlich Holzfeuerung gesehen, und wenn das so weiter geht, werden die wenigen Bäume des Landes weit und breit verschwinden. Nachts ist es ein feines Schauspiel, wie Millionen von Funken die Fahrt begleiten, aber das Herz tut einem doch weh, wenn man an solche Vernichtung denkt.
Eine reizende Episode ist der Anblick des Sees Genezareth mit der daran liegenden Stadt Tiberias. Die Uferberge alle kahl und braun, die Stadt ein enges mittelalterliches Nest mit weißen Mauern, das wir nur von Ferne sahen, aber das Wasser blitzblau, am Ufer verstreut hie und da einzelne braune Nomadenzelte und weidendes Vieh.
In Birseba kamen wir am 22. Sept. vormittags an, und wie immer war auch diesmal nichts vorbereitet. Es waren keine Zelte da und wir mußten auf einem staubigen, sandigen Platz am Bahnhof drei Tage zubringen, zuletzt allerdings in großen gelben Zelten, durch die aber der jeden Tag sich erhebende Staubsturm heftig durchdrang.
Birseba besteht eigentlich aus einer hübschen weißen modernen Kalkstein-Moschee mit drei steinernen Regierungsgebäuden, in deren Umgebung man mit großer Mühe und Not 60 000 junge Bäume verschiedener Sorten aufzieht. Die Gegend ist hügelig und der Boden besteht leider nicht aus Sand, sondern aus der feinsten weißen Ackererde, die Du Dir denken kannst. Rings um die sich an die Moscheegegend anschließenden modernen Steinhütten und Lehmhäuser lagern in weitem Bogen Kamele, Truppenkörper, Fuhrparkkolonnen, Flieger, Fußartilleristen u. s. f., und jeder Mensch macht mit jedem Schritt Staub, Staub, Staub. Um 9 Uhr erhebt sich der von Norden einfallende Passatwind. Fern schon erkennt man herannahende Windhosen voller Staub,

das weht über den Cholerafriedhof heran, wo täglich noch 3–4 Leute eingegraben werden, Christen, Mohammedaner und Juden friedlich beisammen, über die Schuppen und Hallen des Bahnhofs und die unzähligen Gruben für tägliche Bedürfnisse, und alles wird mit in die Luft gerissen, was die Sonne getrocknet und in Staub verwandelt hat. Ein graubrauner Schleier bedeckt Menschen, Tiere und Gegenstände, dazu herrscht eine unglaubliche Fliegenplage. Da wundert man sich denn nicht, wenn Typhus, Ruhr und Dysenterie nicht aufhören wollen und eigentlich nur die gesund bleiben, die weit draußen bei den Fliegerabwehrkanonen wohnen. Am dritten Tag hatte ich soviel Staub geschluckt, daß ich Bronchialkatarrh und einen Dysenterieanfall bekam, beide Erscheinungen sind erst heute zum Stillstand gelangt hier im Bereich der Seeluft.

Nach Auflösung des Transports zog ich in ein Gelaß, das 2½ m unter der Erde lag, wo zuvor der Kommandeur des Kamelreiterkorps Major Hardy gewohnt hatte. Da war es kühl und auch vor Staub erträglich, wenn dieser auch dort noch immer durch alle Ritzen der primitiven Türen und Fensterluke drang und fußhoch vor dem Eingang angeweht wurde.

Mein Trost war eine 100 m weit entfernte stille Klause, die mit europäischer Eleganz durch Wasserzuleitung ausgestattet war, System »Undine« stand auf dem Wasserkasten und Undine war täglich meine einzige Freude, mein liebster Gang. Der Vater der Undine, ein großer, auf Holzgerüst aufgebauter Wasserkasten mit rotem Menniganstrich war 50 m davon auf einer Höhe und hieß natürlich »Kühleborn«. Mein Gegenüber in einer anderen Erdhöhle war Oberstleutnant von der Goltz, daneben der österreichische Etappenkommandeur, dann noch ein deutscher Veterinärmajor und in einem Zelt die deutsche Feldpost unter dem mir von Smyrna her bekannten Postsekretär Fraude, der infolge der Dysenterie so elend und abgemagert ist, daß ich ihn nicht mehr erkannte. Dort lasen wir jeden Abend die Kriegsberichte unserer Funkenstation.

Die Sonnenuntergänge über dem weiten, öden Hügelland Philistäas, die herrlichen grünen und gelben Streifungen, das tiefglühende Rot, das sind wundervolle Eindrücke, und wenn vom nahen mohammedanischen Dorffriedhof nicht üble Düfte kämen, würde man das ungestört genießen. So kriecht man bald in die Höhle und geht mit den Hühnern schlafen. Unter diesen Umständen wirst Du es leicht verstehen, daß ich einen Freudenschrei tat, als Oberst von Kress mir telegrafierte, ich solle nicht warten, bis er nach Birseba komme, sondern solle mit v. d. Goltz im Auto nach Chan Junus südlich Gaza fahren, dort werde er mit uns zusammentreffen und nach El Arisch reiten, Pferde und Lastkamele bringe er mit.

Beerscheba, 70 km südlich von Jerusalem, ist heute eine moderne Stadt von 60 000 Einwohnern, Verwaltungsmittelpunkt der israelischen Negevwüste.

Fahrt nach El Arisch

Morgens 5 Uhr am 28. 9. brachen wir im Auto auf und ließen das verwünschte Birseba hinter uns. Erdiges braunes Hügelland. Wenn hier Wasser wäre! Auf der ganzen Fahrt sah ich nur einen größeren Brunnen. Dabei große Kaktushecken, Koniferen, Terebinthenbäume und Erdhütten, die wie große aus Klumpen gepappte Modelle aussahen, mit gerundeten Ecken und Türgewänden aus Lehm.
Dann kam Chan Junus *(heute: Chan Junis, 30 km südwestlich Gaza)* mit einer zerfallenen Burg, aus der sich ein halbes Minarett erhob, feine Architektur und große altarabische Steininschriften an den Wänden. Wir kamen durch den Wochenmarkt, phantastische Wüstengestalten starrten uns an, die Frauen verhüllten sich oder zogen den Schleier von Metallstücken vor Nase und Mund, braune z. T. nackte Kinder laufen dem Auto nach, wir halten im Garten des Kaimakam, werden mit Kaffee begrüßt und atmen Seewind. Das Meer selbst ist noch eine Stunde entfernt und gewaltige Sanddünen, die der Sommernordwind von Jahrtausenden aufgetürmt hat, stehen dazwischen.
Nach einer Stunde kommen arabische Reiter und Kamelführer ins Dorf geritten, mit ihnen auf einem Reitkamel die Gestalt eines schlanken, hochgewachsenen deutschen Offiziers in türkischer Oberstenuniform, das groß geschnittene Gesicht glatt rasiert, ein Mann etwa Ende der Vierziger Lebensjahre. Dieser Anblick hat etwas bedeutendes, starkes. Es ist Oberst von Kreß, der Führer des Expeditionskorps gegen die Engländer am Kanal.
Es dauerte garnicht lange, so waren wir im besten Einverständnis. Und da er mit v. d. Goltz die ganze Front besucht, so darf ich mich anschließen und bekomme nun alles aus erster Hand zu sehen.
Die Engländer haben östlich des Kanals bei Katia-Romani eine bedeutende Flankenstellung eingenommen, von der aus sie den Angreifer des Kanals bedrohen. Sie bauen eine Wüstenbahn gegen El Arisch und sind zahlreicher als wir. Mit diesen Andeutungen muß ich mich einstweilen begnügen.
Mittags bestiegen wir die Pferde und kamen bei Raphia *(heute Raffa)* über die englische alte Grenzlinie zwischen Syrien und Ägypten. Dort untersuchte ich ein wenig den Tell Rafia und fand römische Scherben. Die Grenze zwischen der englischen und der türkischen Hoheitszone wird gebildet durch zwei antike Säulenstümpfe, die dicht neben einander unter einen großen alten Baum gestellt sind. Rechts auf den Sanddünen bemerkte ich eine große Menge von Netzen an hohen Stangen, die sich dem ganzen Strand entlang ziehen. Das sind die Fangnetze der Beduinen gegen die armen Wachteln und Singvögel, Wiedehopfe und wie sie alle heißen mögen, die nach dem Flug über das Meer todmüde am Ufer niederfallen und nun in die Netze geraten.
Abends übernachteten wir im Sande des prachtvollen Palmenhains von Schech Suwejid und ritten am 29. 9. morgens ganz früh nach Arisch. Der Weg

wird immer sandiger. Hohe Wanderdünen verlegen uns den Ritt und die Wüste dehnt sich in langen weißlichen Wellen unendlich aus, darüber weht feiner Flugsand, wie ein Schimmer von Seide. Manche Strecken sind mit binsenartigem hartem dunkelgrünem Gestrüpp bedeckt, das von den Kamelen verschmäht wird. Auf dem Wege liegen die Gerippe von ungezählten Kamelen und anderen Lasttieren, deren ausgepickte Augenhöhlen vorwurfsvoll starren. Jedesmal erschrickt mein Pferd, macht einen großen Bogen und der Gestank ist oft abscheulich. Selten kommt ein Blick aufs Meer. Fern erscheint ein Minarett — das ist El Arisch.

Auf einer der höchsten Dünen sehe ich einen schwarzen Punkt, Oberst von Kreß sagt: »Das ist der äußerste rechte Beobachtungspunkt unserer Stellung gegen die See zu. Es sind deutsche Matrosen.« Die Palmen mehren sich, es kommen niedrige Feigenbäume und bald empfängt mich das Lager. Der Adjutant Major Mühlmann führt mich in ein englisches Beutezelt, in dem ich wohnen soll, und wir halten die erste Ruhe. Blicke ich hinaus, so fällt der Blick auf die goldgelben Bündel reifender Datteln.

Am Nachmittag ein köstliches Seebad in starker Brandung. Es ist ein interessantes Gefühl, sich hier in den Wogen zu wiegen, während nicht weit davon 12 englische Kriegsschiffe mit nicht gerade sehr freundlichen Absichten spazierenfahren. Heute morgen erweckte uns ein riesiger Krach. Es war diesmal kein Flieger, sondern zwei Araber hatten am Strand mit einer angeschwemmten Mine hantiert und waren zu Fetzen zerrissen worden.

Das Abendessen nahmen wir bei dem liebenswürdigen bayerischen Major Meier mit sieben anderen Offizieren in einem arabischen Hause bei Azetylenlicht. Der weiß gedeckte Tisch war mit Weinlaub bekränzt und die Wildtauben schmeckten vorzüglich, als Nachtisch gab es frische Datteln. Wir saßen da in einer großen Halle, die sich mit weiten Bogen auf einen großen Innenhof öffnet. Diese arabischen Höfe sind wegen der Kamele alle von sehr großen Abmessungen.

IN EL ARISCH
Th. W. an seine Frau

El Arisch, 6. 10. 1916
Am Strande ist es abends am schönsten. Die Türken reiten ihre Pferde und Kamele ins Wasser, die Sonne bestrahlt die Körper der badenden Soldaten, und über dem Ganzen steht auf hoher Sanddüne das kuppelgewölbte Grab eines frommen Scheichs; Napoleon hat hier einen Kampf gehabt und einer seiner arabischen Gegner liegt hier begraben.
Ich habe mit Wulzinger die Burg von Arisch untersucht, die von den Engländern beschossen und nun von den Türken unter Einzelverkauf der Steine

abgerissen wird. Wir haben uns die Reste des altbyzantinischen Bischofssitzes Laris gesammelt. Es war einer der lieblichen Verbannungsplätze der byzantinischen Kaiser für geistliche Widersacher, und da der Bischof schwerlich Seebäder nahm, wird er sich hier entsetzlich gelangweilt haben, denn Datteln allein machen nicht selig.

Inzwischen hat Wulzinger auf der Reise nach Arisch die Ruinen von Hafir el Audscha besucht und gesehen, daß dort eine frühbyzantinische Klosteranlage von den Türken erbarmungslos zerstört wird. Wir werden daher nach Rückkehr von der Front dort zunächst alles aufnehmen. Schrankenplatten und Mosaike sind zerschlagen, die Gräber der Äbte geöffnet, die mit den Kutten noch umhüllten Leichen sind herausgerissen. In diesen Gräbern hat man dem Vernehmen nach die Töpfe mit Handschriften gefunden, die H. Humann im Museum zu Cospel von Halil Bey gezeigt bekam.

Gestern Nachmittag machten wir einen Ritt das Wadi hinauf bis zur Stellung der Abwehrkanonen und der Maschinengewehre. Es war sehr amüsant, die Kompanien bei Jugendspielen zu finden, die bisher den Türken ganz unbekannt waren. Sie belustigten sich im Reiterkampf, im Schubkarrenwettrennen, im Seilziehen ohne Seil. Wir kamen dann zu einer Araberkompanie, wo alle Mann im Kreise standen und rhythmisch in die Hände klatschten, indem sie den Kehrreim wiederholten von einem Lied, das ein Soldat, der in der Mitte stand, sang. Dieses Lied war von dem Mann selbst improvisiert und beschrieb in freien Reimen alle Erlebnisse der Kompanie, von der Fahrt in die Wüste, den Märschen und Durststrecken an, bis zum Kampf bei Katia und Romani, beim alten Pelusium. Es war ein prachtvolles Bild, diese Gruppen so andächtig um den Rhapsoden stehen zu sehen, während die Sonne hinter den braunen Dünen versank. Man darf sich den Sänger freilich nicht als feurigen Tyrtäus vorstellen, sondern der Sang hat etwas sehr schlichtes, berichtendes, nichts aggressives, wildes. Das Erlebnis als solches steht voran, das Erdulden, die Verwundung, das Einfallen der Geschosse »so dicht wie Regentropfen«.

Gleich heute Morgen kam ein Angriff von acht englischen Flugzeugen. Vier gingen gegen die Maschinengewehrstellung bei Masaid (am Meere) vor, vier gegen Arisch selbst. Von den auf uns geschleuderten 8 Bomben waren 2 Blindgänger, die übrigen Schrapnellbomben und eine ganz starke Extrabombe. Wir hatten einen Verwundeten draußen bei der Maschinengewehrabteilung und einen zerrissenen Telegrafendraht.

Die Kriegführung auf der Sinaihalbinsel war weit von den Wunschvorstellungen der Stammtischstrategen in Berlin und Istanbul entfernt, die eine Unterbrechung des Suezkanals als Hauptschlagader des britischen Weltreichs und die Rückgewinnung des zu Beginn des 19. Jahrhunderts dem osmanischen Reiche entglittenen Ägypten erträumten. Die nach Palästina führende Eisen-

bahn endete bei Kriegsbeginn im Hinterlande von Haifa. 200 km Schmalspurbahn wurden während des Krieges vorangetrieben. Dann begann, 200 km breit, die wasserlose Sinaiwüste, deren Küstenstreifen englische Kriegsschiffe kontrollierten. Eine Armee, die Ägypten hätte erobern können, war unter diesen Verhältnissen weder zu verpflegen noch zu bewegen. So konnten Vorstöße gegen den Kanal über Demonstrationen nicht hinausgehen. Solche Vorstöße hat Oberst von Kreß als Kommandeur dieses Frontabschnitts insgesamt drei unternommen, den größten während der Regenperiode im Januar 1915 mit einem Aufwand von 14000 Mann, 12000 Kamelen, 1000 Pferden und 300 Büffeln, um die gegnerische Truppenkonzentration für den Dardanellenangriff zu stören. Dieser Zweck ist erreicht worden. Der Oberstkommandierende Lord Kitchener stellte dem Befehlshaber in Ägypten die ironische Frage: »Verteidigen Sie den Kanal, oder verteidigt der Kanal Sie?« Ausgangspunkt der schwierigen Wüstenmärsche, die sich fern der Küste halten mußten, war El Arisch, das 1967 bei Beginn des israelisch-ägyptischen Sechstagekrieges Sammelpunkt der ägyptischen Armee gewesen ist. Als die Engländer Truppen von Ägypten an die Westfront abzogen, hatte ein zweiter Kanalvorstoß im April, ein dritter im Juli 1916 stattgefunden. Dieser wurde von den Engländern durch einen flankierenden Aufmarsch an der Küste bei Katja und Romani abgefangen. Von da an begannen die Engländer offensiv zu werden. Gestützt auf eine vollspurige Eisenbahn und eine vom Nil gespeiste Wasserleitung, die sie an der Küste täglich um 2 km vorantrieben, drängten sie die türkischen Wüstenstützpunkte allmählich aus der Sinaihalbinsel heraus. Im Dezember 1916 wurde El Arisch geräumt und eine Verteidigungsstellung zwischen Gaza und Birseba besetzt. Im Frühjahr 1917 war der englische Bahnbau vor Gaza angekommen.

Ein Geburtstagsbrief
Th. W. an seinen Sohn Gerhard, der »Naturforscher« werden wollte, zum 14. Geburtstag

El Arisch, 7. 10. 1916
Wenn wir hier abends im Meer gebadet haben, dann bleiben wir oft noch am Strande sitzen und beobachten das Leben der Tiere. In meiner unmittelbaren Nähe, 3–4 m, laufen ohne Scheu zehn bis zwölf zierliche graue Strandläufer mit ihren hohen, raschen Beinchen und den langen Schnäbeln am Ufer entlang und picken mit Eifer alles auf, was die Wellen anspülen. Was sie da fressen, ist dem Auge nicht erkennbar, aber sie sind unermüdlich an der Arbeit und wenn eine besonders lange Welle ankommt, wissen sie geschickt wegzulaufen und wieder nachzurennen, sobald sie zurückweicht. Wird es gar zu arg, dann flattern sie auf einmal hoch, um sich an einer anderen Stelle

rasch wieder niederzulassen. Noch viel spaßiger sind aber die unzähligen großen und kleinen Taschenkrebse, die das Ufer in tiefen Löchern bewohnen. Zunächst sieht man garnichts, wenn man an den Strand kommt, als runde Löcher, vor denen ein Sandhäufchen liegt. Verhält man sich dann ganz mäuschenstill und bleibt stehen ohne den Sandboden zu erschüttern, dann sieht man plötzlich, wie ein Krebs sich halb aus dem Loch herausschiebt und rasch eine Portion Sand, die er angepreßt zwischen Körper und Schere hielt, aus dem Loch herausschleudert. Dann — flupp ist er wieder weg. Bleibt man nun weiter ruhig, dann kommt er langsam heraus, stellt seine zwei Periskopaugen steil und geht nun überaus rasch den schrägen Sandabhang in schrägem Marsch zum Meer herab. Auch der Krebs weiß der Welle geschickt auszuweichen. Rasch ergreift er seine Beute und flieht zu dem Loch zurück, das oft tiefer als einen halben Meter ist. Nun überblickt man den Strand und sieht, daß auf einmal Dutzende von kleinen und großen gelben Krebsen sich hinausgewagt haben und eifrig hin und her rennen. Bei der geringsten Bewegung werden sie scheu und fliehen. Die Strandläufer tun ihnen nichts, die Krebse laufen mitten zwischen sie hinein. Aber sowie ein Mensch kommt, sind sie fort. Trotzdem kann man manchmal einen fangen, indem man eine feste Hand voll Sand von der Ferne auf den Krebs wirft, dann wird er verdattert, klammert sich an die Erde, stellt sich tot und vergißt, in sein Loch zu rennen. Den Schwanz hat er am Lande eingeklappt, sodaß man ihn garnicht sieht, er ist ähnlich wie beim Flußkrebs und sowie er mal schwimmen muß, benutzt er ihn als Ruder und Steuer zugleich.
Gestern sah ich zum ersten Mal in meinem Leben im Hof eines arabischen Hauses einen Sykomorenbaum. Sehr merkwürdig. Er hat einen ziemlich glatten Stamm und schöne große Blätter, aber die Früchte sind nicht an den Ästen, wie bei der Feige, sondern tausende von kleinen apfelähnlichen Früchten, die in der Reife rot werden, wachsen direkt am Stamm heraus. Sie sehen garnicht aus wie Feigen, aber wenn man eine Frucht aufbricht, sieht man inwendig die richtige Feigen-Struktur mit den vielen kleinen Kernchen und Fasern. So gäbe es noch vieles zu beobachten, auch den Skarabäuskäfer, der seine großen Pillen dreht.

AN DER SINAI-FRONT
Th. W. an seine Frau

14. 10. 1916
Die Karawane ist zusammengestellt, 30 Kamele, 15 Pferde, ein Kommando Bedeckungsreiter. Oberst v. Kreß befiehlt um 7 Uhr den Aufbruch. Wir sind sieben deutsche Offiziere, ein österreichischer Regimentsarzt, drei türkische Offiziere. Wir reiten das trockene Flußtal von El Arisch hinauf, das einst als

Scheidelinie zwischen Asien und Afrika angesehen wurde und seinen Ausgang am Sinai selbst nimmt. Unterwegs begegnen wir einem einzigen Brunnen, Bir Hofein. Ein ganzes Volk von Beduinen ist dort am Wasser mit seinem Vieh. Niemand drängt den anderen, die Zeit hat ja keinen Wert für die Leute. Junge, halbnackte Burschen, braun wie Kaffee, das Haar kurz geschoren bis auf einige scheußliche lange schwarze Büschel, nackte Kinder, verhüllte, blau tätowierte Frauen, denen zwei Ketten von Geldmünzen übers Gesicht hängen, Nase und Mund bedeckend, Männer in weitem Burnus, Kamele, Ziegen, Pferde, Esel, und rings umher die hohen Sanddünen weißgelb strahlend. Wir haben heute noch 30 km zu reiten, fortwährend über große Sanddünen, die von Gestrüpp locker bedeckt sind. Unter dem Sand erscheint bisweilen das gute Erdreich. Je mehr wir in die Wüste hereinkommen, desto mehr Erde kommt zum Vorschein und zwar in Gestalt von meterhohen Hügeln, die teils rund, teils grabförmig aussehen. Auf den Hügeln steht Gestrüpp. Die Wurzeln haben verhindert, daß der scharf abwetzende Flugsand die Erde weggefegt hat. Im Süden erscheint das schroffe Steingebirge von Ibn, dort beginnt die Steinwüste. Wir müssen nun noch eine gewaltige, aus fünf Sandbergen bestehende Düne überschreiten. Der Abstieg in den weichen Triebsand ist den Kamelen sehr unangenehm und an einem steilen Abhang knickt mein Reitkamel zusammen und wir liegen im Flugsand, ich kopfüber ohne jeden Schaden.

Die Kamele werden nun auf die »Weide« geführt – hartes Gestrüpp – unsere Zelte werden aufgeschlagen. Um 8 Uhr schlafen wir alle. Nachts fällt starker Tau, ich leide an Gliederschmerzen. Auch andere Offiziere erklären, daß sie total zerschlagene Glieder hätten. Außerdem habe ich vom Hund Masrih zwei Flöhe und vom Kamel einige Zecken übernommen.

15. 10. 1916

Morgens 3 Uhr werden die Kamele gepackt. Das geht nicht ohne das ohrenzerreißende Geplärr dieser Tiere. Ich erhalte vom Unteroffizier Hamdi Bey ein vorzügliches Reitkamel. Ein türkisches Sprichwort sagt: »Selbst das Kamel tanzt einmal im Jahr.« Warum mußte meines gerade gestern tanzen? Ein anderes Sprichwort sagt: »Falle vom Pferd und hole einen Arzt, falle vom Kamel und hole den Totengräber.«

Wir reiten den ganzen Vormittag, überall Dünensand. Mittags Pause am Brunnen Bir Mure. Wir versuchen unter einer Zeltbahn zu schlafen, die Luft wird aber glühend heiß und fortgesetzt rinnt und fliegt der feine Staubsand.

Beim Aufbruch sind die Kamele wieder sehr ungebärdig. Der mecklenburger Kanonier Heinrich Mahnke sagt zu seinem Kamel: »Du verdammtes Rindvieh« und bald darauf »Schweinehund« und der galizisch-jüdische Bursche des jüdischen österreichischen Regimentsarztes Dr. Schiller sagt entrüstet zu seinem Kamel: »Der Schlag soll Dich treffen am schönsten Jonteff!« *(Jonteff = Festtag.)*

Die Steinwüste beginnt: zunächst schwarze Feuersteine im Sand, dann stärkeres Geröll. Wir nähern uns dem Magaragebirge. Dort steht eine unserer vorgeschobenen Stellungen. Die Berge sind braun, zerklüftet, man sieht stark verworfene vulkanische Schichten, an einzelnen Stellen stehen senkrechte Schichtreste wie Säulen auf horizontalen Schichten. Wir kommen an weißen Steindenkmälern vorbei, die Djemal Pascha hat setzen lassen, um überall anzuzeigen, wo es Wasser gibt. Diese Denksäulen tragen sämtlich Djemals Namen. v. K. sagt mir, Enver habe darüber impertinent gelacht. Wir reiten nun im trockenen Flußbett des Magaraflusses, immer enger wird das Tal, wir sind ganz von wilden braunen Bergklippen umgeben, im Tale erscheinen Tamariskenbüsche und auf den Vorhügeln leuchten hellgelbe Büschel einer heidekrautartigen Pflanze.

Plötzlich hören wir, daß von links über den Bergklippen ein Flieger herannaht. Beim Näherkommen wird er als Engländer erkannt. Sofort befiehlt Oberst v. Kreß, daß die ganze Karawane still steht. Der Flieger bemerkt uns wunderbarer Weise nicht, obwohl er nur 1000 Meter hoch über uns ist. Aber Kreß findet die Sache sehr auffällig und sagt, in Magara müsse etwas besonderes vorgehen. Nachts Lager zwischen Tamariskengebüsch.

16. 10.

4 Uhr Aufbruch nach Magara, immer dem ganz öden Flußtal entlang, immer von Klippenbergen begleitet. Weithin fällt ein alter schöner Tamariskenbaum auf, sonst nur Steine. Dort meldet aufgeregt ein Beduine, daß in Magara gestern ein schwerer englischer Angriff, sogar mit Artillerie erfolgt sei und daß der Gegner noch nicht abgezogen sei. Wir eilen nach Magara zu kommen. 10 Uhr Vormittags Magara. Öder Steinkessel mit Wasserstelle. Es meldet sich der Maschinengewehrleutnant Roßkothen aus Osnabrück. Die Engländer haben gestern von 9 Uhr vm. bis 4 Uhr nm. Fliegerbomben geworfen, über 80 Stück, namentlich gegen die Wasserstelle. Gleichzeitig wurde die türkische Infanterie am Fuße des vorgelagerten Engpasses angegriffen, 1 Offizier, 24 Mann sind verwundet. Gegen Abend versuchte die englische Kavallerie eine Umgehung durch das Magaraflußtal, in dem wir gerade heraufritten, wurden aber durch Lt. Roßkothens Maschinengewehre in der Seite gefaßt und vertrieben. Ohne dieses Eingreifen hätten die Engländer den Obersten v. Kreß und uns alle aufgehoben. Von dem Schießen hatten wir nichts gehört, obwohl es auf der anderen Bergseite stattgefunden hatte. Jedenfalls mußten die Engländer bis Abends die Wasserstelle haben, und wenn dies nicht gelang, durch die nördlichen wasserlosen Dünen zurückgehen. Oberst v. Kreß spricht dem umsichtigen Leutnant sein Lob aus.

Die Engländer hatten tüchtige Verluste. Beduinenreiter bringen allerhand englische Ausrüstungsstücke, z. B. Helme von Australiern (was sie selber brauchen können, wird natürlich nicht vorgezeigt). Es stellt sich heraus, daß eine ganze berittene englische Brigade mit einer Batterie 7,5 cm angegriffen hat, also 3 000 Mann. Diesen standen 200 Verteidiger gegenüber.
Ich reite mit Oberst v. Kreß und v. d. Goltz durch den Engpaß nach Norden bis in die Gefechtslinie. Kreß begrüßt die braven Anatolier mit großem Lob. Der Engpaß geht steil abwärts, ist über eine Stunde lang, am Ende gabelt sich die Schlucht. Der linke Ausgang gewährt den Anblick auf die hohen Dünen, über welche die Engländer kommen mußten, der rechte Ausgang ist mit grünen Terebinthen bewachsen. Die Engländer versuchten es erst links, dann rechts. Wir reiten zurück durch die Schlucht voll entsetzlicher Öde. Sie wirkt wie ein Mondgebirge: vulkanische Massen in tollstem Schichtwechsel und mit vielen Höhlungen.
Kreß besucht mit uns das Zeltlazarett. Der Offizier und ein Mann haben Halsschüsse, sie haben schon 36 Stunden nichts gegessen, sie scheinen dem Untergang geweiht, denn der türkische Arzt hat keine Instrumente zu künstlicher Ernährung. Die zwei Leute werden heute Nacht mit Kamel nach Birseba transportiert — 2 Tage und Nächte! Die armen Kerls! Sie wissen genau, was ihnen bevorsteht und blicken uns mit flehenden Augen an, ohne daß wir helfen können. Das nennt sich ein Lazarett!

17. 10.
Der Oberst befiehlt bereits nachts um 2 Uhr den Aufbruch. Als wir die Magaraschlucht verließen, sagt v. K.: »Ich bin froh, daß wir aus der Mausefalle heraus sind. Wären die Engländer nur einigermaßen klug gewesen, so hätten sie uns von rückwärts eingesperrt.«
Gegen zehn Uhr kommen wir aus dem Gebirge heraus. Vor uns liegen im Blau der Djebel Ibn, der Djebel Helal, der von manchen Forschern für den Mosesberg gehalten wird. Zwischen den Gebirgen dringen unbarmherzig die Wellen des Flugsandes vom Meer aus in die Ebene vor. In Hemme finden wir zwei niedergeschossene englische Flugzeuge. Ein Maschinengewehrleutnant wird von uns dort bei der Rast angetroffen. v. K. tadelt ihn, da er mit 20 000 Ersatzpatronen nach Magara unterwegs ist und zu langsam marschiert. Um 2 Uhr Nachmittags verlassen wir die Sanddüne von Bir Hemme und weiter gehts nach Hasána aber wir erreichen den Ort nicht und bleiben nachts in der Wüste.

18. 10.
Die Nacht war sehr naß, das Zelt sogar innen durchnäßt, alle Kleider sind feucht. Sieben Beduinenschechs reiten uns voran nach Hasana, der Hauptschech in seidenem langen Leibrock, rosa und grün gestreift. Um 10 Uhr rei-

ten wir in Hasána ein, es ist ein großer militärischer Platz mit festen Steinmagazinen, Kasernen, Brunnen und Lazaretten. Zwei Brunnen haben Bitterwasser. Morgen gehts nach Nachle, nördlich des Berges Sinai, zum äußersten vorgeschobenen Punkt unserer Front.

Nachle, 19. 10.
Die Fahrt vollzog sich in drei Stunden. Erst fuhren wir durch Kreideformationen mit treppenförmigen Schichtungen. Nachle selbst liegt wieder in einer weiten Sandebene, im weiten Umkreis flache Kreideberge, weiß und gelb schimmernd. Zehn Meter über dem Ort liegt das türkische Kastell aus weißem Stein, die Engländer haben es vor ihrem Abzug niedergebrannt und an zwei Ecken zerstört. Über dem Eingang des gewölbten Tores eine Inschrift des Sultans Ahmet und türkischem Jahr 1117. An das Kastell schließt sich ein von den Engländern gepflanzter Garten mit guter Bewässerung. Da stehen Palmen und Eukalyptus, Tamarisken und Pfefferbäume, es wachsen Tomaten, Mais und Sonnenblumen.
Das Battaillon in Nachle besteht aus wenig geübten Arabern. Wir fanden die Hälfte an Skorbut erkrankt. Der österreichische Regimentsarzt sagte, mit etwas Gemüse und wenigen Zitronen könne man die Leute rasch heilen. Aber in Hasána fanden sich Kisten mit mehreren Tausend Zitronen in vertrocknetem Zustand. Abends sind wir wieder in Hasána.

20. 10.
Eine Automobilstraße führt von Hasána bis Jerusalem. Dies ist eine höchst bemerkenswerte Tat des Obersten v. Kreß. Sie hat viele Menschenleben gekostet. Aber an der Lage der Arbeiterbattaillone in der Türkei ist natürlich kein deutscher Offizier schuld. Die christlichen Elemente werden dort untergebracht und verkommen. Wulzinger erhält von Kreß den Befehl, in Deika eine Photographie einer gänzlich zerlumpten Arbeiterkolonne zu machen. Die wird er an Djemal Pascha senden. Deika heißt Durchbruch, und in der Tat geht hier ein gewaltiger Durchbruch durch das Helalgebirge, an dessen Fuß wir nun vorbeifahren. Bis hierher reicht die Kreß'sche Wasserleitung in die Wüste. Hier ist Malaria. Jemand sagte ganz verzweifelt: »Wo Wasser ist, herrscht Malaria, wo keins ist, kann man nicht leben.« Aus einem großen Zelt hört man das Stöhnen der armen kranken Arbeiter.
Wir passieren Bir Birèn. Da stehen zwei prachtvolle alte Terebinthen, den Mohammedanern heilig, weil der Prophet einst darunter geruht habe. Abends Ankunft in Birseba, wir schlafen im Generalkommando. Dies ist eine Hütte unter der Erde, vier Schritte breit, acht Schritte lang, die Lehmwände sind mit persischem Kattun überzogen. Zum Abendessen waren wir bei der Funkerabteilung eingeladen, vorwiegend bayerische Offiziere, liebenswürdig und kenntnisreich.

An der Sinai-Front: *Das Wadi el Arisch ist der biblische »Bach Ägyptens«. Die Wegentfernung von El Arisch nach Magara beträgt rund 130 km.*
Luftlinie Magara—Suezkanal bei Ismailia 100 km.
Die Wegentfernung von Magara nach Süden über Bir Hemme und Bir Hasána nach Kal'at en Nachl mißt 160 km.
Luftlinie Nachl—Suez 120 km.
Straßenentfernung Nachl—Birseba 250 km.

In Jerusalem

21. 10.
Um 5.30 Uhr besteigen wir das Automobil und verlassen Birseba in Richtung auf Hebron. Der Weg ist vorzüglich, aber durch Kamelleichen verpestet. Die bebaute Zone beginnt. Man sieht die leichten Furchen einiger Hirsefelder (Durra). Wir passieren Hebron, Felsland mit viel Stützmauern für rotbraune, fleißig bebaute Erde. Ölbäume, Felder, Quellen, alles macht den Eindruck europäischer Mittelmeerkultur, während von Birseba südlich und westlich alles zur Wüste gehört und seine Beziehungen zu Afrika hat. Wir kommen eine Stunde später durch das weit ausgedehnte reiche Bethlehem, das geradezu wundervoll auf hoher Berglandschaft liegt, umgeben von fruchtbaren Tälern, Höhen und Ölgärten. Fern blinkt das Tote Meer, darüber die Gebirge des östlichen Jordanlandes, ein unvergeßlicher Blick! Gleich darauf erscheint auch in der Ferne Jerusalem mit tausenden schöner, weißschimmernder Bauten. Bethlehem liegt 777 m hoch, der Tempelplatz von Jerusalem 740 m. Um 10 Uhr fahren wir in Jerusalem ein, das auf drei Seiten von tiefen Talschluchten umgeben ist. Die herrlichste goldgelbe Stadtmauer mit unzähligen arabischen Zinnen umgibt die Stadt Davids und das Wort »Jerusalem, Du hochgebaute Stadt« ist durchaus richtig.
Goltz und ich machen einen Rundgang außen um die Stadtmauer, deren Umgebung namentlich im Süden abscheulich verschmutzt ist. Äußerst imposant ist der Blick nach dem Kidrontal und dem Teich Siloa hinab. Da stehen auch die prachtvollen Felsengräber aus römischer Zeit. Mitten in diesen Herrlichkeiten, die von tausenden jüdischen Grabsteinen umwimmelt sind, erhebt sich eine russische Kirche mit vielen vergoldeten Kuppeln, weithin umgeben von Cypressen — das ist die Stätte, wo man Gethsemane sucht. Die Frömmigkeit der Pilger hat ja allem und jedem seinen Namen gegeben und auf Wunsch wird Dir das Haus des reichen Mannes ebenso gezeigt, wie das Grab Simons des Gerechten oder des armen Lazarus. Läßt man die naiv kindergläubigen Dinge fort, so bleibt doch unendlich viel für ernste Erkenntnis, also wenn man ohne jede kirchliche Voreingenommenheit herantritt und die stolze Stadt genau so untersucht, wie einen anderen beliebigen antiken Ort.

22. 10.
Der deutsche Dominikanermönch Lucas Thönnessen aus Cleve hat mich in der Kirche des heiligen Grabes geführt, hat mir mit verständigem Sinn die Erinnerungsstätten gezeigt und ehrlich zweifelhaft gelassen, was nicht zu beweisen ist. Aber daran hält er fest, daß der Ort der Grabeskirche einst außerhalb Jerusalems gelegen hat und zeigte zum Beweise dafür alte Felsgräber im Boden. Es ist erstaunlich, wieviel Kapellen und Betstätten man hier alle unter ein Dach gebracht hat. Bald ist man gleicher Erde, bald in unterirdischem Felsgemach oder man führt Dich eine Steintreppe empor zur Stätte Golgatha. Schwere mystische Beleuchtung umgibt Dich. Sie ist noch schwächer als sonst, denn es gibt kaum noch Öl in Jerusalem. Das eigentliche Zentrum der Grabeskirche ist ein hoher enger Kreisbau mit Kuppel, aus Pfeilern bestehend. Wie mag das alles gewirkt haben vor dem Erneuerungsbau der Griechen von 1810? Noch jetzt ist die Wirkung stark. In der Mitte steht nun der rechteckige, etwa hüttenhohe, etwas barocke Grabaufbau, in den man gebückt hineingehen kann zur Grabplatte. Es ist wie ein riesiger Katafalk. Die Farben des Ganzen sind harmonisch. Armenische Geistliche mit reichem Ornat, den schwarzen Spitzschleier über dem Haupt, sangen eine Messe mit Prozession, bald fern, bald nahe ertönte der Gesang, leuchteten die Kerzen durch die feierlichen Räume.

23. 10. 1916
Welcher Gegensatz! Grabeskirche und Tempelplatz! Dort engstes Zusammendrängen aller Kultstätten, ein Labyrinth von Gängen, Pfeilern, Gewölben bei gedämpften Licht. Hier ein unabsehbarer freier Platz, Steinplattenpflaster, einzelne Portale wie Triumphbogen, einzelne malerische alte Bäume, und als beherrschender Bau in der Mitte das Vieleck der Felsendom-Moschee mit der hohen weißen Kuppel, das ganze reich mit bunten Fayancen geschmückt, aber gerade dadurch weniger architektonisch als dekorativ wirkend — wie ein fest gewordenes Prachtzelt, das man mit kostbaren Teppichen behängt hat.

Jerusalem: Von den vielen sakralen Bauwerken Jerusalems ist der Felsendom bei weitem das imposanteste. Er erhebt sich auf einer Plattform von der Größe des Petersplatzes in Rom über einem gewachsenen Felsen, auf dem die Opferung Isaaks und ein nächtlicher Ritt Mohammeds gen Himmel stattgefunden haben sollen, über dem die Altäre der drei zerstörten jüdischen Tempel standen und wo am Tage des Weltgerichts Gottes Thron stehen wird. An dieser von den byzantinischen Christen zur Bezeigung ihrer Judenverachtung als Müllabladeplatz benutzten Stätte erbaute um 690 ein Omajaden-Kalif das mit Mekka rivalisierende Heiligtum. Fast 90 Jahre diente es den Kreuzfahrern, die es für den salomonischen Tempel hielten, als Kirche. Damals trug die Kuppel ein großes goldenes Kreuz. Als sich Jerusalem 1187 Saladin ergab — so berichtet ein arabischer Zeitgenosse — »stiegen mehrere Moslems hinauf, um es herunterzuschlagen. Bei diesem Schauspiel wendeten sich die Blicke der Christen und Moslems dorthin. Als das Kreuz fiel, erhob sich ein allgemeines Geschrei in der Stadt und der Umgebung. Der Lärm war so groß, daß man glauben konnte, die Welt ginge unter.« (Ibn-el-Athir, 1160—1223.) Bei der Wiederherstellung der islamischen Kultstätte ließ Sultan Saladin in der Kuppel eine dekorative Inschrift anbringen, die sich an die Christen wendet und die in ihrer Vornehmheit verdient, bewahrt zu werden:

»Oh Ihr, die Ihr die Schrift habt, geht in Eurem Glauben nicht über das Maß. Jesus, der Messias, ist nur der Sohn Marias, der Gottgesandte, und Gottes Wort, in Maria niedergelegt. Glaubet daher an Gott und an den, welchen er gesandt hat; aber saget nicht, daß es eine Dreieinigkeit gibt; enthaltet Euch dessen, es wird Euch vorteilhafter sein. Es gibt nur einen Gott; er kann keinen Sohn haben, das wäre seiner unwürdig. Wenn er eine Sache beschlossen hat, braucht er nur zu sagen: Es sei! Und es ist.« *(Pierre Loti, Jerusalem. Übersetzt von E. Philiparie.)*

SANITÄRE ZUSTÄNDE IN JERUSALEM
Th. W. an seine Frau

23. 10. 1916
Professor Schilling, der Hygieniker der 4. Armee, schildert mir die sanitäre Lage in Jerusalem während des Krieges: Bis August waren 2568 Fälle von Flecktyphus bei einer Bevölkerung von 72000 Menschen, dabei mehr als 500 Todesfälle. Im Juli wurden 174 Cholerafälle gezählt. Die Municipalität hat keine Filter und die Desinfektionsapparate der Hospitäler sind infolge der verkehrten Behandlung unbrauchbar. Die Zisternen sind schlecht gereinigt, die Kanäle vielfach verstopft, die Nahrungsmittel nicht ausreichend. Viele Menschen lebten vom Fremdenbesuch und von der religiösen Wohltätigkeit. Der Markt ist schlecht versorgt, weil die Leute auf dem Lande nur gegen Hartgeld verkaufen wollen, und dies ist verschwunden. Arme Leute verkaufen Möbel und Betten, um Nahrung zu bekommen, der geschwächte Körper ist der Infektion natürlich viel zugänglicher. Brennholz ist selten und teuer, so wird vieles kalt verschlungen. Es fehlt an einer anständigen Wasserleitung. Rings um die Stadt erheben sich die großartigsten Steinpaläste frommer Stiftungen. Wäre es nicht besser, statt burgähnlicher Hospize eine vernünftige Wasserleitung zu bauen?
Im Libanon sind bis jetzt (nach Angabe des Wali) 60000 Menschen verhungert.

Wiegands Kritik zielt auf das prunkvolle deutsche Hospiz, das auf Betreiben des Oberhofmarschalls der Kaiserin, des Grafen Mirbach, 1910 auf dem Ölberg für 2½ Millionen Mark erbaut worden war. Graf Mirbach hatte darauf bestanden, daß dessen Turm das russische Hospiz überragte. Wiegand hielt Repräsentation an dieser Stätte für unpassend und eine Verwendung der Mittel zur Stützung vorhandener Einrichtungen im Orient für sinnvoller.
Vergleicht man allerdings mit den seit dem Ende der Türkenherrschaft in fünf Jahrzehnten entstandenen kostspieligen Bauwerken sakraler Unkunst italienischen Geschmacks in Gethsemane, Nazareth und an der Stätte der Bergpredigt, so muß jede Kritik an den Stiftungen Wilhelms II., dem Auguste-Viktoria-Hospital auf dem Ölberg, der Erlöserkirche beim Heiligen Grabe und der Marienbasilika auf dem Berge Zion verstummen.

Fahrt nach Jericho
Th. W. an seine Frau

24. 10. 1916
Wir fahren morgens im Auto nach Jericho auf einer sehr gut und kühn angelegten Gebirgsstraße. Erst kommen kahle, steile Kalkberge mit vielen Ziegenpfaden. Ein elendes Fellachendorf mit Häusern wie Schwalbennester soll der Ort sein, wo das Grab des Lazarus war. Wir müssen nun 1 200 Meter in die Tiefe zum Toten Meer herab, an die Jordanmündung. Oberhalb im Winkel des Tales liegt wie eine breite grüne Oase: Jericho. Die Vorberge aus weißem Mergel haben Kegel- und Pilzform. Der Jordan zieht sich wie ein langer grüner Streifen durch das öde Land, großartig schließt die ferne Wand des Ostjordanlandes das Bild ab. Nun stehen wir am Jordan. Sein graugrünes Wasser strömt rasch zwischen üppig wildem Baumwuchs zum tiefblauen Spiegel des Toten Meeres. Dann nach Jericho. Was den Ort so reich und schön macht, ist die große Quelle, die unmittelbar zu Füßen der einstigen Stadt entströmt. Es ist Watzingers Verdienst, daß man s. Zt. die berühmte Stadtmauer teilweise freilegte. Das ist eine steil geböschte Felsmauer, auf der wohl ein senkrechter Teil von Lehm stand. Aber kein imposantes Werk. Man darf eben Poesie nicht für Wahrheit nehmen. Palmen, Eukalyptus und Pappeln umrauschen uns am grünen Wasser der Quelle. Hier liegt der Gemüsegarten Jerusalems, und um dieser Quelle Segen wurden die Posaunen von Jericho geblasen, ob nun die Mauern davon umfielen oder nicht.

Die nach dem Propheten Elisa (2. Könige 2, 19—22) benannte starke Quelle entspringt am Fuße des Ruinenhügels Tell es Sultan, auf dem deutsche Forscher 1907/08 starke kanaanäische Stadtmauern und eine Akropole fanden.

Britische Grabungen um die Mitte dieses Jahrhunderts ergaben für einen wohlerhaltenen Festungsturm die Datierung auf 7000 v. Chr., weitere Schichten gehen bis 8000 v. Chr. zurück. Damit rückt Jericho in die Reihe der »ältesten Städte der Welt« ein.

Nach Samaria und Galiläa
Th. W. an seine Frau

26. 10. 1916
Mit Goltz und Konsul Loytved-Hardegg über Nablus *(Sichem)* und Sebastije *(Samaria)* im Auto nach Haifa. Kalksteinberge mit roter Erde und Ölbaumhaine, genau wie in Griechenland. Unterwegs rasten wir am Jakobsbrunnen, über dem eine alte Kreuzfahrerkirche stand. Man gibt uns in der kühlen Grotte von Jakobs Wasser zu trinken und der Erzbischof von Gaza, Sophronius, ein streitbarer Grieche aus Tripolis in Arkadien, der sich oft mit seinem Patriarchen entzweit, erklärt uns die Pläne seines Neubaus. Es sind hauptsächlich dumme russische Pilger, die hier von dem braven Sophronius ausgebeutet werden und er jammert sehr, daß sie ausbleiben.
Dann kommen wir in das interessante, enggebaute, sehr saubere Steinstädtchen Sichem, dessen Volk als fanatisch verschrien ist und sehr arabisch aussieht. Da gibt es noch unter den Juden die letzten der Sekte der Samariter. Diese Leute tragen weiße Gewänder und roten Turban. Nun zur Ausgrabungsstätte des alten Sichem, das wie ein Riegel das Tal sperrte. Auch hier ist wieder nur ein Teilergebnis geliefert. Nirgends ist die kleine Stadt im vollen Umfang festgestellt, was doch so leicht wäre. Überall ist nur so ein bißchen angekratzt und ein bißchen tiefgegraben, dann ists liegengeblieben und klar ist nur eine dreifache stattliche Haupttoranlage. Die Stadtmauer ist genau so wie in Jericho.
Sehr stark ist der Eindruck der römischen Ruinen des gewaltigen Stadthügels von Samaria. Wenn man bedenkt, daß Samaria die Hauptstadt des jüdischen Nordreiches seit König Omri gewesen ist, daß also die Hälfte der jüdischen Geschichte sich hier lange Zeit hindurch abgespielt hat, wenn man dann Freitreppen und Palästra, das kleine Odeion, Hallenstraße und Rundtürme aus vermutlich noch griechischer Zeit sieht, dann muß man wünschen, daß doch auch hier einmal volle Arbeit geleistet wird. Ungestört könnte man hier bis in die Epoche um 1000 v. Chr. dringen und nur eine Anzahl Ölbäume müssen fallen. In Jerusalem ist alles dicht von Häusern, Klöstern, Kirchen überbaut, hier könnte man alles finden, was in Jerusalem für ewig verloren ist – ein volles Bild einer jüdischen Stadt der Römerzeit und der älteren Epochen.
Wie energisch die Hand Djemal Paschas eingreifen kann, sahen wir beim Passieren des Dorfes Afule, einem von den englischen Fliegern gern bombar-

dierten Bahnknotenpunkt. Man konnte dort der Cholera nicht Herr werden und da wurde das ganze Dorf kurzer Hand niedergebrannt, die Einwohner in Zelte gelegt.

Nun kommt eine selten schöne Landschaft — die fruchtbare Ebene Jesreel. Das ist wirklich das gelobte Land, von Bergzügen umgeben; von der Höhe schimmert weiß und freundlich Nazareth, weiter östlich erhebt der Berg Tabor seinen gewaltigen Schildkrötenrücken und fernhin am Meere erstreckt sich der Karmel. Es ist also ein reiches und großes Landschaftsbild, das Jesus in seiner Jugend vor sich hatte. Im letzten Sonnenglanz der Abendstunden fahren wir am Karmel entlang nach Haifa. Der Bursche von Goltz, Gefreiter Kuhnle, Ritter des eisernen Kreuzes und der sächsischen Tapferkeitsmedaille, wird im Auto vor sein Elternhaus gefahren und seinen Eltern abgeliefert. Dann erst zum Hotel Karmel. Später höre ich, daß diese Handlung ganz besonderen Eindruck auf die deutschen Kolonisten gemacht hat. Wahrhaft überraschend ist die Schönheit und Ordnung der deutschen Kolonie, und wenn man hoch oben auf dem Karmel steht, dann geht einem das Herz auf beim Blick auf die gradlinigen, gepflegten Äcker zu Füßen des Berges am Meer. Aber auch oben, im großen alten Karmeliterkloster trafen wir einen festen deutschen Mann — den Bruder Bernhardin, der 15 Monate im Krieg war und nun berufen wurde, das Kloster zu verwalten, aus dem Franzosen und ihre Genossen hatten weichen müssen. Die Türken hatten inzwischen Militär hineingelegt und das hatte nicht schlecht gehaust!

Nicht verhindern hatte er es können, daß der frühere Kommandant der Division von Nazareth das Denkmal für französische Verwundete, die 1799 von den Türken massakriert worden waren, als Napoleon abzog, von Grund aus zerstören ließ. Die Folgen waren für Konsul Loytved sehr traurige. Denn die franzosenfreundlichen Syrer verbreiteten und meldeten der französischen Flotte, daß Loytved dazu den Rat gegeben habe und so kam denn eines Tages der Panzerkreuzer Charlemagne und schoß mit 15 Granaten das deutsche Konsulat in Trümmer.

Nazareth, 29. 10.
Ein Bergstädtchen von großer Lieblichkeit. Griechische Stimmung, viel Obstbäume, grüne Felder, darüber Fels. Hier konnte sich schwer ein Mensch zum Fanatiker entwickeln. Die gehören in die Wüste. In der Kreuzfahrerkirche ist ein sehr wertvoller Fund gemacht worden, reich dekorierte, figürliche Kalksteinkapitelle des 12. Jahrhunderts, anscheinend süddeutsche Arbeit, sechs Stücke von glänzender Erhaltung. Ein deutsch-amerikanischer Klosterbruder zeigte mir die Schätze heimlich. Er hat sie vor den Türken unter dem Altar versteckt. In unterirdischen Höhlen wird die Wohnung Mariä, die Werkstatt des Joseph gezeigt. Es wurde nicht von uns verlangt, daß wir das glauben.

30. 10. 1916
Nachts sind wir, Loytved und ich, im Wagen nach Afule, weil der Zug um Mitternacht dort ankommen sollte, mit dem ich nach Damaskus will, um mich dort Djemal Pascha vorzustellen. Der Zug kam aber erst um 11 Uhr vormittags und ich schlief die Nacht im Mantel auf einer harten Lattenbank, von Moskitos zerstochen. Endlich kam ein Militärzug. Der brachte uns statt in 6 Stunden in 17 Stunden bereits im Viehwagen nach Damaskus. In Derra teilte uns die Funkstation den Tod des Hauptmanns Bölcke mit, da wurden wir sehr traurig.

Aber für alles entschädigt doch der wechselnde Ausblick in das Jarmuktal mit dem rauschenden graugrünen Wasser, den wilden einsamen Trachytbergen, den braunen, verworfenen Klippen der Basaltlava. Eine der größten feurigen Revolutionen der Erdrinde hat sich hier abgespielt und unzählige Äußerungen der Urkräfte beobachtet man, während die kühn gebaute Bahn (Meißner Paschas Werk) sich aus der Tiberiasebene, 200 m unter dem Meeresspiegel, zu den Höhen von Damaskus erhebt. Von finsteren, dicht gedrängten Basaltsäulen stürzen sich weiße Wasserfälle herab und immer wieder finden sich grüne Uferstellen und Schilfplätze bei größter Öde ringsum. Der Zweck meiner Reise macht mich innerlich unruhig, aber er muß gewagt werden. Es ist ein elendes Gefühl, wenn man sein Geschick auch nur für 24 Stunden lang in die Hand eines Großen und Mächtigen legen muß, ohne zu ahnen, was er tun wird.

Vom Kirchenneubau über dem Jakobsbrunnen *sind nur die Umfassungsmauern fertig geworden; in Ansehung vieler christlicher Bauwerke in Palästina, die im 20. Jahrhundert errichtet und ausgeschmückt worden sind, schwerlich ein Verlust.*

In Sichem *ist von 1914 bis 1926 von deutschen Archäologen gegraben worden. Wesentliche Teile der Stadt aus dem 2. Jahrtausend sind freigelegt.*

Samaria *liegt beherrschend über fruchtbaren Tälern auf einem Bergkegel. Ausgrabungen haben typische Bauwerke einer hellenistisch-römischen Stadt zutage gebracht. König Omris, des Stadtgründers Palast (um 925 v. Chr.) ist von einem herodianischen Augustustempel überbaut. Seine Anlage zeigt Ähnlichkeit mit dem kretischen Knossos. In christlicher Zeit wurde hier Johannes der Täufer verehrt, dessen Ende zu Unrecht hierher verlegt worden ist.*

Afule *ist ein Bahn- und Straßenknotenpunkt 10 km südlich von Nazareth. Dort zweigte die kriegswichtige Eisenbahn nach Süden ab.*

Die schönen Kapitelle aus der 1263 von Sultan Beibars zerstörten Kreuzfahrerkirche von Nazareth *haben in einer Apsis der neuestens errichteten großen Basilika von Bethlehem einen würdigen Platz erhalten.*

Bei Djemal Pascha in Damaskus

Damaskus, 31. 10. um 4 Uhr.
Den ganzen Vormittag im Hotel Victoria tief geschlafen. Nachmittags geht Loytved zu Djemal Pascha und meldet mich an. Er interessiert sich und läßt mich für den anderen Vormittag 9 Uhr zu sich bitten: nicht auf das Generalkommando, sondern in sein Privathaus, und zwar im Zivilanzug.

1. 11. 1916
Das Wohnhaus des mächtigsten Mannes von Syrien liegt außerhalb Damaskus auf einer Höhe mit wundervollem Blick auf Paläste und jene unzähligen grünen Gärten, die dem Araber Damaskus als Paradies auf Erden erscheinen lassen. Der Pascha empfing uns beide im Vorplatz des Hauses und sah mich sehr aufmerksam an. Er ist von kleiner, gut gebauter Gestalt, Mitte der Vierziger, dunkler Vollbart und starker Schnurrbart, große, schöne, tiefdunkle Augen von fast weichem Ausdruck. Das ganze Wesen scheint weniger zur Strenge, als zur Heiterkeit und Freundlichkeit geneigt zu sein, wenn auch die ganze Persönlichkeit etwas sehr bestimmtes und rasch entscheidendes verrät. Das also ist der Mann, der die arabische Hänge-Orgie vollziehen ließ, die den Hedjasaufstand nach sich zog, der Mann, der zwischen Taurus und Suezkanal, Beirut und Palmyra den gefürchtetsten Namen hat, Kommandant der syrischen Armee, Minister der Marine. Im Salon stehen die üblichen damaszener Perlmuttmöbel, liegen gute moderne Teppiche. An der Wand ein scheußliches Ding von Seidenteppich in blau und braun: die Landkarte der Dardanellen nebst Ortsbezeichnungen, gewidmet von einem Frauenklub. Donnerwetter! Ich lobe krampfhaft die feine Technik des Gewebes. Das Gespräch geht allmählich auf den Reichtum des Landes an guter islamischer Architektur über, Sultan Selim ist Djemals Ideal und er läßt jetzt gerade die Selim-Moschee in Damaskus mit 150000 Mark Geldaufwand reparieren. Plötzlich sagt Djemal Pascha: »Ich würde gern die Monumente des Landes alle unter besondere Aufsicht stellen und würde dafür gern ein großes Gehalt aussetzen, wenn sich jemand geeigneter fände.« Loytved sagt schnell: »Ich glaube, Herr Wiegand würde der gegebene Mann dafür sein.« Ich sage darauf: »Ich bin militärisch Eurer Exzellenz unterstellt. Für die Dauer des Krieges würde ich gern bereit sein, Eure Exzellenz unentgeltlich zu beraten.« Hierauf Djemal: »Dann würde ich den Posten eines Generalinspektors der Altertümer von Syrien und Palästina schaffen — ehrenamtlich für Sie — und ich würde befehlen, daß Sie in dieser Stellung meinem Hauptquartier und speziell meiner Person zugeteilt werden. Ich würde wünschen, daß man unter Ihrer Leitung die türkischen und die älteren islamischen Bauten in Damaskus und Aleppo aufnimmt, aber auch alle anderen wichtigen Bauten. Das ganze soll

dann publiziert werden.« Ich erklärte mich im Prinzip einverstanden und verwies auf das Gurlittsche Werk über Konstantinopel als Beispiel.
Ich sprach nun von den zu suchenden Hilfskräften, ohne Wulzingers Namen zu nennen und bat den Pascha, zuerst einmal Petra, Djerasch, Amaan, Kerak und s. f. besuchen zu dürfen. Nach Beendigung der Reise würde ich sofort in Damaskus die Arbeit beginnen lassen und zwar zuerst mit der Selim-Moschee. Es folgen allgemeine Betrachtungen über das Land. Ich sage offen und ehrlich, daß Syrien einen erfreulichen Gegensatz zu Anatolien bilde, daß ich die größere Frische und Beweglichkeit der Beamten auf Djemals Einfluß zurückführen müsse und schloß: »Du reste, on a partout une peur bleue de Votre Excellence.« Über diese Versicherung amüsierte sich der Pascha außerordentlich und fragte: »Et vous — avez vous aussi peur de moi?« »Oui, Excellence, seulement, j'ai une très bonne conscience.« So endete die Audienz recht vergnügt.

*Djemal Pascha gehörte zur Spitzengruppe des jungtürkischen »Komitees für Einheit und Fortschritt«. Auf mehreren schwierigen Verwaltungsposten hatte er sich den Ruf eines energischen und umsichtigen Mannes erworben. Bei Kriegsbeginn wurde ihm das Kommando der IV. Armee übertragen, deren Bereich Syrien, Palästina, Transjordanien und die arabische Halbinsel umfaßte. In Damaskus angekommen, erhielt er Kenntnis von einem im französischen Konsulat aufgefundenen Schriftwechsel, aus dem die konspirative Tätigkeit arabischer Notabeln hervorging, die diese im Jahre 1913 gegen den Bestand des Osmanischen Reiches betrieben hatten. Djemal bemühte sich, unter den veränderten Verhältnissen des Kriegsausbruches und des gegen die Feinde des Islam erklärten »Heiligen Krieges« diese Kreise für ein loyales Verhalten zu gewinnen. Er versuchte ihnen klarzumachen, daß brüderliches Zusammenstehen von Arabern und Türken das Gebot der Stunde sei, nachdem fast die ganze islamische Welt außerhalb des Osmanischen Reiches bereits dem Kolonialismus der alten Großmächte zum Opfer gefallen war: Nordafrika von Marokko bis Ägypten, das Mogulreich in Indien, Indonesien, Chiva, Buchara, das in Interessenzonen aufgeteilte Persien. Es erwies sich aber, daß die arabischen Revolutionäre auf ihren Zielen beharrten und Verbindungen nach Ägypten unterhielten. Sie argumentierten, die Unabhängigkeit der Araber müsse vor der militärischen Niederlage der Türkei verwirklicht werden, damit die arabischen Länder nicht als Kriegsbeute in die Hand der Kolonialmächte fielen.
Djemals Befehlsbereich war während der Dardanellenkämpfe von einsatzfähigen Truppenverbänden und modernem Kriegsmaterial, Artillerie und Maschinengewehren, völlig entblößt. Er hielt deshalb ein abschreckendes Durchgreifen für geboten. Im August 1915 und April 1916 wurde eine größere Anzahl arabischer Honoratioren in Damaskus und Beirut öffentlich gehenkt.*

Ob der Aufstand des Scherifs Hussein von Mekka, Nachkomme des Propheten, der im Juni 1916 begann, hierdurch ausgelöst wurde, ist wohl sehr zweifelhaft. Hussein hatte sich bereits im Januar 1916 mit den Engländern dahin verständigt, daß ihm als König von Arabien die arabischen Länder des Osmanischen Reiches unter Ausschluß des Libanon und der Provinzen Mersin und Adana zugestanden wurden. Ungeachtet dessen vereinbarten Großbritannien und Frankreich im Mai 1916 die koloniale Aufteilung der arabischen Türkei untereinander und versprach der britische Außenminister 1917 Palästina den Juden als Nationalheimat. Hussein wurde 1924 von Ibn Saud aus Mekka vertrieben, der das Königreich Saudi-Arabien gründete. Von den Königreichen der Söhne Husseins hat sich nur das kaum lebensfähige »Haschemitische Königreich Jordanien« erhalten.
Der osmanische Sultan Selim I. Yavuz, der Grimmige, eroberte 1517 Mesopotamien, Syrien und Ägypten.

DEUTSCH-TÜRKISCHES DENKMALSCHUTZKOMMANDO
Th. W. an Djemal Pascha

Damaskus, 1. 11. 1916
Excellence,
En me référent à l'audience que Votre Excellence a bien voulu m'accorder ce matin, j'ai l'honneur de Vous remercier chaleureusement pour la permission de faire une excursion à Petra, Kerak, Djerasch, Ammaan et Jerusalem. Après ce voyage je me permettrai de soumettre à Votre Excellence un rapport sur l'état d'antiquités dans ces endroits. Je commercerai après cette tournée tout de suite avec les travaux à Damas et dans les autres villes en Syrie comme Votre Excellence a bien voulu ordonner.
Avec la permission de Votre Excellence, j'ai l'honneur de Vous prier de vouloir bien me donner une lettre de recommandation et un ordre ouvert adressé à tout les autorités militaires et civiles dans le sens suivant:

1. que le porteur de cette lettre, le capitaine Dr. Wiegand est autorisé de visiter les anciennes ruines et tous les bâtissements monumentaux du pays, comme mosquées, églises, médreses, et qu'il a la permission de les faire photographier, dessiner et mesurer;
2. qu'on mette à ma disposition les moyens de transports nécessaires, comme chevaux, chamaux avec leur monkharis *(Treiber)* et, en cas de besoin, quelques soldats à cheval pour la surveillance;
3. que les dites autorités soient chargées de fournir la nourriture necessaire pour les chevaux, chamaux, monkharis et soldats;
4. que je puisse voyager avec mon drogman en I. classe de chemin de fer et deux domestiques III. classe.

Votre Excellence a bien voulu parler d'un poste d'Inspecteur à créer pour toutes les antiquités en Syrie et Palestine. Après mon voyage et après avoir soumis mon rapport à Votre Excellence, je me ferais un honneur de Vous soumettre un rapport sur l'organisation de la nouvelle institution en question. Quant à moi, je serais heureux si je peux Vous servir gratuitement avec mes connaissances pendant la durée de cette guerre. Quant au poste pour l'avenir, comme je suis employé du Ministère de l'Instruction publique en Prusse, je ne peux pas entrer dans la liste des candidats, mais je me permettrai, après mes tournées d'étude de proposer à Votre Excellence quelques messieurs capables et aptes à ce poste.

Agréez, Excellence, l'expression de ma considération la plus distinguée.

Übersetzung:

Unter Bezugnahme auf die Audienz, die Euer Exzellenz mir heute morgen so freundlich waren zu gewähren, habe ich die Ehre, Ihnen wärmstens für die Genehmigung einer Exkursion nach Petra, Kerak, Djerasch, Amaan und Jerusalem zu danken. Nach dieser Reise werde ich mir erlauben, Euer Exzellenz einen Bericht über den Zustand der Altertümer in diesen Gegenden zu unterbreiten. Nach der Rundfahrt werde ich sogleich mit den Arbeiten in Damaskus und den anderen Städten in Syrien beginnen, die Euer Exzellenz anzuordnen geruht haben.

Mit Eurer Exzellenz Erlaubnis habe ich die Ehre, Sie um ein Empfehlungsschreiben und einen offenen Befehl an alle militärischen und zivilen Stellen in folgendem Sinne zu bitten:

1. daß der Inhaber dieses Schreibens, der Hauptmann Dr. Wiegand, berechtigt ist, die alten Ruinen und alle monumentalen Gebäude des Landes, wie Moscheen, Kirchen, Medressen zu besichtigen und daß ihm erlaubt ist, diese fotografieren, abzeichnen und vermessen zu lassen;
2. daß mir die notwendigen Transportmittel zur Verfügung gestellt werden, wie Pferde, Kamele mit ihren Treibern und im Bedarfsfalle einige berittene Soldaten zur Bewachung;
3. daß die genannten Dienststellen beauftragt werden, die notwendigen Nahrungsmittel für Pferde, Kamele, Treiber und Soldaten zu stellen;
4. daß ich mit meinem Dolmetscher in der ersten Eisenbahnklasse reisen kann und zwei Diener in der dritten.

Euer Exzellenz waren so freundlich, von der Schaffung eines Postens als Inspekteur aller Altertümer in Syrien und Palästina zu sprechen. Nach meiner Reise und nachdem ich Eurer Exzellenz meinen Bericht vorgelegt haben werde, wird es mir eine Ehre sein, Ihnen einen Vorschlag über die Organisation dieser Einrichtung zu unterbreiten. Ich wäre glücklich, wenn ich Ihnen unentgeltlich mit meinem Wissen während der Dauer dieses Krieges dienen könnte.

Was den Posten später betrifft, so bin ich Bediensteter des Preußischen Ministeriums für öffentlichen Unterricht und kann in die Liste der Kandidaten nicht aufgenommen werden, aber ich werde mir erlauben, Eurer Exzellenz nach meiner Studienreise einige fähige und für den Posten geeignete Herren vorzuschlagen.

Beim Stabe der IV. Armee

2. 11. 1916
Djemal Pascha überträgt seine Vorliebe für Sultan Selim, den Eroberer Ägyptens, auch auf die Bauten dieses Sultans in Syrien. Ich ging deshalb vormittags 9 Uhr nach der Selimije- und Tekije-Moschee und sah mir die Erneuerungsarbeiten an, für die Djemal vom Evkafministerium 150 000 Mark verlangt und bekommen hat. Die Arbeiten werden verständig gemacht. Einfache ruhige Linien hatte mir Djemal Pascha gerühmt und damit hatte er recht. Ein prächtiger baumbewachsener Innenhof, in der Mitte ein breites Bassin mit Fontaine, alles von großem Reiz und ganz verfallen. Jetzt werden schadhafte Gewölbe abgetragen und wieder aufgerichtet, abscheuliche gelbe und blaue Farben werden weggekratzt und durch die natürliche Farbe des Steins in schwarz und gelb ersetzt, die alten schönen Zedernschnitzereien der Türen werden von dickem Ölfarbenanstrich gereinigt. Das ist wirklich ein verständiges Werk. Vor dem Mihrab saß ein hübscher junger Steinmetz mit lockigem Haar und dunklen freundlichen Augen und meißelte besonders feine Profile. Ich fragte ihn, woher er sei und er blickte uns schwermütig an: »Armenier, mein Vater, meine Mutter totgeschlagen, und ich sitze hier und arbeite am Mihrab der Türken.« Das sind harte Kontraste. Hier wird eine alte Moschee mit viel Geld geflickt und draußen in Birseba verhungern täglich 50 Kamele, gehen Soldaten in Lumpen.
Um 10 Uhr empfing mich Djemal Pascha, las mit Befriedigung meinen Brief an ihn, nickte zum Schluß beifällig und sagte: »Natürlich! dies alles gilt nur für den Krieg und solange ich Syrien verwalte. Nachher habe ich meinen Kollegen in Konstantinopel Rechenschaft zu geben und dann weiß ich, was man mit meinem Werk tun wird. Dann werde ich wieder Marineminister sein, da gibt es neue große Aufgaben. Dann rief er den Chef des Generalstabs der syrischen Armee Ali Fuad Bey, Oberstleutnant, herbei und fast gleichzeitig kam der Wali von Damaskus zu Besuch herein. Ich wurde den beiden Herren vorgestellt und erklärt. Es wurde verabredet, daß der Wali an alle von mir zu besuchenden Orte telegraphiert und daß ich mir nachmittags bei Ali Fuad das Papier abhole, das mir alle Wege öffnen wird und mir eine Arbeitsmöglichkeit eröffnet, wie sie vor mir noch nie ein europäischer Gelehrter in Syrien gehabt hat. Zur Begleitung erhalte ich einen jungen türkischen Offizier, Semich Bey.

Nachmittags. Besuch bei Oberstleutnant Ali Fuad Bey, dem fleißigsten Offizier der syrischen Armee, der täglich 17 Stunden arbeitet und keine Erholung kennt. Er sieht unzufrieden und übermüdet aus und freut sich, als ich ihm Komplimente mache. Er war früher Militärattaché in Paris. Seine Deutschfreundschaft wird bezweifelt. Von meinen jungen Ordonnanzoffizier bin ich angenehm enttäuscht. Er ist ein junger, frischer Mann, früher Adjutant bei Liman Pascha, ein Sohn von Ruchdi Pascha, der sich bei der Kapitulation von Salonik das Leben nahm, um der Gefangenschaft zu entgehen. Semich Bey ist der Neffe des einflußreichen und prächtigen Oberstleutnants Kiasim Bey, des Generalinspektors der syrischen Eisenbahnen.

Abends kam Djemal Pascha in den deutsch-türkischen Klub zum Tee. Dort liebt er es, von seinem Anteil an der Revolution zu erzählen. Diesmal sprach er sehr interessant von der Hungersnot von 1912 bei der Tschataldscha-Armee. Damals habe er, im Namen seiner Division von 16.000 Mann, einen Brief an den Großvezir Kiamil geschrieben: entweder müsse sofort Brot für die Armee geschaffen werden — und Anatolien habe genug Getreide — oder man müsse einsehen, daß die Türkei ihre Existenzberechtigung verloren habe. Die Wut über einen solchen Brief sei groß gewesen. Infolge desselben habe man Djemal Pascha zum Generalinspekteur der Etappen ernannt und am fünften Tag danach sei die Armee mit Getreide versehen gewesen. Auf meine Frage, wie er dies gemacht habe, sagte er: »Ich untersuchte sofort nach meiner Ernennung die Speicher von Haidarpascha und fand sie voller Getreide.« Die Banque Ottomane habe ohne Erfolg gegen die Ausräumung protestiert, er habe sich daran nicht gekehrt. Auch habe er wohl gewußt, daß das meiste Getreide der englischen Firma Withhall gehörte, die von Kiamil protegiert wurde.

4. November. Vorm. 8.30
Abreise in Militärzug mit Ordonn. Off. Semich Bey nach Jerusalem.

5. November. Mittags
Unser Zug ist bereits glücklich in Afule angekommen, d. h. wir haben in 24 Stunden 250 Kilometer gemacht. Unsere Lokomotive will nicht weiter und eine neue muß von Jerusalem kommen. Um 7 Uhr abends gehts weiter.

6. November. 5 Uhr morgens
Sieh da, wir sind schon in Wadi Sarar, d. h. weitere 150 km in 10 Stunden. Der Stationschef sagt mir, er dürfe den Zug nicht vor 10 Uhr abfahren lassen. Warum? Weil Fetim Bey, der Inspekteur der Bahn in Jerusalem, die allgemeine Order gegeben habe, kein Zug solle vor 10 Uhr abfahren. Denn vorher seien die Schienen noch vom Morgentau naß. Nach 10 Uhr seien sie trocken und die Reibung dann größer.

Von der sprichwörtlichen Grobheit Limans hatte ich viel gehört. Ich fragte Semich Bey direkt danach und er stellte sich mir als ein Opfer dieser Grobheiten vor. Eines Tages habe Liman an den Dardanellen zu ihm gesagt: »Semich, rasieren Sie sich besser. Wenn Sie kein Geld dazu haben, kommen Sie zu mir, ich werde es Ihnen geben.« Dies vor versammelten Offizieren. Daraufhin habe Semich Urlaub genommen und sich zu einer anderen Armee versetzen lassen. Als besonders grob schilderte S. die Oberstleutnants W. und A., der täglich zwei große Flaschen Raki trinken mußte (wird mir von deutschen Offizieren bestätigt). Die Stimmung war so, sagte Semich mir, daß den schimpfenden deutschen Offizieren nun auch kein Gefallen mehr getan wurde und viele Streiche gespielt wurden. Eines Tages schimpfte ein deutscher Offizier ganz unflätig, weil türkische Offiziere seinen Wagen und seine Pferde benutzt hatten. Die Folge war, daß Wagen und Pferde nie wieder zum Vorschein kamen. »Er hätte sie einsperren können, das war richtig, aber das öffentliche Beschimpfen ist für uns unerträglich.« Die Folge sei Haß gegen einzelne Deutsche. Der Türke sei noch nicht so patriotisch, daß er seine Person dem Vaterland unterordne und darunter zu leiden bereit sei. Er vergesse Beleidigungen nie. Daher habe die Franzosenpartei leichtes Spiel, wenn sie sage: »Les Allemands ne sont pas comme il faut. Ce ne sont pas des gentlemen.« Die vielen ruhigen deutschen Offiziere müssen darunter leiden. »Ist es denn in Deutschland im Dienst erlaubt, daß ein Offizier zum anderen »Dummes Aas« sagt!« Dagegen konnte ich wenig sagen und beschloß, dem Semich Bey auf der Reise zu zeigen, daß es auch ruhige und höfliche deutsche Offiziere gibt.

Ali Fuad Bey, damals Oberstleutnant und Generalstabschef der IV. Armee, hat sich später in den Freiheitskämpfen der revolutionären Türkei unter Mustafa Kemal bedeutende Verdienste erworben. Er geriet dann mit anderen bewährten Heerführern in Gegensatz zum Staatschef, dem sie bei der Beseitigung des Sultanats und des Kalifats nicht zu folgen vermochten. Sie hatten nicht verstanden, daß der Reformer mit diesen Maßnahmen überhaupt erst die Grundlage für den modernen türkischen Nationalstaat gelegt hat, den zu schaffen er sich zur Aufgabe gestellt hatte.

An der Klagemauer in Jerusalem
Th. W. an seine Frau

Jerusalem, 28. 11. 1916
Watzinger ist wieder bei mir und sehr beweglich, der Fuß ist glatt geheilt. Als ich von Damaskus zurück nach Jerusalem kam, war die erste Nachricht, daß Wulzinger von Birseba resp. Hafir nach Jerusalem ins evangelische Diakonis-

senkrankenhaus mit schwerster Amöbenruhr gekommen sei. Er sah jämmerlich aus und ist auch heute noch nicht wieder auf dem Damm. Mit ihm war Albert *(Wiegands Bursche)* wegen Malaria und Blutarmut, Milzschwellung und dergleichen eingeliefert worden. Ich sah die Expeditionen der Zukunft daraufhin doch mit etwas trostlosen Augen an.

Am 9. 11. ging ich allein durch Jerusalem und befand mich zufällig an der westlichen Umfassung des herodianischen Tempels. Es ist ein prachtvolles Gefüge rein antiker Technik, große Quadern. Der Schech Ibrahim vom Felsendom zeigte mir die Wand zuerst vom Gitterfenster des Scheriatsgerichtes aus. Da sah ich den Teil, der als »Klagemauer« bezeichnet ist. Da standen die mageren dunklen Juden mit dem Kopf gegen die Wand, betend und trauernd über den Fall des Tempels und der einstigen Größe. Durch enge Steingassen kam ich hinab, eine alte Frau weinte und klagte leise vor sich hin mit verhülltem Haupt. Ein langbärtiger Mann im Kaftan, mit breitem rundem Hut saß auf der Erde, das Gesicht gegen die riesenhaften Quadern gewendet und las in einem alten, ledergebundenen und sehr schmutzigen Buch, wobei er den Oberkörper rhythmisch bewegte. Ein alter, freundlicher Mann kam auf mich zu und gab mir einen Docht in die Hand, feuchtete ihn mit Öl an und führte mich zur Mauer. Dort steckten wir den Docht an und taten ihn in eine kleine Glaslampe, die in einer Mauerspalte stand. Er goß Öl aus einem Fläschchen hinzu und ich mußte meine Hand auf das Fläschchen legen. Dann wies der Alte feierlich empor zum Tempelplatz und sagte leise zu mir: »Salomo« — nur dies eine Wort ganz ernst. Der Vorgang hatte mich ergriffen. Aber gleich darauf kam die heitere Seite. Ein schöner vierzigjähriger Mann kam heran, er hatte einen schwarzen Bart und ein langes, sauberes Gewand und sagte höflich: »Lang sollen Se leben, Herr Hauptmann, und wir Juden beten jeden Tag zum lieben Gott, daß die Daitschen sollen siegreich sein überall. Und vor allem sollen se uns befreien von die mörderlichen Russen!« Ich dankte dem Braven im Namen sämtlicher verbündeter Armeen und fragte nach seinem Namen. Er sagte schlicht: »Cohn aus Galizien« und ich wechselte mit ihm einen festen Händedruck, obwohl eine Verfügung unseres Herrn Garnisonsarztes das Händereichen als unhygienisch gebrandmarkt hat.

Frühbyzantinische Städte in der Negev-Wüste

Am 12. November trat ich die 2. Wüstenreise an. Ich fuhr im Militärauto mit Watzinger und Burschen nach Birseba. Kurz vor dem Ort hatte unser Auto eine Panne. Da kamen englische Flieger und warfen Bomben auf das Generalkommando. Am folgenden Tag fuhr ich nach Hafir, stellte die Karawane zusammen und fuhr nach Asladsch, von wo aus ich die Ruinenstätten besuchen wollte. Hafir ist von Wulzinger inzwischen aufgenommen worden.

Wir haben 10 Kamele, 2 Pferde, 2 arabische Führer, dazu den Kriegsfreiwilligen Wagner aus Nazareth, der mit den Eingeborenen vorzüglich umgeht. Da sich schon in Birseba bei Watzinger Ruhr gezeigt hat, so nahm ich auch den Oberarzt Dr. Maas mit, der uns nach 6 Emetin-Einspritzungen wieder herstellte. Dazu kommt mein türkischer Ordonnanzoffizier Abram Effendi, ferner der Unteroffizier Mohammed, der Kameltschausch und die Kameltreiber.

Ich kann Dir nun den ganzen Verlauf der Untersuchung nicht schildern. Aber das Gesamtergebnis sollst Du gleich wissen: es ist großartig. In der Wüste liegen eine Reihe äußerst interessanter Städte, und sie liegen so, daß man sie garnicht auszugraben, sondern nur aufzunehmen braucht. Der Wille eines mächtigen frühbyzantinischen Herrschers hat diese Orte entstehen lassen, zugleich mit dem Befehl, diese Teile der Wüste zu besiedeln.

Ruhebe ist eine Stadt wie Priene. Sbeita gibt ihr nicht viel nach mit seinen drei großen Kirchen und Abde ist geradezu wunderbar. Wir haben gemessen und photographiert von morgens bis abends und haben keine Müdigkeit gespürt. Allerdings, um 8 Uhr gings zu Bette. Wir haben in Abde eine große Kirche mit anstoßendem Kloster aufgenommen, das noch dicht an die Zeit Konstantins den Großen heranrückt. Wir haben dann eine zweite Epoche des Kirchenbaus und der Ornamentierung ermittelt, die mit der antiken Tradition gebrochen hat, eine Fülle interessanter Haustypen sind uns entgegengetreten und das interessanteste ist, daß sie ganz in der hellenistischen Tradition im Grundriß, aber mit reicher Verwendung von Gurtbögen und Gewölben gebaut sind. In Mischrefe haben wir einen Mustertypus eines großen befestigten frühbyzantinischen Militärstützpunktes mit Türmen und Kasematten gefunden, Kommandantenwohnung und Kirche, ja sogar die Umrisse des Gartens zwischen Kommandantur und Kirche liegen noch deutlich da. Und das ist ein besonderer Reiz, daß alles so klar und unberührt von nachfolgenden Epochen erscheint. Nichts ist überbaut. Seit dem Einbruch der Araber im 6. Jahrhundert ist nichts mehr verändert. Die Einwohner haben sich geflüchtet und den Arabern die leeren Städte überlassen. Aber es muß hart gewesen sein, besonders die Grabstätten und Kirchen ihrem Schicksal zu überlassen; es ist ja auch alles geplündert, aufgebrochen und die Gebeine liegen herum. Aber die eigentliche Verwüstung ist doch erst den griechischen und armenischen Unternehmern vorbehalten geblieben, die in der Wüste die Bahn und die neuen Brunnen gebaut haben. In Ruhebe ist das antike Bad bis auf den letzten Stein abgebrochen. Mit Vorliebe haben diese Kerls die Ecken hochstehender Mauern herausgerissen, außerdem die Türen, so daß der übrige Teil der Mauer bald fallen muß. Ein solcher Unternehmer kam zu mir und sagte: Die Steine an den Ecken sind eben die besten, daher nehmen wir sie von dort mit Vorliebe. Natürlich spielt der Profit die Hauptrolle. Die antiken Steine sind handgerecht behauen und man spart an ihnen eben Arbeitslohn für Steinmetzen.

Von Sbeita haben wir bereits einen ganzen Stadtplan gemacht, da die Arbeiten von Musil absolut ungenügend sind. Überhaupt hat dieser Mann nicht gewußt, was er gesehen hat und daher den Lesern seines Buches den Eindruck hinterlassen, als handle es sich um relativ belangloses. In Wirklichkeit liegt hier eines der klarsten und bedeutendsten Stücke frühbyzantinischer Kultur vor uns und ich freue mich, der erste zu sein, der diese Erkenntnis in weite Kreise bringen wird. Ganz besonders hat es mich berührt, daß rings um diese Städte und Klöster sogar die alten Gärten, Ackergrenzen, Feldwege, ja sogar die Steinhaufen zwischen den einstigen Reben unberührt liegen. Als wir durch das Tal El Abiad ritten, mußte ich staunen über die Fülle von Stützmauern, mit denen man versucht hat, das Erdreich in den Tälern zu erhalten, und in den Gärten fand ich eine größere Anzahl Türme, die wie heute noch in Griechenland die Pyrgoi und Kulé's den Leuten zugleich als Landaufenthalt und als sichere Stätte während der Arbeiten diente. Und ganz verblüffend ist es, daß das Ufer des Wadi el Abiad auf Kilometer hinaus ausgebaut ist mit geböschten Stützmauern, die heute noch das Wasser verhindern, die Erde auf dieser Seite fortzureißen. Die ganze Gegend bis weit über Hafir und Kuseime hinaus ist nämlich nicht etwa Sand- oder Steinwüste, sondern guter Erdboden, dem nur das Wasser fehlt. Sobald es regnet, wird es auch grün und schon jetzt hat sich ein leichter grüner Schimmer über den Boden gebreitet.

Ich war an jenen Tagen besonders betrübt, denn ein Teil der von mir mitgebrachten Mannschaften der Minenwerferkompanie ist elend verunglückt. Sie sollten nach Damaskus, unterwegs fing ein mit Minen beladener Wagen an zu brennen, die Leute versuchten den Lokomotivführer zum Stillstehen des Zuges zu bringen, alles Rufen und Schießen half nichts und so kam das unvermeidliche, daß 3 000 kg Minen hochflogen. Drei Waggons sind spurlos verschwunden, 12 deutsche Soldaten tot, 16 verwundet, dazu 40 Türken, und eine losgerissene Schiene hat in einem weit entfernten Haus 8 Araber erschlagen. Die Holzfeuerung der Bahn ist ein Unglück. Die Uniformen meiner Leute hatten schon im Amanus von den Funken eine Menge kleiner Brandlöcher, und ich war damals froh, daß ich den größten Teil der Munition in Bosanti gelassen hatte.

Die byzantinischen Wüstenstädte liegen in der israelischen Negev-Wüste in der Nähe der Grenze zur Sinaihalbinsel. Sbeita führt heute den israelischen Namen Shivta. Über diese Städte führte einst eine Karawanenstraße zum Roten Meer nach Akaba. Nach dem Einbruch der Araber verlagerten sich die Handelswege.

»Die deutschen Forscher, welche glaubten, zum ersten Male die bisher nur von dem österreichischen Reisenden Musil genauer beschriebenen Ruinenstätten archäologisch zu untersuchen, ahnten damals nicht, daß ihnen bereits die Engländer zuvorgekommen waren. Schon im Januar und Februar 1914 hatten Leonard Woolley, der spätere Entdecker der Königsgräber von Ur, und der nachher so berühmte T. E. Lawrence dasselbe Gebiet bereist und die Ergebnisse ihres zwanzigtägigen Aufenthaltes im ›Annual of the Palestine Exploration Found‹ von 1915 niedergelegt, das wegen des Krieges in Deutschland unbekannt geblieben war.« (C. Watzinger, Th. Wiegand.)

Das unterirdische Jerusalem
Th. W. an seine Frau

2. 12. 1916

Diese Stadt steckt voller Probleme, es war vor dem Krieg unendlich schwer, an manche Dinge heranzukommen; jetzt, in Uniform, kommt man überall durch und der gefürchtete Name Djemal Paschas hilft mir sehr. Wir sind in die heimlichen Grabungen der Franzosen am Teich Bethesda gelangt, wir haben heute im Gebiet der Geißelungskapelle, das italienische Franziskaner bisher eifersüchtig hüteten, in den Nebenräumen einen ausgedehnten Platz mit antikem Plattenpflaster, Gangsteig, Straßenrichtung, Hausmauern und Straßenecke nebst Kanälen beobachtet, in die Kirche der »Dames de Zion« ist ein antiker Torbogen mit griechischer Aufschrift verbaut und im Keller daneben findet sich wiederum das große schöne Pflaster mit quadratischen Platten, auf dem man noch die eingeritzten Mühlspiele der Straßenjungen aus Herodes Zeit sieht und die Rillen für die Hufe der Pferde.

Gestern war einer der wertvollsten Tage. Wir gelangten in die Unterbauten des Tempelplatzes. Es handelt sich um drei verschiedene Teile: an der Südostecke ein riesenhaftes Labyrinth von Stützen und Gewölben in regelmäßigen Reihen, nicht besonders alt, denn antike Blöcke sind wiederverwendet und es kann keine Rede davon sein, daß etwas derartiges »salomonisch« sei. Unvergleichlich interessanter war es, als der Schech uns in die Gewölbe unterhalb der Aksa-Moschee des Tempelplatzes führte. Man sieht schon außerhalb der Stützmauern, daß dort einmal ein doppeltes Tor hineingeführt hat, und nun sahen wir im Inneren diesen Zugang wohl erhalten, mit Pfeilern und Säulen und Schmuckformen, die in den flachen Kuppeln so fein sind, daß sie nur auf die beste hellenistische Überlieferung, etwa augusteischer Zeit zurückgeführt werden können. Hier standen wir also in einem Teil des Tempels, der auf Herodes zurückgeht und der alle die Schrecken der Eroberung und Zerstörung durch die Römer überdauert hat. Das war für mich eine merkwürdig starke Empfindung.

Nun aber soll morgen auch der dritte Teil der unterirdischen Gewölbe zur Besichtigung kommen. Seit zwei Tagen liege ich im Kampfe deshalb mit dem bösen Schech Musa, der auf meinen Spezialfreund, den Schech Ibrahim, außerordentlich böse ist und ihm nichts gönnt. Heute sind wir schon durch drei Vorgemächer gekommen. Aber vor dem letzten Zugang war ein Hängeschloß, zu dem Schech Musa den Schlüssel unmöglich liefern konnte, weil der Schlüssel erstens überhaupt nicht da sei, zweitens sei er in der Stadt beim Direktor der frommen Stiftungen, drittens seien die Gewölbe verschüttet — aber mein Freund Ibrahim schwört mir, da unten seien sehr schöne Dinge und es gebe eine alte unterirdische Moschee und dergleichen. Ich habe dem bösen Musa mit einem Telegramm an Djemal Pascha gedroht, da wurde er ganz blaß und unruhig und fühlte schon die Schnur des Galgens an seiner Kehle. Auch in das türkische Hauptkastell sind wir ohne jede Mühe gelangt, der eine Turm ist prachtvoll, aus den schwersten antiken Blöcken in alter Lage vorhanden, inwendig massiv — oben eine luftige türkische Wohnung, Tschinilikiosk im kleinen. Das ist einer der drei großen Türme, die Titus nach der Eroberung stehen ließ, um zu zeigen, wie stark einst die Stadt war.

Doch nun genug von Archäologie. Jerusalem ist nämlich außerdem auch überaus malerisch, so recht eine mittelalterliche, unberührte Festungsstadt mit engen, sehr sauberen Gassen, über die sich viele Stützbogen und Streben oder ganze Gewölbe hinziehen. Das gibt die wundervollsten Lichtwirkungen, würdig eines Rembrandt. Dazu stecken in diesen Mauern oft die feinsten Ornamente aus der Kreuzfahrerzeit oder arabische bunte Marmormuster oder Inschriftbänder in kufischer und späterer arabischer Schrift. Der herrliche Himmel wölbt sich über diese merkwürdige Stadt, immer blau, bis jetzt kein Regen, dabei ist es angenehm kühl.

Seit einigen Tagen wohne ich im österreichischen Hospiz, einem schönen Steinbau in der Stadt. Vor dem Fenster ein hoher Eukalyptusbaum und Aussicht auf den Tempelplatz und das sich überhöhende Gewirr steinerner Häuser, Türme und Minaretts, dazwischen hie und da alte Cypressen, und die ganze Stadt übergossen von einem Goldglanz, der von dem schönen Kalkstein ausgeht, mit dem alles hier gebaut wird, gelblich mit feiner rötlicher Äderung.

3. 12. 1916
Heute morgen war ich denn glücklich im dritten Abschnitt der unterirdischen Gewölbe des Tempelplatzes. Es war kein sehr großer Raum, in den wir gelangten, aber wir hatten Glück, denn wir fanden den über der Klagemauer der Juden herauskommenden Bogen eines großen Tores und konnten in aller Ruhe nun die Innenseite aufnehmen. Dann wurde die Sache auch von außen besehen, aber dort ist alles verdeckt durch elende Häuser von Marokkanerflüchtlingen, und der Besuch dieser Häuser brachte uns wenig neues, außer Ungeziefer. Ein anderes Haus lag dicht bei den Unterbauten des Scheriatsgerichtes. Nachdem wir eine Reihe ausgestreckter Frauenhände mit Metalliks versehen hatten, kamen wir in ungezählte verwahrloste, dunkle Gewölbe

aus dem Mittelalter und der Türkenzeit. Es ist ganz erstaunlich, wie groß diese Unterbauten sind. Niemand kümmert sich um sie und sie sind die richtigen Schlupfwinkel für Gesindel jeder Art. Niemand ahnt, daß sie überhaupt vorhanden sind. So reiht sich ein merkwürdiges Bild ans andere, und steigt man dann aus diesen Verliesen wieder ans Tageslicht, so empfängt Dich wieder der herrlichste Sonnenschein und der tiefblaue Himmel.

Das unterirdische Jerusalem: *Der Hadrianische Torbogen an und in der Kirche der Dames de Sion ist als Ecce-Homo-Bogen bekannt. Die Straßenplatten darunter gehören zum Torweg und Hof der Burg Antonia. Sie sind heute zugänglich. Hier oder in dem Herodespalast auf dem Berge Zion hat die Vorführung, Anklage, Verhör, Geißelung, Verspottung und Verurteilung Jesu stattgefunden. Die Stätte wird in Joh. 19/13 als Lithostratos, d. h. Steinpflaster, und hebräisch Gabbatha, d. h. erhöhtes Gelände — die Burg lag erhöht —, bezeichnet. Die Überlieferung verlegte die Passionsereignisse seit je in die Burg Antonia, und die Via Dolorosa hatte schon immer hier ihren Anfang. Das Steinplattenpflaster im Keller der Dames de Sion ist der Ort in Jerusalem, wo dem Besucher die Zeit Jesu und die Leidensgeschichte unmittelbar, ohne die ehrwürdige materielle und geistige Patina zweier Jahrtausende, entgegentritt. Schon zur Zeit Salomos reichte das Plateau des Tempelplatzes nicht aus, um dem baulichen Ehrgeiz zu genügen. Salomo vergrößerte die Fläche des Platzes durch Stützmauern und Gewölbebauten an der Seite des Kidrontales. Herodes und Justitian taten ein Gleiches, so daß der Platz heute wohl doppelt so groß ist wie in salomonischer Zeit. Die 5 000 qm großen, 10 m hohen Kellerhallen an der Südostseite werden den Touristen als »Ställe Salomos« gezeigt. Ihre jetzige Gestalt geht wohl auf Justinian zurück. Die Kreuzritter hatten hier ihre Pferde eingestellt. Diese Räume eigneten sich in allen Bauperioden hervorragend dazu, darin unbemerkt eine starke Truppenmacht zu überraschendem Ausfall aus dem Doppeltor heraus bereitzustellen.*

Fahrt nach Petra
Th. W. an seine Frau

Jerusalem, 6. 12. 1916
Ich stehe vor der Abreise nach Petra. Morgen 90 km über Jericho und Es Salt nach Amaan. Dort übernachten wir am Theater und erwarten einen Zug der Hedjasbahn. Wir fahren bis Amaan in zwei großen vollgepackten Lastautos.
Ich habe jetzt enge Verbindung mit dem Chef der Feldflieger Hpm. Felmy genommen und es werden nun von allen von mir besuchten wichtigen Orten des Altertums Fliegeraufnahmen gemacht, die die Planaufnahmen kontrollieren und erleichtern. Ferner haben wir abgemacht, daß wir die Stadt Jerusalem

in ähnlicher Weise aufnehmen, zunächst mit einem Rundflug über den Mauern, die mit einem senkrecht eingebauten Reihenbildapparat in genau gleichem Abstand von der Erde aufgenommen werden, dann Diagonalflüge und endlich von unserer Seite trigonometrische Festlegung (Triangulation). Du siehst, die Arbeit reißt nicht ab.

Petra muß überwältigend sein, aber es ist das allermeiste bekannt. Ob wir es fertig bringen, die Stadt zu vermessen, steht dahin. Es ist zweifelhaft, ob das wesentliche noch heraustritt. Bis jetzt ist das Wetter noch günstig. Gute Apparate sind vorhanden. Jeder von uns ist mit einem schweren Schafpelzmantel ausgestattet. Da wird die Gebirgskälte schon zu ertragen sein. Ich denke, daß die Araber sich ruhig verhalten werden, doch haben wir uns auch für das Gegenteil stark vorgesehen.

Herr Angglos macht langsame Fortschritte, er befindet sich jetzt bei guter Gesundheit in Bis Mesar 35 km westlich von Arisch und wir glauben, daß er nächstens mal nach Arisch geritten kommt, da wird man ja näheres hören. Mitunter bekommen wir durch Flieger Nachricht von ihm. Es ist ein konsequenter Mann. *(Diese verschleierte Ausdrucksweise wurde mit Rücksicht auf die Briefzensur gewählt.)*

11.12.1916

Wir haben unsere beiden großen Lastautomobile über Jericho und Es Salt nach Amaan gesteuert und warten seit zwei Tagen hier auf zwei leere Waggons von Damaskus, die uns nach Maan bringen sollen. In den Ruinen von Amaan habe ich äußerst schmerzliche Beobachtungen machen müssen. Das berühmte Odeion ist ¾ abgerissen, im Theater ist auch schwer geraubt worden und der dreiteilige Bogen ist fast demontiert. Wir sind gestern zu dem großen merkwürdigen Palast Arak el Emir, der uns große Rätsel aufgab.

Aus dem Marschtagebuch

Amaan, 9.12.1916

Der Gang durch die Ruinen war wegen der maßlosen Beschädigungen und Beraubungen ein Gegenstand fortgesetzter Empörung und hellsten Entsetzens, man hätte Tränen vergießen können. Im Theater sind im mittleren Umgang kleine Steinkammern. Geflüchtete Armenier, Frauen und Kinder, die man der Männer beraubt hat, wohl an 30 Familien, sie werfen allen Unrat, trocken und flüssig, in die Cavea und ihre Exkremente füllen alle Gänge. Ich kann dies nicht im Bericht an Djemal Pascha erwähnen, sonst werden diese unglücklichen Menschen während des Winters auch noch aus diesen Trümmern gejagt. In einem alten Gewölbe auf der Akropolis empfing uns ein fürchterlicher Gestank. Da lagen 2 tote Menschen, die man dort hingeworfen hatte, ohne Begräbnis. Ich hörte, daß man so die Armenier behandele. Wenn sie nahe am Sterben seien, würden sie »für 2 Piaster« dorthin getragen und liegen gelassen. »Es sind Fremde« sagte der Oberstleutnant Musellim Bey und zuckte die Achseln.

13. 12. 1916
Die Hedjasbahn hat uns gut und rasch hierher nach Maan gebracht und morgen gehts mit 6 Pferden und 35 Kamelen nach Petra.

Aus dem Marschtagebuch

12. 12. 1916
Die Fahrt bis Kalat Daba ließ überall bestes Ackerland erkennen, das gut bebaut wird, bei Daba ist nichts bestellt. Tausende und abertausende von Menschen könnten hier angesiedelt werden. Steppe bis Maan, alles guter Boden!! Allah, Teneké (*Petroleumkanister*) und Bindfaden sind die Elemente, mit denen die Türkei zusammengehalten wird.

Im Namen von Amman lebt Rabbath Ammon, um 1200 v. Chr. die Hauptstadt der Ammoniter, weiter, vor der Davids Feldherr Urias umkam. Es ist heute die Hauptstadt des Königreichs Jordanien. Seine dauerhafte geschichtliche Bedeutung beruht auf seiner Lage an der ostjordanischen Karawanenstraße von Damaskus nach dem Roten Meer.
Das römische Theater, gegenüber dem ersten Hotel der Stadt gelegen, ist renoviert und der Ort sommerlicher Konzerte. Das Odeion ist verschwunden. Ähnlich wie dem Bahnbau in der Negevwüste wohlerhaltene antike Bauwerke zum Opfer gefallen sind, geschah es auch 10 Jahre zuvor beim Bau der Hedschasbahn von Damaskus über Amman—Maan nach Medina. Dem sicheren Untergang entging damals die im Übergang von spätantiker zu islamischer Kunst prunkvoll ornamentierte Sockelfassade des omaijadischen Wüstenschlosses von Mschatta (Kasr el Meschatta), erbaut 743, 25 km südlich von Amman. Sultan Abdul Hamid hatte sie im Jahre 1904 Kaiser Wilhelm II. geschenkt und dadurch Hamdi Bey tief gekränkt. Der für das Kastell zuständige Kriegsminister war mit der Erledigung beauftragt worden. Der Sultan äußerte seine Auffassung mit den Worten: »Voilà ces imbéciles étrangers, je les console des pierres cassées.« Die verbliebenen Teile des Schlosses nahmen beim Bau der Eisenbahnüberführungen durch Steinraub schweren Schaden. Die im Südflügel des Pergamonmuseums wieder aufgerichtete Kalksteinfassade erhielt 1945 einen Bombenvolltreffer, jedoch konnten die zersprengten Trümmer aus dem Schutt geborgen und in jahrelanger Arbeit wieder zusammengefügt werden.

Die Entfernung von Amman nach Maan beträgt 214 km, von Maan nach Petra 50 km. Die weitere Strecke der Hedjasbahn nach Medina, 800 km, wurde 1917 von den aufständischen Beduinen unter Oberst Lawrence zerstört. Ihre Wiederherstellung wird jetzt erst erwogen.

Aus dem Marschtagebuch

14. 12.
Der Weg von Maan nach Petra ist bequeme Steppenwüste, dann steiniges Bergland. Abstieg nach Dorf Wadi Musa. Felsengebiet.

15. 12.
Wir gehen zu Fuß zur Sick-Schlucht herab, dann durch diese durch. Worte fehlen, um die unerhörte Größe dieser Natur zu schildern. Ein Riß durch die rote Sandsteinmasse dient zugleich als Zufluß des Baches und als Eingang in den von den wildesten Bergfelsen umstarrten Talkessel. Unbeschreiblich dieser Eindruck, wie man plötzlich heraustretend vor dem Hasné steht. Hier Natur in ungebändigtester Form, dort in edelste, feinste Stilform verwandelt. Natur und Geist haben hier zusammengewirkt. Alles ist purpurfarben in den reichsten Abstufungen von rotgelb bis zum tiefsten blutrot. Dazu im Bachbett die weißen Kiesel und die grüne Fülle der Oleanderbüsche. Die Kamele lagern im Bachbett vor dem Hasné, ihr Gebrüll dröhnt wie Donner in den Wänden, weiße Spitzzelte werden aufgeschlagen, kleine Feuer flammen auf. Wir beziehen die drei Riesensäle des Hasné, Mitte Wohnraum, links Schlafsaal, rechts Küche und Diener. Es wird Abend. Die Sterne blinken vom wolkenlosen Himmel in unsere Schlucht. Alles ist von höchster Romantik. Ich bin froh, daß ich diese Eindrücke erst im reifen Lebensalter erhalte, sonst würde ich vielleicht manche bescheidenere Schönheit anderer Gegenden nicht mehr genügend geschätzt haben.

IN PETRA
Th. W. an seine Frau

16. 12. 1916
Wir sind seit zwei Tagen in Petra, die Natur der Landschaft ist noch überwältigender, als die Kunst des Königs Aretas von Petra, in dessen wundervollem Grabpalast mit drei großen Sälen wir wohnen und schlafen. Unser Speisesaal, aus dem roten Sandstein gehauen, ist 150 qm groß und 10 m hoch. Wir haben bereits eine Menge neuer Beobachtungen gemacht und ein neuer Plan der wichtigsten Stadtgegend ist begonnen. Auf Schritt und Tritt begegnen mir

unbeobachtete Dinge. Heute habe ich den Grundriß der Bühne festgestellt und nachmittags fanden wir einen bisher unbekannten Tempel.

WEIHNACHTEN IN PETRA
Th. W. an seine Frau

Petra, 26. 12. 1916
Es geht vorzüglich. Wir sitzen noch immer im Felsenpalast des Aretas (Hasné). Ihr findet ihn mit seiner barocken Architektur in jeder Kunstgeschichte abgebildet. Wir haben hier vorgestern eine recht originelle Weihnachtsfeier gehabt. Tags zuvor schon wurden die Wände des Saales mit Koniferen umsäumt. Das Weihnachtsbäumchen war 1 m hoch und bestand aus einem schönen Wacholder mit knopperigen Früchten. Weihnachtskerzen hatten wir und unser Dr. Bader hatte aus Einwickelpapieren meiner Rollfilme wunderhübsche Sterne geschnitten, die rot leuchteten. Dann wurden die Ästchen mit Verbandwatte belegt und mit glitzerndem Staub aus Bor-Säure bestreut. Oben drauf ein roter Stern von Bethlehem und als besonders wirkungsvoller Schmuck eine Anzahl bunter Glasperlenketten, die wir damals in Berlin für die Araber kauften.
Ich kleidete mich nun um als König Aretas. Mein Königsgewand bestand aus einem weiten Beduinenmantel, mein Hermelin aus einem großen Schafpelz, mein Szepter war eine mit Lorbeerbusch geschmückte rot-weiße Meßstange und als Krone trug ich eine hohe Pappe, aus der die bekannten Zinnen-Treppenmuster der peträischen Felsfassaden geschnitten waren. Als besonderer Schmuck baumelte an der höchsten Stelle ein hell gescheuertes Diadem in Gestalt eines runden Konservendeckels. Unter Vorantritt zweier Diener mit Lichtern und gezogenem Seitengewehr ging es nun in den Hauptsaal. Das Gesicht hatte ich mir fürchterlich bemalt und wir markierten eine so große Feierlichkeit, daß alles vor Lachen nicht mehr konnte. In der Grabnische bekam nun jeder seine poetische Ansprache. Zum Schluß überreichte ich dem Assistenten Lt. Dr. Bachmann mein eigenes Szepter als Lohn für die Wiedererweckung meiner Residenz.

Th. W. an seine Frau

Petra, 27. 12. 1916
In meinem vorigen Brief hatte ich Dir von unserem hiesigen Weihnachtsfest erzählt. Es waren wunderbare Effekte, als ich mitten in der Dunkelheit einmal auf das gegenüberliegende Ufer der engen Schlucht ging und nun das prachtvolle Felsengebäude im flackernden Glanz des Wachtfeuers sah, das unsere Soldaten zu Füßen der Fassade angezündet hatten und wo die ver-

mummten Gestalten nun saßen und sich wärmten. In der Vorhalle leuchtete unser kleines Küchenfeuer, so daß die Wände rot leuchteten und im Inneren des Grabsaales sah man die kleinen Menschen um den kleinen flimmernden Weihnachtsbaum sitzen. Und alles in feldgrauer Uniform. Wer mir das einmal vorausgesagt hätte, den hätte ich für verrückt erklärt.

Arons Grab auf dem Berge Hor
Th. W. an seine Frau

Petra, 26. 12. 1916
Gestern, am 1. Weihnachtstag, habe ich den Berg Hôr erklommen, von dem der einfältige Musil geschrieben hat, man würde von den Arabern totgeschlagen, wenn man auch nur den Fuß betrete, geschweige denn den Gipfel selbst, wo die Araber das Grab Arons verehren (Aron = Harûn und der Berg heißt daher Djebel Harûn). Mein nächster Brief wird Dir von einer sehr wichtigen und interessanten Entdeckung berichten, die ich dort oben gemacht habe. Ich bin ins Innere der Gruft gekommen und die Arabs haben mich nicht totgeschlagen.

27. 12. 1916
Am ersten Weihnachtstag bestieg ich dann den Djebel Harûn, in der Bibel Hôr. Der Berg, 1 390 m hoch, ist ein äußerst schroffer und zerklüfteter wilder Felsen, der von Ferne schon durch seine schöne malerische Form Bewunderung erregt. Mansfeld und ich hatten jeder ein prachtvolles Araberpferd, mit denen wir bis zur Hälfte der Berghöhe kamen, dann ließen wir die Tiere mit zwei Soldaten zurück bei einer Stelle, wo die Pilger viele Steinhaufen zusammenzuwerfen pflegen. Nun gings zu Fuß weiter. Den Hüter des heiligen Grabes, einen alten, waffengeübten Araber, hatten wir rechtzeitig gefunden und er zeigte sich zwar sehr zurückhaltend und würdig, aber dem Geschenk eines Messers, eines Paketes Tabak und einigen Silbergeldes gegenüber doch völlig zugänglich. Ich hatte Dir schon geschrieben, wie dumm sich Musil über den Hôr ausdrückt, und der Baedecker gar sagt, das Heiligengrab sei modern und unterscheide sich in nichts von anderen seiner Art, die man »Veli« zu nennen pflegt.
Als wir an den letzten Aufstieg kamen, sah ich eine prachtvolle Steinzisterne in den Fels gebaut, ich blickte durch eine Öffnung und gewahrte mindestens 15 Gurtbogen, deren Zwischenräume mit großen Steinplatten bedeckt sind. Die Konstruktion erschien durchaus nicht arabisch, sondern altchristlich. Nun ging es auf einem steil in den Fels gehauenen Treppchen von etwa 100 Stufen mit Händen und Füßen zum Gipfel, wo das Grab Arons mit seiner arabischen weißen kleinen Kuppel leuchtet. Oben angekommen — die wunderbarste

Aussicht! Unter mir im Westen ganz Palästina, rechts das Tote Meer leuchtend blau, südlich das tiefe breite Einbruchstal des Wadi el Araba, das auf der entgegengesetzten Seite wieder in mächtigen Terrassen auf die Höhen von Hebron, Bethlehem und Jerusalem emporsteigt. Und links ganz nach Süden und Südwesten dehnte sich die ungeheure Wüste bis ins unendliche aus, zunächst als braungebrannte Steppenwüste, dann als Sandwüste. Auf der entgegengesetzten Seite aber ist man umstarrt von den bizarren Klippenreihen des Wadi Musa, über denen sich noch höher die Wüstenebene von Maan erhebt. Das ist ja in dieser Gegend das erstaunliche: von Maan reitest Du sechs Stunden in der ödesten Wüste, und plötzlich steigst Du durch einen Felsenpaß *(abwärts!)* in das zerrissenste Felsgebirge, das die Welt vielleicht kennt. Doch nun zurück zum Berge Hôr und zum Urvater Aron.

Auf den ersten Blick sah ich, daß das arabische Heiligtum auf der Stelle einer viel ausgedehnteren Anlage stand. Ich nahm das Meßband heraus und die Aufzeichnung ergab mit Wahrscheinlichkeit den Grundriß einer altchristlichen Kirche mit einer großen Apsis im Osten und zwei seitlichen im Norden und Süden, davor eine Vorhalle. Nun kamen wir in das Heiligtum innen herein. Ich sah vier spitz endende Kreuzgewölbe, zwei etwa meterdicke Mittelpfeiler, eine kleine Mihrabhöhlung, daneben einen Säulenstumpf, dann ein modern aufgemauertes Heiligengrab mit grünem Tuch wie von einem Billard. Das alles war wenig fesselnd. Eher schon, daß in der Westwand ein runder, fußlanger dunkler Glasfluß eingemauert ist, dessen Umgebung ganz abgegriffen ist. Der Stein wird von den Pilgern geküßt.

Wer aber beschreibt mein Erstaunen und meine Freude, als der Wächter auf dem Fußboden die Matten und Teppiche wegzieht und nun ein in den prachtvollsten Marmorsorten und in den mannigfaltigsten und geometrischen Feldern ausgelegter Fußboden hervortritt, wie er ähnlich und in viel schlechterer Erhaltung in der Koimesiskirche zu Nicaea liegt. Man muß die schönsten Römerbauten von Petra geplündert haben, um diesen Fußboden mit Alabaster, grünem, gelbem, geädertem schwarzem und purpurrotem edelsten Material auszulegen. Auch der dunkle Glasfluß muß ursprünglich im Boden eingefügt gewesen sein, um eine besonders heilige Stelle zu bezeichnen.

Ich sagte dem Wächter nun, das könne doch nicht das echte alte Heiligengrab sein, was ich hier oben mit dem grünen Billardtuch sähe. Da zeigte er in die Südwestecke, und richtig, es war da ein Treppchen, das nach der Tiefe führte, nur einen Meter breit. Die Wände schwarz vom Ruß der Kienspäne vieler Pilger. Erst drei Stufen, dann neun Stufen ins Dunkle, dann stand man vor einem kleinen Türrahmen. Die obere Türschwelle ist wunderschön dekoriert mit Weinlaub und Trauben, in Holz geschnitzt und jetzt ganz schwarz, sicher der Rest einer alten byzantinischen Arbeit. Und dann kam ein gewölbter Gang von sieben Schritten Länge, der hinten mit einer Apsis endete. In dieser lag ein mit Tuch verhüllter Gegenstand, links in der Wand war eine kleine

Nische. Vor dieser Apsis hingen, an zwei Bindfäden aufgebunden, zwei alte Bronze-Gittertüren mit Dekorationen in Gestalt konzentrischer Kreise. Sie waren der ursprüngliche Verschluß des Heiligengrabes.
Das Ergebnis also ist der Nachweis, daß an der Stätte des mohammedanischen Heiligen Harûn der alte Heiligenkult der Christen für Aron gewesen ist, und daß dieser herrliche Berg mit der unendlichen Aussicht schon nach frühchristlicher Tradition als der Berg Hôr der Bibel erklärt worden ist. Wie sich die bisherige theologische Literatur dazu stellt, ist unbekannt, da wir darüber hier keine Bücher haben. Das werden wir in Jerusalem sehen.

Damaskus, 3. 3. 1917
Von der christlichen Kirche über dem Aronsgrab des Berges Hôr haben wir nun den vollen Grundriß heraus, und denke Dir, der schöne Mosaik- (d. h. Marmor-Einlagen-) Fußboden kommt mitten unter die ehemalige Kuppel der sehr alten und interessanten Kirche. Da werden die Theologen und Kunsthistoriker aber Augen machen. Die Sache ist ganz famos zusammengegangen.

28. Dezember
Seit zwei Tagen ist der lang ersehnte Regen eingetreten. Es ist ein tolles Schauspiel, wie von allen Felswänden unserer düsteren Schlucht Gießbäche, Staubregen und Rinnsale herabstürzen, und wie aus dem Spalt des Wadi der plötzlich entstandene gelbe Bach hervorschießt. Es donnert und braust, wie an einem großen Alpenwasserfall und seitdem es regnet, heulen auch nachts die Hyänen und Schakale. Das macht in unseren echoreichen Felsen einen Höllenspektakel. Seit gestern habe ich mich im einstigen Schlafgemach des Königs Aretas mit dem für mich bei dieser Feuchtigkeit üblichen Hexenschuß niedergelegt, gut eingehüllt in Seiden- und Wollhemd, Baumwollschlafsack, drei Decken, außerdem je einen Schafpelz oben und unten, dazu eine heiße Flasche im Rücken und Aspirin innerlich.
Einen göttlichen Anblick boten gestern Nachmittag während des großen Regens Watzinger und Bachmann. Sie waren vom Unwetter in den Ruinen überrascht worden, plötzlich hatte sich der Bach mit dem Wasser gefüllt und stieg beständig. Da mußten sie es wagen, dem Strom entgegen durch die Schlucht, die er ganz ausfüllte, bis zum Hasné zu waten, und kamen nun, ganz von oben durchnäßt und mit bis zu den Knien aufgekrempelten nassen Hosen an, Watzinger besonders sah urkomisch aus: Militärmütze, kanariengelben Ölmantel, aus dem unten die nackten Beine herausguckten. Am Feuer wurde alles rasch wieder trocken, dazu kam ein warmer Tee.
Dieser Regen war eine dringende Notwendigkeit und hätte zwei Monate früher kommen können, dann würden tausende von Kamelen am Leben geblieben sein. Ich erinnere mich des Vollmondscheinabends, den wir auf

dem Balkon der Offiziere des 12. Regiments in Es Salt verbrachten. Da hörte man plötzlich von allen Ecken der Stadt die Kinder singen, und dann kamen sie in ganzen Zügen um die Straßenecken und sangen zu Allah ihren Bittgesang um Regen, der uralt ist und auch bei den klassischen Völkern erhalten ist:

> Gott, gib uns Regen, damit die Erde feucht wird,
> Gott, gib uns Regen, denn sieh, das Land ist trocken,
> Regen ist gut und Freude bringt er allen Herzen,
> Gott, gib Regen!

DER STADTPLAN VON PETRA
Th. W. an seine Frau

Petra, 27. 12. 1916
Von unseren Erfolgen in Petra will ich Dir das nächste Mal schreiben. Die sind ungewöhnlich groß und ich bitte, nicht zu denken, daß ich große Rosinen in der Tasche habe. Ich gehe nicht eher hier fort, als bis ein großes Ergebnis gesichert ist. Es muß ein entscheidender Fortschritt für die Stadt Petra werden, an dem kein Nachfolger vorübergehen darf. Fast alle wichtigen Bauten der Stadt sind erkannt und im Plan festgelegt.

Petra, 30. 12. 1916
Mit dem Stadtplan werden wir im wesentlichen fertig. Wir amüsieren uns mitunter, mit welch heiligem Respekt der Leiter des evangelischen archäologischen Instituts für Palästinaforschung zu Jerusalem, Herr Professor Gustaf Dalmann, der in seinen Büchern so selbstbewußt auftritt, um das schwierigste, nämlich das innere Stadtgebiet, herumgegangen ist, wie er jede seiner kleinen Beobachtungen in ein wirksames Licht für sich selbst setzt und wie er weder das Stadtbild begriffen noch die Skulpturen richtig zu beurteilen im Stande war. Ein Eros, der Siegerbinden in den Händen hält (eine Deutung, die mir wichtig ist für die Erklärung eines Bauwerks als Palästra) hält er für einen schlangenwürgenden Herakles u. s. f. Jeder kleine Opferstein ist von Dalmann gesehen und beschrieben, aber der ganze Markt von Petra nicht!

Das Stadtgebiet von Petra liegt als dreieckiger Kessel zwischen senkrechten Felswänden aus rotem, geflammtem Sandstein, aus denen prächtige bis zu über 40 Meter hohe hellenistische Grabfassaden für die Großen des Landes und viele kleinere des wohlhabenden Mittelstandes im geometrischen Baustil Vorderasiens herausgemeißelt sind. Das Kerngebiet der Stadt nimmt eine 700 Meter lange römische Säulenstraße mit Forum und Triumphbogen ein,

um die sich repräsentative Tempel der Götter und Kaiser, Thermen, Nymphäum, Gymnasium, ein Palastbau, Magazine und Galerien gruppieren. Die Funktion dieses nur durch drei schmale klammartige Felsschluchten zugänglichen Kessels ist wohl am besten als die eines riesigen, für die Wüstenräuber unangreifbaren Karawanserais zu begreifen, in dessen weiterem Umkreis das halbnomadische kamelzüchtende und das Karawanengewerbe betreibende Volk der Nabatäer in seinen schwarzen Zelten gewohnt hat.
Dort kreuzten sich die Handelswege, die Königsstraße von Ägypten, die Weihrauchstraße vom Roten Meer und der arabischen Halbinsel, die Karawanenpfade nach Palästina, Damaskus und Palmyra und die Seidenstraße nach Babylon, Seleukia und Ktesiphon am Tigris. Dort wurde gehandelt, besteuert, wurden Karawanenzüge zusammengestellt und mit Bedeckungsmannschaften ausgerüstet, und dort hat sich neben dem wirtschaftlichen auch der kultische und Verwaltungsmittelpunkt des unternehmerischen Wüstenvolkes herausgebildet.
Als Nachfolger der Edomiter erschienen die arabischen Nabatäer um 300 v. Chr. in Petra und richteten von dort aus im Machtvakuum zwischen den absteigenden Reichen der Ptolemäer und Seleukiden eine Herrschaft der Transportunternehmer auf, die sich bis Damaskus und in die Nähe von Medina ausgedehnt hat. Um 100 n. Chr. wurde Petra römisch. Die Blüte der Stadt dauerte an, bis 150 Jahre später das persisch gewordene Palmyra Petra aus dem Handel verdrängte. Nach der Kreuzfahrerzeit geriet es völlig in Vergessenheit und wurde erst 1812 wieder entdeckt. Doch blieb ein Besuch dort noch lange schwierig und gefährlich wegen der Feindseligkeit der Beduinen gegen Ungläubige und Schatzsucher.
Während der erste Eindruck von Petra der eines eigenartig abgewandelten Hellenismus ist, bergen die Höhen Zeugnisse anderer Art. Die uneinnehmbare Fluchtburg auf einem um 300 Meter überhöhten Felsenberg ist das Sela der Edomiter, von denen der Prophet Obadja sagte, daß sie in der Felsen Klüfte wohnen, in hohen Schlössern, wie der Adler sein Nest zwischen den Sternen macht. Von dieser Höhe mag König Amazia 10 000 edomitische Gefangene herabgestürzt haben (2. Chron. 25/11—12). Autochthon sind auch die vielen Felsenheiligtümer aller Größen, zu deren Ausstattung ein über Stufen zugänglicher Altar, ein Wasserbecken mit Zisterne und ein Platz zur Einnahme des Opferschmauses gehörten. Rätselhaft bleiben zwei zu einer solchen Großanlage auf dem Theaterberg gehörende sieben Meter hohe Obelisken, die aus dem gewachsenen Felsen geschlagen sind, so daß das umgebende Plateau um diese Höhe abgetragen worden sein muß. Auch auf dem Dschebel Harun hat sich eine Opferstätte befunden. Höhenkulte sind von den jüdischen Propheten bekämpft worden. Aron ist auf dem Berge Hôr gestorben (4. Mos. 20/28), wohin ihn nach der mohammedanischen Legende Engel getragen haben.

Petra wird vom Wadi Musa durchzogen, der auch die Eingangsschlucht Es Sik geformt hat. Es ist das »Haderwasser«, das Moses aus dem Felsen schlug (4. Mos. 20/13). Am Eingang zur Sikschlucht befindet sich die Quelle und das Dorf Wadi Musa.

Armenier-Elend in Wadi Musa
Aus dem Marschtagebuch

17. 12. 16
Lt. Angaben der Armenier: Gesamtzahl in Wadi Musa 270, darunter 24 Männer, Rest Frauen und Kinder, die übrigen (Männer) sind Soldaten. Ausgewandert 50 Tage zu Fuß bis Aleppo, von da per Bahn. Eine Stunde Zeit zum Abmarsch. In Wadi Musa sterben täglich 2–3 Personen. Dysenterie, Unterleibstyphus. Arbeit: keine. Von Regierung erhalten die Leute für jeden Kopf 2 Piaster für Erwachsene, 1½ Piaster für Kinder. Jedoch hat man ihnen vor 1½ Monaten nur 5 Kopfzahlungen = 15 Pstr gemacht. Verbot nach Maan zu gehen. Die ersten 5 Monate (vor zwei Jahren) Getreide, dann nichts mehr.

Ein türkischer Gendarm meinte, die Leute hätten einen Tag zu essen und zwanzig Tage zu hungern. Bei der Abreise von Petra ließ Wiegand zwei Säcke Gerste für sie zurück. (C. Watzinger, Th. Wiegand.)

Die armenische Frage und die Jungtürken: *In der Zeit des Untergrundkampfes der Jungtürken gegen das Regime Abdul Hamids hatten sich mancherlei Verbindungen zu den unter ähnlichen Bedingungen wirkenden armenischen Führern geknüpft. Die jungtürkische Revolution brachte Kundgebungen der Solidarität mit den vom abgesetzten Sultan bedrückten Armeniern. Doch dieser Umschlag war nicht von langer Dauer.*
Der Balkankrieg 1912 hatte für die russische Politik mit großer Enttäuschung geendet. Die vornehmlich durch Rußlands Hilfe auf Kosten der Türkei entstandenen Balkanstaaten fühlten das Selbstbewußtsein des machtgestärkten Siegers, der Streit um die Beute hatte den Balkanbund, das Werk russischer Diplomatie, zerstört. Die expansionistische Politik Petersburgs suchte nach einer Kompensation und erhob Anspruch auf das türkische Armenien. Deutschland und seine Verbündeten widersetzten sich einer weiteren Schwächung der Türkei, zumal es die russischen Ambitionen durch die Aufteilung Persiens in eine russische und eine britische Interessensphäre für abgefunden ansah. Daraufhin griff Rußland die seit 1895 unerledigte türkische Zusage auf Verwaltungsreformen in Ostkleinasien auf. Im Sommer 1913 fand sich eine Botschafterkonferenz in der osmanischen Hauptstadt zusammen, ohne daß die Regierung des Landes selbst zu den Erörterungen zugelassen wurde.

Es ging um die Gewährung weitgehender Selbstverwaltung unter Sonderung der Nationalitäten in Türken, Kurden und Armenier in einem Gebiet von 400 bis 500 km Tiefe von der russisch-türkischen Grenze. Um sich in die Erörterungen einzuschalten, schlug die osmanische Regierung ein Reformprogramm für das gesamte Reichsgebiet vor. Für die kritischen Ostgebiete waren zwei mit Angehörigen der Garantiemächte zu besetzende Generalinspektorate vorgesehen. Diese wünschte die Regierung des Sultans mit britischen Staatsangehörigen zu besetzen. London lehnte zugunsten Rußlands ab, und die russische Diplomatie rühmte sich mit Recht, die führende Rolle Rußlands in der armenischen Frage bestätigt zu sehen. Damit war nach türkischer Ansicht der erste Schritt zu einer russischen Besetzung Armeniens getan. Denn alle im Verbande des osmanischen Reiches zuerkannten Autonomien — an Ägypten, Rumänien, die Balkanstaaten, Ostrumelien (Südbulgarien), Kreta und Samos — hatten mit der Loslösung vom Reiche geendet. Der Kriegsausbruch enthob die Regierung in Konstantinopel von der Durchführung des Reformabkommens.

Aber der Untergang der türkischen ostanatolischen Armee im Winter 1914/15 schuf erneut die Vorbedingungen für ein russisches Vordringen, das bis 1916 Wan, Erzerum und Trapezunt erreicht hat. Schon vor seinem Beginn wurde im Sommer 1915, während der Dardanellenschlacht, von zentraler Stelle die Aussiedelung der als unzuverlässig bezeichneten armenischen Bevölkerung angeordnet. Es hieß, sie solle bis zum Kriegsende nach Mesopotamien umgesetzt werden, wozu alle Voraussetzungen fehlten. Wo die Transporte durch abgelegene Gegenden und eine fanatisierte Bevölkerung ziehen mußten, haben sie kaum ihre Marschziele erreicht. Aber auch unter weniger ungünstigen Umständen gestaltete sich das Schicksal der Vertriebenen tragisch. Von der Goltz schrieb darüber auf der Reise zu seinem mesopotamischen Kommando am 22. 11. 1915 an seine Frau nach der Fahrt durch das Amanusgebirge in die nordsyrische Ebene:

»In dieser bot sich uns der harmvolle Anblick der flüchtenden Armenier, die am Südfuß des Taurus angesiedelt werden sollen und bei denen natürlich, da menschliche Fürsorge bei so großen Massen nicht viel vermag, grenzenloses Elend herrscht. Eine fürchterliche Völkertragödie. Ohne Nahrung, ohne Versorgung, schutzlos strömten Tausende und aber Tausende einem unbekannten Ziele entgegen. Viele sterben an der Straße und bleiben lange unbeerdigt liegen. Man mußte in tiefster Seele Mitleid empfinden und konnte doch nicht helfen. Welche Tragödien dieser unheilvolle Krieg schon hervorgerufen hat, ist kaum aufzuzählen, und wie viele wird er noch verursachen.«

Djemal Pascha berichtet in seinen »Erinnerungen«, er sei in große Erregung geraten, als er erfuhr, daß die Armeniertransporte seine schwache Etappenlinie über den Taurus und Amanus zusätzlich belasten sollten. Vergeblich habe er sich auch gegen die Austreibung der Armenier aus der Gegend von Adana und Aleppo ausgesprochen, deren Landwirtschaft für die Versorgung der IV. Armee wichtig war. Auch habe er den nicht zuständigen Militärbehörden Hilfeleistung anbefohlen und Transporte statt nach Mesopotamien in aussichtsreichere Gebiete seines Einflußbereichs umgeleitet. Daß er verschiedentlich sein Ansehen eingesetzt hat, um persönlichen Schutz zu gewähren, ist bezeugt. An der Tragödie hat das wohl wenig geändert.

1917

Winterlicher Rückmarsch von Petra
Th. W. an seine Frau

Maan, 3. 1. 1917
Nun sind wir glücklich im neuen Jahre und von Petra zurück in Maan, wo ich im Kommandantengebäude v. Mansfelds zu Bett liege und den Zug von Medina erwarte, mit dem es nach Amaan und von da mit Lastauto nach Jerusalem gehen soll. Unsere Landtour über El Kerek und Schobak-Madaba erwies sich leider *(wegen der schlechten Verfassung der Kamele, von 35 waren in Petra 10 eingegangen)* als undurchführbar. Am 1. Januar abends zogen wir von Petra wieder hinaus nach dem Dorf Eltschi und kampierten in der Dorfschule, in der wir u. a. auch ein Instrument zur Vollziehung der Bastonade (falàka) fanden. Am 2. 1. zogen wir mit der Karawane los, diese blieb bald hinter uns zurück, zwei Tiere verendeten auf dem Wege. Wir hatten Sturm mit eiskaltem Regen und ich stieg direkt vom Bett aus auf den Gaul. An die Schmerzen dieses sechsstündigen Rittes mit eiskalten Beinen werde ich noch lange denken. Hier geht es mir schon wieder besser und der elende Ischiasnerv scheint sich beruhigen zu wollen. Aber in Jerusalem werde ich wohl noch ein paar Tage ruhig liegen müssen. Hier wütet ein toller Sturm, wir sind über 1000 m hoch in der ungeschütztesten Wüstengegend, heute Nacht ist einer der armen, schlecht gekleideten Soldaten im Zelt erfroren. Unsere Karawane kam gestern in der Dunkelheit erst an, sie war in zwei Teile zerrissen und sechs Kamele wurden vermißt. Bei diesen waren unsere wissenschaftlichen Aufnahmen, das Geld, die Zelte, die Betten. Es goß in eiskalten Strömen, da kam Albert und meldete, die Kamele seien sämtlich 20 Minuten von hier auf dem Wege aus Entkräftung zusammengestürzt, die Lasten lägen herum, die total durchnäßten, frierenden und unterernährten Treiber hätten plötzlich alle zu weinen angefangen und seien dann davongelaufen und nun liege alles unbewacht draußen in der Nacht und der Nässe. Nur ein einziger Alter sei noch bei den Tieren. Nun mußten wir uns neue Kamele, Soldaten und Laternen besorgen, und während ich mich total steif an ein Holzkohlenfeuer setzte, wurden die Sachen geborgen. Auf der Station wurde unser Gepäck, immer in Kälte, Dunkelheit und Nässe, geteilt. Was wir für die Nacht brauchten, kam ins Kommandantenhaus, das andere in einen Lastwaggon. Aber dieser hatte ein Holzdach, das den ganzen Sommer von der Hitze Arabiens ausgeglüht war

und alsbald lief es in Strömen durch die Decke. Es mußte also umgeladen werden in einen 15-Tonnen-Waggon mit Wellblechdach, in dem sich ein Brunnenbohrkommando breit gemacht hatte. Die Leute waren nicht schlecht böse, als wir ihnen bewiesen, daß dies der Waggon sei, mit dem wir in Maan angelangt seien und den sie sich zu unserem Nachteil genommen hätten. Daß in dieser Nacht kein Mensch von uns, außer mir, erkrankte, ist ein wahres Wunder. Als endlich alles fertig war und ein gedünstetes Rindfleisch mit Kartoffeln und warmem Rotwein verteilt war, war alles wieder froh und alle Last, Sorge, Nässe und Kälte vergessen.
Seit fünf Tagen kein Zug. Heute geht keiner »wegen des Sturmes«.

4. Jan. 16
Heiliges Arabien! Auch heute geht kein Zug, weil kein Holz da ist, und es muß ein Zug heute nach Medina gehen, sonst verhungert dort Mensch und Vieh. Es gießt mit Kübeln vom Himmel und von der einen Wand unseres weißgetünchten Zimmers rinnen 20 kleine Ströme herab, der größte wird in einem Waschbecken aufgefangen. Vielleicht geht morgen ein Zug. Die Telegrafendrähte sind vom Sturm zerrissen, der Versuch, ans Hauptquartier zu telegrafieren ist mißglückt. Die Kameraden frieren und ich liege in meinem warmen Bett und kann lachen, denn es geht mir besser.
Dr. Bader schoß einen großen Aasgeier bei einem toten Kamel und behielt sich die Klauen als Andenken. Als die anderen Herren den Geier besehen wollten, war er schon verschwunden, denn die Arbeitssoldaten hatten ihn geholt und sofort zum Essen zubereitet. Wo man hinsieht, Elend, Krankheit und Pestilenz, ich muß immer an Dürersche Schnitte denken. Mansfeld sagte mir heute, er gehe nicht mehr ins Lazarett, weil er das hilflose Elend nicht mehr sehen wolle, und die wehmütigen Augen sterbender Menschen und Tiere verfolgten ihn. Und das sagt ein Mann, der den Hererofeldzug in der Kalahariwüste erlebt hat.

Zustände auf der Hedschas-Bahn

5. 1.
Noch immer in Maan. Heute Morgen gingen sieben Wanzen an der Wand spazieren. Es hieß, der Zug von Medina sei unterwegs und nehme uns mit. Dann wurde gemeldet, die Bahn sei 20 km nördlich von Maan zerstört und es müsse ein Arbeitshilfszug dorthin abgehen. Das wurde um ½9 gesagt, jetzt ist es 1.30 Nm. und der Zug mit den Arbeitern und den Werkzeugen ist immer noch nicht abgegangen. Infolge der Not muß jetzt die Zivilbevölkerung von Medina forttransportiert werden und der Zug, den wir erwarten, bringt

Abb. 30   Aleppo. Zitadelle

Abb. 31   Aleppo. Zitadelle

Abb. 32   Aleppo. Südlich von Bab al-Ganayu

Abb. 33   Passierschein Theodor Wiegands, 1918

Abb. 30

Abb. 31

Abb. 32

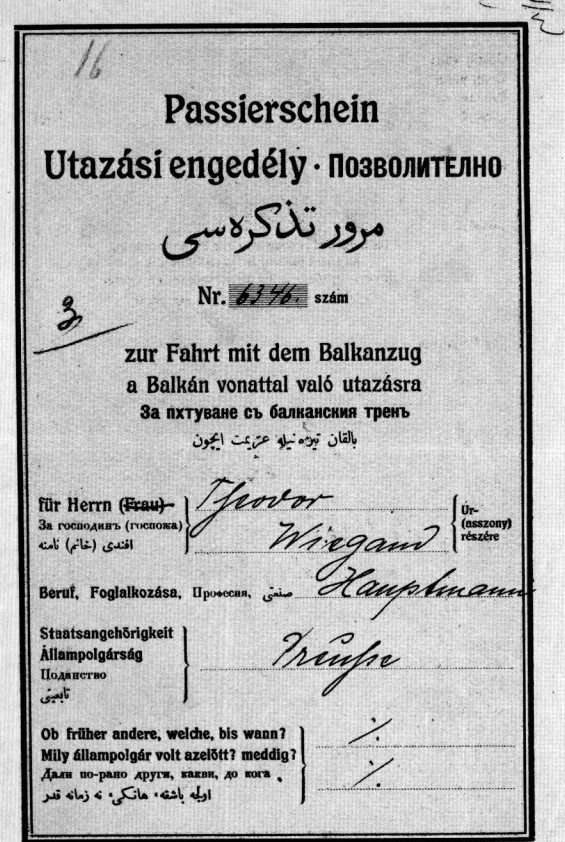

Abb. 33

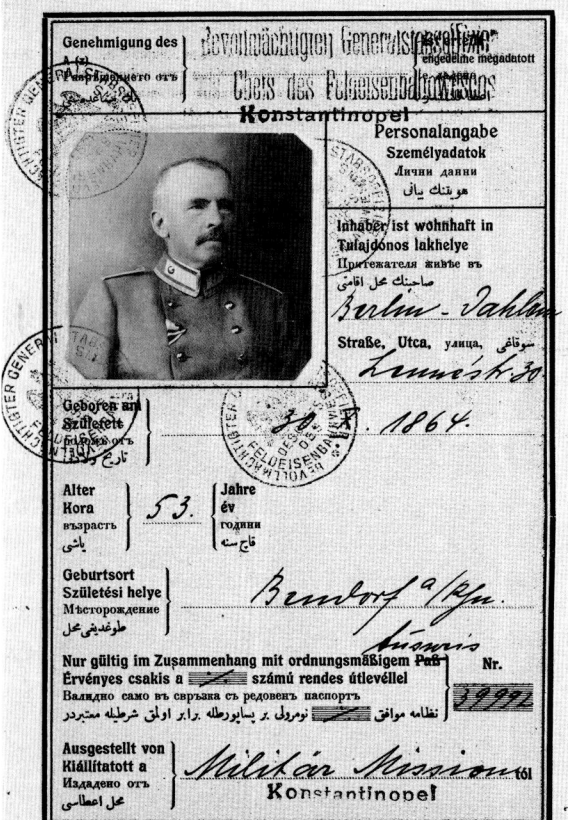

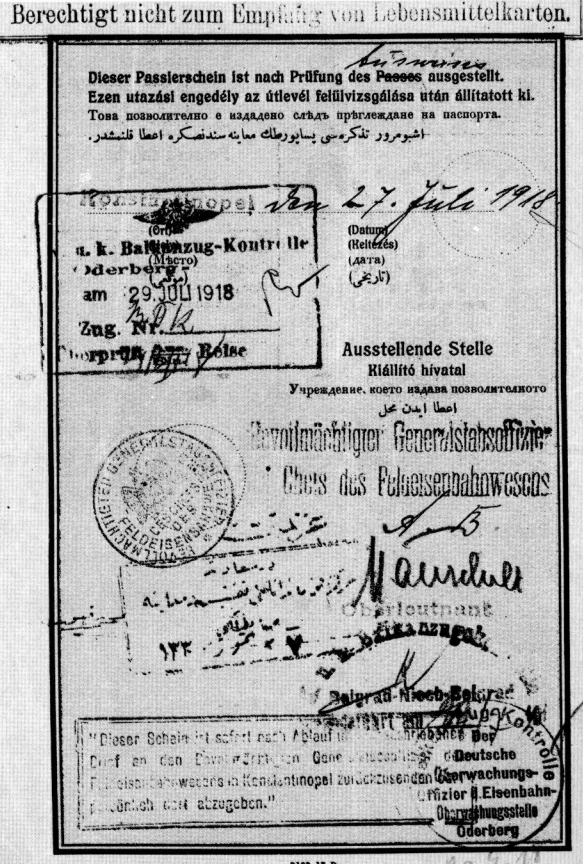

solche Familien mit sich. Kommt er hier nicht fort, so müssen die Leute hungern. Wir sagten uns deshalb, daß die türkische Bahnverwaltung alles rasch reparieren werde. Aber kein Anzeichen spricht dafür.

6. 1.
Wir liegen noch in Maan. Der Emigrantenzug aus Medina hat eine Menge hungerleidendes Volk mitgebracht. Drei sind unterwegs gestorben und die Leichen liegen auf dem Bahndamm. Ein halbnackter Mann bettelte mich um Brot an; seit den Bildern von der indischen Hungersnot habe ich ein solch wandelndes Gerippe nicht mehr gesehen. Hier stand es leibhaftig vor mir, die Ober- und Unterschenkel bestanden nur aus Knochen mit Haut darüber. Ich redete einen türkischen Rittmeister an, der zu einer Kamelabteilung in Medina gehörte und fragte, wie es dort beim Kamelkorps stehe. Der Rittmeister erwiderte ganz vergnügt: »Eij!« — und da mir dieses »gut« verdächtig vorkam, fragte ich weiter: »Wieviel sind denn krank und wieviel sind tot?« Darauf ließ der Mann die Maske fallen und sagte: »Von 4000 Kamelen leben noch 800 und diese haben die Räude.« Unter solchen Umständen brauchten die Engländer nur zuzugreifen. In Tobruk haben die Beduinen zehn türkischen Soldaten die Köpfe abgeschnitten, ohne daß der Kommandant etwas dagegen unternommen hat. Dabei gibt die Regierung den Beduinen das Kilogramm Getreide für einen Piaster, während in Damaskus das Kilogramm 8 Piaster kostet.
Eben kommt die Nachricht, daß die Autos von Jerusalem nicht nach Ammaan gelangt sind. Also ist der Weg unterbrochen. Es bleibt mir dann nichts übrig, als mit dem großen Gepäck direkt nach Damaskus zu fahren.
Auf dem Gebirge draußen liegt heller Schnee, der Himmel ist blau und die Esel schreien. Von der 3000 Mann starken Garnison Maan haben sich heute morgen allein 250 Mann neu als erkrankt gemeldet. — Abends fahren wir nach Amaan ab!

7. 1. 17
Nachts ist Reif gefallen. Die Sonne scheint. Die Abfahrt ist auf 9 Uhr festgesetzt. Bald darauf wird alles widerrufen. Ich erfahre, der Generaldirektor Dieckmann der Hedjasbahn sei zwei Stunden von hier bei einer beschädigten Stelle. Ich sprach mit ihm telegrafisch und er meldet, daß wir erst in der kommenden Nacht fahren können und daß die für Jerusalem bestimmten Herren nicht mit der Bahn dahin gehen können, weil diese für zehn Tage unterbrochen ist, obwohl 1000 Arbeiter an der Reparatur sind.
Abends empfange ich Direktor Dieckmann und einen türkischen Generalstabsoffizier in Ammaan und wir essen zusammen in unserem Packwagen. Dieckmann, ein vorzüglicher Beamter, kräftiger holsteinischer Bauernsohn, teilt uns mit, daß bei Damaskus schon wieder ein großes Unglück geschehen

sei – Entgleisung eines Zuges von 600 Personen, davon 260 tot. Der Führer der Lokomotive hätte auf dem von den Franzosen angelegten Gefälle von 30% zu spät gebremst. Dieckmann sagt, oft quäle ihn der Gedanke, wie weit er Schuld an dergleichen trage, aber ich hatte es leicht, den prächtigen Mann zu trösten, der es fertig bringt, mit solchem Material an Maschinen und Beamten überhaupt noch etwas zu leisten. »Aber jetzt« sagte D. »kommt doch bald die Zeit, wo wir vollkommen fertig sind.«

Der Kredit des türkischen Papiers ist weiter gesunken. In Maan erhielten wir für ein gewechseltes Goldpfund 275 Piaster Papiergeld. Ohne die Papierfrage wäre Getreide genug da. Ist denn das ein normaler Zustand, daß in Ammaan vor meinen Augen der vierte Passagier an Entkräftung stirbt und die Höhen über der Station sind voll weidender fetter Hammel und Ziegen!

9. Januar 1917
In der Nacht sind wir aus Ammaan fortgefahren und heute Vormittag 9 Uhr in Derra *(heute: Deraa, 100 km südlich Damaskus)* angekommen, dem antiken Adrak. Ich mache einen Gang mit Dr. Bachmann nach Derra, einer alten Akropole, die ganz aus Basalt besteht. Selbst der ärmste Araber kann hier behaupten, er sei in einem Steinpalast geboren. Wundervoll ist der Blick von der Höhe, an deren Fuß man noch Reste der Stadtmauer und eines riesenhaften Wasserbehälters nebst Thermen erkennt. Der Haurân liegt östlich fern im Schnee und eine Bergpyramide von 1700 Metern überragt den ganzen Zug, im Norden leuchtet die lange Schneeklippe des Hermon, dessen Gipfel 2759 m hoch ist. Seine Ausläufer reichen östlich weit über Damaskus heraus, das selbst 700 m hoch liegt... Jetzt muß ich eine Pause machen, einen Floh zu fangen und einige Fliegen zu erschlagen... So, der Floh, ein Exemplar von doppelter Lebensgröße, ist erledigt, die Fliegen sind erschlagen, aber ich will lieber meine Beobachtungen von Derra, über Basaltsarkophage mit Löwen- und Stierköpfen und Medusen, über jonische Kapitele in der Moschee, in das wissenschaftliche Notizbuch eintragen.

WIEDER IN DAMASKUS
Th. W. an seine Frau

Damaskus, 10. Januar 1917
Heute morgen sind wir in Damaskus eingelaufen und sofort habe ich Unterkunft in einem großen, der spanischen Regierung gehörigen Palast gefunden. Wir haben vier Zimmer occupiert. Im Innenhof ist alles mit großen bunten Marmorplatten gepflastert, in der Mitte eine Fontäne mit Wasserbecken, die Bäume tragen leuchtende Orangen und dicke Neranzien, ein Busch hat weiße, stark duftende Blüten. Unser Speisezimmer geht durch zwei Stockwerke und

ist wie ein Konzertsaal. Der Kalkstein von Damaskus ist noch feiner in gelber und rötlicher Tönung, wie der von Jerusalem. Wir führen gemeinsame Wirtschaft mit dem Fliegerkommando und die Freundschaft wird mir gewiß auch hier wieder wissenschaftlichen Nutzen bringen. Der Plan von Bosra, der alten Hauptstadt des Hauran, ist noch nicht gemacht und könnte wenigstens von oben gemacht werden.

LANDWIRTSCHAFT UND ERNÄHRUNG
Th. W. an seine Schwiegermutter

In Beantwortung eines Berichtes über Pläne und Maßnahmen auf den v. Siemensschen Gütern:
Damaskus, 23. 1. 1917
Wie berührt mich alles das gute, vorausgedachte im Gegensatz zu dem Jammer, den hier die Landwirtschaft bietet. Von Düngen kaum eine Spur. Dabei der wundervollste Getreideboden, zum großen Teil vulkanische Erde, berühmt schon im Altertum — Kriege sind um diese Erde geführt worden — und keine Hände, die ihn bebauen wollen. Zum Teil sind die Männer im Feld, zum Teil hat die Regierung im vorigen Jahr das Getreide weggenommen ohne Zahlung zu leisten und deshalb wird dieses Jahr die Anbaufläche wesentlich geringer. Man sagt sich, daß man für seine Mühe ja doch nichts bekommt. Auf dem großen Mustergut der Juden bei Nazareth — wundervoll angelegt, fetter Boden — hat man den Leuten sogar das Saatkorn und die Zugtiere weggenommen. Aber es gibt noch einen anderen Grund für den geringeren Anbau, und das ist der Umstand, daß in normalen Jahren der erste Regenfall im November eintritt, dann ziehen die Leute sofort hinaus und beginnen zu ackern und in zwei bis drei Monaten haben sie weite Flächen bestellt. In diesem Jahr ist der Regen aber erst am Weihnachtstag eingetreten und nun hat man zwei Monate verloren. Ende Februar beginnt schon sozusagen der Frühling. Die Araber bauen viel Hirse, die Leute im Ostjordanland aber vorwiegend Gerste und Korn. Nun ist aber eine große Krise dadurch entstanden, daß die Regierung alles in Papier zahlen will. Die Bauern aber erinnern sich des Staatsbankrotts nach 1879, wo sie für das Papier nichts bekamen, und ihnen gilt Papier wie eine leere Versprechung. Der Kurs des Papiers ist derart bei den Leuten hier gesunken, daß ich in Maan, drei Tagesritte vom Roten Meer, für ein Pfund Gold (100 Piaster) 275 Piaster Papier erhielt. Mit Gewalt ist dem Übelstand natürlich nicht beizukommen, und das kommt auch daher, daß die Araber nicht lesen können, daß sie mißtrauisch sind gegen gefälschte Scheine und daß sie das Papier auch schlecht aufbewahren können. Anfangs hat Djemal Pascha eine ganze Reihe Leute, die den Papierkurs durch ihr Verhalten entwertet hatten, aufhängen lassen, aber dann wurden es so viele, daß man es sein lassen mußte. Infolge

dieser Verhältnisse wird nun nicht genügend Getreide geliefert, obwohl es da ist, und die Folge davon ist wieder eine ganz schreckliche: während in Deutschland die Zivilbevölkerung sich einschränkt, damit unsere Soldaten reichlich genug leben können, ist hier der Soldat auf halbe Ration gesetzt, d. h. er bekommt morgens eine Suppe, abends eine Suppe und pro Tag außerdem noch 400 Gramm Brot. Die Leute sind daher sämtlich unterernährt, mutlos, für Anstrengungen nicht geeignet, und ergeben sich in schwierigen Lagen leicht. Neulich sieben Kompanien. Wenn das so weiter geht, sehe ich für das Schicksal Palästinas sehr schwarz. Zu allem kommt noch, daß die See gesperrt ist und daß die Zivilbevölkerung von Medina etc., die bisher von der See aus Getreide bekam, auch noch von der türkischen Regierung verpflegt werden muß. Wenn nicht täglich 75 Tonnen Getreide in Medina ankommen, verhungert die Stadt und die dortige Armee. Am schlimmsten steht es mit der Pflege der Tiere. Die berühmte Rederei von der Bedürfnislosigkeit des Kamels ist Mythe. Ein gut arbeitendes Kamel muß, wenn es keine frische Weide hat, täglich 6 kg Getreide haben. Man gibt aber nur 3 kg, und davon stiehlt das Offizierkorps – man hat natürlich üble Brüder in die Wüste gesandt – eine ganze Menge. Oder die Soldaten selbst essen aus Hunger das rohe Getreide der Kamele auf. Andererseits können die Tiere wieder oft das Getreide nicht vertragen, denn sie sind gewohnt, es geschrotet und eingeweicht zu bekommen, damit es verdaut werden kann. Dazu fehlt es aber an Mühlen, oder wenn sie da sind, sind die Soldaten zu faul, zu mahlen, oder wenn sie mahlen, kommt soviel Dreck, Sand und dergleichen mit hinein, daß die Tiere krank werden. Kurz, man wird ganz traurig, wenn man diese Nachlässigkeit, Gleichgültigkeit und dieses große Sterben sieht.

SCHÖNES DAMASKUS
Th. W. an seine Frau

Damaskus, 13. 2. 1917
Was könnte man aus Damaskus machen! Kein Mensch brauchte zu hungern. Die Stadt liegt in einem Paradies von Ölbäumen, Aprikosenbäumen, Weißpappeln (jetzt wird jeder zehnte Baum geschlagen für die Heizung der Bahn). Vorigen Sonntag machte ich einen Ausritt in das Gebiet der Gartenebene. Das satte junge Grün, die Blüten der kleinen Wicke, der Veilchen und das Rauschen des Baradaflusses, der mit vielen Armen durch das dichte Gehölz fließt, sodaß wir oft hindurch mußten, die herrlich gezeichneten Äste alter Nußbäume – das alles im ersten Erwarten des Vorfrühlings, die kühle, leichte Luft, der Himmel hell, weiße ziehende Wolken und in der Ferne die strahlenden Schneeberge, vor unseren prächtigen Pferden (z. T. englische Beutepferde) eine Meute lustiger Foxterrier, die mit Eifer und Kläffen ins Wasser plumpsen

und den schärfsten Strom überwinden — das war wirklich schön. Ich mußte immer bei all der Herrlichkeit denken: was wird aus diesem Land, was wird uns dieser Frühling bringen?

Die militärische Lage
Th. W. an seine Frau

Damaskus, 14. 2. 1917
Kreß hat an Dj. telegraphiert: »Militärisch kann ich auch jetzt noch einstehen. Aber gebt uns zu essen.« Der Adjutant des Generalkommandos v. L. sagte mir, daß die Soldaten z. T. Gras essen, weil die Brotration nicht langt, und bei der Sektion einiger verstorbener türkischer Soldaten fand man ungemahlene Getreidekörner in den Därmen, die vom Futter der Tiere stammten. Das ist Elend.
Neuerdings werden nun wöchentlich 100 000 Mark an deutschem *Gold* zur Suezfront gesandt. Kreß hat in Jerusalem eine Getreidekommission gebildet, die mit Hartgeld arbeitet, um das *vorhandene*, reichliche Getreide aus dem Hauran und Ostjordanland in die Hand zu bekommen.
Den Posten von Chan Junes südlich Gaza haben die Engländer mit überraschendem Vorstoß aufgehoben, 1500 Mann Türken, 2 Batterien dgl. sind gefangen. Die Leute ergeben sich mit leerem Magen, schlechten Kleidern, ohne Geld und mit türkischen Offizieren, die kein Arabisch lernen wollen, weil sie die Araber verachten. Wie mag das ermunternd auf die englische Seite wirken. Jetzt ist viel neues türkisches Militär gekommen, gute Kavallerie, tadellose Artillerie mit glänzender Ausrüstung. Alles reichlich spät! Die Engländer stehen westlich Hafir, Magara ist genommen. Nachle, Hasana ist genommen, aber sie sind nun wieder nach Arisch zurückgewichen und bauen ihre Bahn über das Wadi, das sie verengert haben.
Nach Akaba ist nun auch mehr Militär abgegangen, Artillerie besonders. Wer Akaba nimmt, kann in 2—3 Tagen den Verkehr mit Medina abschneiden. Die Engländer haben alle Küstenorte der arabischen Westküste jetzt in der Hand.

Das Paradepferd
Th. W. an seine Frau

Damaskus, 14. 2. 1917
In Jerusalem lebt eine Schwester von Zürcher, die ist Ärztin, eine magere, lebhafte Dame, die ich flüchtig gesehen habe und von der eine reizende Geschichte erzählt wird. Sie machte ihre ärztlichen Besuche auf dem Lande natürlich beritten. Eines Tages kam sie vor der Stadt an einem großen Truppen-

platz vorbei, wo der General gerade eine Parade abhielt. Ein Signal ertönte und haste nicht gesehn setzt sich der Gaul der Ärztin, ein früheres Militärpferd, in rasende, unaufhaltsame Gangart und steht nicht eher, bis er mit seiner Dame vor der Paradelinie und direkt neben dem General angekommen ist. Ein tolles Erstaunen der türkischen Offiziere, ein unbändiges Lachen von Tausenden von Soldaten und um den Ernst der militärischen Musterung war es geschehen. Nur mit Mühe und großen Zureden ließ sich der brave alte Militärgaul wieder zum Wege der Medizin zurückleiten.

Djemal Pascha erzählt

14. 2.
Da ich einmal an vertraulichen Sachen bin, so will ich Dir hier auch wiederholen, was mir neulich abend Djemal Pascha über die Entwicklung der Revolution von 1908 erzählt hat.
Treibende Kräfte waren vor allem Talaat, Enver, Djemal, Niasi, Reschid (Wali von Smyrna), Djambolat (jetzt Polizeipräfekt von Cospel) und einige andere, deren Namen ich vergessen habe. Die Heimlichkeit war überaus groß. Talaat konnte Verbindungen anknüpfen, weil er als Postadji Reisen machen durfte. Djemal war Inspekteur der Grenze, Inspekteur der Eisenbahnen und Wege etc. »Abdul Hamid avait beaucoup de confiance en moi« sagte er grimmig lächelnd, »il m'a regardé comme un ange«. Wenn man neue Mitglieder werben wollte, so bekamen diese nur zwei Personen zu sehen: den Werber und einen Führer, der sie nach einem Versteck begleitete, wobei ihnen die Augen verbunden wurden. Im Versteck angekommen, wurde die Binde abgenommen und der Neuling befand sich vor drei Männern in langem rotem Burnus mit Gesichtsschleier, aus dem nur die Augen heraussahen. Er wurde dann an einen Tisch geführt, auf dem ein Revolver und ein Koran lag. Die Hände auf diese Gegenstände legend, mußte er den Eid nachsprechen. Dann hieß es: »Du hast jetzt geschworen, sechs Augen waren auf Dich gerichtet, wir kennen Dich nun, sei eingedenk Deines Schwurs, sonst wirst Du sterben.« Viele hunderte wurden so geworben. Man kannte sich nicht. Jeder hatte eine Nummer, diese fing aber nicht mit 1 an, sondern mit 100000, damit im Fall einer Entdeckung der Eindruck enormen Umfangs der Verschwörung gemacht werden sollte.
Der Zeitpunkt der Revolution wurde verschiedentlich ins Auge gefaßt, Ausschlag gab die Zusammenkunft von Reval. Man konnte unmöglich zusehen, wie Rußland und England sich über das europäische und asiatische Gebiet der Türkei gleichzeitig im Sinne der Aufteilung einigten. So wurde am gleichen Tag zur gleichen Stunde allen Konsuln der Mächte durch eine Drei-Männer-Kommission in allen größeren Städten der Türkei Protestproklamationen

überreicht. Ebenso mit der Post allen Ministern. Auf die von mir gestellte Frage: »Wie war denn das letztere möglich?« antwortete Djemal lächelnd: »Durch die fremden Postanstalten.« *(Die Großmächte hatten im Rahmen der sog. Kapitulationen das Recht, eigene Postanstalten zu unterhalten.)*
Nun begann eine wilde Spionage von Seiten Abdul Hamids. Es wurden ganze Wagen hoher und niedriger Spione nach Salonik beordert, und es blieb nichts anderes, als viele Spione durch sich aufopfernde Mitglieder abschießen zu lassen, sodaß bald die Lust, nach Salonik zu gehen, den Spionen verging. Der Hauptspion war Nasim, ein Schwager Envers. Auch er mußte beseitigt werden. Alles war auf eine bestimmte Uhr festgesetzt und Enver befand sich im Oberstock bei seiner Schwester, während Nasim unten einen Besuch empfing. Der Mörder stand im Garten, hob das Fenstergitter hoch, schoß und verwundete Nasim und den Gast, schoß zwei Verfolger an und entkam. Riesenhaftes Aufsehen. Nun entsandte der Sultan den Albanesengeneral Schemsi Pascha. Gleichzeitig mußten verabredungsgemäß Enver, Niasi u. a. aus Salonik in die Berge fliehen. 500 Albanesen wurden gegen Enver in Marsch gesetzt. Djemal war damals auf einer Inspektion. Er erhielt vom General Ibrahim aus Salonik ein Telegramm, er solle sofort nach Salonik kommen. Während er erschreckt und sich entdeckt glaubend über die Rückkehr oder Flucht nachdachte, wurde er gebeten, zu einem Offizier ins Nebenhaus zu kommen und sah hier den entflohenen Major Enver in Leutnantsuniform. Enver sagte, Ibrahim halte nur gutes von Djemal und dieser müsse nach Salonik. Das tat Djemal und nun vollzog sich der letzte Teil des ersten Aktes: Schemsi Pascha wurde vor versammeltem Offizierkorps erschossen, als er das Telegrafengebäude trotz heimlicher Warnung verließ. Der Sultan erließ die Proklamation, wonach Midhat Paschas Konstitution wieder in Kraft gesetzt wurde. Das genügte nicht, es wurde Indemnität verlangt. »A bas Abdul Hamid« wurde gerufen, als der Bürgermeister am weißen Turm die Konstitutionsverordnung vorlesen wollte. Endlich kam auch die Amnestie und der Sieg war gewonnen.
Schade, daß ich viele kleine Einzelzüge nicht mehr wiedergeben kann. Die Ruhe und Selbstverständlichkeit, mit der Djemal über das Abschießen der Spione sprach, war bemerkenswert. Wie wenns eine Hasenjagd wäre. Aber man darf nicht vergessen, daß diese Spione unendliches Elend angerichtet haben und tiefsten Haß und Verachtung auf sich geladen hatten.

24. 2. 1917
In meinem (letzten) Brief vergaß ich bei der Erzählung von der Entstehung des Saloniker Kommités zu sagen, daß nach Angabe von Djemal Pascha als Organisationsvorbild die griechische »Ethniki Hetäria« gewählt wurde und außerdem die Carbonari.
Die Vorbereitungen der saloniker Revolution gingen bis ins Jahr 1904 zurück und in den vier Jahren bis zum Ausbruch mußte die ganze Organisation

heimlich und in der Nacht gemacht werden. So kam es, daß Djemal fast jede Nacht aus dem Hause ging und erst gegen Morgen wiederkam. Anfangs habe seine Frau nichts gesagt und nichts gefragt. Dann aber sei sie eifersüchtig geworden, da er ihr keine Aufklärung hätte geben können, und sie hätte angenommen, daß er in der Stadt eine Geliebte hätte. Eines Winterabends hätte Frau Djemal erklärt, jetzt werde sie ihrem Mann folgen. Es sei schweres Schneetreiben gewesen und er habe es ihr verboten und sie dann, als sie doch folgte, mit Gewalt zur Tür zurückgebracht und diese von außen verschlossen. Am anderen Morgen großes Schweigen im Hause, die Mutter und Schwester seien gekommen und hätten erklärt, so gehe das nicht weiter und Djemal müsse sich »bessern«. Da habe ihn Schmerz und Zorn erfaßt und es sei ihm herausgefahren: »Wenn ich Euch alle und dazu noch meine Kinder tot auf der Erde liegen sähe und könnte Euch wieder erwecken dadurch, daß ich nachts zuhause bleibe, so würde ich doch nichts ändern, denn das, was ich tue, ist wichtiger, als Ihr alle.« Darauf hätten die Frauen sofort verstanden, worum es sich handele und ihn nie wieder gefragt.

KRIEG VOR TROJA
Th. W. an seine Frau

Damaskus, 24. 2. 1917
Gestern abend lernte ich den General der Artillerie Nicolai kennen, einen Thüringer, der mir die Verteidigung des Südufers der Dardanellen schilderte. Er hat auf den Burghügel von Troja-Hissarlik Schützengräben anlegen müssen und auf der Höhe einen Beobachtungsposten, im übrigen aber streng darauf geachtet, daß kein Schaden gemacht wurde. Damit hat sich General Nicolai einen entschiedenen Dank der Archäologie erworben. Die Kämpfe bei Kum-Kaleh und Jeniköi waren sehr blutig, alles Bajonettkämpfe und alles auf einem sehr engen Raum gedrängt, so daß die Kampfmethoden der Griechen und Trojaner fast wieder zu Ehren gekommen seien.

EIN ORIENTALISCHER BRUNNEN
Th. W. an seine Frau

Damaskus, 15. 2. 1917
Heute will ich Dir erzählen, daß ich gestern wieder zu Djemal Pascha gerufen wurde und daß er von Wulzinger einen Entwurf für einen Brunnen vor dem Hedjasbahnhof von Damaskus verlangte. Er soll orientalisch sein, aber kein Bau mit Dach (Sebil) und soll eine Fontäne sein, aber er soll auch Kaskaden haben, darf aber den Bahnhof nicht verdecken, also muß er niedrig sein. Aber

dann wirds schwer mit den Kaskaden. Und Löwen dürfen dran sein und ein Löwe sollte die Pratze auf eine türkische Fahne legen — hei weih, das wird wohl schwer gehen. Aber Wulzinger hat sich dran gemacht und es wird jedenfalls eine schöne Perspektive gemacht.

Antike Wasserbaukunst
Th. W. an seine Frau

Damaskus, 24. 2. 1917
Die (englischen) Flieger sind doch recht frech und verlassen sich auf ihre neuesten Apparate, während wir noch die älteren hier unten (leider) verwenden. So konnten sie es neulich wagen, unser Fliegerlager zu überfallen und drei Flugzeuge in Brand zu werfen. Einige der Kerls gingen bis auf 20 Meter herunter, nur einer wurde abgeschossen. Der Weltkrieg ist eben zu groß und an der Peripherie ist es für uns sehr schwer, die besten neuesten Kampfmittel zu bekommen. Ich nehme aber an, daß dieser Vorfall jetzt dazu führt, unseren Fliegern die neuesten Maschinen zu verschaffen und dann können auch wir zeigen, was wir können. Ich habe mich an dem Tag so geärgert, daß ich mir ein Pferd nahm und einen weiten Ritt in die Landschaft östlich Damaskus machte. Diesmal ging es über freies, wohlbebautes Land, das erste Grün sproßte auf den Getreideäckern und der Ackersenf stand weiß in Blüte. Überall rieselnde Wasserläufe, herrlich aufgetürmte weiße Wolkengebilde, auch neuer Schnee fern im Hermongebirge. Da fand ich einen großen künstlichen Einschnitt im Gefilde, dessen steile gerade Ufer einen Wasserlauf begleiteten, und als ich ihm folgte, sah ich ihn unter Felsen als Kanal verschwinden. Dieser Kanal hatte in gewissen Abständen Luftlöcher senkrecht ausgemeißelt, und so verfolgte ich diese bisher in keiner Karte aufgenommene alte Leitung fast vier Kilometer lang bis in die Nähe des Stadtteils Meidân vor Damaskus. Es ist ein großartiges Werk. Ich will sehen, ob es mit der römischen Leitung zusammenhängt, die von Beramkeh aus in die Stadt tritt und heute anscheinend noch die großen öffentlichen Bäder von Damaskus in der Nähe der Moschee Sinanijé speist. Nachdem ich das alles erkannt, machte ich mit meinem gehorsamen klugen braunen Araberhengst noch einen festen langen Galopp zwischen Ölbäumen, Walnußriesen und gelben Lehmmauern, dann gings heim zum »Fliegerpalast« beim Bab Tuma, d. h. dem Tor des heiligen Thomas.

Strahlender Pessimismus

Am 10. 2. schreibt mir der Oberst *(von Kreß)*: »Die Engländer schreiten munter vorwärts und werden in nicht allzuferner Zeit so weit vorgeschritten sein,

daß sie entweder Halt machen oder, was das wahrscheinlichere ist, uns in unserer Stellung vor Schellale *(Flußtal zwischen Birseba und Gaza)* angreifen müssen. Die Engländer machen uns weniger Sorgen, als unsere dauernd unbefriedigende Verpflegungslage und die daraus hervorgehenden Folgen.«
Djemal ist nach Jerusalem und Enver wird erwartet. Von der Irakgruppe hört man auch nichts erfreuliches, die Engländer scheinen sich vor Toresschluß noch Bagdad mit aller Gewalt sichern zu wollen. Viel Militär ist unterwegs, aber ob es zurecht kommt?
Die tollsten Gerüchte werden hier oft verbreitet. Neulich hieß es, in Cypern seien mehrere Divisionen gelandet und ein Vorstoß auf Adana mit Unterbrechung der Bahn stehe bevor. Dann werden wir abgesperrt und werden uns wohl lange nicht wiedersehen.
Glücklicherweise haben wir beim Expeditionskorps einen wundervollen Oberstabsarzt, Dr. Jörns aus Lübeck. Wenn der sowas hört, sagt er immer teilnehmend: »Malheureusement —« damit macht er eine Verbeugung vor dem auch in türkischen Kreisen nicht seltenen Pessimismus. Aber dann kommt sein deutscher Nachsatz und die negative Kritik seines Vordersatzes und er sagt: »Zum Kotzen!« Und seitdem die Türken diese Philosophie des strahlenden blonden Hanseaten begriffen haben, ist er ihnen doppelt so lieb und sie erklären ihn für den »officier le plus aimé de tout le corps expéditionnaire«. Und so wie der strahlende Jörns denke ich auch, und zwar mit allen Fasern meines Daseins.

DAS RÖMISCHE DAMASKUS
Th. W. an seine Frau

Damaskus, 3. 3. 1917
In Damaskus gehts gut weiter, fast ists zuviel. Wulzinger hat jetzt zwischen vielen Häusern und Bädern auch ein zweites großartiges Portal, von der entgegengesetzten Seite des großen Omajaden-Moschee-Bezirks, heraus, womöglich noch reicher geschmückt und trotz der furchtbaren Zeitenstürme, die über alle diese Reste hinweggegangen sind, ein ganz vorzügliches Beispiel der spätrömischen (diokletianischen) Epoche. Wenn man bedenkt, daß mitten im alten Damaskus ein ungeheurer Platz von 300 : 400 m lag, umgeben von den größten Hallen und Magazinen, daß in der Mitte dieser riesenhaften Fläche wiederum ein von hohen Hallen umgebener Tempel lag, dessen Stelle jetzt nur zum Teil von der berühmten Moschee eingenommen wird, wenn man dazu die gewaltigen Hallenstraßen bedenkt, die geradlinig auf die vier Portale des Bezirks münden, dann bekommt man einen annähernden Begriff von der Schönheit der einstigen Gartenstadt am Rande der arabischen Wüste.
Es ist ganz merkwürdig eng und willkürlich verbaut, dies islamische Damas-

kus. Eigensucht und Unverstand haben Orgien gefeiert. Du stehst vor einem elenden Kramladen — und plötzlich ragt über all dem jämmerlichen Alltag von vergänglichen Buden eine korinthische Säule heraus, und es ist, als ob ein vornehmer, aufrechter Mensch ruhig zwischen belanglosem Gesindel stehen würde.

Syrer und Türken
Th. W. an seine Frau

Damaskus, 3. 3. 1917
Hier war großer Betrieb, Straßen reinigen, Bettler aufsammeln, Fahnen heraus, Schülersingen, alles geübt, weil Enver kam. Er blieb aber nur wenige Stunden des Nachts, wurde nicht sichtbar und fuhr alsbald nach Birseba weiter.

7. 3. 1917
Enver war einen Tag an der Front von Birseba und wenn auch v. Kreß glaubt, die Front bei Schellàle halten zu können, so ist doch die allgemeine Ansicht die, daß man auf Birseba selbst und dann sogar auf Hebron zurück muß. Damit ist dann Jerusalem schwer bedroht und die Engländer werden alles dran setzen, es des Prestiges halber zu bekommen. Die Engländer haben diesseits des Kanals 60—70 000 Mann, unsere Macht ist unvergleichlich geringer und deutsche Truppen sind herausgezogen. Aber nun gehts auch auf der Hedjasseite schlimm zu. Nicht weit von Maan ist durch Araber in englischem Solde eine große Sprengung gemacht worden. Wie lange wir in Akaba bleiben, steht ganz dahin und wahrscheinlich wird der ganze Hedjasfeldzug aufgegeben. Dort stehen 17 000 Mann, deren Rückzug jetzt schon aufs äußerste gefährdet erscheint. Im Grunde ist alle Schwierigkeit in der Ernährungslage zu finden. Die Gefangenen von Magara werden den Engländern erzählen, daß sie 14 Tage nur Wasser und Linsen und am Gefechtstag garnichts bekommen haben.
Jerusalem und Bagdad sind zwei Trümpfe in englischer Hand, die sich vorzüglich in der Öffentlichkeit ausnehmen. England erscheint als Befreier der heiligen Stadt vom Joch der Ungläubigen. Die Zionisten behaupten bereits, England werde ihnen Palästina glatt übergeben.

Die deutsche Diplomatie hatte sich bei der türkischen Regierung darum bemüht, der britischen Zionistenpolitik durch Konzessionen zu begegnen. Großvezir Talaat Pascha lehnte ab: »Selbst wenn wir es täten — die Araber würden die Juden totschlagen.«
Binnen dreier Jahre zum dritten Male wurde Palästina verteilt und so der Konflikt zwischen »dem gequältesten aller Völker« und »einem der am andauerndsten gekränkten und gedemütigten« eingeleitet (Lacouture, Die Dritte Schlacht).

11.3.
Die Umgebung *(von Jerusalem)* wird befestigt. Man legt Gräben an. Aber was kann man da tun ohne Stacheldraht, ohne die nötige Menge von Minen, von Minenwerfern, von Handgranaten, ohne schwere Geschütze, ohne Telefone, ohne Scheinwerfer. Du weißt, daß ich nicht leicht schwarz sehe, aber was jetzt geschieht, wird entscheidend sein für lange Jahre der Orientpolitik.
Wie sich das syrische Volk zu den Vorgängen stellt, kannst Du Dir leicht denken. Es gab vor dem Feldzug eine Franzosenpartei. Deren Häupter hat Djemal Pascha gehenkt, weil der französische Generalkonsul zu Beyrut bei seiner Abreise vergessen hat, die kompromittierende Korrespondenz mit diesen Leuten zu verbrennen. Aber die Franzosenpartei ist trotzdem noch recht stark. Dann haben wir die Engländerpartei, diese ist durch den englischen Konsul nicht kompromittiert worden und verhält sich z. Zt. mäuschenstill. Die dritte Partei ist die, welche die türkische Herrschaft erhalten will, aber unter der Voraussetzung der Reformen in Syrien. Alle drei Parteien sind unzuverlässig und feindlich gegen Djemal wegen der Hängevorgänge. Der Haß ist grenzenlos. Innerhalb der Araber sind nun wieder die christlichen Araber Feinde der islamischen. Man hat das Massaker von 1861 nicht vergessen und freute sich, als man soviel vornehme ilsamische Araber baumeln sah (etwa 30). Die Christen sind aus Haß geneigt, Djemal zu unterstützen. Aber die große Masse ist schwer feindlich und hält sich passiv. Ganz abgesehen von diesen Zuständen nun liegt die Getreidefrage so: Nicht Haß noch Liebe vermag das verborgene Getreide herbeizuschaffen, sondern nur Gold. Im Krimkrieg sei das türkische Papierpfund schließlich 1 Piaster wert gewesen (jetzt 35), das werde wiederkommen und deshalb werde Papier verschmäht.
Man muß wissen, wie geldgierig und mißtrauisch diese Leute sind. Gegen Geld machen sie alles. Neulich las ich, wie eine Gemeinde von 2 000 Leuten sich anbot, zum Protestantismus überzutreten, wenn der protestantische Bischof die Militärsteuer dauernd bezahlen wolle. Hier in Damaskus ist nicht weit von unserem Hause ein syrischer Bischof, einer der größten Gauner der Stadt. Der Kerl hat ganz Rheinland und Westfalen, Belgien und Spanien bereist, überall dicke Tränen über die jammervolle Lage der syrischen Christen vergossen und schwere Gelder mit nach Damaskus gebracht, angeblich zum Bau eines Waisenhauses. Und wie sieht das Waisenhaus aus? Oben ist ein Hotel und unten ein Kino, und die Einnahmen hat der Bischof. Dabei sind diese Syrer von einer Maulfertigkeit, die aller Beschreibung spottet, und die gewöhnlichen Menschen haben einen angeborenen Mutterwitz, der oft die amüsantesten Blüten treibt. Neulich wurde viel gelacht über folgende Geschichte: Ein türkischer Pascha ging begleitet von einem Unteroffizier durch den großen Sûk (Basar). Er kam einem vorbeigehenden Esel zu nahe und der Esel schlug nach dem Pascha aus. Der Unteroffizier schlug sofort auf den Eseltreiber feste los. Kaum war der Pascha außer Sehweite, so schlug der Treiber

dem Esel einen Hieb über den Rücken und sagte: »Dummes Vieh! Kannst Du nicht höflicher sein gegen Deine Vettern aus Konstantinopel?«
Wie sich der Araber über den schwerfälligeren Türken lustig macht, geht aus hunderten hiesiger Geschichten hervor. Eines Tages hatte sich ein Schneider mit jemand geprügelt und aus Versehen ihm mit der Schere ein Auge ausgestochen. Die Sache kam vor Gericht und als Zeuge des Vorgangs war ein Jäger da. Der Kadi vernahm die Parteien und entschied, für das verlorene Auge müsse ein anderes Auge hergegeben werden. Der Verteidiger des Schneiders machte geltend, der Schneider brauche unbedingt zwei Augen, er sei nicht in der Lage, wie z. B. der Jäger. Der brauche zum Schießen nur ein Auge. Der Kadi sah das ein und verurteilte den *Zeugen* zum Verlust eines Auges.

11. 3. 1917
Gestern habe ich wieder ein nettes Stück alttürkischer Lebensweisheit gelernt: »Aufrecht sein soll der Mensch« sagte mir jemand, »aber nicht aufrecht, wie ein Minarett, sondern aufrecht, wie eine Cypresse.« Ist das nicht hübsch? Wir Deutsche sind hier meistens Minaretts. Eine große Ausnahme bildet der Oberst von Kreß.

FRANZÖSISCHE PROPAGANDA
Th. W. an seine Frau

Damaskus, 17. 3. 1917
Wulzinger hat die hiesige Arbeit Djemal Paschas für Stadtverschönerung vor kurzem einmal geschickt für die Presse beschrieben, als Antwort auf einen giftigen Angriff des Journal de Genève, in dem es hieß, der Pascha lasse systematisch alle arabischen Denkmäler ruinieren und auch Saladins Grab würde niedergelegt sein, wenn nicht gerade da der Deutsche Kaiser eine Lampe gestiftet hätte. Die Franzosen haben es auch hier verstanden, uns gründlich in Verruf zu bringen. Ich habe einen französisch sprechenden syrischen Soldaten im Hause, Josef. Der erzählt ganz lustig, wie die französischen Paters hier immer im Unterricht gepredigt hätten: »La France c'est votre mêre, la France, c'est votre grande mêre.«
Hier auf dem Platz vor dem Regierungsgebäude steht eine scheußliche bronzene moderne Kolossal-Denksäule, drapiert mit Emblemen der Telegrafie und oben drauf das Modell einer neuen Moschee zu Medina – diese in Bronze auf einem wüsten Garnknäul von Kapitell. Und dieses Monstrum wird unter französischer Instigation hier »La colonne Guillaume II« genannt. Das Ding entstand unter Abdul Hamid, als der direkte Telegraf nach Medina fertig wurde, durch den man vom englischen Kabel unabhängig geworden ist.

ENGLISCHE FLIEGER
Th. W. an seine Frau

Damaskus, 21. 3. 1917
Hans B. ist von seiner Inspektion der Bahnstrecke zurückgekehrt. Nördlich Beersebas sind sie von zwei englischen Fliegern, die bis auf dreißig Meter auf den Zug herunter gingen, schwer bombardiert worden. Als die Bomben immer dichter bei seinem letzten Wagen einschlugen, war er schon völlig gefaßt, vernichtet zu werden, denn im Zug war viel Munition. Da gingen den Fliegern plötzlich die Bomben aus. B. hat als neutraler Schweizer mit seinem Browning auf die Engländer geschossen, wünscht aber, daß es nicht bekannt wird.
Gestern, als ich im Hauptquartier war, brachte man drei englische gefangene Flieger zum Verhör. Zwei gehörten zum Royal Flying Corps und sagten vom Dritten, einem Australier, er sei kein Gentlemen. Es waren alle drei nette, starke und gesunde Burschen. Zwischen den Fliegern besteht ein ziemlicher Höflichkeitscomment. Von unserer Seite war den Engländern durch Abwurf gemeldet worden, daß die drei gefangenen Herren keine Wäsche, Zahnbürste etc. hätten und daß an einem Tage zu bestimmter Stunde ein englisches Flugzeug niedrig herabgehen und die Sachen abwerfen könne, was auch geschah. Am dritten Tag nach der Gefangennahme schon äußerte einer der Engländer die Bitte, ob er nicht mal mit einem Fokkerapparat fahren dürfe, er wolle auch in Richtung Jerusalem und nicht nach Suez fahren und gewißlich wiederkommen. Naiv, nicht wahr?

BLICK AUF DAMASKUS
Th. W. an seine Frau

Damaskus, 24. 3. 1917
Heute habe ich einen schönen Nachmittag verlebt. Der Pascha wollte mich sprechen und ich wartete längere Zeit auf ihn, indem ich auf dem Balkon des großen Hauptquartiers stand. Unter mir lag der Garten des Palastes mit etwas verwilderten Wegen, Cypressen, Lebensbäumen und Pinien. Katzen schlichen durch das Frühlingsgras und lauerten auf die Singvögel in den Pinien. Eine hohe gelbe Erdmauer trennte den Garten von dem wunderbaren Obsthain, der sich von dem Abhang aus weithin dehnt mit seinen tiefgrünen Massen von Granaten, Citronen und Orangenbäumen, über die sich das helle Grün der Mandeln erhebt. Unabsehbar erstrecken sich die rosigen und weißblühenden Aprikosenbäume, zu Tausenden ziehen sie sich bis vor die fernen Tore von Damaskus und bis an das Dorf Kadem, wo die Werkstätten der vierten Armee liegen und wo die Lokomotiven der Hedjasbahn ihre weißen Dampfwolken in die Luft senden. Zwischen dem dichten Wald der Obst-

bäume fließen die Arme des Baradaflusses, weißstämmige Pappeln begleiten ihn, breitästige alte Nußbäume recken sich empor. Bald hier, bald dort blitzt es von den schneeweißen Wänden kleiner rotgedeckter Landhäuser, während die große Stadt mit den stolzen Minaretts lichtgelb herüberschimmert. Diese Stadt ist wie ein liegendes Tier, das zwei lange Fangarme ausstreckt. Der eine Arm ist die bis zum großen Hauptquartier reichende Vorstadt Selahije, der andere reicht ebenso lang und schmal bis Kadem.
Und nun die weite Ferne! Bis an den östlichen Horizont geht der Obstwald mit seinem Gewirr von raschen Wasserarmen, dort liegen fern die großen Schilfseen, hinter denen die Wüste beginnt. Von dort sind die Einfälle der Assyrer, der Araber gekommen. Südlich aber schließt den ungeheuren Hain eine lange grüne Wiesenebene ab, in der braune Hütten liegen, dann folgen sanfte braune Hügel ohne Vegetation, und den Abschluß bilden kühn gezeichnete scharfe Bergzüge im tiefsten Schwarzblau. Da liegt der Hauran, jene vulkanische Masse, deren verwittertes Gestein die fruchtbarsten Felder Syriens bildet. Ein blasses Blau erfüllte den Himmel, fern zogen weiße dünne Wolkenstreifen, die mit sinkender Sonne immer wärmere Töne annahmen, wie auch über die Ebene sich ein unbeschreiblich zarter Goldton verbreitete. Ein weißer Adler mit dunklem Kopf flog kühne Bahnen über den Gärten. Friede, Reichtum, ja Überfluß lag vor mir und niemand konnte denken, daß in dem Haus, auf dessen Balkon ich stand, das Schicksal einer großen Armee bestimmt wurde, die dem gefährlichsten Feind gegenübersteht. Von der benachbarten Kavalleriekaserne tönte ein Signal herüber. Ohne die militärischen Klänge hätte man bei Sonne und Vogelsang den Weltkrieg vergessen können. Aber freilich — unten schlichen noch immer die Katzen und lauerten auf die Vögel.
In diesem Moment wurde ich aus meinen friedlichen Betrachtungen gerissen und wurde Zeuge eines historischen Vorgangs: Der Generalstabschef der 4. Armee Ali Fuad Bey trat plötzlich mit dem Kommandanten des 8. Armeekorps auf den Balkon und zeigte ihm am Rand der grünen Wiesenebene den künftigen ersten Ring der Stadtverteidigung gegen die vordringenden Engländer, an den braunen Hügeln den zweiten und an den blauen Bergen der Ferne den dritten Ring. Ich empfand in diesem Moment die ganze Schwere der noch zu erwartenden Ereignisse.

Schlacht um Gaza
Th. W. an Winnefeld

Damaskus, 27. 3. 1917
Gestern ist Djemal Pascha an die Front gefahren. Es war ein Tag, der den armen Türken mal wieder recht zu gönnen war. Vorgestern war die Lage bei

Gaza so schlecht, daß ... *(Zensurlücke)*. Wer es aber nicht tat, war v. Kreß. Vielmehr griff er selbst an. Das erweckte in Damaskus Entsetzen und man sagte mir abends, dies Vorgehen werde Kreß wohl den Kragen kosten. Es war in der Tat ein kühnes Stück. Gaza war von zwei türkischen Regimentern besetzt unter Major Tiller. Im Anmarsch waren drei berittene englische Divisionen und eine Infanteriedivision. Die Engländer gingen nachts vor. Gaza ist mit einem großen Kreis von Gärten und Kaktushecken umgeben, zwischen denen Hindernisse erbaut und Stacheldraht gezogen waren. Dreimal wechselte der Ort den Besitzer, es kam zu einem sehr blutigen Häuserkampf und Gartengefecht, bis endlich die Engländer wichen und nach bescheidener Schätzung 2000 Tote liegen ließen. Ein Panzerauto, ein Major, sechs andere Offiziere und zweihundert Mann sind gefangen, die Verwundeten brachten die Engländer von Han Junes aus auf Lazarettschiffen fort. Die Anatolier haben sich wieder tüchtig geschlagen.
Jetzt wissen die Engländer, daß Gaza stark befestigt und besetzt ist, was die Flieger bisher nicht herauskriegen konnten und wenn sie nicht wieder auf Gaza vorgehen, dann müssen sie durch die Wüste gegen den linken v. Kreßschen Flügel und dazu brauchen sie eine neue Zweigbahn, die ihre Zeit haben muß. Dann ist es aber schon starker Sommer.

Die Engländer wiederholten ihren Angriff gegen Gaza drei Wochen später mit Tanks und Beschießung von See her, mußten aber nach drei Tagen in ihre Ausgangsstellungen zurückkehren. Ihr kommandierender General wurde durch den berühmt gewordenen General Allenby ersetzt, der erklärte, er werde erst wieder angreifen, wenn er sein Stärkeverhältnis auf 4:1 gebracht habe. So gewannen die Verteidiger eine Galgenfrist bis zum November 1917.

Von Damaskus nach Palmyra
Th. W. an seine Frau

Palmyra, 21. 4. 1917
Wir verließen mit dem ganzen Zug, 9 Pferde, 16 Maulesel, 8 Wagen, 8 Soldaten, 9 Arabadjis und zwei berittenen, uns führenden Gendarmen Damaskus am 1. April 7.20 Uhr Vm. Am ersten Tag geht man nicht weit. Bald ist hier irgend etwas mit dem Geschirr, bald mit dem Wagen los und alles muß sich einpassen. So machte ich den Halt bereits mittags bei einem alten Kuppelbau mit Wasserbehälter, der ursprünglich mal ein antikes Grab gewesen ist. Unsere Tiere standen zwischen Resten von Steinsarkophagen und wir selbst bezogen den großen alten Han Ajescha am Fuße des kahlen Djebel Kalamûn, nahe der höchsten Erhebung Djebel es Sweiti. Weithin dehnte sich braunes Feld, fern erkannte man den großen östlichen Schilfsee, über den hinaus

sich der Blick ins Unermeßliche der Wüstenferne verlieren will. Da hatte ich in der Ferne einen Anblick, bei dem ich zunächst meinen Augen mißtraute. Als ich aber das Fernglas nahm, bestätigte es sich: am Schilfseeufer weidete eine unzählbare Menge von Tieren, Kamele, Pferde, Rinder, Ziegen und Schafe, dazwischen sah man tausende schwarzer Zelte! Der Kommandant unseres Gendarmeriepostens meldete: »Das ist der Beduinenstamm der Anési, die heute von Palmyra gekommen sind. Hier haben sie Zelte gemacht, weil es in der ganzen Gegend bis Palmyra keinen Graswuchs mehr gibt, denn da hat es seit zwei Monaten nicht geregnet.« Da hatte ich zum ersten Mal den großen Eindruck eines wandernden Wüstenstammes.
Wir brachen um Mitternacht auf und marschierten in der kühlen Mondnacht bis 7 Uhr morgens, wurden in Djerutt *(heute: Djerud, 64 km nordöstlich Damaskus)* vom Dorfschech über alle Maßen mit Hammel und Bulgur gefüttert, dazu Butter und Sauermilch, weißes Fladenbrot und Oliven, Kaffee in einem mit unzähligen Pappelbäumen bestandenen Garten, und brachen am Nachmittag den 2. 4. um 2 Uhr nach Nasrie *(heute: Nasriye, 120 km nordöstlich Damaskus)* auf, wo wir einen großen Tell *(Tell Sachra)* im Vorbeigehn untersuchten, machten Pause bei einem Wasserkanal, und um Mitternacht gings wieder weiter auf kieselreichem, festem Boden zwischen braunen Bergen. Ein weißes altes Maultier hielt den ganzen Zug durch seine Faulheit auf. Prügeln half nichts. Von da ab ließ ich dem alten Biest doppelte Ration geben und nach drei Tagen war es so fleißig wie jedes andere. So kamen wir um ½ 3 Uhr Nachmittags in Kariatén an. Ein Lehmnest von großem Umfang, Bischofssitz der Maroniten. Der Priester Gabriel empfängt uns in violettem Gewand und gibt uns abends ein großes Essen im Episkopat. Unsere Karawane lagert wieder an einem Wasserkanal. Priester Gabriel zeigt uns am andern Morgen altarabische und altsyrische religiöse Handschriften, die unsere Neugier auf das nahe Kloster Mar Julián erregten. Das war ein großes Lehmviereck mit Innenhof. Stark verfallen sind die Ställe und Gastzimmer, aber in der NW-Ecke stand in der Kirche noch der Sarkophag des Patriarchen Julian von Antiochia aus dem 4. Jahrhundert mit Inschriften, Kreuzen und Rosetten. Die schön geschnitzte alte Holztür mit ihren Ranken und Füllungen von Pflanzen und Tieren (Rehe, Bären) hat Wulzinger gezeichnet und photographisch aufgenommen.

Am 4. 4. verließen wir nachmittags Kariatén *(heute: Qariatein, 130 km von Damaskus)* mit einem Gendarmen, der offensichtlich Angst vor den streifenden Beduinen hatte. Er erklärte, den Weg nur 2 Stunden weit zu wissen. Ich befahl ihm, so weit zu reiten, wie er den Weg wirklich wisse (denn er kannte ihn natürlich genau), sonst ließe ich ihm die Bastonade geben. Als es Nacht wurde, stieg der Kerl alle halbe Stunde vom Pferd, legte sich auf die Erde und horchte nach Beduinen. So kamen wir um 1 Uhr nachts nach der wunderbar im Mondschein liegenden Kastellruine Kasr *(heute: Qasr el Cheir)*. Es gab kein Wasser, denn der Gendarm hatte uns aus Angst 1½ Stunden von dem einzigen Brunnen weggeführt, weil er dort Beduinen vermutete. In der Tat hatte ich aus jener Gegend, als ich dem Zug vorausritt, Hundegebell gehört. So wären die Tiere ohne Wasser geblieben, hätte ich nicht noch 4 gefüllte Zinkkästen mitgehabt, die nun den Maultieren gegeben wurden, die Pferde bekamen nichts. Kasr el Hai schien uns eine größere dreistöckige Kreuzfahrerburg gewesen zu sein. Aber daneben liegt ein rechteckiger Römerbau und aus dem schönen Rankenfries eines gewaltigen antiken Türsturzes blickte mich im Mondschein freundlich das Fratzengesicht eines Pan an.

Während der Nacht setzten wir den Marsch über festen Kiesboden fort und kamen am 5. 4. nachmittags 2 Uhr nach vollen zwanzig Stunden in Ain el Beda *(heute: Ain el Beida)* an. Dort sollte eine ebensolche Gendarmeriestation sein, wie in Han Ajescha bei Djerutt. Also durfte man eingerichtete Anlagen mit Stall, Wohnraum und gutem Wasser erwarten. Statt dessen empfing uns ein Bild wie aus dem 30jährigen Krieg. Die Station lag halb in Trümmern, ein uns entgegengesandter Gendarm von Tedmur (Palmyra) erklärte, vor sechs Monaten hätten die Anési diese Station ausgeplündert, sie hätten sogar den Holzboden aus dem Wohnzimmer herausgeschlagen. Das war in der Tat so, und das Brunnenwasser, das wir nun trinken mußten, war total verjaucht. Später hat uns dann der Müdir von Tedmur vertraulich gesagt, die Gendarmen selbst hätten, um den exponierten Posten in der Wüste nicht mehr beziehen zu müssen, die Station unbrauchbar gemacht und dann behauptet, es seien die Araber gewesen. So standen wir vor leeren Fensterhöhlen und ekelhaft gelbem Naß an der »Weißen Quelle«, aßen Brot und Käse bei den Schießscharten des Daches, ruhten bis 11 Uhr nachts und alarmierten dann unsere Karawane zum Abmarsch nach Palmyra. Vollmond! Ein Teil der Strecke wirkte wie weiße Schneelandschaft. Ich hätte mich auf einem Marsch durch Rußland denken können. Im ungewissen Schein glaubte man ferne dunkle Wälder zu sehen und über gefrorene Pfützen zu reiten. Viel Visionäres haben diese syrischen Luftstimmungen zwischen Nacht und Morgendämmerung! Reitet man der zunehmenden Helle entgegen, so projiziert sich das Netzhautbild der vielen kleinen Wüstensträucher auf den Himmel, und man glaubt, Cirruswolken zu sehen oder Vogelschwärme auf sich zukommen. Oder plötzlich rückt Dir die ferne gerade Horizontlinie ganz nahe, Du glaubst zwischen langen Gartenmauern zu reiten und siehst in der Phantasie Büsche und selbst Gartentore, die nicht da sind, denn der Boden ist völlig flach und nur die Verschiedenheit der Farbtöne bewirkt Illusionen. Dabei wird man von dem entgegenstrahlenden Licht so müde, daß man Mühe hat, nicht auf dem Pferde einzuschlafen. Allerdings hatte uns ja auch viermal die Nachtruhe gefehlt.

Am 6. 4. Vorm. 5 Uhr erreichten wir bei einer Wiese die stark nach Schwefel duftende Quelle von Palmyra. Wir suchten dort nach einem Lagerplatz, als der Müdir und der Gendarmeriechef heranritten und uns einluden, im Regierungsgebäude zu wohnen. Da der Konak neu und geräumig war, so nahmen wir die Einladung an. Vor dem Konak begrüßte uns der berühmte Schech Mohammed Abdallah, von dem später erzählt werden soll, der Reis el Beledié (Bürgermeister) und der Vertreter der Dette Publique, der den benachbarten Salzsee verwaltet und dort jährlich eine Million kg Salz ausbeutet. Mittags und abends gab es die schönsten Festessen mit Hammel und Huhn, Bulgur und Joghurt, der Schech schickte Oliven, Zitronen, Melonen und Kürbisse. Im Hofe liegen Kamele vermischt mit palmyrenischen Grabreliefs, und die edelsteingeschmückten Großen der Zenobia blicken erstaunt von ihrem Ruhesofa auf die Säcke mit Pottasche, die von dem Wüstengesträuch durch Verbrennen gewonnen wird und zur Seifenbereitung für teures Geld in Homs verkauft werden soll. Gegen Abend sind wir mit Einrichten, Aufstellen von Betten und Tischen, Vorräten und Küchengeräten fertig, bunte Teppiche hat man auf den Boden gebreitet und die roten Kattunvorhänge an den Regierungsfenstern haben etwas scharfrichtermäßiges. Wir schlafen die erste Nacht göttlich.

7. 4.
Palmyra ist die größte heroische Landschaft, die ich je gesehen habe. Nichts stört den Anblick. Kommt man von ferne, so fallen die langen Reihen der Säulenstraßen und der Grabtempel, der Hausperistyle auf, jemand sagte, es sehe aus wie viele hochbeinige weidende gelbe Tiere. An den kahlen Bergrändern stehen Dutzende großer brauner Grabtürme und erinnern an Bergfriede des Mittelalters. Die Berge sind wundervoll gezeichnet, in immer wieder abgewandelten zarten Linien setzen sie sich in die unendliche blaugraue Wüste fort. Ein grüner schöner Gürtel von Ölbäumen, Pfirsichbäumen, Dattelpalmen umzieht das lehmgelbe niedrig liegende Dorf, das die Landschaft nicht beeinträchtigt. Welch ein Gegensatz zu Petra!
Frei und leicht steht alles in Palmyra, und die Landschaft könnte einem Claude Lorraine entsprechen. Weithin und ohne Grenzen können sich die Hallenstraßen, gewölbten Prachtportale, Theater, Tempel und Paläste ausdehnen. In Petra dagegen ist alles einst frei aufgebaute niedergestürzt, nur an den Felswänden blieben die Architekturen unvergänglich. Der Felsenkessel Petras beengt mit Schluchten und Klippen den Blick, und die tiefrote Färbung bringt etwas schweres, gewaltiges in das Bild — in Palmyra weiteste Ausdehnung, Gefühl der Leichtigkeit und der Unendlichkeit. Aber gemeinsam ist beiden Orten die Abhängigkeit von Wasser, ja von einer einzigen Quelle, deren lebenspendendem Element Aretas seine Edelsteinschätze, Zenobia ihre Reichtümer verdankten. Das Bild Palmyras wäre nicht vollständig, wenn ich

nicht die in höchster Romantik auf einem kahlen Berggipfel thronende arabische Burg mit ihren Türmen und Zinnen erwähnte, mit der zerfallenen Zugbrücke und dem tiefen, künstlich ringsum geführten Graben — ein Bild stolzer Unzugänglichkeit — und doch bezwungen und vergessen. Und nun — ganz am anderen Ende des Bildes, das größte und edelste Bollwerk Palmyras — der riesenhafte Sonnentempel, umgeben von den hohen goldgelben Mauern seiner Hallen, die mit korinthischen Pfeilern vornehm eingeteilt sind und zu deren Umwanderung man mehr als einen Kilometer nötig hat. Ein ähnlich großer Bau hat in Damaskus an der Stelle der Omajadenmoschee gestanden, und wir lernen hier viel für die Rekonstruktion zu Damaskus. Auch beim Sonnentempel wirken Reste verschiedener Zeiten auf das Auge. Das westliche Haupttor ist hoch überragt von arabischen Zinnen. Zwischen den Lücken der Wände erblickt man die inneren Reihen der Hallensäulen. Tritt man nun ein in das gewaltige antike Viereck, so muß man sich durch ein ganzes Araberdorf durchwinden, das hier vor Beduinen sicher wohnt, um zu dem eigentlichen, breit gelagerten Tempel zu gelangen. Sein reiches Riesenportal führt heute zur Moschee über eine große Freitreppe. Vieles von diesem Bilde muß ähnlich am Herodianischen Tempel zu Jerusalem gewesen sein, wie ihn Flavius Josephus beschreibt. Wir gingen in den nördlichen Seitenraum, um auf das Dach des Sonnentempels zu steigen. Von der Decke blicken noch die eingemeißelten römischen Adler herab. Vom Dach ein herrlicher Blick in der Richtung nach Ras el Ain am Euphrat, der nur noch fünf Tagemärsche entfernt ist, auf die Salzseen mit ihren langen weißen Streifen, auf die grüne Oase.

27. 4. 1917
Ich schreibe diese Zeilen am letzten Nachmittag, den wir in Palmyra zubringen. Die Nekropolen sind vermessen und beschrieben — eine gewaltige Leistung Watzingers und Wulzingers, wenn man die Ausdehnung, die Zahl der Grabbauten und die kurze Zeit bedenkt. Nun ist der Plan Palmyras zum erstenmal gemacht — die Stadt der Lebendigen durch Puchsteins Genossen, die der Toten durch meine Kameraden. Der von mir beim Prachttor gefundene korinthische große Tempel ist untersucht, vermessen, photographiert und beschrieben; das ist das zweite schöne Ergebnis. Das dritte ist auch hübsch: mein zweimaliger Ritt in die Wüste nach Buharra und Basurije brachte mir die Aufnahmen palmyrenischer Wüstenschlösser ein, und ob das große römische Lager schon bekannt ist, das ich in Buharra skizzierte, weiß ich noch nicht. Was mich ganz besonders freut, ist, daß wir durch Mörtelunterbauten mit unseren braven und fleißigen Soldaten (darunter als beste Arbeiter vier Armenier) für hoffentlich sehr lange Zeit den ganz nahen Einsturz des großen Prachttores verhindert haben. Ich ließ einfach Kalk brennen, der Schech zeigte mir den besten Bindesand, alle vom Wüstenwind und seinem scharfen Sand

unterwühlten Fundamente wurden unterfahren mit großen Steinen oder ausgesetzt mit kleinem Füllmaterial, und das ganze hält nun wie Eisen. Die Sache hat mir solchen Spaß gemacht, daß ich sie ganz aus eigenen Mitteln bezahlt habe. Eine besondere Friedensexpedition hätte viel Geld gekostet, so wars denn recht billig und die Soldaten bekamen Tagelohn nur aus Ermunterungsabsichten, eigentlich hatten sie keinen Anspruch. Du hättest die strahlenden Gesichter der armen Kerls sehen sollen, die seit zwei Monaten keinen Sold mehr bekommen hatten. Sie liefen sofort nach der ersten Zahlung ins Dorf und kauften Eier und Milch, und die Folge war, daß von da ab die Preise für Eier doppelt so hoch wurden. Natürlich wird es Ehrenpflicht eines künftigen Forschers zu Palmyra sein müssen, unsere Konservierungsversuche — die ersten — auszugestalten und auch z. B. den großen gesunkenen mittleren Keilstein des Bogens wieder zu heben, wie es in Baalbeck von deutscher Seite geschehen ist.

Palmyra: Die Bedeutung des 230 km nordöstlich von Damaskus in der syrischen Wüste gelegenen Palmyra beruhte auf der dort vorhandenen Quelle, die den Karawanenverkehr Ägyptens, Arabiens und Syriens mit dem oberen Zweistromland anzog. Auch unter den Römern erhielt sich dort eine halb unabhängige aramäische Herrschaft, die um 250 n. Chr. große Bedeutung erlangte. Palmyras König Odenathus kämpfte für Rom gegen die Perser und erhielt dafür die Titel Imperator und Corrector totius orientis. Als er 266 ermordet wurde, übernahm seine Witwe Zenobia die Regentschaft für ihren unmündigen Sohn. Sie war eine bedeutende, unternehmende und hochgebildete Frau, die ihre Hauptstadt der späthellenistisch-römischen Kultur öffnete und in wenigen Jahren den Höhepunkt und den Zusammenbruch der palmyrenischen Herrschaft, die sich von Syrien bis Mesopotamien erstreckte, herbeigeführt hat. Sie proklamierte ihre Unabhängigkeit von Rom, begann die römische Provinz Ägypten zu erobern und legte ihrem Sohn den Titel Augustus zu. Die so herausgeforderten Römer besiegten sie unter Kaiser Aurelian 271 im Felde und belagerten Palmyra. Die zu den Persern entweichende Königin wurde gefangen, Palmyra kapitulierte 272, erhob sich 273 erneut und wurde daraufhin von den Römern zerstört. Zenobia schritt schmucküberladen im Triumphzug durch Rom und beschloß ihr Leben dort als gesuchte Herstellerin feiner Handarbeiten. Die von den Römern wieder hergestellte Stadt geriet im Mittelalter in Vergessenheit. Erst 1678 hat man sie wieder entdeckt.

Beduinen

Seit drei Tagen ist von den kühlen Winden Palmyras nichts mehr zu merken. Ein heißer Südwind dörrt uns aus, die Luft ist grau und dunstig, der Himmel

düster und verschleiert, abends 9 Uhr haben wir noch 31° Celsius, und Wulzingers Wasserverbrauch (innerlich) gleicht dem eines Wasserbüffels im Hochsommer. Selbst mein Freund, der Schech Mohammed Abdallah, findet es heiß. Das ist ein Mann von über 60 Jahren, schlank und hoch gewachsen, mit ebenso freundlichen wie klugen Augen, weißem kurzem Vollbart, Kopftuch und langem Arabergewand. Dabei trägt er eine lange goldene Uhrkette mit schöner goldener Uhr von Roy in Paris. Das war seine Glanzzeit, als er nach einer Wüstenreise mit Madame Pelouse (oder ähnlich), der Schwester von Mrs. Wilson, der ein Schwiegersohn des französischen Präsidenten Grévy war, nach Paris reiste, Lyon, Marseille, Nizza sah, und auf der Spielbank von Monte Carlo 2 Napoléon verlor. In St. Cloud sah er ein »von den Deutschen verbranntes« Schloß und der Louvre und die Grande Opéra sind seine größten Eindrücke, und dann eine Fahrt auf der Seine unter neun Brücken weg. Sein Lieblingsausdruck ist »magnifique« – aber er braucht ihn nicht so, daß es lächerlich wirkt. Schech Abdallah ist überhaupt viel zu klug, um nicht ernst genommen zu werden. Er ist unser großer Freund.
In die Wüste ließ er mich nicht reiten, ohne daß er Leute seines Stammes mitgab, und es war vielleicht ganz gut, denn als ich in Nesib das große Schloß aufnahm, kamen plötzlich meine Reiter und meldeten mir ein großes Beduinenlager an der eine halbe Stunde entfernten Quelle von Buharra, und schlugen vor, aufzubrechen, d. h. auszureißen. Ich ließ mir die Leute unseres Schechs kommen und bat sie, in das Beduinenlager zu reiten mit der Erklärung, in Nesib sei ein deutscher Hauptmann, der ihnen sagen lasse, er fürchte sich in keiner Weise vor ihnen und erwarte, daß die Stammeshäupter ihn aufsuchten. Eine halbe Stunde darauf kam der durch roten Leibrock ausgezeichnete Schech mit zwei Begleitern und lud uns ein, in sein Lager zu kommen. Es war der Stamm der Sleib, die »einen Monat lang täglich wandern können – so groß ist ihr Gebiet« – die aber in rechter Not waren, weil es infolge des Regenmangels kein genügendes Gras gibt. Die Fülle der Schafe, Ziegen, Esel und Kamele kann man sich schwer vorstellen. Alles will fressen, alles will trinken. Im Zelt des Schechs waren auf der einen Seite eine Unmenge Frauen und Kinder, die mich ganz außerordentlich beguckten, auf der anderen saßen wir mit ca. 40 Männern, und etwa 30–40 Zicklein und Böckchen und Schäfchen wurden auch beim Schech im Zelt aufbewahrt, daneben lagen zwei Hunde. Wir tauschten große Höflichkeiten aus, als ich nach Basurije weiter ritt und ich hatte einen Eindruck von Verwilderung bei diesen Leuten bei gleichzeitigem Mitleid mit ihren großen Sorgen um die tägliche Nahrung.
Schech Abdallah von Tedmur ging in seinen Aufmerksamkeiten für uns sogar so weit, daß er zu Ostern uns grüne und rote Ostereier sandte. Der Fall Bagdads ist hier erst Mitte April, also gut einen Monat später bekannt geworden. Sieben lanzenbewehrte Beduinenhäuptlinge mit langwehendem Haar sind beim Schech Abdallah auf dem Hof eingeritten. Sie kommen aus der Wüste und

verlangten eine Kontribution. Abdallah sagte mir, das hätte man seit 10 Jahren nicht gewagt. Jetzt aber ... Bagdad. Jedenfalls habe er ihnen folgendes geantwortet: »Erstens ist Krieg, die Regierung verlangt viel von uns, daher können wir Euch kein Geld geben. Zweitens: Seht Euch vor. Hier ist gerade ein deutscher Hauptmann. Wir wissen nicht, warum er hier ist. Er hat Soldaten bei sich, wir wissen auch nicht, wer nach ihm kommt. Vielleicht eine ganze Armee.« Als die Häuptlinge das gehört hätten, seien sie unruhig geworden. Einer habe gesagt: »Allah ist groß« — bald darauf seien sie verschwunden und zwar ohne Geld.

RÜCKMARSCH NACH DAMASKUS
Th. W. an seine Frau

Damaskus, 5. 5. 1917
Es ist anders gekommen, als geplant war. Am 28. 4. brachen wir Mitternachts von Palmyra nach Aleppo auf. Noch war die Sonne nicht heraus, da verloren wir drei Räder, die Speichen starrten wie alte Zahnstocher in die Luft. Es wurde ein Wagen zurückgelassen, dann bekam ein Maultier Kolik und legte sich hin. Dann kriegte ein Reitpferd Stickhusten infolge des schmutzigen Futters, das man ihm offenbar gegeben hatte, und es fragte sich nun, ob wir in solchem Zustand einen 60stündigen Marsch durch wasserloses Gebiet machen könnten. Ersatzwagen und Ersatztiere waren nicht da. Also hieß es: Richtung ändern und auf Ain Beda marschieren, von da mit gefüllten Schläuchen durch eine weit kürzere Durststrecke nach Damaskus zurück. Das ist dann glatt geschehen. Diesmal kamen wir bei Tage an Kasr el Hai vorbei, fanden außer der Kastellanlage auch noch einen großen, umwallten und innen ausgemauerten, aber jetzt trockenen Teich und einen großen schönen Karawanenhof, dessen Portal eine früharabische Inschrift trägt.
Diesmal hatte sich im Bischofshof von Keriatén der neu dorthin ernannte Gendarmeriehauptmann seit 11 Tagen einquartiert und lebte auf Kosten der Gemeinde. Neben ihm saß ein geradezu widerlich aussehender Müdir, auch neu ernannt, der früher Redakteur einer Zeitung in Homs gewesen war. Der Kerl sah aus und benahm sich wie ein schwarzes Wildschwein und die Schimpfworte des Hauptmanns flogen nur so: »Hund, Hundesohn, dummes Tier« — wenn der Bürgermeister nicht fortgesetzt neue Dinge zum Mastixschnaps heranschleppte. Der Priester Gabriel, Vertreter des Bischofs, stand an der Wand, wurde nicht zum Sitzen eingeladen und wie ein Dienstbote behandelt. Der einstige Redakteur sagte grinsend nach dem dritten Schnaps: »Ja, ja. Früher versammelten sich hier die Christen beim Bischof, jetzt versammeln wir uns hier beim Mastixschnaps« und schmatze dabei wie ein Quadratferkel.

Nachts auf dem Marsch nach Djerutt hörten wir jämmerliches Hilfegeschrei und fanden bald vier bis aufs Hemd ausgezogene Hirtenjungen im Alter von 14 bis 16 Jahren, die von sechs Beduinen überfallen worden waren. Man hatte sie verprügelt, ihnen Augen und Mund zugebunden und sie so neun Stunden ohne Essen mitgeschleppt, 200 Schafe und mehrere Maulesel wurden ihnen abgenommen. Als die Beduinen dann unsere Kolonne (schon aus drei Stunden Entfernung!) hörten, ließen sie die Jungen laufen und trieben das Vieh beeilt davon. Die armen Bengels wurden auf unsere Wagen gehoben und eingehüllt, sie schnatterten vor Kälte.

DJEMAL PASCHA STÜTZT DEN PFUNDKURS
Th. W. an seine Frau

Damaskus, 7. 5. 1917

Durch drakonische Maßnahmen Djemals ist jetzt der Kurs (des Papierpfundes) gewaltsam verbessert worden. Dj. hat im hiesigen Regierungsorgan »Schark« veröffentlichen lassen: wenn bis zum 15. 5. 17 der Kurs des Goldes nicht gleich dem Papierkurs sei, so werde er zunächst zehn Mitglieder der ersten hiesigen Kaufmannsfamilien deportieren lassen (nach Angora, Kirkilisse u. a.), nach weiteren acht Tagen wieder zehn und so fort, bis der Kurs in Ordnung sei. Infolgedessen ist der bleiche Schreck unter die syrische Kaufmannschaft gefahren und die Papierscheine gewinnen wieder an Wert. Auf die Dauer ist trotzdem die Sache nicht aufrecht zu erhalten. Die Deportationen haben bereits begonnen mit einer Reihe von Leuten, die den Kurs gedrückt haben, auch in Jerusalem, wo man auch die Zionisten auswies. Den zionistischen Schuldirektor Dr. Jehlin hat Djemal hierher kommen lassen und meiner Fürsprache ist es gelungen, dem gelehrten Orientalisten den Auftrag zu verschaffen, die hiesigen islamischen Bibliotheken zu katalogisieren, in denen er zahlreiche unbekannte Schriften schon ermittelt hat. So entwickelt sich die Kulturarbeit hier immer mehr, während der Feind an den Pforten Syriens rüttelt.

14. 5. 1917

Die finanzielle Situation wird hier am besten durch folgende Anekdote beleuchtet: Ein damaszener Kaufmann sagte mir: Wenn Sie einen von uns aufhängen lassen und Sie fragen ihn im letzten Moment »Wollen Sie gehängt werden oder wollen Sie ein Goldpfund für ein Papierpfund eintauschen?«, so wird dieser Syrier sagen: »Ich will lieber gehängt werden, bitte ziehen Sie die Schnur zu.«

Ritt nach Antiochia
Th. W. an seine Frau

Damaskus, 14. 5. 1917
Ich bin froh, morgen wieder reiten zu können. Die elenden Verluste an Fleckfieber sind deprimierend. Ich bin geimpft (das haben nur wenige getan, aber ob es hilft, weiß kein Mensch, es ist eine neue Sache). Wir müssen fast jeden Tag auf den Friedhof.
Also morgen gehts zu Pferd nach Beyrout (110 km).

Unter den Opfern des Flecktyphus war auch Konsul Loytved-Hardegg. Männer über 50 hatten keine Überlebenschance.

Beyrut, 18. 5. 1917
Morgen früh gehts nach Tarablus.
20. Mai. Von Beyrut ging unser Ritt beständig in der Nähe des Meeres, bald lag es offen vor unserem Blick, bald bedeckten Obsthaine oder Schilfwälder den Ausblick. So ging es bis zu dem prächtigen Felsental des Nahr el Kelb, wo ein kühler Gebirgsbach rauscht und die Klippen hart ans Meer treten. Der romantische Engpaß ist dem Historiker wohlbekannt, denn alle die großen ägyptischen und assyrischen Welteroberer haben die Kunde ihres Durchgangs hier in Felsreliefs hinterlassen. Keilschrift steht bei ägyptischer Hieroglyphe, Ramses bei Nebukadnezar. Aber am Anfang des Weges hatte Ernest Rénan es sich nicht versagen können, auch den Ruhm seiner phönizischen Expedition durch Felsinschrift zu verkünden, und er hatte die Geschmacklosigkeit, dieses Zeugnis seiner Gelehrteneitelkeit dicht neben eine ägyptische Weihung zu setzen. Vor zwei Jahren nun hat ein übereifriger Militärkommandant die Franzoseninschrift austilgen lassen. Leider ist dabei von den unwissenden Soldaten auch die alte Weihung der Ägypter an den Gott Ptah beseitigt worden.

Trotz der Austilgung der Inschrift Ernest Renans ist die Eitelkeit unserer Zeit an diesen ehrwürdigen Felsen, an denen die Macht Ägyptens mit den in Syrien und Mesopotamien gebietenden Herrschern zusammenstieß, noch reichlich genug vertreten. Bis zum Jahre 1400 n. Chr. haben dort zweieinhalb Jahrtausende vierzehn Inschriften hinterlassen. Das letzte Jahrhundert hat weitere sieben hinzugefügt:

1860/61   ein französisches Interventionskorps den Namen Napoleon III.,
1918   die einrückenden Alliierten gleich zweimal, Kavallerie und Fußvolk sorgsam getrennt, außerdem noch ein unbekannter französischer Soldat,

1920 General Gouraud als Okkupant des widerstrebenden Syrien namens der französischen Mandatsmacht,
1941 britische Verbände als Sieger über französische Truppen der Vichy-Regierung und
1948 eine Inschrift zum Gedächtnis der Befreiung des Libanon von der Mandatsherrschaft.

Am Nachmittag kamen wir durch das große und reiche Küstendorf Djunis *(Jouniye, 20 km nördlich Beyruts).* Ich war entsetzt über die Menge von libanesischem Volk, das, zu Skeletten abgemagert, vom Gebirge gekommen war, um zu betteln. Sonst eine arbeitsame Bevölkerung, hat der Krieg und das Abschließen des Meeres durch die Engländer sie der Getreidezufuhr beraubt – dort oben ist mehr Weinbau – die türkische Regierung sorgte in erster Linie für Armee und die Hauptstädte – die ausgesprochene Franzosenfreundschaft und Abneigung der christlichen Araber gegen die Türken machte diese letzteren auch nicht hilfsbereiter, und nun ist die große Katastrophe da: wohl an 100000 Menschen sind buchstäblich verhungert, ganze Dörfer sind verödet und was wir noch an Jammergestalten sahen, das wurde uns nur noch als kleiner Rest des Elends bezeichnet, das vor Monaten hier geherrscht hat. Auch weiterhin in Byblos (Djebeil) sahen wir ganz entsetzlich abgemagerte Menschen, besonders Kinder mit alten vertrockneten Gesichtern und entzündeten Augen. Die von der Nase zum Mund gehenden Gesichtsfalten legen sich wie scharfe Riemen um den Mund, die Zähne erscheinen unverhältnismäßig groß und die Abmagerung erstreckt sich sogar auf die Nase. Solche unglücklichen Wesen sitzen heulend oder wimmernd am Wege, manche liegen verhüllt da und stöhnen nur noch. Und während sich Dir das Herz herumdreht bei all dem Fürchterlichen, kannst Du dicht daneben einen wohlbeleibten Brotverkäufer stehen sehen, dem es garnicht einfällt, den Ärmsten etwas zu verabreichen. Auch spielen auf der Straße die rundlichen, wohlgenährten Kinder der Begüterten, und all das macht den Eindruck noch schlimmer. Denn man sieht, daß hier selbst die Anfänge jeden sozialen Empfindens fehlen und daß diese Syrier ein hartes, egoistisches Volk sind. Man muß sich nur immer vor Augen halten, daß sich dies alles innerhalb ein und desselben *christlichen* Volkes abspielt!
Die Schließung des Meeres durch England hat den Notstand auch insofern vergrößert, als die zahlreichen Libanesen in Amerika jetzt ihren Leuten daheim kein Geld mehr senden konnten. Trotz alledem brauchte es nicht so weit zu kommen. Viel Übelstand beruht auf falscher Verteilung, auf dem Fehlen jeder Fürsorge und Selbsthilfe. Unzählige Tonnen Getreide sind in den Äckern vergraben, zu Spekulationszwecken.
Als wir 3 km nördlich von Djebeil *(heute: Ibail, das antike Byblos)* ritten, lag am Wege ein am Hunger gestorbener junger Mann, mit offenem Mund, die

Arme wie in Verzweiflung zurückgeworfen, als wolle er noch um Hilfe schreien, Raubtiere hatten die Nase und den linken Unterschenkel angefressen. Nie wohl werde ich eine ähnlich furchtbare Anklage gegen den englischen Hungerkrieg, den einheimischen Egoismus und orientalische Nachlässigkeit wiedersehen.

Über die Straße von Jouniye brausen heute die Automobile unwissender Touristen zum eleganten Casino du Liban.
Am seeseitigen Fuße der mächtigen Kreuzritterburg von Byblos fanden Wiegand und seine Begleiter Scherben eines antiken Friedhofs. Das hieran anschließende phönizische Byblos mit seinen berühmten Königsgräbern ist erst nach 1920 freigelegt worden.

Auf der Küstenstrasse zwischen Ibail und Tripoli

21. Mai
Nach einigen Stunden kamen wir an eine der wunderbarsten und imposantesten Stellen der syrischen Küste. Theou prosopon — »Gottes Angesicht« *(das Vorgebirge Ras Chekka, 33 km vor Tripoli)* heißt die steil abfallende stolze Klippe aus Kalkfelsen, an der das von Südsturm erregte Meer hoch aufbrandete. Die grünen Farbtöne des flacheren Wassers, das tiefe Blau der Meeresferne, gesteigert bis zur Purpurfarbe, die grauen Schleier, die der Südwind mitbringt — das war wieder einmal ein Anblick erster Größe.
Ein moderner Fahrweg ist in den Fels gehauen und zieht sich kühn in Höhe der Bergesmitte am Steilufer hin, zweimal sogar durch kurze Straßentunnels. Wir waren sehr gewarnt worden vor den französischen und englischen Kanonenbooten, die hier mit Vorliebe die Karawanen zu beschießen pflegen und wir sausten mit unseren acht Lastwagen und sechs Reitpferden mit bemerkenswerter Schnelligkeit an den kitzlichen Stellen vorbei. Immerhin dauerte das über eine Stunde. Es kam kein Feind und die Nacht verbrachten wir landeinwärts auf der Vorhöhe des Libanon im Dorf Kefr Hazir, wo uns die fernen Schneefelder der Hochgebirgsstrecke begrüßten.
Die Honneurs machte im Auftrag des Dorfschechs sein drolliger Vetter Deserteur mit einem glatten, faltigen Schauspielergesicht, der auch die Guitarre spielte und eine Hyänenfellmütze trug trotz der warmen Jahreszeit. Als ich ihn fragte, ob ihm diese Kopfbedeckung nicht zu warm sei, zog er sie ab und zeigte unter schallendem Gelächter aller Anwesenden seinen Kopf vor: auf einer Billardkugel hättest Du mehr Haare finden können, als auf dem Schädel des Vetters Deserteur, der übrigens geläufig englisch sprach.

22. Mai

Durch ein prächtiges breites Bergtal ziehen wir über rötlichbraune Erde zwischen Kalkfelsen, als wanderten wir im Peloponnes. Es ist kein Unterschied: Ölbäume, Getreidefelder, Maulbeerplantagen, zur rechten die Schneegipfel. Wir wollen nachmittags in Tripolis sein. Was viel besser und schöner ist als in Griechenland, das ist der Hausbau der Libanesen. Sie bauen sich Wohnhäuser mit weiten guten Wölbungen, auch die Treppen sind von Stein und die flachen Dächer solid eingedeckt, sodaß man unmittelbar an antike Tradition erinnert wird.

Tripoli (Tarablus). Am Meere liegt die alte Handelsstadt, eng, verödet. Soweit das Auge blickt — kein Segelschiff, kein Dampfboot. Es ist ganz merkwürdig, diese Empfindung der Leere des Meeres, wenn man an den früheren Küstenverkehr zurückdenkt. Seitdem wir den energischen U-Bootkrieg machen, kommen auch keine eigentlichen Kriegsschiffe mehr, nur noch flache Patrouillendampfer mit Kanonen, dieselben, vor denen wir beständig gewarnt werden, wenn wir an die Küste kommen.

Am Strande ragen noch zwei klotzige Kreuzfahrertürme weit über alles in der Umgebung heraus, zwei andere hat die französische Bahngesellschaft demoliert, weil sie just dort ihren Bahnhof bauen mußte, und einen dritten hat sich der Herr Mohammed Izzedin, der »reichste Mann«, stillschweigend angeeignet, abgetragen und sein neues Haus darauf erbaut.

Wie still und gemütlich hier der Krieg betrieben wird, magst Du an einer Episode erkennen, die mit dem russischen Kreuzer »Askold« vor Monaten hier passierte. Dies Kriegsschiff hielt es für nötig, einige Stellen der Küste zu bombardieren und sandte eine Pinasse ab, um dies dem Hafenkommandanten vorher anzuzeigen. Da aber die Umgebung sehr klippenreich ist, so setzte sich die Pinasse in acht Meter Entfernung vom Ufer auf den Fels. Nun kamen russische Hilfsboote und man bemühte sich von 3 Uhr nachm. bis abends 11 Uhr, die Pinasse abzuschleppen, wobei die Türken rauchend am Ufer standen und freundliche Ratschläge erteilten. Als die Sonne unterging und die Pinasse immer noch nicht flott war, lud der Hafenkommandant die Russen sogar zum Abendessen ein — allerdings ohne Erfolg, aber schließlich ließen sie die Pinasse im Stich und die Türken machten sie dann am folgenden Tag flott.

Das Kastell der Oberstadt Tripolis ergab uns archäologisch nichts. Die Renovation unter Soliman d. Gr. hat ältere Reste offenbar aufgezehrt. Das ganze Kastell war voller eingefangener Deserteure, die uns z. T. anbettelten.

24. 5.

Ich sende die Lastkarren über Homs nach Damaskus zurück, weil von jetzt ab der Weg nach Norden an der Küste entlang nicht mehr fahrbar ist. Der Stadtkommandant läßt 18 Kamele der Anêze-Beduinen einfangen und wir brechen mit ihnen auf. Nochmalige Warnung vor den französischen Kanonenbooten und die mir neue Mitteilung, daß die Franzosen mit 200 Mann die Insel Ruad, 3 km von der syrischen Küste gegenüber der Ruinenstätte Amrith besetzt haben. Auf dem Kastell sei eine größere Langkanone und es seien ständig zwei Patrouillendampfer stationiert, auch eine drahtlose Station sei eingerichtet.

Nun wurde die Sache spannend. Ich ließ gegen Mittag unsere Karawane, zu der sich noch mehr als 100 leere Kamele hinzugefunden hatten, hinter einer großen Sanddüne bei Amrith Rast machen. Wir vertauschten den Tropenhelm mit Mütze resp. syrischen Kopftüchern und gingen mit unseren Ferngläsern auf die Höhe. Da lag die Insel Ruad klar vor uns, eine Felseninsel, über und über bedeckt mit Wohnhäusern, in der Mitte überhöht von dem gelben Steinkastell, auf den die französische Flagge wehte. Zwei Dampfer und acht Segelschiffe lagen richtig in dem kleinen Hafen zwischen Festland und Insel. Wir sind dann den ganzen Nachmittag vor den Augen der Franzosen im Stadtgebiet von Amrith herumgegangen, haben die wuchtig-ernsten Phönikischen Felsmonumente studiert und uns immer wieder an der äußerst starken monumentalen Wirkung des Löwenmonuments und des Felstempels mit seinem ägyptisierenden Hohlkehlengesims gefreut.

Einer unserer arabischer Soldaten wurde von Watzinger hart angelassen, weil er alles falsch machte. Der Mann sah das auch ein und meinte gemütlich: »Bete zu Allah, damit ich es besser mache.«

KRIEGERISCHE SPITZWEG-IDYLLE

Tortosa (Tartûs), 26. 5. 1917
Nie ist mir der Unterschied zwischen Morgenland und Abendland, zwischen europäischem Mittelalter zur Zeit der Frühgotik und orientalischer Architektur deutlicher geworden, als in dieser träumenden alten Kreuzfahrerstadt, deren gewaltige Burgmauern von ritterlich-stolzer Kraft reden, deren große Palastreste trotz ihres Verfalls mit ihrer leichten, sicheren Bogenarchitektur eine ganz andere Sprache reden als die Werke der Araber mit ihren Überlieferungen aus byzantinischen Zeiten. Tritt man gar in die wundervolle große Kirche, die jetzt Moschee geworden ist, sieht man die Einfachheit und Genialität der Raumverteilung, die wohltuende weite Klarheit, dann begreift man garnicht, daß es einmal eine Theorie gab, die den frühgotischen Stil von orientalischen Eindrücken der Kreuzfahrer ableiten wollte. Diese Kreuzfahrer waren den Arabern weit überlegen, sie brachten eine völlig selbständige, klar überlegte und durchgeistigte Bauweise mit sich, sowohl im Festungsbau als im Kirchenbau.

Überaus herzlich war die Aufnahme, die uns der Hafenkommandant Mehmed Nasmi in seinem Hause bereitete. Es war eine Reihe von Festessen, und eine

entzückende Reinlichkeit begeisterte uns fast ebenso, wie die wundervollen Meerbäder angesichts der feindlichen Dampfer. So ein bißchen Frechheit reizt doch sehr, das hat man eben aus den Jungenszeiten.
Nach einem solchen Erquickungsbad zwischen den Felsen sind wir dann auf das Dach der Kirche gestiegen und haben aus einer Luke des Minarett-Aufsatzes mit einem vorzüglichen Zeiss-Fernglas beobachtet, was drüben der Gegner macht. Da liegt einer der graugrünen 700-Tonnen-Dampfer mit der Kanone am Bug und dem Maschinengewehr auf der Brücke. Daneben liegen acht Segelschiffe. Am Ufer liegt ein Boot, ein Franzose in Kaki mit weißem Tropenhelm will gerade einsteigen. Daneben liegt eine Pinasse, drei Franzosen sitzen drin. Ein Kerl in weißer Hose steht dabei und sonnt sich, während ein Wachtposten schläfrig zur Türe des Wachtlokals herausguckt. Hoch oben auf dem Kastell bei der großen alten Langrohrkanone, wo die französische Flagge weht, schaut ein Soldat mit langem altmodischem Fernrohr zu uns herüber. Während wir so beobachten und die Segelboote drüben mit ihrer blauweißroten Trikolore in der Brandung schwanken, erzählt uns unser Hafenkommandant von der glorreichen Okkupation der Insel, die sich in großem Stil vollzog: die jetzt versenkte Jeanne d'Arc, Admiral Charnier, Henry IV, Victor Hugo., Latour de Ville, d'Estrées — alles war anwesend, einundzwanzig Kanonenschüsse wurden gelöst, und die arabische Bevölkerung war im Freudentaumel. »Sogar ihre Abtritte hatten sie mit französischen Fahnen dekoriert«, sagte Mehmed Nasmi etwas ingrimmig und führte uns dann in sein kleines Kriegsmuseum *(mit den angetriebenen Resten torpedierter Schiffe, Opfer der von Beirut aus operierenden deutschen Unterseeboote).*
Bald danach machten einige Schüsse einer österreichischen Gebirgsbatterie der Idylle auf Ruad ein Ende.

Sonntag, 27. 5.
Vorm. 6 h Abmarsch nach Banias, dem schön gelegenen antiken Badeort am Meer. Die Ernte ist in vollem Gange und alles steht gut. Unterwegs ¾ Stunden Aufenthalt, weil ich die Karawane vor einem Kanonenboot verbergen muß, das 3 km von der Küste von Norden auf Ruad zu fährt, uns aber nicht entdeckt. Abends kommen wir in Banias an, wohnen bei einem alten griechischen Schwammfischer, bei dem wir wieder einmal nach Herzenslust neugriechisch reden konnten, und zerbrachen uns den Kopf darüber, wie es den Mohammedanern möglich war, eine so steile und riesenhafte Festung der Kreuzfahrer zu erobern, wie es die nahe gelegene Burg Merkab war. Einen halben Tag sind wir an ihren Wällen, Abgründen, Gewölben und Türmen geklettert, ohne ein Ende zu finden. Das war die nördliche Grenzfeste des Königreichs Jerusalem. Wir kommen jetzt weiter nördlich in das alte Fürstentum von Antiochia.

Lattakieh, 29. 5.
Abends angekommen. Unterwegs kam uns ein französisches Kanonenboot bis auf 2 Kilometer nahe. Ich ließ sofort die Spitze der Karawane, die dem Feind bereits sichtbar geworden war, stillstehen, während der Rest gerade noch von einem Hügel verdeckt wurde. So fuhr das Schiff an uns vorbei. Es war klar, daß es nach etwas suchte, und man hatte uns schon gesagt, unsere Kolonne würde sicher den Franzosen gemeldet werden.

30. Mai
Heute kommt die Nachricht, daß das französische Kanonenboot wieder zurückkehrend auf eine uns nachfolgende Karawane der Tabakregie geschossen und dabei neun Kamele getötet hat.

Wiegands Briefe über den letzten Teil der Küstenreise sind nicht erhalten. Doch geben die Aufzeichnungen im Marschtagebuch Aufschluß über den Verlauf. Der Ritt ging weiter über Arab el Mulk, das antike Paltos, Djeble (Gabala) mit den Ruinen eines römischen Theaters nach Lattakieh (Laodikeia) mit römischem Marktplatz, Säulenstraßen und einem wohlerhaltenen dekorativen Straßentor.

Von Lattakia nach Samandag (Seleukia)

1. 6.
Abends Ruderfahrt im Hafen und außerhalb. »Die Ruder nicht tief eintauchen (wegen der französischen Minen).« Neun tote Kamele, zwölf Stunden nach unserem Durchmarsch an der Küste. Heute mußten statt der 18 Kamele 16 Maultiere aufgetrieben werden, um den Marsch durchs Gebirge zu machen. Hierzu bedurfte es starken Drucks von Seiten des Binbaschi (Major), da die Leute ihre Tiere verborgen hielten, denn die Regierung zahlt wenig oder garnichts für solche Leistungen an die Bevölkerung.

2. 6.
Vm. 7.15. Abmarsch von Laodikeia nach Posidion (Basit). Zunächst ebener Weg über Kalksteinformationen, Felder in voller Ernte, die Leute sind mit Ertrag zufrieden. Über eine Stunde weit dehnt sich noch nördlich von L. die Necropole aus. Man sieht viele Felsgrabeinschnitte, auch Felstreppen, die zu unterirdischen Gemächern gehen und dazwischen weitgehende Spuren von Steinbrucharbeiten. Rechnet man dazu die zahlreichen Reste der Necropole am Meer, so bekommt man einen sehr bedeutenden Eindruck von der einstigen Bevölkerungszahl Laodiceas. Der Djebel Akrah dominiert trotz seiner Ferne in der Landschaft. Myrthen, Ginster und Oleander blühen, violettrote

Malven, weiße Heckenrosen und Cystusrosen machen den Ritt sehr reizvoll. — Steiler Aufstieg, nur für Pferde und Maultiere möglich, später leichtere Gebirgswege, aber alles sehr steiniges Gebiet mit Pinus maritima, an den zahlreichen Quellen Platanen und Buschwerk der Maccienformation. Wir schlafen in Basid auf dem flachen Dach des Besitzers Selim Muhammed.

4. 6. 1917
Vm. 5.45 vom Meer bei Basid (Selims Haus) Aufbruch zum Gebirgsmarsch nach Suweidieh. In Kerset Muhadji (Flüchtlinge bezw. Aussiedler) aus Bosnien und Erzerum. Armenische Niederlassung mit Kirche verlassen. Verwilderung. Ziegel und geschlossene Fenster zerschlagen. Marschall-Niel- und La-France-Rosen in verwilderten Gärten. Überwindung eines ganz ungewöhnlich schlechten, sogar für Maultiere schwierigen Saumpfades voller Steintrümmer und schräger Felsplatten. Auch der Abstieg von da voller schwerer Hindernisse und äußerst steil, bis zur Ebene. Von hier führt ein sehr schlechter, steiniger und durch stagnierende Wasser z. T. gefüllter Weg am Bergfuß entlang nach Djilleh, wo wir in der Dunkelheit bei dem gastfreundlichen Scheich Maruf ankamen und vortrefflich verpflegt wurden.

Wenige Kilometer nördlich von Lattakia liegt Ras Schamra, wo seit 1929 das phönizische Ugarit mit überaus reichen Keilschriftfunden aus dem 2. Jahrtausend v. Chr. und das älteste Alphabet zutage gekommen sind.

ARMENISCHE TRAGÖDIE
Aus dem Routentagebuch

5. 6. Vm. Ritt nach Sueidieh. Gendarmerie-Karakol von 15-cm-Geschossen zertrümmert. Einrichtung in einem der verlassenen armenischen Gartenhäuser. Verwilderung. Ölbäume. Tragische Episoden am Felskanal. Gefecht. Englisches Eingreifen zur See. Über die Felshügel vom Meer (Molen) her am Kanal entlang durch verlassene Gärten. Überall Felsgräber, bis zur Schlucht am Burgfels, wo später Mauerzug ansetzt. Wir finden das Theater, das bisher in keinem Plan steht. 7. 6. Vermessung des Theaters. Hinweg und Rückweg durch den Felstunnel. — Steiler Aufstieg zur Oberstadt. Dorf Kebse, völlig verlassen, etwa 250 Häuser im Grünen zwischen Maulbeer- und Aprikosenbäumen. Die Kirche von einer engl. Granate vom Meer aus getroffen. Drei Monate sei hier gekämpft worden, zuletzt hätten zwei englische Dampfer etwa 2—3 000 Armenier vom Bagtschekai aus nach Cypern übergeführt unter Schutz englischer Kriegsschiffe. Die Dörfer Kebse, Wakufköi, Hadirbey, Gineköi, Jasyr, Joonoglu, Hadji-Habli, Bitiès seien im Kampf gewesen und hätten an die 5 000 Gewehre geführt. Kommandant der türkischen Truppen Oberst

Rifat Bey, angeblich gehängt in Damaskus. Die Dörfer beginnen zu verfallen, hohes Gras umwuchert die Gräber des Friedhofs, die Hofmauern zerfallen, in den Gassen wuchert wilder Hafer, Brombeere und Distel, tausende von Bäumen tragen Frucht und keine Hand, die sie pflückt. Das einzige Geräusch ist das Summen der Insekten, das ferne Rauschen des Meeres und des Windes in den Bäumen. Über dem Eingang in das Schulzimmer neben der Kirche ist ein antikes Medusenhaupt (röm.) von weißem Marmor eingemauert und starrt auf die Verwüstung mit steinerner Härte hinab. Wilde violette Malven, roter Mohn.

Aus Carl Watzinger: Theodor Wiegand, S. 309
Nördlich (des antiken Hafenbeckens) nahm ein gewaltiger Felsentunnel und -einschnitt, der über einen Kilometer lang war und aus römischer Zeit stammte, die von Gebirg herabströmenden Gießbäche auf, führte ihr Wasser zum Meere und schützte dadurch den Hafen vor Versandung — eine großartige Leistung römischer Ingenieurkunst. Die dichtbesiedelte Stätte von Seleukia und die blühenden Dörfer auf den Vorhöhen des Dschebel 'Akra waren im Jahre 1915 der Schauplatz eines Dramas gewesen, das sich abseits von den großen Ereignissen des Weltkrieges hier abspielte. Als die Türken die fleißige armenische Bevölkerung, die hauptsächlich Seidenraupenzucht betrieb, auch in dieser Gegend von Haus und Hof vertreiben wollte — wegen Spionage und Verbindung mit den Engländern auf Cypern —, setzten sich die Armenier gegen das türkische Aufgebot unter Fachri Pascha drei Monate lang mit der Waffe zur Wehr: schließlich zogen sie sich mit Frauen und Kindern im Schutz des römischen Felskanals an die Küste zurück, wo sie, ungefähr 10 000 an der Zahl, von englischen Schiffen aufgenommen und nach Cypern überführt wurden.

Der Widerstand der Armenier ereignete sich in der Zeit der Dardanellenkämpfe, als alle kampfkräftigen türkischen Truppen dorthin abgezogen waren. Er war unter der Perspektive der alliierten Strategie geeignet, die militärischen Dispositionen der Türken zu stören, weil eine alliierte Landung im Bereich des Golfes von Iskenderun die Verbindungen des Osmanischen Reiches durchschnitten hätte. Die Aufständischen wurden nach Cypern überführt, als sie diesen Dienst geleistet hatten.

Das Ende der armenischen Frage: *Das Friedensdiktat von Sèvres, das 1920 über die Türkei verhängt wurde, sah neben tiefgreifenden Souveränitätseinschränkungen die Abtretung Thraziens, der Halbinsel Gallipoli und Smyrnas an Griechenland, Ciliciens an Frankreich und die Schaffung eines großen armenischen Staates in Ostanatolien, etwa bis an den Oberlauf des Euphrat reichend, vor. Dieses Gebiet hatte die Armee des Zaren größtenteils erobert, doch waren die russischen Soldaten nach der Revolution nach Hause gegangen, um zur verheißenen Landverteilung zurechtzukommen. Zurückbleibende russische Offiziere bemühten sich mit geringem Erfolg, eine armenische Armee aufzustellen. Mustafa Kemal erhob jedoch die Unverletzlichkeit Anatoliens zum Programm seiner nationalen Revolution. Er einigte sich mit Sowjetrußland, das ein westlich orientiertes Großarmenien an seiner Grenze nicht dulden wollte, und erhielt eine Ostgrenze, die über jene von 1914 hinaus auch noch das 1878 verlorene Gebiet von Kars einschloß. Die sowjetische Volksrepublik Armenien um Eriwan erhielt einen Umfang, der eine eigenständige armenische Politik ausschloß. Große Teile des armenischen Volkes wählten die Auswanderung.*

»Wehe dem armenischen Volk, daß es in die europäische Politik verwickelt wurde. Ihm wäre besser, wenn sein Name nie im Munde eines europäischen Diplomaten gewesen wäre.« *(Fridtjof Nansen, Betrogenes Volk.)*

In Antiochia (Antakya)
Aus dem Routentagebuch

Aufbruch 14/6. Von Selefke 8 Std. mit 17 Tragtieren, 6 Pferden. Der erschossene Unteroffizier (stirbt abends). Wir gehen zum Paulustor. Unterwegs Besuch in der Grabgrotte des lateinischen Friedhofs. Alle Gräber verwüstet, der Boden der Kirche aufgerissen, der Altar zerstört, alle Inschriften der Gräber und der Kirche sind zerstört. Das Paulustor ist zerstört, ebenso der ganze Mauerzug von da um die Unterstadt. Man sieht nur noch in dem Schuttwall einzelne aufgegrabene Fundamentsteine.
Abends Einladung des Regimentskommandeurs Oberstleutnant Sidki Bey zum Abendessen im Garten nahe der alten Kaserne Ibrahim Paschas. Wir saßen lange am Orontes bei dem rasch vorbeischießenden Wasser, wo sich die riesigen Wasserräder langsam, knarrend, aber mit Stetigkeit drehen. Ein Symbol der Türkei.
Schöner Fernblick von der Hochburg, westlich Meer und Casius-Berg, östlich der große See, die Windungen des Flusses in der Ebene, das Bergland, in dem der Djebel Bajasid dominiert. Antiochia-Daphne 1¾ Std. Ritt bis zu den Wasserfällen. Die Schlucht oberhalb der östlichen Quellengruppe ist durch schweres antikes Gußmauerwerk gesperrt gewesen, Trümmer sind zahlreich vorhanden. Auf diese Weise wurden die Quellen vor der Überflutung durch Winter-Wasser geschützt.
Die elektrische Kraft der Fälle soll genügen, um Antiochia mit elektrischem Licht zu versehen und eine elektrische Bahn zwischen Antiochia und Suweidieh zu betreiben.

Antiochia, *eine Gründung der Seleukiden, hatte in hellenistischer Zeit große Bedeutung. Mit einer halben Million Einwohnern war es nach Rom die zweitgrößte Stadt des Mittelmeerraumes und in christlicher Zeit der Sitz eines der vier Patriarchate. Nach 500 n. Chr. haben Erdbeben, Eroberungen durch Perser, Araber, Byzantiner, Seldschuken, Kreuzritter und Mamelucken sowie die Versandung des Hafens von Seleukia seinen Verfall bewirkt.*

Der Olivenhain von Daphne ist der Ort, an dem die Nymphe gleichen Namens sich in einen Ölbaum verwandelte, um der stürmischen Werbung Apollons zu entgehen. Er barg im Altertum ein angesehenes Asylheiligtum und war ein beliebter Kur-, Vergnügungs- und Erholungsort, bekannt ob seiner leichten Sitten.

In Kal 'at Siman
Aus dem Routentagebuch

Am 18. VI. nach größten Schwierigkeiten wegen der Wagen Aufbruch von Antiochia nachmittags gegen 2 Uhr. Wir marschieren mit 3 Wagen und 6 Pferden. Die Wagen werden bis Aleppo vorausgesandt und wir reiten quer ab nach Turmanin. Felsmeer. Im Hause des Abdallah größte Floh-Nacht meines Lebens.

20. 6. 17. Kalaat Semaan
Die Eindrücke von Kalaat Semaan sind unbeschreiblich groß und stark. Ein gewaltiges altbyzantinisches Kulturbild enrollt sich. Butlers Aufnahmen sind ohne jeden Geist. Ein Zeichner wie Niemann müßte eine Monographie machen, ähnlich Niemanns Spalato. Das Gesamtbild ist nicht dargestellt, es muß historisch umfaßt werden. Wie kommen solche Pracht- und Riesenbauten in die wüste Einsamkeit des Steinmeeres? Panegyris *(Fest mit Jahrmarkt)* mit großen Xenodochien *(Gasthäusern)*? Stiftungen aller Art, Kaisergunst u. s. f. Wo sind die Acta et Diplomata über Kalaat Semaan?
Abends 9 Uhr im Offiziersheim zu Aleppo eingetroffen, ein Pferd (englisches Beutepferd) erlag den Anstrengungen 1 Stunde vor Aleppo.

Das Simeonskloster liegt, von Antakya 70 km entfernt, halbwegs nördlich der Straße Antakya—Aleppo im heutigen Syrien auf steiler Höhe mit großer Aussicht. Sein Namenspatron, ein Bauernsohn, lebte von 391 bis 459, davon seit seinem 31. Lebensjahr in einer kleinen Zelle auf einer sieben Meter hohen Säule, von der er später auf eine zwölf Meter hohe umzog. Er stand in höchstem Ansehen, und seine Predigten zogen Tausende von Zuhörern an. Um ihn bildete sich ein ganzer Konvent von Asketen gleicher Art. Der Klosterbau entstand bereits im 5. Jahrhundert um die Säule Simeons als Mittel-

punkt. Er gilt als das schönste Bauwerk Nordsyriens und ist architektonisch von großer Originalität, da es die Gedanken der Basilika und des Zentralbaus miteinander verbindet. Bis zum Arabersturm im 7. Jahrhundert war das Kloster Ziel vieler Wallfahrten, die unter dem Klosterhügel Rasthäuser, Läden und weitere Klöster entstehen ließen, aus denen das heutige Dorf Deir Sem'an hervorgegangen ist.
Wiegands Küstenreise endete in Aleppo, von wo die Rückfahrt nach Damaskus angetreten wurde. Die Wegstrecke zu Pferde betrug rund 630 km.

Die 37. Eroberung Jerusalems

Falkenhayn an der Sinaifront: Im Sommer 1917 hatten die militärischen Verhältnisse im Bereich der IV. Armee eine unheilvolle Entwicklung genommen. Enver war auf die Idee gekommen, Bagdad zurückzuerobern. Dafür hatte er sich den deutschen General von Falkenhayn zuteilen lassen. Falkenhayn war 1914 nach der Marneschlacht bis zur Aufgabe der selbstmörderischen Verdunoffensive 1916 deutscher Generalstabschef gewesen. Dann hatte er den erfolgreichen Feldzug gegen Rumänien geführt. Falkenhayns Stärke war der organisatorische Kalkül, die generalstäblerische Rechnung mit gegebenen Größen. Die richtige Wertung des unwägbaren menschlichen Faktors war ihm nicht gegeben. Durch ihr Fehlen wurde Verdun, wie später Stalingrad, zum Sinnbild strategischer Sinnlosigkeit und zum Fanal des Zweifels am militärischen Gehorsam.
Falkenhayns Schwächen mußten im Orient, wo »alles ganz anders« ist, extreme Auswirkungen haben. Zwar erkannte er noch rechtzeitig die Undurchführbarkeit des Bagdadplanes. Aber, einmal angesetzt, fand sich als neues Ziel für ihn die Idee eines offensiven Palästinafeldzuges, mit dem hochtrabenden Namen »Jildirim« — der Blitz — ausgestattet. Das zugeteilte deutsche »Asienkorps« bestand in seinem Kern nur aus drei Bataillonen. Falkenhayn erhielt das Oberkommando an der Sinaifront. Djemal wurde auf das syrische Hinterland, den Küsten- und Flankenschutz zur Wüste hin, beschränkt.
Die Engländer kamen den Plänen Falkenhayns Ende Oktober mit einer dritten Offensive gegen die Linie Gaza–Birseba zuvor. General Allenby hatte seine Stärke auf 138 000 Mann gebracht. Diesmal blieb ihm der Erfolg nicht versagt.

Th. W. an seine Frau

Damaskus, 15. 11. 1917
Die Lage an der Sinaifront ist verzweifelt. Nach der Eroberung von Birseba und Gaza sind die Engländer in Palästina eingedrungen, mit großer Unter-

stützung der Flotte. Der Rückzug der Türken sollte nach Hebron und Wadi Hesi gehen, artete aber unter der Wirkung der englischen Artillerie in Panik aus, so daß heute schon die Engländer den Eisenbahnweg des Wadi Sarar nach Jerusalem in Händen haben und auch Hebron besitzen. In Birseba wurde nichts verbrannt, nichts zerstört, alle Vorräte, darunter angeblich eine Million kg schwer ersetzbares Getreide, sind in englische Hand gefallen. Am 10. 11. wurden die Deutschen in Jerusalem aufgefordert, die Stadt zu räumen. Große Kopflosigkeit habe dabei geherrscht. Gleichzeitig kamen auch Flüchtlinge von der Front. Auch manche Deutsche scheinen sich recht bedauerlich benommen zu haben. Die Rückzugsstraße nach Ramleh und Nablus bot üble Bilder der Verwirrung, dazu hatten die Soldaten seit Tagen keine Nahrung. Alle Divisionen sind durcheinander geraten. Ein Teil der Lazarette aus Jerusalem ist bereits in Damaskus eingetroffen, das Lazarett 312 von Dr. Bader wird vermißt. Viel Kriegsmaterial ist verloren.

Ungeheure Erbitterung gegen Falkenhayn, der noch in Jerusalem ist. Kreß, der bisherige Führer der Sinaifront, soll sein Kommando Falkenhayn zur Verfügung gestellt haben, verdiente Divisionsführer wie v. Kießling sind ausgeschieden. Djemal Paschas Adjutant Ismet Bey sagte mir, vielleicht werde es gelingen, die Truppen dicht vor Jerusalem zum Stehen zu bringen, aber es sei fraglich. In Jerusalem fehle es an Wasser (es hat noch nicht geregnet), es sei ganz unmöglich, daß 20–30000 Mann mit Troß und Vieh sich halten können. Djemal Pascha ist außer sich. Er sagte zu Zürcher, er habe seit vier Tagen kaum etwas gegessen vor Kummer, belegte Falkenhayn mit Ausdrücken wie »aventurier« und »imbécile«. Dazu steht Djemal vor dem für den Mohammedaner entsetzlich schweren Entschluß, Medina aufzugeben, da die Lage auch dort unhaltbar wird.

Englische Pionieroffiziere haben mit arabischen Kommandos die Brücken zwischen Amaan und Maan gesprengt. Der nach Amaan fahrende Extrazug des Kommandanten des 8. Armeekorps Kütschük Djemal Pascha wurde in die Luft gesprengt und als die Überlebenden ausstiegen, wurden sie von Beduinen mit Handgranaten beworfen. Englische Flieger haben auf der Höhe von Akaba eine Station eingerichtet, kontrollieren und belästigen jeden Hedjaszug.

Allgemein wird dem Stab Falkenhayns vorgeworfen, daß er sich um den Rat der Erfahrenen in keiner Weise gekümmert habe, ja es soll eine Art Parole gewesen sein, sich um solche Leute nicht zu kümmern, alles »von neuem« zu schöpfen. Djemal selbst beklagt sich bitter, daß nichts von dem beachtet worden sei, was er Falkenhayn ans Herz gelegt habe: die schwache Leistungskraft des Bähnchens nach Jerusalem und Birseba, die Schwierigkeit der Ernährung, die verschiedene Qualität der einzelnen Truppenkörper, Falkenhayns »Asienkorps« — bestehend aus einigen Bataillonen vortrefflicher Freiwilliger — soll jetzt erst kommen, das meiste ist noch in Schlesien. Diese paar Bataillone können das Verlorene nicht wieder holen. So wird man mit dem baldigen Verlust Jerusalems und Medinas fast zu gleicher Zeit rechnen müssen. Es wird dann wohl erst in der Linie Derrah—Beyrut zum halten kommen, wenn nicht die Drusen im Hauran aufständisch werden und die Flanke von Derrah aus bedrohen. Dann würde erst bei Damaskus eine neue Abwehr möglich sein.

16. 11.
Heute geht das Gerücht, die Drusen würden unruhig. An der Küste liegen ca. 30 englische Schiffseinheiten, der Verkehr mit Port Said ist sehr lebhaft. Kreß hat vorausgesehen, wie schwer die Entscheidung werde, wie gewaltig die englische Kriegsanstrengung sei; dies geht aus einem Brief von ihm hervor, den ich soeben empfangen habe und der vor der Katastrophe geschrieben ist.
Verwundete kommen an. Die Bahn braucht von Jerusalem nach Damaskus fünf Tage. Türkische Soldaten erzählen von der Wirkung der 38-cm-Schiffskanonen. Die aufgeworfenen Staubsäulen waren höher als der Berg Karmel.

17. 11.
Unterwegs begegnete mir Major Kiehl, bisher Kommandeur eines türkischen Regiments in Gaza. Kiehl versicherte, die Leute hätten gut im Feuer ausgehalten. 14 Tage lang hätten die Engländer getrommelt von See und Land. Wegen ungenügender Reichweite konnten unsere Geschütze den Engländern überhaupt nicht antworten. Auch Kiehl schilderte die Wirkung der 38er Schiffsgeschütze als äußerst schwer und angreifend. Kein Kaliber der Engländer sei unter 12,5 cm gewesen. Man wartete auf unserer Seite 14 Tage lang auf den Infanterieangriff, er kam nicht, es wurde einfach systematisch alles kaputt geschossen.
Auch Kiehl bestätigt, daß der Rückzug auf Ramleh ein Bild der Verwirrung war. Über Askalon weg flogen die schweren Granaten tief landeinwärts zur Zerstörung der Bahn und der einzelnen Brücken an den Wadis. Jerusalem könne sich nach dem jetzigen Stand der Wasserverhältnisse nicht zwei Tage halten.

18. 11. 17
Jilderim (das deutsche Hauptquartier) telegraphiert, daß die Engländer den auf Hebron zurückgehenden Truppen nicht nachgedrängt haben, sondern bei El Daharije stehengeblieben sind. Dort haben sie schwere Kavallerieverluste gehabt. An anderen Stellen haben unsere Flieger die Kavallerie dezimiert. Die englische Flotte hat sich von der Küste verzogen, nachdem unsere U-Boote einen Zerstörer und einen Monitor vernichtet hatten. Es scheint also, als ob die Deroute noch einmal aufgehalten werden könnte.

22. 11. 17
Die Engländer haben von Süden, Südosten und Nordwesten, 20—30 km nördlich Jaffa, das ohne Kampf geräumt wurde, angegriffen. Aber hier hat die englische Kavallerie durch unsere Maschinengewehre schwere Einbuße erlitten. Meißner Pascha gehört auch zu denen, die scharf über Falkenhayn urteilen. Wir Landeskenner sind in seinen Augen »vertürkt«. Ein lange mit Mesopotamien vertrauter Reserveoffizier wurde von ihm über die Wegezustände zwischen Aleppo und Mossul befragt und sagte, im November würden die Wege schwierig, weil da die Regenzeit beginne. F. aber erwiderte souverän: »Ach was, die Regenzeit beginnt im Februar.« Meißner erklärt es für einen großen Fehler Djemals, daß er Medina nicht aufgeben will. Die lange Strecke sei nicht zu halten. Täglich, auch heute wieder, eine Zug-Sprengung und zwar mit elektrischer Fernzündung. Das machen englische Offiziere und Unteroffiziere mit kleinen Beduinentrupps, die sich an felsigen Stellen und Zerklüftungen versteckt halten. Die Bahnbewachung versagt, Meißner taxiert den täglichen Verlust an Schienen auf 600.

23. 11.
Ich hörte in einem Gespräch zwischen 6 türkischen Offizieren zu: »Die Deutschen sind zu schroff, die Österreicher würden sich nie so wie die Deutschen benehmen. Übrigens — was haben wir den Deutschen zu verdanken? Tapfer sind sie. Aber acht Wilajets haben wir schon verloren.« Der in Hebron abgefangene Oberstleutnant wurde mit der Bahn nach Damaskus gebracht. Unterwegs bemerkte er: »Die Deutschen können viel, aber mit dieser Bahn kann man unmöglich einen Krieg führen.«

26. 11.
General Nicolai Pascha erläuterte mir an der Karte die Lage um Jerusalem. Es ist Positionskrieg. Südlich sind die Engländer bis ca. 3 km vor Bethlehem angekommen. Ihre Linie zieht sich dann im Bogen nach NW und hier ist es der hohe Berg bei Emmaus, der Nebi Samwîl, um den gekämpft wird. Er ist 8—9 km von Jerusalem entfernt und beherrscht die ganze Lage. Einmal haben ihn die Engländer schon gehabt, aber verloren. Der Berg kann höchstens von einem Bataillon verteidigt werden. Wenn der Gegner ihn bekommt, so beherrscht er auch die Straße von Jerusalem nach Nablùs (Sichem) derart, daß er sie mit Feldgeschützen beschießen kann. Dieser Weg ist aber die natürliche Rückzugsstraße; es gibt außer ihm nur noch die äußerst schwierige Route über Jericho.
Der englische Offizier, der mit Beduinentrupps an der Hedjasbahn fortgesetzt Sprengungen von Brücken und Entgleisungen der Züge herbeiführt, ist Mr. Lawrence, der Archäologe der Ausgrabungen von Djerablus (Karkemisch).

30. 11.
(Djemal saß dem Portraitmaler Hoffmann aus Wien mit finsterer Pose.) Ich unterhielt mich dabei mit dem Pascha. Plötzlich sagte er: »Bei Jerusalem liegt auf dem hohen Berg Nebi Samwil ein Kloster, um das wir jetzt gekämpft haben. Jetzt ist es den Engländern.« Dann sah er mich bedeutungsvoll an und ich verstand, daß damit der Schlüsselpunkt für Jerusalem in Feindeshand gefallen ist.

1. Dezember
In Jerusalem hat der türkische Commissar die gesamte hohe Geistlichkeit zur Abreise nach Damaskus gezwungen. Der lateinische Bischof, ein 77 Jahre alter Italiener, lag mit Dysenterie und Bronchitis zu Bett. Er wurde zum Aufstehen gezwungen und kam in einem Viehwagen hier an. Man brachte ihn in das neben meinem Haus liegende Franziskanerkloster, wo er eben gestorben ist. Ich höre die Totengesänge der Mönche, während die Sterbeglocke tönt.

2. 12.
Man hat die Engländer wieder vom Berge Nebi Samwil heruntergeworfen. Aber wie lange wird das dauern. Der Weg Jerusalem—Nablus liegt trotzdem unter Feuer.
Beständig gehen deutsche Truppen nach Jerusalem. Prachtvolle Jungen, nur zu wenig. Es sind die besten jungen Kerle, die man aus den Sturmbataillonen der Westfront gezogen hat. Heute morgen waren nur + 3° Celsius. Warum man die armen Kerle noch in Kaki-Uniform herumlaufen läßt? Vielleicht zur Abkühlung des Kampfesmutes?
Die ersten Nachrichten über den russischen Waffenstillstand treffen ein und erregen große Sensation.

10. 12.
Jerusalem ist nebst dem Ölberg seit zwei Tagen in den Händen der Engländer, die von Westen, der Bahn entlang angegriffen haben und die Türken ins Jordantal hinunter warfen. Da die türkische Artillerie sehr wenig Munition hatte, so steht zu hoffen, daß Jerusalem wenig gelitten hat.

Aleppo, 15. 12.
Ismet Bey, der persönliche Adjutant Djemal Paschas, bestätigt mir, daß Falkenhayn und Kreß Jerusalem als nicht verteidigungsfähig erklärt hätten und daß hierbei der Gedanke an das Odium der Welt im Falle einer Beschießung der heiligen Stadt eine große Rolle gespielt habe. Djemal Pascha und Enver andererseits hätten unbedingte Verteidigung verlangt »und wenn wir selbst unter den Trümmern Jerusalems begraben würden«. Man unterschätze nicht den

Wert der heiligen Stätte, auch die Türken beachteten ihn, denn wer in Jerusalem gewesen sei, der sei schon halber Hadji *(Mekkapilger)*. Aber deshalb hätte man die Stadt nicht kampflos räumen dürfen. Man rechne doch, wenn nun die deutschen Divisionen kämen, mit der Wiedereroberung. Da müsse doch auch geschossen werden und vielleicht viel mehr.

Das ist die Stimmung in unserem Hauptquartier und daneben sitzt der oberste Armeegeistliche, Schech Asad aus Gaza, und hetzt, was er hetzen kann, daß die Christen sich die heilige Stadt (Jerusalem) gegenseitig in die Hand gespielt hätten. In diesem Mann mit dem weißen Turban und dem braunen Teint, dem starken dunklen Vollbart und den großen Fanatikeraugen, der mir bei den Mittagsmahlzeiten gegenüber sitzt und ein wundervoll reines türkisch spricht, verkörpert sich die gesamte Fremdenfeindschaft des strenggläubigen Arabers.

Die Identifizierung des biblischen Emmaus *ist umstritten. Hier handelt es sich um das von den Kreuzrittern für Emmaus gehaltene El Kubeib (Kubeiba) nordwestlich von Jerusalem, bei dem 1900 ein Franziskanerkloster erbaut worden ist.*

Die heilige Stadt Medina *ist nicht geräumt worden. Die türkische Besatzung hielt sich dort noch über die Zeit des Zusammenbruches und des Waffenstillstandes hinaus.*

Die Zitadelle von Aleppo
Th. W. an seine Frau

Aleppo, 15. 11. 1917
Gestern verbrachte ich mit Zürcher, de Grancy und dem Wali von Aleppo den ganzen Nachmittag mit dem Pascha auf der Burg von Aleppo. Nach meinem und Zürchers Vortrag soll zunächst der prachtvolle Aufgang mit der Brücke und dem Schlangentor sachgemäß ausgebessert werden, dann auch der große Saal über dem Zugangsturm wieder in Ordnung gebracht werden. Es werden für den Anfang 5000 Papierpfunde bestimmt und es sollen für entstehende Erdbewegungsarbeiten Soldaten hergegeben werden. Einem späteren Arbeitsabschnitt ist die Erhaltung der Türme, der Zwischenmauern u. s. f. vorbehalten. Dann soll auch das jetzt wüst liegende Gebiet der inneren Burg in einen Terrassengarten umgewandelt werden. Hier sagte ich dem Pascha, daß dieser Arbeit aber wohl eine archäologische Bodenuntersuchung vorangehen müsse. Er meinte, das werde wohl zu lange dauern und zuviel Zeit kosten. Unser Gang dauerte bis zum Sonnenuntergang. Wir besuchten noch das schöne alte Bad am Fuß der Zitadelle. Dies und die benachbarte Moschee sollen ebenfalls

geschützt werden, der begonnene geschmacklose Bau des Serails soll inhibiert werden.

Als wir nachhause fuhren, erzählte mir ein alter türkischer General folgendes: »Wir gehen hier einer modernen Zeit entgegen, das ist kein Zweifel und es ist schön vom Pascha, daß er trotzdem die Vergangenheit schützt. Wie es früher in der Türkei aussah, gehe aus einer Anekdote hervor, die man sich zu Abdul Hamids Zeit gern erzählte: Der liebe Gott wollte einmal auf Reisen gehen und sehen, was seit Erschaffung der Welt sich verändert habe. Er kam nach England, man führte ihn herum und er war sehr zufrieden. Auch in Frankreich, Deutschland und Rußland hatten die Führer ihm viel neues zu zeigen, was ihn sehr erfreute und interessierte. Als er in die Türkei kam und man ihm einem Führer zur Verfügung stellte, sagte der liebe Gott: Hier brauche ich keinen Führer, denn ich sehe, es ist alles noch so wie damals, als ich die Welt erschaffen habe.«

Die Zitadelle von Damaskus
Th. W. an seine Frau

Damaskus, 26. 11 1917
Djemal Pascha hat mir eine Ordre an den Kommandanten der Zitadelle (Kahla) von Damaskus gegeben, wonach ich mit meinen Herren alle Orte dort betreten, untersuchen und vermessen kann. Es ist das erste Mal, daß die stolze Burg der arabischen Dynasten wissenschaftlich untersucht wird, in der sich einst das Grab Saladins und Sultan Beibars befand und von dessen kleiner Moschee aus die heilige Karawane nach Mekka abzugehen pflegte.
Wir fanden einen neuen, sehr höflichen Kommandanten. Der vorige war vor 10 Tagen abgesetzt worden, weil er einen schönen Quaderturm heimlich hatte abtragen lassen, um eine Walkerei zu bauen. Vier Bossenquaderreihen waren verschwunden, als wir die Sache bemerkten und inhibieren ließen.

27. 11.
Die Aufnahme der Kalah von Damaskus scheint sehr ergiebig zu werden. Heute entdeckten Wu(lzinger) und Wa(tzinger) einen Turm aus diokletianischer Zeit, während man bisher die Kalah nur als ein arabisches Werk angesehen hatte. Prätorium?

8. 12.
Nachmittags besuchte der Pascha die Zitadelle, ging auf alle Bastionen und Türme, ärgerte sich schwer über die Unreinlichkeit, ließ eine Anzahl Soldaten festnehmen, die er gerade an verbotenen Stellen bei der Verrichtung ihrer Notdurft entdeckte und gab strenge Befehle für die Reinhaltung des Castells.

Abends sahen Wu und Wa, wie alle Soldaten der Kalah versammelt wurden, wohl an 500. In der Mitte des Kreises erhielt einer der Verunreiniger die Bastonade. Die Soldaten sahen der Sache zu wie einem Volksfest und gingen dann grinsend auseinander.
Der Pascha ist *(mit den Vorschlägen für die Herstellung des Eingangs zur Omajadenmoschee und für Freilegungen am Grabe Sultan Saladins)* sehr einverstanden, nachdem der vom Evkaf-Ministerium *(für geistliche Angelegenheiten)* entsandte Architekt völligen Schiffbruch erlitten hat, da er fortgesetzt demolierte, ohne nachher zu wissen, wie er das stehen gebliebene consolidieren solle — wie denn überhaupt das Wort »démolir« etwas faszinierendes für die jüngere türkische Generation hat. Es rächt sich überall der Mangel an historischem Denken.

Djemal Pascha verlässt Syrien
Th. W. an seine Frau

Aleppo, 15. 12.
Mit Djemal Pascha im Extrazug von Damaskus abgefahren und, nach eisig kalter Nacht im Waggon, hier in Aleppo. Unsere Bahnverhältnisse sind so elend, daß ein solcher Extrazug, dem ein besonderer Gepäckzug nachfolgt, für 24 Stunden alle Transporte an die Front lahmlegt. Es graust einen, wenn man an alle daraus entstehenden Möglichkeiten denkt. Ich bin fest überzeugt, daß der Pascha nicht wieder nach Syrien zurückgeht, nicht nur weil er mit Falkenhayn nicht arbeiten will. Der Scherif alias, nach englischer Bezeichnung der »König des Hedjas«, hat nach einer zuverlässig scheinenden Nachricht seinen Frieden mit den Türken angeboten, aber als erste Bedingung gemacht, daß Djemal Pascha Syrien verläßt. Das hat innere Wahrscheinlichkeit, denn der Mann, der 31 der Vornehmsten des Landes gehenkt hat, ist für die Araber in der Tat ein Friedenshindernis.

19. 12.
Heute erst können wir Aleppo verlassen, da die Schneeverwehungen zwischen Konia und Eskischehir jetzt beseitigt sind. Es herrschte eine Temperatur dort von über −30° Celsius, fünf türkische und drei deutsche Soldaten sind in einem Zug erfroren, viele Lokomotiven durch den Frost beschädigt.

Th. W. an seine Frau

Aleppo, 19. 12. 1917
Djemal Pascha sandte ein Telegramm an den Kaimakam von Baalbek wegen der schon wieder eingerissenen Unordnung. Obwohl ich den Venustempel

eigens hatte schützen lassen, meldete mir Leutnant Bünte, daß er das Tor zur Umgebung erbrochen gefunden habe, im Inneren eine Menge Unrat und mitten in dem Schmutz eine halb verhungerte Frau, neben sich ein totes Kind und in den Armen ein sterbendes, die fortgesetzt schrie: »Es stirbt, es stirbt!« — ein entsetzlicher Kontrast zu der antiken Schönheit und einstigen Bestimmung dieses Ortes für den Kult der Liebe und Schönheit...

Djemal Pascha über den Eintritt der Türkei in den Weltkrieg
Th. W. an seine Frau

21. 12. 1917, auf der Fahrt nach Konstantinopel
Über den Entschluß der Türkei, an deutscher Seite in den Krieg zu gehen, sagte mir der Pascha:
Auch wenn wir uns für die Neutralität entschieden hätten, wäre unsere Lage unerträglich geworden, ganz wie in Griechenland. Und wenn wir uns der Entente angeschlossen hätten und diese hätte gesiegt, so wäre unser Schicksal ebenso besiegelt gewesen, denn die Sieger hätten uns nach kurzer Zeit aufgeteilt. Deshalb mußten wir auf Deutschlands Seite gehen, selbst auf die Gefahr hin, zu unterliegen. Unser Schicksal wäre dasselbe gewesen, wie wenn die Entente mit uns gesiegt hätte. So haben wir aber noch die Chance, daß die Mittelmächte vielleicht siegten und daß uns diese für lange Zeit vor der Zerteilung durch die Engländer, Franzosen und Russen retteten.
Er schilderte dann die Vorgänge bei der Einfahrt von »Goeben« und »Breslau« und den Scheinkauf dieser Schiffe den Engländern gegenüber. Sofort habe er 900 Fez an Bord der Schiffe gesandt. Kompliziert sei seine Lage als Marineminister dadurch gewesen, daß der englische Admiral Limpus mit seinen Offizieren sich noch im Marinedienst befand. Es sei unrichtig, daß die Engländer damals Sabotage gemacht hätten. Aber zwei bedenkliche Vorschläge hat Limpus doch gemacht. Erstens, man solle den Bosporus nur scheinbar mit Minen sperren. Zweitens, man solle sofort die deutschen Besatzungen von »Goeben« und »Breslau« entfernen. Auf den ersten Vorschlag sagte Djemal: es sei ihm lieber, daß ein paar Handelsschiffe in die Luft flögen und die Russen damit den Ernst der Angelegenheit merkten. Zum zweiten Punkt erwiderte er dem Mr. Limpus: »Sie haben mir s. Zt. selbst eine Denkschrift überreicht, in der Sie sagen, daß vor Ablauf von zwei Jahren ein türkisches Personal nicht in der Lage sein werde, moderne Schiffe zu übernehmen. Sie werden also einsehen, daß ich die Besatzung nicht wechseln kann.« Darauf erbat sich und erhielt die englische Marinemission Urlaub.

1918

Rumeli Hissar
Th. W. an seine Frau

Konstantinopel/Moda, 3. 1. 1918
Djemal Pascha teilte mir mit, daß man ihm Rumeli Hissar und Anadol Hissar übergeben habe und der Verein der Freunde von Stambul bereits in der Zeitung einen öffentlichen Dank ausgesprochen habe, daß er diese alten Denkmäler unter seinen Schutz genommen habe. Sobald es nicht mehr regnet, soll ich mit ihm hinfahren und Vorschläge für die Erhaltung machen. Das wird sehr schwer sein, denn der malerische Wert des jetzigen Zustandes ist sehr groß und jede Störung kann verderblich werden. Es gehört der größte Takt dazu, hier zu bessern.

16. 1.
Im Marineministerium Konferenz bei Djemal Pascha mit Zürcher, dem Architekten Assim Bey von der Municipalität (dem Schüler Schwechtens), dem Präsidenten der Historischen Kommission. Der Pascha übergab dieser Kommission den Auftrag, die Konservierungsarbeiten von Rumeli Hissar und Anadol Hissar zu studieren. Zürcher und ich sind entschlossen, unseren ganzen Einfluß darauf zu verwenden, daß so wenig wie möglich an diesen Dingen getan wird: nur Sicherungsarbeiten, Beseitigung baufälliger Holzhäuser, möglichste Wahrung des malerischen Charakters.

Die Sperrfestung Rumeli Hissar ließ Mehmed II. 1452, ein Jahr vor der Eroberung Konstantinopels, in nur viereinhalb Monaten an der engsten, 660 Meter breiten Stelle des Bosporus auf byzantinischem Territorium erbauen. Die Burg steht auf einem Bergvorsprung, der bis ans Wasser heranreicht. Hier endete einst die Schiffsbrücke des Xerxes und ist der Ort des Felsenthrons anzunehmen, von dem aus der Großkönig den Übergang seines Heeres nach Europa betrachtete.
Sultan Mehmed ließ eine große, neugegossene Kanone auf der Barbakane des Seetores aufstellen, die ein venetianisches Schiff, das die Sperre durchbrechen wollte, mit einem Schuß versenkte. Es war das erste Mal, daß Artillerie gegen Schiffe so wirkte. Auch die Bezwingung der gewaltigen Stadtmauer Konstantinopels durch Belagerungsgeschütze im folgenden Jahre war erstmalig in der Kriegstechnik.

Das Schloß Anadolu Hissar *liegt Rumeli Hissar gegenüber auf der asiatischen Seite. Es war bereits 1390 bis 1393 von Sultan Beyazit I. als erstes türkisches Bauwerk im Umkreis Konstantinopels errichtet worden. Da Beyazit 1402 bei Ankara gegen Timur Lenk Reich und Freiheit verlor, gewann das byzantinische Konstantinopel noch eine Frist von 50 Jahren.*
Rumeli Hissar ist um die Mitte dieses Jahrhunderts großzügig restauriert worden, allerdings nicht nach den Gesichtspunkten, die Wiegand gern beachtet gehabt hätte.

KANONEN GEGEN KREUZRITTER
Th. W. an seine Frau

Konstantinopel/Moda, 3. 1. 1918
Prof. Karo auf der Durchreise nach Berlin. Berichtet mir, daß die Haupttürme des Castellum Sancti Petri in Halikarnass von den Franzosen derartig zerschossen sind, daß der Einsturz bevorsteht. Welcher Jammer! Die schönste Burg am ägäischen Meer, stolzeste Erinnerung an die Johanniterzeit, erbaut von einem Deutschen — moderner Festungswert null. War das nötig? Als die Franzosen schossen, wurden die in der Festung eingeschlossenen Zuchthäusler abtransportiert, Widerstand wurde nicht geleistet.

SOLDATENTOD
Th. W. an seine Frau

Konstantinopel/Moda, 5. 1. 1918
Hoher Schneefall. Durch die Gasse zieht ein großer Karren, darauf sind zwei Sargkästen eingebaut. Diese sind mit der türkischen Fahne bedeckt. Kein Mensch folgt den zwei toten Soldaten zum Friedhof. Dort werden sie ausgekippt und verscharrt. Die Sterblichkeit in den Lazaretten ist bis 40%. Viele Leute sind so entkräftet, daß nicht mehr zu helfen ist, wenn sie kommen. Unter den Soldaten sah ich eine ganze Anzahl 15- und 16jähriger in elendem Zustand.

GELEHRTENHOCHMUT
Th. W. an seine Frau

Konstantinopel/Moda, 6. 1. 1918
Zu den Erkenntnissen, die der Krieg bringt, gehört es zweifellos, wie klein die Gemeinde ist, die sich um wissenschaftliche Menschen kümmert. Ich fühle

mich frei von Gelehrtenhochmut. Aber wie wehe muß das den Eingebildeten der Gelehrsamkeit tun! Diese Brüder habe ich immer gehaßt. In der Gesellschaft muß ein normal erzogener Mensch durch seine Persönlichkeit wirken und darf sich nicht auf Sondererkenntnisse versteifen, die unter Umständen nicht imponieren, sondern nur stören. Wenn Mommsen eine Tischnachbarin hatte, die kein Interesse für römische Geschichte hatte, so erzählte er zum Entzücken von der Campagna romana, von Carducci oder von seinem Hühnerhof. Ich erzähle von Kamelsritten, Arabern und Ungeziefer, Seebädern und Damaszener Aprikosengärten. Wenn ich dennoch von Archäologie reden muß, so schildere ich die Mühen und Gefahren meiner Formation bei der Aufnahme der inneren Stadt Damaskus mit ihrem Schmutz, ihren furchtbaren Infektionsgefahren und ihrer unverschämt zudringlichen Bevölkerung. Dabei macht dann der unmittelbare praktische Zweck besonderen Eindruck, denn nach unserem Plan wird sich jeder Kraftwagen und jede Patrouille in dem bisher unabsehbaren Gewirr zurechtfinden.

TÜRKISCHER SOZIALISMUS
Th. W. an seine Frau

Konstantinopel/Moda, 29. 1. 1918
Heute morgen traf ich den einflußreichen Abgeordneten Djimidjos Effendi und wir fuhren zusammen nach Stambul. Er ist einer der wenigen Sozialisten in der Kammer und hat sich neulich durch eine Rede bemerkbar gemacht, in der er den Frieden um jeden Preis verlangte. Djimidjos explizierte mir seinen Sozialismus in sehr amüsanter Form: Als Sozialist muß ich das Kapital bekämpfen, da aber in der Türkei kein Kapital ist, so habe ich auch kein Objekt zu bekämpfen. Wenn ich mich jetzt feindlich gegen das Kapital benehme, so kommt es nicht in die Türkei, ich muß mir also große Reserve auferlegen, damit der Gegenstand meiner künftigen Kämpfe in die Türkei eindringt. Als ich ihm empfahl, einstweilen gegen den Kriegswucher vorzugehen, wich er mir aus.

DER KAISERPALAST IN KONSTANTINOPEL
Th. W. an seine Frau

Konstantinopel/Moda, 1. 2. 1918
Herr Mamburi, französischer Schweizer und Professor an der Gewerbeschule in Stambul, führte mich über die Brandstätten an der Stelle des alten Kaiser-

palastes. Es war ganz erstaunlich, wie viel wohlerhaltene unterirdische Gewölbe, Gallerien, Treppenhäuser und ähnliche Komplexe zum Vorschein kommen, wenn man intensiv zu suchen beginnt. Leider ist einer der wichtigsten Teile, wo das Buleuterion und das Augusteum gestanden zu haben scheint, auf immer überbaut worden, und zwar durch einen großen Gefängnisbau, der unterhalb des Justizministeriums im Bau begriffen ist. Es scheint, daß letzteres selbst auf dem einst freien Platz vor der Sophienkirche erbaut ist. Drei Stunden lang sind wir in den unterirdischen gewölbten Räumen gewesen. Die Franzosen und die Russen haben bis vor dem Ausbruch des Krieges hier Aufnahmen gemacht und es ist dringend notwendig, daß meine Arbeit über den Hormisdas-Palast gleich nach dem Frieden veröffentlicht wird. Dann muß aber auch das ganze übrige Gebiet systematisch durchgearbeitet werden. Das könnte mit Ausgrabungen verbunden werden, die von äußerster Wichtigkeit sein würden. Auf dem Platz zwischen Ahmedijé und Sofia hat man u. a. auch drei Granitsäulen, grau, von 6,90 m Länge ausgegraben, eine davon wurde zerstückelt und die Stümpfe verwendete man als Säulen für die Türbe Mahmud Schefket Paschas auf dem Freiheitshügel. Dort habe ich sie gestern wiedererkannt.

SULTAN ABDUL HAMIDS ENDE

Konstantinopel, 11. 2. 1918, an seine Frau
Gestern ist der Ex-Sultan Abdul Hamid gestorben. Er litt an einer chronischen Herzneurose, infolge deren sich ein Lungenödem entwickelte. Als er verschieden war, wurde Dr. Schleip vom Deutschen Krankenhaus geholt, um gemeinsam mit den beiden Leibärzten und einer ärztlichen Kommission den Tod und seine Ursache festzustellen. Schleip erklärte, er müsse dazu den Toten untersuchen und die Kleider, in denen er gestorben, öffnen. Niemand von den Türken wollte das tun. Schleip trennte dann mit der Schere die Unterkleider und das Hemd auseinander, untersuchte und stellte die natürliche Todesursache fest. Alles wurde protokolliert.
Heute morgen wurde der alte Sultan nach dem alten Serail von Beylerbey aus überführt und aufgebahrt. Nachmittags 3 Uhr war das feierliche Begräbnis. Der jetzige Sultan ist ein vornehm denkender Mann und hat befohlen, daß sein Vorgänger ein würdiges Begräbnis erhalte. Ganz anders war das Begräbnis, das Abdul Hamid s. Z. seinem Bruder und Vorgänger Murad erwies: sang- und klanglos, in aller Eile, ehe die Welt etwas erfuhr, wurde er in der Türbe Mahmuds beigesetzt. Die wenigen Neugierigen, die sich dabei angesammelt hatten, wurden z. T. noch verhaftet.

Ich habe das Begräbnis Abdul Hamids vom Hof des Alten Serails aus, gegenüber der Irenenkirche und der Janitscharenplatane angesehen. Es war ein blendend schöner Tag, blauer Himmel, blaue See, Frühling lag in der Luft. Vom Ahmedbrunnen bis zur Türbe Mahmuds, wo die Beisetzung erfolgte, stand ein großes Publikum, darunter sehr viele Frauen. Marinetruppen mit dunkelblauen Anzügen eröffneten den Zug. Dann kamen Jäger, dann eine große Abteilung Feuerwehr mit roten Helmen. An der Irenenkirche hatte sich die Janitscharenkapelle in ihren alten Kostümen aufgestellt. Auf den Zinnen der Serailmauer wehten halbmast eine rote und eine grüne Halbmondfahne. Dies ist eine moderne Sitte bei den Türken, noch vor 10 Jahren war das Flaggen auf Halbmast unbekannt. Alle Soldaten im Zug trugen das Gewehr umgekehrt. Dann kam ganz langsam und feierlich die Geistlichkeit, weiße Turbane, dann die Palastgarde mit roten Hosen, weißem Rock und Kalpak, darauf einen Reiherbusch, roter Brusteinsatz; dann die Eunuchen, schwarze Kerls in schwarzen Kleidern mit rotem Fez, äußerst anständig aussehend, hierauf die Mönche des Mewlewi-Ordens mit ihren hohen gelblichen Filzmützen und dem langen braungelben Gewand. Der Schech ul Islam war der einzige ganz in Weiß gekleidete Würdenträger. Er sah prachtvoll aus und ebenso die in grüne Seide mit Gold gekleideten Abkömmlinge des Propheten in langen Talaren. Feierlich ertönten die Choräle vor dem Sarg her, der den Fez des Verstorbenen trug und mit schwarzen, grünen und roten Binden umhüllt war, auf denen in dicker Goldstickerei fromme Sprüche standen. Der Sarg wurde getragen. Ihm folgten die kaiserlichen Prinzen, die sich einen großen Ruck gaben, als sie merkten, daß man sie photographiere. Hierauf alle Ministerien in geschickten Abständen. Auch mein Freund Djemal, dem Abdul Hamid nach dem Leben getrachtet hatte und der gar kein betrübtes Gesicht machte. Die letzte Gruppe waren Zivilbeamte und fremde »Reformer«. Dieser Intelligenzhaufen machte physiognomisch keinen größeren Eindruck als die vorhergehenden. Das ganze wurde geschlossen durch ein Bataillon Rekruten ohne Gewehre in grauer Uniform. Die Musikkapellen der Truppenteile marschierten zwar mit, rührten aber kein Spiel.
Der Tag war so schön, die Choräle waren so harmonisch-feierlich, der Zug so würdig, daß man hätte glauben können, hier werde der beste Mensch, der friedlichste, gütigste Erdenbürger zur letzten Ruhestätte geleitet.
Die Meinungen über Abdul Hamid sind auch heute noch geteilt. Es gibt Leute, die glauben, daß der Weltkrieg nicht ausgebrochen wäre, wenn er an der Regierung geblieben wäre. Die politisch am meisten Aufgeklärten meinen, daß die fortgesetzte Konzessionspolitik des Verstorbenen unmöglich zu einem guten Ende geführt hätte und daß nach dem Abkommen von Reval die Aufteilung der Türkei gekommen wäre, wenn nicht statt dessen die Revolution eingetreten wäre. Die Jungtürken hätten zwar große Teile des Reiches verloren, aber der völligen Aufteilung vorgebeugt.

WILHELM II. IN KONSTANTINOPEL
Th. W. an seine Frau

Konstantinopel/Moda, 11. 2. 1918
Vom letzten Kaiserbesuch möchte ich noch nachtragen, daß der Sultan Mehmed Reschad und unser Kaiser sich bei Tisch unterhielten und der Sultan das Gespräch auf den Besuch von 1898 lenkte, worauf der Kaiser seinem dankbaren Empfinden für die damalige Aufnahme Ausdruck gab. Dabei lenkte der Sultan in sehr feiner Weise das Gespräch auf Abdul Hamid und wußte dem Kaiser nahe zu legen, dem Entthronten seine Grüße übermitteln zu lassen, was der Kaiser sehr gern tat. Sofort wurde ein Adjutant nach Beylerbey entsandt, der sich des Auftrags entledigte und den Dank Hamids zurückbrachte. So kam der Kaiser durch das Zartgefühl Mehmed Reschads um das peinlichste seines zweiten Besuches einigermaßen herum.

Kaiser Wilhelm II. hatte vom 15. bis 18. Oktober 1917 Konstantinopel besucht. Sultan Mehmed V. Reschad starb 1918 noch vor Kriegsende. Sein Nachfolger Mehmed VI. Waheddin war in vielem Abdul Hamid ähnlich: intelligent, gewohnt seine Gedanken zu verbergen, eigensüchtig abwägend und feige. Er floh im November 1922 vor der Hochverratsanklage der Nationalversammlung ins westliche Ausland.

FALKENHAYNS ABGANG
Th. W. an seine Frau

Konstantinopel/Moda, 26. 2. 1918
Abends mit Exc. Zimmermann bei Frau Stemmrich. Es kam die Nachricht, daß Falkenhayn aus Syrien abberufen ist, wo er nichts als Unglück angerichtet hat, und daß der energische Liman sein Nachfolger sei. Er bekommt eine unsagbar schwere Aufgabe. Zimmermann sagte, daß er bereits 1914 an den damaligen Kriegsminister Falkenhayn herangetreten sei mit dem Vorschlag des sofortigen Ausbaus der anatolischen und syrischen Bahnen und daß F. das in Hinblick auf die voraussichtliche Kürze des Krieges abgelehnt habe: 1914 sei alles zu Ende! Wozu die 40 Millionen ausgeben?

Die Gerechtigkeit gebietet, anzumerken, daß diese Entscheidung Falkenhayns zeitlich vor der Marneschlacht liegt, in der die angestrebte schnelle Kriegsentscheidung im Westen scheiterte. Nach der Marneschlacht wurde Falkenhayn Generalstabschef des Heeres. Er selbst schrieb dazu: »Was deutsche Ingenieure und deutsche Eisenbahntruppen (in der Türkei) geleistet haben, ... ist wohl das großartigste, was je auf solchem Gebiet getan worden ist.« (Die Oberste Heeresleitung 1914–1916.)

BETRACHTUNGEN ZUR KRIEGSLAGE
Th. W. an seine Frau

Konstantinopel/Moda, 15. 3. 1918
Mit Helfferich einen Abend allein. Ich freute mich seiner Ansichten: durch die Niederwerfung Rußlands haben wir zunächst einen großen Teil Arbeit für die Engländer besorgt (diabolischer Weise ist das wahr!). Es fehlt nun in der Welt das Gegengewicht gegen England und es ist daher für uns die Konsequenz zu ziehen, daß wir jetzt den Kampf gegen England nicht aufgeben können, ohne es ernstlich geschlagen zu haben.

17. 3.
Zum Tee bei Friedrich Meinecke, wo auch Erich Marks war, der im Auswärtigen Amt arbeitet. Wir sprachen von der bevorstehenden Offensive gegen England und Meinecke bekannte, er sei bis vor kurzem Gegner einer solchen gewesen. Er habe aber sein Urteil aus folgendem Grunde geändert: Wenn wir von jetzt ab bis zum Ende des Krieges in der Defensive bleiben, so führt dies ganz automatisch eine Verminderung unseres Ansehens herbei und beim Friedensschluß werden wir dann Zugeständnisse nur auf der Basis dieses verminderten Ansehens erlangen. Wenn wir dagegen immer wieder energische Lebensäußerungen zeigten, so wird die Höhe unserer Ansprüche eine viel größere sein. Meinecke scheint nicht zu glauben, daß unsere Offensive am Gesamtausgang des Krieges etwas ändern könne. Ich war merkwürdig berührt, daß sowohl Marks als auch Meinecke den Grafen Czernin sehr lobten und als eine Art Rettung in der Friedensfrage ansahen, während mir Geh.-Rat Schüler als Augen- und Ohrenzeuge der Verhandlungen von Brest-Litowsk ein höchst übles Bild des dekadenten Mannes entwarf.

Zur Kriegslage 1918: *Graf Ottokar Czernin war österreichisch-ungarischer Außenminister nach den Tode Kaiser Franz Josephs von Ende 1916 bis 1918. Er unternahm Anfang des Jahres 1917 Friedensversuche, die trotz der Bereitschaft zu Opfern (Elsaß-Lothringen, Welsch-Tirol) wesentlich am italienischen Widerstand scheiterten.*
Die geplante deutsche Offensive, vom 21. März bis 6. April 1918, zielte auf Amiens und sollte die englischen Truppen von den französischen trennen und ins Meer abdrängen. Jedoch erschöpften sich nach großen Anfangserfolgen die Kräfte der angreifenden Truppenverbände.
Fünfzig Jahre später berührt es den Leser eigenartig, daß keiner dieser klugen, geschichtlich gebildeten und weltkundigen Männer erkannt zu haben schien, wie sehr die Welt sich durch den Eintritt der USA in den Krieg am 6. April 1917 verändert hatte und daß die Vormacht Europas und mit dieser auch die Vormacht Englands Vergangenheit war. Der Geschichtskundige wird aller-

dings feststellen, daß die großen Veränderungen in ihrer Bedeutung von den Zeitgenossen häufig nicht begriffen werden.
Mehr politisches Gespür als seine Gesprächspartner bewies Wiegand einige Monate später auf einer archäologischen Inspektionsreise durch die besetzte Ukraine, wo er unter dem Eindruck der physischen und biologischen Kraft der Bevölkerung niederschrieb, der deutsche Sieg über Rußland sei ein einmaliges, in der Zukunft nicht wiederholbares Ereignis.

ORIENT UND CHRISTENTUM
Th. W. an seine Frau

Konstantinopel, 23. 7. 1918
Am vorigen Sonntag war mein alter Regimentskamerad Oberstleutnant Paraquin aus München bei mir zu Gast. Er geht jetzt mit Halil Pascha als Chef des Stabes nach Kaukasien und Persien, nachdem er zuvor schon die undankbare Aufgabe hatte, im Irak die »Operationen zu leiten«. Ein kluger und bescheidener Mensch. Sehr interessant war mir seine Bemerkung, daß er hier im Orient eine völlig veränderte Wertschätzung des Christentums gewonnen habe, und das sei verursacht durch den absoluten Mangel an Nächstenliebe bei den Orientalen, der absoluten Gleichgültigkeit des Offiziers gegen seine Soldaten, des Soldaten gegen seinen Kameraden, das gehe so weit, daß sie oft unbekümmert, lachend und rauchend herumständen, während dicht daneben sich ein Kamerad mit den letzten Atemzügen plage, und diese Gleichgültigkeit erstrecke sich dann auch auf ganze Bevölkerungsschichten, deren Untergang man mit ansehe ohne einen Finger zu rühren. Undenkbar sei das in christlichen Ländern. Ein Mann, der so viel erlebt und dies als Eindruck behalten hat — das war mir eine starke Bestätigung eigener Beobachtung.

Das gute Gewissen, auf das diese Beurteilung gegründet ist, hat Mitteleuropa in den folgenden Jahrzehnten gründlich und schmerzlich verloren.

AUF DEM DEUTSCHEN FRIEDHOF IN TARABYA
Th. W. an seine Frau

Konstantinopel, 22. 5. 1918
Den ersten Pfingsttag fuhr ich hinauf in der Mouche nach Therapia zum Begräbnis der *(als Krankenschwester gestorbenen)* armen kleinen Prinzessin Hohenlohe, und es war doch ein merkwürdiger Eindruck auf der Höhe droben, nahe dem Moltke-Denkmal. Auf mehreren übereinanderliegenden Stützmauerterrassen, die mit Treppenstufen unter sich in Verbindung stehen, lagen

die Gräber vieler deutscher Soldaten, ein Holzkreuz wie das andere, viel Kraftfahrer, der Leutnant neben dem Gemeinen, auf halber Höhe etwa dann zwei Gräber auf der Seeseite allein: zwei Eisenkreuze, darauf nur die Namen Hans Freiherr von Wangenheim und Erich von Leipzig. Auf derselben Höhe, aber auf der anderen Seite ganz allein dann Colmar Freiherr von der Goltz; um dieses Kreuz ein vergoldeter Lorbeerkranz der türkischen Armee. Das blaue Bosporuswasser blitzte zwischen dem Gebüsch und den Pinien herauf und die Sonne strahlte bei leichtem Seewind, wie so oft, wenn wir dort zusammen gewesen sind. Ein merkwürdiges Gefühl, daß man all die Leute so gut gekannt hat, die da unten ruhen!

DIE STUNDE KEMAL ATATÜRKS

Nachdem Liman von Sanders im März 1918 das Kommando in Palästina übernommen hatte, scheiterten drei Angriffsoperationen Allenbys gegen die türkische Frontlinie nördlich Jerusalems. Wieder schickte Enver die notwendigen Verstärkungen in den Kaukasus, um der Türkei aus der Aufteilung Rußlands die Erdölgebiete von Batum und Baku zu sichern. So gelang den Briten im September 1918 mit 124000 Mann gegen 14000 Verteidiger der Durchbruch im Küstenabschnitt, wo sich die türkische Abwehr auflöste. Im Mittelabschnitt standen die Türken unter dem Kommando Mustafa Kemals, den Enver so lange von den Schwerpunkten des Kriegsgeschehens ferngehalten hatte. Seine Unterführer waren die Obersten Ali Fuad und Ismet, der später als Heerführer und Friedensunterhändler Außerordentliches geleistet hat, den Namen Inönü annahm und zu den höchsten Staatsämtern aufstieg. Vor der Gefahr der Umfassung mußten Kemals Truppen den Rückzug östlich des Jordangrabens am Rande der Wüste suchen, wo die Marschkolonnen den feindlichen Fliegern willkommene Ziele waren und Lawrences Beduinen den Verwundeten, Marschunfähigen und Versprengten erfindungsreich ein schlimmes Schicksal bereiteten.

»In verlorenen Haufen trieb die Masse der Türken im stürmischen Winde dahin, lief bei jedem Zusammenstoß blindlings auseinander. Eine Ausnahme allein machten die deutschen Abteilungen; hier zum ersten Male wurde ich stolz auf den Feind, der meine Brüder getötet hatte. Sie waren zweitausend Meilen von ihrer Heimat entfernt, ohne Hoffnung im fremden, unbekannten Lande, in einer Lage, verzweifelt genug, auch die stärksten Nerven zu brechen. Dennoch hielten die Trupps fest zusammen, geordnet in Reih und Glied, und steuerten durch das wirr wogende Meer von Türken und Arabern wie Panzerschiffe, schweigsam und erhobenen Hauptes. Wurden sie angegriffen, so machten sie halt, nahmen Gefechtsstellung und gaben wohlgezieltes Feuer. Da war keine Hast, kein Geschrei, keine Unsicherheit. Sie waren prachtvoll.« (Lawrence, *Die sieben Säulen der Weisheit.*)

Dennoch vermochte Mustafa Kemal einen Kern kampffähiger Truppen beisammenzuhalten, mit dem er in die Auffangstellung Damaskus—Beirut ein-

rückte. Doch diese war schon umgangen, die Küstenstädte hatten sich gegen die türkische Herrschaft erhoben, und nördlich von Beirut waren Engländer gelandet. Erst an den Hängen des Amanus und des Taurus war weiterer Widerstand denkbar. Liman von Sanders erklärte sich weltklug außerstande, die Aufgabe Syriens anzuordnen. Nur ein Türke könne diese Entscheidung treffen. Mustafa Kemal tat es ohne Skrupel. Die arabischen Länder waren nicht die Türkei, an die er glaubte.

Zur gleichen Zeit wie die Front in Palästina brach auch die der Bulgaren in Mazedonien zusammen. Am 30. September 1918 kapitulierte Bulgarien. Einen Monat später lieferte das osmanische Kaiserreich sich durch den Waffenstillstand von Mudros den Siegern aus. Die Organisationen der Jungtürken waren aufgelöst, ihre geflüchteten Führer zum Tode verurteilt worden. Der ehemalige Großwesir Talaat wurde 1921 in Berlin von einem armenischen Studenten auf der Straße erschossen. Auf Grund der Zeugenaussagen über des Täters und seiner Familie Schicksal sprach das Schwurgericht ihn frei. Djemal ging nach Afghanistan, um dort gegen England zu arbeiten; er starb 1922 mit seinen beiden Adjutanten auf der Durchreise in Tiflis unter armenischen Kugeln. Enver hatte sich nach Turkestan gewendet, wo er das Ziel eines turkmenischen Staates unter seiner Führung als einem neuen Emir von Buchara verfolgte. Er fiel im August 1922 in Tadschikistan an einer Wasserstelle im Kampf mit einem sowjetischen GPU-Kommando, immer noch ein Held der Legende. So steht zu lesen: Aus dem Nebel der winterlichen Steppe auftauchend, habe ein einzelner Mann eine sowjetische Marschkolonne angegriffen, bis er im Feuer einer Salve zusammenbrach. Als die Schneeschmelze den Leichnam freigab, erkannte man Enver, in Generalsuniform mit weißen Handschuhen und im Schmuck aller seiner Orden. Diese Erzählung hat ein Begebnis aus der frühen Geschichte des Islam zum Vorbild. Als die Einwohner von Kufa den Tod des Prophetenenkels Husain verschuldet hatten, indem sie den in aufständischer Absicht Herbeigerufenen im Stiche ließen, packte sie Reue und Furcht vor den Strafen der Hölle. 16 000 »Büßer« zogen nach Syrien, um als Märtyrer im Kampf gegen den Omajadenkalifen zu sterben. Nach einer drei Tage währenden Schlacht war das Heer der Büßer auf einen kleinen Rest zusammengeschmolzen. Dieser zog sich bei Nacht unverfolgt zurück. Aber am zweiten Tage kehrte ein Mann um, erschien vor dem syrischen Heere, ordnete seine Ausrüstung, zog sein Schwert, rannte gegen den Tausende von Männern zählenden Feind und fiel.

Istanbul war von den Alliierten besetzt, die eines Widerstandes verdächtige Intelligenz auf Malta interniert. Italien hatte die Provinzen Antalia und Konya und die Südwestecke Kleinasiens bis zum Mäander okkupiert, die Franzosen standen in Kilikien und in den an Syrien nördlich angrenzenden Gebieten. Die Engländer hielten das asiatische Ufer des Marmarameeres, den Westteil der Anatolischen Eisenbahn und den Umkreis von Samsun an

der mittleren Schwarzmeerküste besetzt, an der sich separatistische Kräfte in der Nachfolge des Kaiserreichs Trapezunt um eine griechische »Republik Pontus« bemühten. Eine englische Liga forderte das »Wiedererstehen Kurdistans« im Hinblick auf das Mossulöl, und schließlich rückten die am Siege unbeteiligten Griechen in Smyrna ein, denen die demobilmachungsfreudigen Engländer bald auch Stützpunkte am Marmarameer überließen. Es war das Erscheinen der Griechen, das die Besiegten aus ihrer Lethargie erweckte. In Westanatolien und in den für Armenien beanspruchten Gebieten organisierte sich der Widerstand, und wieder einmal geschah das Unwahrscheinlichste: Um die Demobilmachung in Anatolien durchzusetzen, entsandte der Großwesir im Einvernehmen mit der interalliierten Kontrollkommission Mustafa Kemal mit großen Vollmachten in die Ostprovinzen. Man kannte ihn als notorischen Gegner der Jungtürken, denen man den Widerstand zuschrieb, und erwartete, daß er im Namen des Sultans Ordnung und Gehorsam gegenüber der Erfüllungspolitik der Regierung erzwingen werde, durch die man in orientalischer Schlauheit immer noch glaubte, die historischen Grundlagen des Osmanischen Reiches erhalten zu können. Man wußte nicht, daß Mustafa Kemal jetzt der gleichen Meinung war wie 1914 die von ihm kritisierten Jungtürken: daß für das türkische Volk jetzt der Krieg aussichtsvoller sei als der Friede. Kemal war kaum abgereist, als man den Fehler seiner Ernennung erkannte und ihn zurückrief. Es war zu spät.
Auf der Überfahrt nach Samsun erklärte er seinem Begleiter, es gehe jetzt nicht darum, eine Revolution zu machen, Revolutionen könnten nur Staaten verändern, die vorhanden seien. Der Staat der Türken aber müsse erst geschaffen werden. Als erstes proklamierte er eine provisorische Regierung, es folgte ein Nationalkongreß, und als die Regierung des Sultans den Frieden von Sèvres unterschrieb, der der Türkei in Europa nur die Hauptstadt bis zur Tschataldschalinie beließ, Smyrna an Griechenland, Kilikien an Frankreich, die östlichen Landstriche an ein unabhängiges Armenien verteilte und im Restgebiet den Ausländern mehr Rechte gab als der Regierung des Sultans, verwarf das Parlament von Ankara die Ratifikation.
Zunächst wendeten sich die nationalen Truppen gegen die Armenier, die von Kars aus ihren Staat aufzubauen suchten, sodann gegen die Franzosen, die nach empfindlichen Verlusten Kilikien räumten und die Regierung von Ankara anerkannten. Die Sicherung der Ostgrenze wurde in Verträgen mit Sowjetarmenien und mit der Sowjetunion erreicht, durch welche die Türkei Kars wiedergewann und Batum zurückgab. Inzwischen hatten die Griechen mit einem Zangenangriff gegen Ankara begonnen, dessen Ausgangspunkte Häfen am Marmarameer und Smyrna waren. Trotz überlegener Ausrüstung erschöpften sich die griechischen Vorstöße im rauhen Bergland und an den Schwierigkeiten des Nachschubs. Die Invasion endete mit einer Katastrophe. Im September 1922 wurde die dreitausendjährige griechische Besiedlung Klein-

asiens zur Vergangenheit — späte Rache für Hektors Tod und Trojas Untergang. Das Diktat von Sèvres war hinweggefegt, und nach monatelangen Verhandlungen zwischen Gleichberechtigten erkannten im Sommer 1923 die Siegermächte im Friedensvertrage von Lausanne den Status der neuen Türkei an.
Damit war die Bahn für das innenpolitische Reformwerk frei. Bereits nach dem Siege über die Griechen war der Sultan entthront worden. Nun wurde Mustafa Kemal Präsident der Republik, Ankara zur Hauptstadt erklärt, das Kalifat abgeschafft. Diese unwiderrufliche Trennung von Staat und Islam zerstörte die Grundlagen jener panislamischen Politik, die vom türkischen Volke so große Blutopfer gefordert hatte. Es war der Beginn des Programms, die Türkei gänzlich vom kulturellen Einfluß Asiens und Arabiens zu trennen und den neuen Staat im Geiste des abendländischen Europa aufzubauen. Es folgte das Verbot der geistlichen Orden, Gemeinschaften und Schulen, der nichteuropäischen Kleidung, die Einführung der europäischen Zeitrechnung für Jahre, Tage und Stunden, die Auflage, Familiennamen anzunehmen, die Ersetzung des muselmanischen Freitagsfeiertages durch den abendländischen Sonntag.
Größte gesellschaftliche Tragweite hatte die Einführung eines europäischen Zivilrechts. Sie bedeutete die Abschaffung der Mehrehe, Erschwerung der Scheidung, Emanzipation der vom Islam entrechteten Frau, die noch bei den frühen Seldschuken eine außerordentliche Selbständigkeit besessen hatte, Ordnung des Erbrechtes, des Handelsrechtes und der Prozeßordnung. Diese Gesetzgebung erforderte die Heranbildung eines gänzlich neuen Richterstandes.
Eine Abkehr von der Vergangenheit, wie sie radikaler kaum zu denken ist, war der 1928 angeordnete Gebrauch der lateinischen Schrift und die völlige Unterdrückung der der türkischen Sprachstruktur nicht konformen arabischen. Dazu bedurfte es der Festlegung einer neuen phonetischen Rechtschreibung. Daran schloß sich eine tief eingreifende Bereinigung der türkischen Sprache von zahllosen arabischen und persischen Ausdrücken, welche die Sprache der Gebildeten von der Sprache des Volkes trennten, und die Aufnahme vieler neuer Worte für Gegenstände und Begriffe der Neuzeit, die großenteils dem Französischen entnommen und, in deutscher Phonetik geschrieben, dem Touristen die Illusion geben, als beherrsche er bereits die ersten hundert Worte der türkischen Sprache — von tuvalet (Toilette) bis asansör (Fahrstuhl). Die Schrift- und Sprachreform hat die Kontinuität zwischen der jüngsten osmanischen Vergangenheit und der gegenwärtigen Türkei unterbrochen.
Das breite Interesse, dem die Spracherneuerung in der Öffentlichkeit begegnete, lenkte die Aufmerksamkeit auf die Geschichte der türkischen Sprache und der zentralasiatischen Turkvölker und deren Kulturen. Zugleich wandte sich das Verständnis aber auch der archäologischen Vergangenheit Kleinasiens

zu, die nun nicht mehr als gleichgültige Hinterlassenschaft besiegter und vergangener Völker, sondern als Geschichte des eigenen Siedlungsraumes verstanden werden sollte. Der für den Ausgräber schier unerschöpfliche Boden Kleinasiens hat seitdem ganz besonders das Wissen über bodenständige Kulturen, wie die der Hethiter, Urartäer, und früheste prähistorische Stadtbildungen bereichert.

Der Mann, der dem türkischen Volke in der Stunde des Untergangs ein Vaterland gegeben hatte und der wußte, daß dieses nur dann Bestand behalten werde, wenn es sich die fremden Gesetze der modernen Welt zu eigen machte, starb, von Arbeit und Leidenschaft verzehrt, im November 1938. Der Ausbruch des Islams aus Arabien hatte einst die Einheit des Mittelmeerraums zerbrochen. Atatürks Reformen haben Europa eine seiner kulturellen Kernlandschaften zurückgegeben.

PERSONENVERZEICHNIS

ORTSVERZEICHNIS

ABBILDUNGSVERZEICHNIS

Personenverzeichnis

Abdul Hamid II., Sultan der Osmanen 1876–1909. Geb. Konstantinopel 22. 9. 1842, gest. Konstantinopel 10. 2. 1918. *31, 72, 74f., 89f., 113, 120, 122f., 136, 212, 220, 230f., 237, 266, 272f., 274.*
Abdul Asis, Sultan der Osmanen 1861 bis 1876. *74, 137.*

Bachmann, Walter, Architekt, Dr.-Ing., Ob.-Reg.-Rat, Landesdenkmalpfleger für Sachsen 1920, Teilnehmer an den Ausgrabungen in Assur 1908–1914, in Petra 1916/17, in Ktesiphon 1928/29. Geb. Leipzig 8. 5. 1883. *214, 217, 226.*
Beyazid I., Sultan der Osmanen 1389 bis 1403. *270.*
Böse, Konrad, Lehrer und Professor an der Hochschule für die bildenden Künste Berlin. Geb. Magdeburg 23. 6. 1852, gest. Potsdam 20. 4. 1938. *81, 87.*
Bode, Wilhelm von, Generaldirektor der Staatlichen Museen Berlin 1906–1920. Geb. Kalvörde (Braunschweig) 10. 12. 1845, gest. Berlin 1. 3. 1929. *79, 137.*

Conze, Alexander, o. Professor der klassischen Archäologie Wien 1869, Direktor der Antikenabteilung der Kgl. Museen Berlin 1877, Generalsekretär des Archäologischen Instituts des Deutschen Reiches 1887–1906. Geb. Hannover 10. 12. 1831, gest. Berlin 19. 7. 1914. *28.*

Dalman, Gustav, Professor, Vorstand des Evangelischen Instituts für Altertumswissenschaft in Jerusalem. *218.*

Delitzsch, Friedrich, o. Professor der Assyriologie Berlin 1899–1920, Direktor der vorderasiatischen Abteilung der preußischen Museen Berlin 1899 bis 1919. Geb. Erlangen 3. 9. 1850, gest. Langenschwalbach 19. 1. 1922. *79.*
Deycke, Georg, Professor Dr. med., Lepraforscher, Chefarzt der inneren Abteilung des Lehrkrankenhauses Gülhane, Konstantinopel 1898–1907, Leiter des allgemeinen Krankenhauses Lübeck 1913. Geb. Hamburg 21. 12. 1865, gest. Lübeck 2. 2. 1938. *46, 69.*
Dieckmann, Peter, Oberreichsbahnrat a. D., 1911–1918 Direktor der Hedschasbahn, 1914–1918 Verwalter der besetzten französischen Privatbahnen in Syrien und Palästina. Geb. Lockstedt (Holstein) 17. 12. 1866. *180, 225.*
Diels, Hermann, o. Professor der klassischen Philologie Berlin 1886–1922. Geb. Biebrich 18. 5. 1848, gest. Berlin 4. 6. 1922. *63.*
Diest, Walter von, Oberst a. D. Geb. Luckau 21. 1. 1851, gest. Breslau 19. 4. 1932. *93, 140, 206.*
Djemal, Ahmed, Pascha, jungtürkischer Politiker, Kommandeur der 4. türkischen Armee, türkischer Marineminister. Geb. auf Mytilene 1872, gest. Tiflis 21. 8. 1922. *129, 169, 188, 190, 195, 197 ff., 202 f., 208 f., 211, 221, 227, 230 ff., 232, 234, 236 f., 239, 248, 260 ff., 265 ff., 269, 273, 279.*
Dörpfeld, Wilhelm, Professor, Dr. phil. h. c., Architekt 1882, 1. Sekretär des Deutschen Archäologischen Instituts in Athen 1887–1912, Honorarprofes-

sor Jena 1919. Geb. Barmen 26. 12. 1853, gest. auf Leukas 25. 4. 1940. *15, 63.*

Enver Pascha, türkischer Kriegsminister 1913–1918. Geb. Konstantinopel 23. 11. 1881, gest. Denau (Tadschikistan) 4. 8. 1922. *164, 167, 188, 230 f., 234 f., 260, 264, 278 f.*

Falkenhayn, Erich Reichsfreiherr von, preußischer Generaloberst. Geb. Burg Belchau (Krs. Graudenz) 11. 11. 1861, gest. Schloß Lindstedt bei Potsdam 8. 4. 1922. *260 f., 263 f., 267, 274.*

Gerkan, Armin von, Dr.-Ing., Dr. phil., Professor, 2. Sekretär des Deutschen Archäologischen Instituts in Rom 1925, 1. Direktor 1938. Geb. Subbath (Kurland) 30. 11. 1884. *136, 149.*

Göring, Hermann, Preußischer Ministerpräsident und Reichsminister für Luftfahrt 1933, General der Flieger 1935, Reichsmarschall 1940. Geb. Rosenheim (Bayern) 12. 1. 1893, gest. Nürnberg 16. 10. 1946. *17 f.*

Goltz, Colmar Freiherr von der, Pascha, seit 1914 Generalfeldmarschall, Reorganisator des türkischen Heerwesens 1883–1895, 1909–1911, 1914–1916. Geb. Bielkenfeld bei Labiau 12. 8. 1843, gest. Bagdad 19. 4. 1916. *105, 165, 175, 221, 277.*

Grancy, Freiherr de, Korvettenkapitän der deutschen Kriegsmarine 1917. *265.*

Halil Eltem, Etem, Generaldirektor der türkischen Museen und Altertümer Istanbul 1910–1931. Geb. Konstantinopel 3. 6. 1861, gest. Istanbul 16. 11. 1938. *36, 141 f., 184.*

Hamdi, Osman, Generaldirektor der türkischen Museen und Altertümer, Istanbul 1881–1910. Geb. Konstantinopel 30. 12. 1842, gest. Konstantinopel 24. 3. 1910. *35 f., 65 f., 72 f., 77, 79, 89 f., 142, 212.*

Haussoullier, Bernard, Maître de conférences d'Antiquités grecques an der Ecole des hautes études Paris 1885 bis 1926. Geb. Paris 12. 9. 1853, gest. Paris 25. 7. 1926. *25, 57, 58.*

Heberdey, Rudolf, o. Professor der klassischen Archäologie in Graz 1911–1936, Ausgräber von Ephesos. Geb. Ybbs an der Donau 10. 3. 1864, gest. Graz 7. 4. 1936. *21.*

Helfferich, Karl, Direktor der Deutschen Bank 1908, Staatssekretär des Reichsschatzamtes und des Reichsamtes des Inneren 1915–1917. Seit 1920 Wiegands Schwager. Geb. Neustadt a. d. Hardt 22. 7. 1872, gest. bei Bellinzona 23. 4. 1924. *105, 275.*

Herkenrath, Emil, Dr. phil., Studienrat Goetheschule Essen 1906–1943. Geb. Berlin 23. 11. 1878. *63.*

Hiller von Gärtringen, Friedrich Freiherr, Professor für klassische Altertumswissenschaft Berlin 1918–1929. Geb. Berlin 3. 8. 1864. *67, 68.*

Hoffmann, Ludwig, Dr.-Ing., Geh. Baurat, Stadtbaumeister Berlin 1896–1928. Geb. Darmstadt 30. 7. 1852, gest. Berlin 11. 11. 1932. *137 f.*

Hollmann, Friedrich von, Admiral, Staatssekretär des Reichsmarineamtes 1890–1897. Geb. Berlin 19. 1. 1842, gest. Berlin 21. 1. 1913. *76 f., 79.*

Homolle, Théophile, Direktor der Ecole Française d'Athènes 1891–1904, Direktor der Musées Nationaux 1905 bis 1911, Direktor der Bibliothèque Nationale 1913–1923. Geb. Paris 19. 12. 1848, gest. Paris 13. 6. 1925. *56, 58.*

Hülsen, Christian, 2. Sekretär des Deutschen Archäologischen Instituts Rom 1887–1908, Honorarprofessor für Alte Geschichte Heidelberg 1917. Geb.

Charlottenburg 29. 11. 1858, gest. Florenz 19. 1. 1935. *63.*

Humann, Karl, Architekt, Geh. Reg.-Rat, Dr. phil. e. h., Direktor an den Preußischen Museen Berlin 1884. Geb. Steele, Reg.-Bez. Düsseldorf 4. 1. 1839, gest. Smyrna 12. 4. 1896. *21 f., 28, 46, 49.*

Kawerau, Georg, Architekt, Dr. phil. h. c., Direktionsassistent bei den Kgl. preußischen Museen, Konstantinopel 1907 bis 1909. Geb. Berlin 12. 12. 1856, gest. Stettin 13. 4. 1909. *57, 63.*

Kekule von Stradonitz, Reinhard, o. Professor der Klassischen Archäologie Bonn 1887, Berlin 1889 und Direktor der Antikenabteilung der Preußischen Museen. Geb. Darmstadt 6. 3. 1839, gest. Berlin 22. 3. 1911. *21, 24, 25, 78, 88, 102, 132.*

Kemal, Mustafa, Pascha, seit 1934 Atatürk, General, Präsident der Türkischen Republik 1923–1938. Geb. Saloniki 1880, gest. Ankara 10. 11. 1938. *113, 143, 164, 168, 258, 278 ff.*

Kiamil Pascha, türkischer Staatsmann. Großvezir 1885–1891 und 1911–1913. Wali der Provinz Smyrna 1896–1909. Geb. auf Zypern 1832, gest. auf Zypern 14. 11. 1913. *34, 47, 203.*

Knackfuß, Hermann, Kunstmaler, Professor an der Kunstakademie Kassel 1880. Geb. Wissen an der Sieg 11. 8. 1848, gest. Kassel 17. 5. 1915. *51.*

Knackfuß, Hubert, Dr.-Ing. e. h., 2. Seretär des Deutschen Archäologischen Instituts in Athen 1912–1919, o. Professor der antiken Baukunst und Formenlehre München Technische Hochschule 1919–1934. Geb. Kassel 25. 6. 1866. *58, 63, 69, 81, 83, 86, 135, 152, 161.*

Koldewey, Robert, Architekt, Professor Dr.-Ing. e. h., Leiter der Ausgrabungen von Babylon 1898–1917. Geb. Blankenburg 10. 9. 1855, gest. Berlin 4. 2. 1925. *63 f., 79.*

Kopassis, Andreas, Fürst von Samos 1907 bis 1912. Gest. 23. 3. 1912. *131 ff., 143 ff., 148, 158, 160 f.*

Kress von Kressenstein, Friedrich Freiherr, General der Artillerie in türkischen Diensten 1914–1918, Amtchef im Reichswehrministerium 1919 bis 1922, später Befehlshaber des Wehrkreises VII bis 1929. Geb. Nürnberg 24. 4. 1870. *181 f., 185 ff., 229, 233, 235, 237, 240, 261 f.*

Krischen, Fritz, Architekt, o. Professor für Baugeschichte an der Technischen Hochschule Aachen 1919, Danzig 1924 bis 1939. Geb. Köln 26. 12. 1881, gest. Lübeck 15. 7. 1949. *135, 149, 161.*

Lawrence, Thomas Edward, Archäologe, Oberst. Geb. Tremadoc (Wales) 15. 8. 1888, gest. Grafschaft Dorset 19. 5. 1935. *207, 213, 263, 278.*

Leipzig, Erich von, Botschaftsrat bei der Deutschen Botschaft in Konstantinopel. *277.*

Liman von Sanders, Otto, preußischer General und türkischer Marschall, Chef der deutschen Militärmission in der Türkei 1913–1918. Geb. Schwessin bei Stolp 18. 2. 1855, gest. München 22. 8. 1929. *167, 203 f., 274, 279 f.*

Lindau, Rudolf, Schriftsteller, Geh. Legationsrat, Deutscher Vertreter bei der Verwaltung der türkischen Staatsschuld Konstantinopel 1891. Geb. Gardelegen 10. 10. 1829, gest. Paris 14. 10. 1910. *39.*

Loytvet-Hardegg, Julius Harry, Dr. jur., Deutscher Vizekonsul in Haifa 1912, Konsul 1914, Konsul in Damaskus 1915. Geb. Beirut 2. 7. 1874, gest. Damaskus 7. 5. 1917. *195 f., 198, 249.*

Lyncker, Karl Eduard, Oberstleutnant im Großen Generalstab. *87, 94, 120, 132, 135 f.*

Mahmud II., Sultan der Osmanen 1808 bis 1839. *33.*

Mansfeld, von, Oberstleutnant, 1916/17 Kommandant von Maan und Akaba. *215, 223 f.*

Marcks, Erich, Professor der neueren Geschichte. *275.*

Marées, Walter von, Topograph, Hauptmann, kommandiert zum Auswärtigen Amt. Geb. Adlig-Skirbst (Ostpreußen) 27. 9. 1869, gest. Charlottenburg 26. 2. 1908. *87, 93, 94.*

Marschall von Bieberstein, Adolf Freiherr, Deutscher Botschafter in Konstantinopel 1897–1912. Geb. Karlsruhe 12. 10. 1842, gest. Badenweiler 24. 8. 1912. *41, 68 ff., 77, 79, 90.*

Mehmed II. Fahti, Sultan der Osmanen 1451–1481. *123, 269.*

Mehmed V. Reschad, Sultan der Osmanen 1909–1918. *123 f., 272, 274.*

Mehmed VI. Waheddin, Sultan der Osmanen 1918–1922. *274.*

Meinecke, Friedrich, o. Professor der neueren Geschichte Straßburg 1901, Freiburg i. B. 1906, Berlin 1914–1928 und 1948. Geb. Salzwedel 30. 10. 1862. *275.*

Meissner, Pascha, Heinrich August, Chefingenieur der Hedschasbahn und der Bahnen in Südpalästina, Sachverständiger in der Generaldirektion der türkischen Staatsbahnen, Dozent an der Technischen Hochschule Ayas Pascha. Geb. 3. 1. 1862 in Leipzig, gest. 14. 1. 1940 in Istanbul. *197, 263.*

Messel, Alfred, Dr.-Ing., Geh. Reg.-Rat, Architekt der Preußischen Museen. Geb. Darmstadt 22. 7. 1853, gest. Berlin 24. 3. 1909. *137 f.*

Mirbach, Ernst Freiherr von, Oberhofmeister der Kaiserin, Dr. h. c. Geb. Düsseldorf 24. 12. 1844, gest. Potsdam 6. 4. 1925. *37, 194.*

Musil, Alois, Professor der Orientalistik, Prag 1920. Geb. Rychtarov (Mähren) 30. 6. 1868. *207, 215.*

Niemann, George, Architekt, Professor für Perspektive und architektonische Stillehre an der Akademie der bildenden Künste Wien. Geb. Hannover 12. 7. 1841, gest. Wien 19. 2. 1912. *153, 259.*

Pernice, Erich, Direktionsassistent an der Antikenabteilung der kgl. Museen Berlin 1895–1903, o. Professor der klassischen Archäologie Greifswald 1907–1934. Geb. Greifswald 19. 12. 1864. *119, 135 f.*

Puchstein, Otto, o. Professor der klassischen Archäologie Freiburg i. B. 1896, Ausgräber von Baalbek 1900–1903, Generalsekretär des Archäologischen Instituts des Deutschen Reiches 1905 bis 1911. Geb. Labes 6. 7. 1856, gest. Berlin 9. 3. 1911. *63, 244.*

Rosenberg, Alfred, nationalsozialistischer Politiker und Partei-Ideologe, 1941 Reichsminister für die besetzten Ostgebiete. Geb. Reval 1893, gest. Nürnberg 16. 10. 1946. *17 f.*

Rust, Bernhard, Preußischer Kultusminister 1933, Reichsminister für Wissenschaft, Erziehung und Volksbildung 1934. Geb. Hannover 30. 9. 1883, gest. bei Soltau April 1945. *18.*

Sarre, Friedrich, Dr. phil., Dr.-Ing. e. h., Honorarprofessor an der Universität Berlin, Direktor der Islamischen Abteilung der Staatlichen Museen Berlin 1921–1931. Geb. Berlin 22. 3. 1865. *132.*

Schede, Martin, Direktor des Deutschen Archäologischen Instituts in Istanbul 1929, Präsident des Archäologischen Instituts des Deutschen Reiches Berlin 1936. Geb. Magdeburg 10. 10. 1883, gest. Februar 1947 im Lager Gomlitz. *161.*

Schoene, Richard, Generaldirektor der Preußischen Museen Berlin 1880 bis 1906. Geb. Dresden 5. 2. 1840, gest. Berlin 5. 3. 1922. *63, 86.*

Schrader, Hans, 2. Sekretär des Deutschen Archäologischen Instituts in Athen 1902–1905, o. Professor der klassischen Archäologie Innsbruck 1905, Graz 1908, Direktor der Wiener Antikensammlung 1910, o. Professor Frankfurt a. M. 1914–1931. Studienfreund und engster Mitarbeiter Wiegands in Priene, seit 1901 sein Schwager. Geb. Stolp 15. 2. 1869, gest. Berlin 5. 9. 1948. *28, 30, 33, 35 f., 38, 49, 57, 63, 119.*

Schüler, Edmund, deutscher Diplomat, Konsul in Smyrna 1905. *73, 275.*

Selim I. Yavuz, Sultan der Osmanen 1512–1520. *198, 200, 202.*

Selim III., Sultan der Osmanen 1788 bis 1807. *33.*

Siemens, Elise von, geb. Görz, Gattin von Georg v. S., Schwiegermutter von Th. Wiegand. Geb. Mainz 11. 9. 1850, gest. Berlin 29. 12. 1938. *38, 50, 59, 65 f., 68, 77, 81, 89 f., 96, 102, 105, 114, 116, 120, 136, 156 f., 227.*

Siemens, Georg, seit 1899 von Siemens, Direktor der Deutschen Bank seit deren Gründung 1870, Schwiegervater Th. Wiegands seit 1900. Geb. Torgau 21. 10. 1839, gest. Berlin 23. 10. 1901. *15, 29, 35.*

Siemens, Marie von, zweite Tochter von Georg v. S., seit Januar 1900 verheiratet mit Th. Wiegand. Geb. Berlin 16. 12. 1876, gest. Salzgitter 27. 3. 1960. *15, 28.*

Simon, James, Berlin, Mäzen der Deutschen Orient-Gesellschaft. *79.*

Sophulis, Themistokles, griechischer Staatsmann, Gouverneur von Samos 1912, Generalgouverneur von Makedonien 1913–1915, Ministerpräsident 1923, Kriegsminister 1927–1930, Kammerpräsident 1931–1933. *132, 160, 162.*

Stemrich, Wilhelm, Generalkonkul in Konstantinopel 1895–1906, Gesandter in Teheran 1907, Unterstaatssekretär im Auswärtigen Amt 1907–1910. Geb. Münster i. W. 18. 3. 1852, gest. Berlin 19. 10. 1911. *35, 39.*

Studnizcka, Franz, o. Professor der klassischen Archäologie Freiburg i. B. 1889, Leipzig 1896–1928. Geb. Jaslo (Galizien) 14. 8. 1860, gest. Leipzig 4. 12. 1929. *15, 63.*

Talaat, Mehmed, Pascha, jungtürkischer Politiker, Großwesir 1917–1918. Geb. Kardschali Juli 1872, gest. Berlin 15. 3. 1921. *230, 279.*

Wangenheim, Hans Freiherr von, Deutscher Botschafter in Konstantinopel 1912–1915. Geb. Georgenthal 4. 7. 1859, gest. Konstantinopel 25. 10. 1915. *277.*

Watzinger, Carl, o. Professor der klassischen Archäologie Gießen 1909, Tübingen 1916. Geb. Darmstadt 9. 6. 1877, gest. Tübingen 8. 12. 1948. *161, 169, 176, 194, 204 f.*

Wieting, Julius, Chirurg, Direktor des Lehrkrankenhauses Gülhane, Konstantinopel 1902–1914, leitender Arzt des Hamburger Seehospitals »Nordheim-Stiftung« in Salenburg bei Cuxhaven. Geb. Geestemünde 13. 1. 1868, gest. Bremerhaven 28. 3. 1922. *60, 111, 124, 153, 156, 164.*

Wilamowitz-Möllendorf, Ulrich von, o. Professor der Altertumswissenschaft Greifswald 1876, Göttingen 1883,

Berlin 1897–1921. Geb. auf Markowitz (Posen) 22. 12. 1848, gest. Berlin 24. 9. 1931. *63, 65, 66 f., 134.*

Wilberg, Wilhelm, Dr. phil., Architekt beim Deutschen Archäologischen Institut Athen 1892–1896, am Alten Museum Berlin 1896–1898, beim Österreichischen Archäologischen Institut Athen 1898–1923, 1. Sekretär dieses Instituts 1911. Geb. Athen 1. 12. 1872. *28.*

Wilhelm II., Deutscher Kaiser und König von Preußen. Geb. Potsdam 27. 1. 1859, gest. in Haus Doorn 4. 6. 1941. *13, 29, 36 ff., 76 f., 79, 97, 137, 194, 212, 237, 274.*

Wilski, Paul, o. Professor des Vermessungswesens Bergakademie Freiberg i. Sa. 1906, Techn. Hochschule Aachen 1916–1934. Geb. Danzig 26. 3. 1868, gest. Aachen 13. 3. 1939. *43, 46, 94.*

Winkler, Johann Lorenz, Oberingenieur, kgl. Baurat, Vorstand der Bauabteilung für die zweite Teilstrecke der Bagdad-Bahn 1909–1918. Geb. Langenzenn (Bez. Fürth) 2. 7. 1861, gest. München-Harlaching 22. 4. 1922. *124 ff., 173, 176.*

Winnefeld, Hermann, Professor Dr., 2. Direktor der Antikenabteilung der Preußischen Museen Berlin 1911. Geb. Überlingen 4. 9. 1862, gest. Berlin 30. 4. 1918. *58, 79, 119, 121, 137, 145, 152, 239.*

Woolley, Leonard, englischer Archäologe. Geb. London 17. 4. 1880. *64, 208.*

Wulzinger, Karl, Dr.-Ing., o. Professor der Kunstgeschichte, Technische Hochschule Karlsruhe 1919. Geb. Würzburg 29. 6. 1886, gest. 26. 5. 1948. *161, 169, 176, 183 f., 190, 204, 205, 232, 234, 237, 244, 266.*

Ziebarth, Erich, o. Professor der alten Geschichte an der Universität Hamburg 1919–1938. Geb. Frankfurt/Oder 31. 12. 1868. *45, 63.*

Zürcher, Max, Maler und Architekt, Professor, beratender Architekt Djemal Paschas in Damaskus und Konstantinopel 1915–1918. Geb. Zürich 7. 4. 1868. *229, 261, 265, 269.*

ORTSVERZEICHNIS

Abde, heute auch Abda, Avdat 206.
Adana, Provinzhauptstadt in SO-Kleinasien nahe dem Golf von Iskederun 124 ff., 173 f., 222.
Afyon, siehe Karahissar
Afule, heute Afula, El Afuli, 10 km südl. Nazareth 195 ff., 203.
Ain el Beda, heute Ain el Beida, 200 km nördl. Damaskus, 35 km vor Palmyra 242, 247.
Aisanoi, siehe Tschavdir Hissar
Ajasin, heute Ayazin, bei Afyon 106.
Akaba 229, 235, 261.
Akköi, heute Akköy, 5 km südl. Milet 41 ff., 115.
Aleppo 177 f., 222, 259 f., 265 f.
Amaan, heute Amman 211 ff., 225, 261.
Amanus-Gebirge, heute Nur Daglari 175 ff.
Amman, siehe Amaan
Amrith, 50 km nördl. Tripoli 253.
Anadol Hisar 269 f.
Antiochia (Antakya) 258 f.
Aphrodisias beim Dorf Geyre, 55 km südöstl. Nazilli 138 ff.
Arak el Emir, Burgberg westlich Amman an der Stelle der Ammoniterstadt Birtha 211.
Arisch, siehe El Arisch
Arnautköi, heute Arnawutköy, Vorort von Konstantinopel auf der europäischen Seite des Bosporus, Wohnort der Familie Wiegand 89, 102 ff.
Arslantasch, nördl. Afyon 107, 112.
Arta in Nordwestgriechenland, nördlich des Ambraktischen Golfes 96, 99 ff.
Assos, heute Küçükkuyun 67 ff.

Baalbek 267.
Bagtsche, heute Bahçe, 120 km ostw. Adana in Richtung Gaziantep 125 ff.
Balat, Türkendorf an der Stätte von Milet 43, 115.
Banyas, 40 km nördl. Tartûs 254
Basra am Schatt el Arab 174.
Beersheba, siehe Birseba
Beirut 236, 249, 279.
Bethlehem 191, 216, 263.
Birseba, heute Beersheba, 70 km südl. Jerusalem 180 ff., 190, 205, 235, 260 f.
Bosanti, heute Pozanti an der Kilikischen Pforte 169, 172 ff.
Bosra 227.
Byblos (Djebeil), heute Jbail 250 f.

Chan Junus, heute auch Khan Yunis, 30 km südl. Gaza an der Mittelmeerküste 182, 229.
Çatalca, siehe Tschataldscha
Çavdarhisar, siehe Tschavdir Hissar

Damaskus 179, 198, 202, 226, 228, 233, 234, 237, 238, 244, 266, 278.
Derra, heute Deraa, Eisenbahnknotenpunkt 100 km südl. Damaskus und 100 km nördl. Amman 180, 226, 262.
Didyma, früher Jeronda, heute Yenihissar, 15 km südl. Milet 24, 41, 56 f., 67 ff., 87 f., 90, 92, 121 ff., 151 ff.
Djebeil, siehe Byblos
Djebel Harun 215 ff.
Djerutt, heute Djerud, 65 km nordöstl. Damaskus 241, 248.

Djunis, heute Jouniye, 20 km nördl. Beirut 250 f.
Dodona in Epirus 98, 101.

El Arisch, am nordöstl. Mittelmeerufer der Sinaihalbinsel 169, 183 ff., 211, 229.
Eregli, Bezirkshauptstadt 150 km östl. Konya, 200 km nordwestl. Adana 124.
Eskischehir, heute Eskişehir in NW-Kleinasien 105, 267.
Es Salt, im Ostjordanland zwischen Jericho und Amman 210, 218.

Gaza, in SW-Palästina 185, 239 f., 260 f.
Geyre, Dorf an der Stätte von Aphrodisias 141 f.
Güllübahçe, Dorf bei der Stätte von Priene 27.

Hafir el Audscha, heute El Audscha oder Nitsana, an der Grenze zwischen Sinaihalbinsel und Palästina 184, 205, 207, 229.
Haifa 196.
Halikarnass, heute Bodrum an der südwestl. Ägäisküste Kleinasiens 270.
Hebron, 50 km südl. Jerusalem, heilige Stadt des Islam mit den Gräbern der Patriarchen Abraham, Sara, Isaak und Rebekka 191, 216, 235, 261.
Herakleia am Latmos, heute Kapikiri 80 f.
Herakleia-See, heute Bafa Gölü 80.

Istanbul, siehe Konstantinopel
Izmir, siehe Smyrna

Janina, heute Joannina in Nordwestgriechenland 97 f., 100, 166.

Jassili Kaja, heute Yazili Kaylar, 100 km südl. Eskişehir, das sog. Midasgrab 108 f.
Jericho 194, 210, 263.
Jerusalem 191 ff., 195, 204 f., 208 ff., 210 f., 216, 235, 244, 260 ff.

Kal'at Siman 259 f.
Kalymnos (Insel) 41, 159.
Kapudagh, heute Kapi Dagi, beherrschender Berg auf der Halbinsel von Erdek nordwestl. Bandirma 58.
Karahissar, heute Afyon, südl. Eskişehir 106 f.
Kariatén, heute Qaryatein, 130 km nordöstl. von Damaskus, 100 km vor Palmyra 241, 247.
Kasr el Hai, heute Qasr el Cheir, 160 km nordöstl. Damaskus mit Ruinen der Residenz des Omajadenkalifen Hischam 242, 247.
Katia, Wasserstelle an der nördl. Karawanenstraße der Sinaihalbinsel, 30 km östl. Port Said 182, 184 f.
Kilikische Pforte, heute Gülek Bogazi 170 ff.
Konia, heute Konya im mittleren Südkleinasien 105 f., 129, 267, 279.
Konstantinopel, heute Istanbul 30 f., 38, 120, 136 f., 153 ff., 169, 271, 272, 276, 279.
Kutahia, heute Kütahia südwestl. Eskişehir 110 f.
Kut el Amara am unteren Tigris 171, 175.
Kyzikos, milesische Gründung, unter Diokletian Hauptstadt der Provinz Hellespontos, heute Balkiz 55, 58 f.

Lattakieh, heute Lattakia 255.
Latmos-Gebirge, heute Beş Parmak Dag 21, 80 ff.

Maan 211 ff., 216, 235, 261.

Mäander-Fluß, heute Büyük Menderes Nehri *21, 26f., 41, 51, 53, 57, 139f.*
Magara, heute Marhâra, Ma'ara 776 m hohes Bergmassiv im nördl. Sinai, heute Kohlenabbau *188f., 229, 279.*
Magnesia am Mäander, 18 km nördl. Söke *40f., 46ff., 55.*
Medina *212, 219, 223ff., 228, 229, 237, 261f., 263.*
Mekka *200.*
Milet, 170 km südl. Izmir *22, 40ff., 55f., 69f., 92, 101, 119.*
Mischrefe *206.*
Mschatta, heute Qasr el Mushatta *212.*
Mykale-Gebirge, heute Samsun Dagi *21f., 40, 50ff.*
Myus, 17 km südl. Söke *48, 116ff.*

Nablus, siehe Sichem
Nachle, heute Nachl, Nakhl, Kal'al en-Nakhel, etwa im Mittelpunkt der Sinaihalbinsel *190, 229.*
Nahr el Kelb, der Hundsfluß, 15 km nördl. Beirut *249f.*
Nasrie, heute Nasriye, 120 km nordöstl. Damaskus *241.*
Nazareth *194, 196.*
Nazli, heute Nazilli, am Nordrand des mittleren Mäandergrabens, 95 km östl. Söke *138.*
Nysa bei Sultanhissar, am Nordrand des mittleren Mäandergrabens, 80 km östl. Söke *138ff.*

Palmyra *240, 243ff.*
Panderma, heute Bandirma, Hafenstadt am Südufer des Marmarameeres *58ff.*
Panionion *52, 54f.*
Patmos (Insel) *41, 81, 91.*
Perama bei Panderma *58ff.*
Pergamon, heute Bergama, in Westkleinasien *22, 75f.*

Petra *210f., 213ff., 218ff., 243.*
Prevessa, heute Preveza, in Nordwestgriechenland, nördl. der Insel Leukas *96.*
Pozanti, siehe Bosanti.
Priene (Güllübahçe), 15 km südwestl. Söke *21ff., 25, 28ff.*

Raphia, heute Rafa, zwischen El Arisch und Gaza *182.*
Ras el Ain, heute türkisch Ceylanpinar an der Bagdadbahn, 300 km westlich Mossul *175, 244.*
Rehovot, siehe Ruhebe
Romani, nahe der Mittelmeerküste der Sinaihalbinsel 30 km östl. Port Said *182, 184f.*
Ruad (Insel) *253f.*
Ruhebe, heute Er Ruheibe, Rehovot *206.*
Rumeli Hissar *269f.*

Samandag (Seleukia) *255f.*
Samaria (Sebastije) *195.*
Samos (Insel) *54, 131ff., 143ff., 146ff., 158ff., 162f.*
Samsun Dagi, siehe Mykale-Gebirge
Sbeita, heute Subeita, Shivta *206f.*
Sebastije, siehe Samaria
Seleukia, siehe Samandag
Sichem (Nablus) *195, 263.*
Sileh bei Konya, heute Sille *106.*
Smyrna, heute Izmir, Provinzhauptstadt in Westkleinasien *21, 34, 39, 49, 73, 257, 280.*
Söke, siehe Sokia
Sokia, heute Söke, Kreishauptstadt in Westkleinasien, 116 km südl. Izmir *21, 24.*

Tartûs *253.*
Tripoli im Libanon *252.*
Troja *66f., 232, 281.*

Tscham-Alan, heute Çamalan, an der Kilikischen Pforte, 36 km östl. Pozanti *170*.

Tschataldscha, heute Çatalca *163, 203, 280*.

Tschavdir Hissar, heute Çavdarhisar = Aisanoi, 60 km südwestl. Kütahya *110f*.

Ulu-Kischla, heute Ulukişla, 46 km westl. Pozanti mit der Ruine eines von Sultan Selim II. erbauten riesigen Karawansereis *171*.

Wadi Musa *216, 220*.

Yazili Kaylar, siehe Jassili Kaja

ABBILDUNGSNACHWEIS

Ashmolean Museum, Oxford   Abb. 30–32
AZAD, Damaskus   Vorsatz hinten

Berggsen, DAI Istanbul   Abb. 2, 5–10, Vorsatz vorn
Bonfils, Palmyra. Ergebnisse der Expeditionen von 1902 und
  1912, hg. v. Theodor Wiegand, 1932   Abb. 25–27

Krischen, Fritz   Abb. S. 161, Zeichnung zum 48. Geburtstag
  Theodor Wiegands 1912

Pergamon-Museum, Berlin   Abb. 22

Aus: Schede, Priene   Abb. S. 26, 27

Wiegand, Gerhard   Abb. 3, 28
Wiegand-Nachlaß   Abb. 1, 4, 11–21, 23, 24, 29, 33

Herausgeber und Verlag danken Herrn Dr. W. James Allen, Oxford, Frau Dr. Antje Krug, Berlin, Herrn Dr. Michael Meinecke, Damaskus, Herrn Prof. Dr. Wolfgang Müller-Wiener, Istanbul, und Frau Dr. Silke Wenk, Berlin, für die Hilfe bei der Bebilderung.

Zum Titel dieses Buches

Im Jahre 1290 unserer Zeitrechnung erhob sich der Anführer einer westtürkischen Nomadengruppe, Osman, zum Herrscher über das Stammesgebiet am Sakaria-Flusse im Nordwesten Kleinasiens. Zweihundert Jahre später war daraus unter derselben Dynastie ein Großreich geworden, das gen Europa bis nach Bosnien, Ungarn, Rumänien und Südrußland reichte. Der Sultan, weltliches Oberhaupt der Türken, war als Kalif zugleich geistliches und weltliches Oberhaupt aller sunnitischen Moslems und beherrschte als solcher einen »Kirchenstaat«, der an den Kaukasus grenzte, Syrien, Libyen, Kreta und Zypern umfaßte und dessen Admiral die Küsten der Maghrebstaaten kontrollierte.
Als Höhepunkt und Wende zum Zerfall dieses Weltreiches gilt das Jahr 1683, als die türkische Belagerung Wiens scheiterte. Doch begann zum gleichen Zeitpunkt auch die Entdeckung der Seehandelswege über die Ozeane sich auszuwirken, durch die Zentralasien ebenso wie das europäische Mittelmeer vom Welthandel ausgeschlossen und zu raschem Niedergang verurteilt wurden. Dreihundert Jahre lang wurden äußerer und innerer Verfall ein Dauerzustand des Osmanischen Reiches.
Der Zeitpunkt für die Aufteilung des Reiches, das sich ungeachtet aller Gebietsverluste immer noch über eine Nord-Süd-Ausdehnung von 3000 km erstreckte, durch die europäischen Großmächte, schien nahe bevorzustehen, als eine neue revolutionäre Führung der Türkei 1914 den präventiven Kriegseintritt an der Seite der europäischen Mittelmächte für geboten hielt und vollzog.
Nach vier Jahren bedeutsamer Erfolge und hinhaltender Rückzüge mußte das Osmanische Reich das Schicksal seiner Bundesgenossen, die bedingungslose Kapitulation, teilen. Es schien ihm bestimmt, der Kolonialisierung durch die Sieger anheimzufallen. Nach den im Vertrage von Sèvres gestellten Bedingungen sollte künftig jeder Staatsangehörige der Siegermächte im Lande mehr Rechte besitzen, als ein türkischer Untertan. Die Meerengen waren der türkischen Souveränität entzogen, die Finanz- und Militärverwaltung oblag Ausländern. Das Staatsgebiet wurde auf Kleinasien beschränkt. Im Norden endete es bereits 80 km westlich der Hauptstadt. Alle wichtigen Häfen Kleinasiens kamen in fremde Hand. Das östliche Kleinasien war einem Staat der Armenier vorbehalten. Im Grenzraum zur französischen Kriegsbeute Syrien wurde die Grenze Kilikiens nach Norden verschoben. Im Südwesten, gegen-

über dem damals italienischen Dodekanes, befand sich eine italienische Besatzungszone. Die Meerengen waren britisch besetzt. Der schwerste Eingriff war die unfriedliche griechische Okkupation der wichtigen Hafenstadt Smyrna und deren Abtretung im Friedensvertrag an Griechenland, das kein Weltkriegsgegner gewesen war. Hieran entzündete sich der Widerstandswille des erschöpften Volkes von neuem, das bereits seit 1911 in Libyen und auf dem Balkan im Kriege gestanden hatte. Um ihn in seinem Zentrum zu brechen, marschierte die griechische Armee auf Ankara als den Sitz des neuen Widerstandes. Nach Anfangserfolgen erlahmte der Angriff am Sakaria-Fluß, von wo einst die türkische Staatsbildung ihren Anfang genommen hatte. Die griechische Armee zog sich auf eine Höhenstellung 300 km ostwärts von Smyrna zurück und wartete dort auf ein politisches Wunder. Die Türken überfielen sie, vernichteten sie zur Hälfte, der Rest flüchtete zur Küste und von dort mit allen erlangbaren Fahrzeugen über die Ägäis.

Aus den nun folgenden neuen Friedensverhandlungen mit den Weltkriegssiegern ging die wiedergeborene Türkei als ein auf die anatolische Halbinsel und die bis Adrianopel (Edirne) reichende Balkangrenze von 1913 sich freiwillig beschränkender Staat der Türken hervor. Das jahrtausendealte kleinasiatische Griechentum wurde in das Stammland zurückgesiedelt. Eine andere Lösung wäre nur zum Schlimmeren denkbar gewesen. So war die Türkei das einzige Land aus der Kriegskoalition der Mittelmächte, das seinen »Versailler Vertrag« nicht angenommen und durch einen besseren ersetzt hat.

Der Führer des siegreichen türkischen Widerstandes, Kemal Atatürk, der »Vater der Türken«, schuf nach europäischem Vorbild mit harter Hand einen laizistischen republikanischen Nationalstaat, der als ein Wunder der Wiedergeburt dem Erlöschen des letzten Lichtes einer 600jährigen Vergangenheit nachfolgte und der die Symbolik seines zweieinhalbtausend Jahre alten Staatswahrzeichens bestätigte.

Sommer 1985   Gerhard Wiegand

KULTURGESCHICHTE DER ANTIKEN WELT

Band 1:
John Boardman
Schwarzfgurige Vasen aus Athen
278 Seiten; 321 Abbildungen

Band 2:
Maria Alföldi
Antike Numismatik
Teil I: Theorie und Praxis
XLVI, 218 Seiten Text und umfangreiche Register; 23 Abbildungen;
25 Tafeln mit 410 Abbildungen;
7 Karten

Band 3:
Maria Alföldi
Antike Numismatik
Teil II: Bibliographie
XXX, 152 Seiten Bibliographie und ausführliches Register; 20 Tafeln

Band 4:
John Boardman
Rotfigurige Vasen aus Athen
Die archaische Zeit
285 Seiten; 528 Abbildungen

Band 5:
John Boardman
Griechische Plastik
Die archaische Zeit
297 Seiten; 481 Abbildungen

Band 6:
Karl-Theodor Zauzich
Hieroglyphen ohne Geheimnis
Ein Handbuch zur Erlernung der altägyptischen Schrift
125 Seiten; 6 Schwarzweiß- und 8 Farbabbildungen

Band 7:
Friedrich Karl Dörner
Vom Bosporus zum Ararat
Reise- und Fundberichte aus Kleinasien
XII, 392 Seiten mit 27 Textillustrationen; 64 Abbildungen; 5 doppelseitige Farbtafeln mit 8 Abbildungen;
2. Auflage — erweitert um 8 doppelseitige Farbtafeln

Band 8:
Friedrich Richter / Wilhelm Hornbostel
Unser tägliches Griechisch
Deutsche Wörter griechischer Herkunft
Mit einem archäologischen Beitrag von Wilhelm Hornbostel
246 Seiten; 36 Abbildungen

Band 9:
Sybille Haynes
Die Tochter des Augurs
Aus dem Leben der Etrusker
308 Seiten; 13 Farbtafeln; 42 Schwarzweißabbildungen

Band 10:
Volkert Haas
Hethitische Berggötter und hurritische Steindämonen
Riten, Kulte und Mythen
257 Seiten; 6 Farb- und 37 Schwarzweißabbildungen

Band 11:
Labib Habachi
Die unsterblichen Obelisken Ägyptens
256 Seiten; 5 Farb- und 83 Schwarzweißabbildungen

VERLAG PHILIPP VON ZABERN · MAINZ

KULTURGESCHICHTE DER ANTIKEN WELT

Band 12:
Gerd Hagenow
Aus dem Weingarten der Antike
Die Bedeutung des Weines in den antiken Kulturen, in der Poesie, sowie die Technik des Weinbaues im Altertum
248 Seiten; 16 Farb- und 64 Schwarzweißabbildungen

Band 13:
Denys Haynes
Griechische Kunst und die Entdeckung der Freiheit
148 Seiten; 90 Schwarzweißabbildungen

Band 14:
W. K. Lacey
Die Familie im Antiken Griechenland
330 Seiten; 32 Tafeln mit 49 Abbildungen

Band 15:
Jost Perfahl
Wiedersehen mit Argos und andere Nachrichten über Hunde in der Antike
116 Seiten; 8 Farb- und 50 Schwarzweißabbildungen

Band 16:
Karl Schefold
Die Bedeutung der griechischen Kunst für das Verständnis des Evangeliums
113 Seiten mit 48 Abbildungen

Band 17:
J. M. C. Toynbee
Tierwelt der Antike
XV, 486 Seiten mit 1 Textabb.; 4 doppelseitige Farbtafeln; 48 Tafeln mit 144 Abbildungen

Band 18:
Hilde Rühfel
Das Kind in der griechischen Kunst
Von der minoisch-mykenischen Zeit bis zum Hellenismus
378 Seiten; 133 Abbildungen; 8 Farbtafeln

Band 19:
Hilde Rühfel
Kinderleben im klassischen Athen
Bilder auf klassischen Vasen
232 Seiten; 101 Abbildungen; 5 Farbtafeln

Band 20:
A. M. Snodgrass
Wehr und Waffen im antiken Griechenland
314 Seiten; 140 Abbildungen

Band 21:
Patricia und Don R. Brothwell
Manna und Hirse
Eine Kulturgeschichte der Ernährung
316 Seiten; 45 Abbildungen; 19 Farb- und 50 Schwarzweißtafeln

Band 22:
Roland Hampe
Antikes und modernes Griechenland
343 Seiten; 82 Abbildungen; 6 Farbtafeln

Band 23:
Donna C. Kurtz und John Boardman
Thanatos
Tod und Jenseits bei den Griechen
481 Seiten; 247 Abbildungen; 8 Farbtafeln

VERLAG PHILIPP VON ZABERN · MAINZ